Heike de Boer · Sabine Reh
Herausgeberinnen

Beobachtung in der Schule – Beobachten lernen

Springer VS

Herausgeberinnen

Prof. Dr. Heike de Boer
FB 1 Bildungswissenschaften, Institut für Grundschulpädagogik
Universität Koblenz-Landau
Koblenz
Deutschland

Prof. Dr. Sabine Reh
Leiterin der Bibliothek für Bildungsgeschichtliche Forschung (BBF), Berlin, und Philosophische Fakultät IV, Institut für Erziehungswissenschaften
Humboldt-Universität zu Berlin
Berlin
Deutschland

ISBN 978-3-531-17761-8
ISBN 978-3-531-18938-3 (eBook)
DOI 10.1007/978-3-531-18938-3

Die Deutsche Nationalbibliothek verzeichnet diese Publikation in der Deutschen Nationalbibliografie; detaillierte bibliografische Daten sind im Internet über http://dnb.d-nb.de abrufbar.

Springer VS

Einbandentwurf: KünkelLopka GmbH, Heidelberg

Gedruckt auf säurefreiem und chlorfrei gebleichtem Papier.

Springer VS ist eine Marke von Springer DE. Springer DE ist Teil der Fachverlagsgruppe Springer Science+Business Media
www.springer-vs.de

Beobachtung in der Schule – Beobachten lernen

Heike de Boer und Sabine Reh (Hrsg.)

Beobachtung von Schülern und Schülerinnen im Schul- und Unterrichtsalltag ist Teil der alltäglichen pädagogischen Arbeit. Sie findet immer statt und gleichzeitig wenig Beachtung; sie wird zumeist nicht explizit zum Thema. Dabei sind Beobachtungen wirkmächtig; in ihnen und mit ihnen werden Bilder von Kindern und Jugendlichen erzeugt, vor deren Hintergrund pädagogisches Handeln stattfindet und pädagogische Entscheidungen gefällt werden. Erziehen, Beraten, Unterrichten und Beurteilen gehören zu den Handlungsaufgaben von Lehrern und Lehrerinnen und sind jeweils ohne vorausgegangene Beobachtungen kaum angemessen zu bewältigen. Naheliegende Schlussfolgerung wäre, dass eine Ausbildung zur Lehrerin/zum Lehrer nicht ohne Einübung ins Beobachten erfolgen kann. Dieses gilt umso mehr, als heute an Lehrer und Lehrerinnen im Besonderen die Anforderung gestellt wird, Lernausgangslagen- oder Lernstandsdiagnosen für einzelne Kinder ausdifferenzieren zu können, um einen sinnvollen und fördernden Umgang mit der Heterogenität im Klassenzimmer finden zu können. So notwendig dafür die Kenntnis einschlägiger Tests, ihres Einsatzes und ihrer Auswertung für Lehrende ist, so sehr wird gerade dafür im pädagogischen Alltag die Fähigkeit des Beobachtens und Beschreibens gebraucht. Und gleichzeitig scheint hier ein eklatantes Defizit in der Lehrerausbildung zu liegen.

Die Schulung eines beobachtenden Blicks ist notwendig, um eine Sensibilisierung in der Wahrnehmung, ein Bewusstsein für die sprachliche Darstellung pädagogischer Situationen und schulischer Kontexte sowie eine Steigerung von Selbstbeobachtung und -reflexion zu erreichen. Allzu oft wird die Komplexität von Beobachtungen, die immer zugleich deutende sind und Wertungen einschließen, von den Beteiligten im pädagogischen Feld unterschätzt. Der ungeschulte Beobachter kann oft nicht ausreichend differenzieren und das, was sich in der Beobachtung und ihrer Beschreibung zeigt, nicht nutzen für die Reflexion eigener Annahmen, unterstellter Normen pädagogischen Handelns und eigener Werthaltungen.

Es ist also – so unsere Annahme – von großer Bedeutung, dass Lehramtsstudierende Schulalltagssituationen beobachten und reflektieren lernen. Dazu sollten schon im Studium Verfahren der Beobachtung pädagogischer Situationen, der Analyse von Beobachtungen und ihrer Reflexion vorgestellt und geübt werden, auf die später in der Schulpraxis im besten Fall zurückgegriffen werden kann, um sie weiterzuentwickeln. Mit diesem Lehrbuch möchten wir dazu beitragen, dass das Beobachten selbst zum Gegenstand wird und dessen Üben zum Anliegen der Lehrerausbildung schon im Studium zu machen. In vier Kapiteln stellen wir a) Grundlegendes zum Charakter von Beobachtungen und zum Einsatz von Beobachtungen in der empirischen Bildungsforschung und in der Pädagogik dar, geben b) Hinweise zu methodischen Fragen der Beobachtung, des Aufschreibens von Beobachtungen und des Umganges mit der Beobachterrolle im Feld Schule sowie des Beobachtens mit der Videokamera, erläutern c) verschiedene Perspektiven auf das Geschehen im Unterricht und in der Schule und stellen schließlich d) Exemplarisches zum Gewinn fachdidaktisch angeleiteter Beobachtungen zusammen. Wir konnten dafür viele verschiedene Erziehungswissenschaftlerinnen und Fachdidaktikerinnen gewinnen, die jeweils in ihren Forschungs- und Arbeitsgebieten Experten für das Beobachten mit seinen Vorzügen und Potentialen, aber auch Problemen sind.

Im ersten Kapitel des Buches wird in einem einleitenden Beitrag (Reh) dargestellt, wie sich in welchen Kontexten das Beobachten als ein Verfahren der „Wirklichkeitswissenschaften“ entwickelt hat. Einerseits wird das ursprünglich etablierte, objektivistische und die Situiertheit des Beobachters und des Beobachtens außer Acht lassende Verständnis skizziert. Andererseits wird erläutert, in welcher Weise nach und nach erkannt wurde, dass und wie Perspektivität und Situiertheit der Wahrnehmung und des Beobachters zu berücksichtigen und bei der Durchführung der Dokumentation und Analyse von Beobachtung in Rechnung zu stellen sind. Während hier deutlich werden kann, inwiefern Beobachtungen als ebenso strukturiert wie strukturierend zu begreifen sind, wie die systematischen Grenzen jeder Beobachtung ihr „blinder Fleck“ sind, wird in den anderen Abschnitten dieses Kapitels ausführlich dargestellt, wie Beobachtungen in verschiedenen Ansätzen der erziehungswissenschaftlichen empirischen Forschung und in der pädagogischen professionellen Tätigkeit eingesetzt werden (können). So wird vorgeführt, wie „kodierend“, mit Hilfe von entsprechenden Bögen und Kodierschemata (Pauli), und wie ethnographisch (Breidenstein) im Klassenraum beobachtet werden kann, was jeweils auf welche Weise in das Blickfeld gerät. Im letzten Abschnitt dieses Kapitels (de Boer) wird beschrieben, wie die Beobachtung von Lernprozessen von Schüler/innen für die und als pädagogische Arbeit fruchtbar gemacht werden kann.

Im zweiten Kapitel werden methodische Fragen des Beobachtens verfolgt. Gefragt wird, wie sich der Kontakt zum Forschungsfeld Schule herstellen lässt und wie sich die Forscherin/der Forscher verhalten muss, um im Feld akzeptiert zu werden und Beobachtungen vornehmen und aufschreiben zu können (Beck/Scholz). Überlegungen zum Notieren und Beschreiben dessen, was man aufmerksam hat beobachten können, schließen sich an. Die Verschriftlichung von Beobachtungen bedarf besonderer Sorgfalt und zeigt sich als Herausforderung, immer wieder entscheiden zu müssen, was aus der Fülle des Beobachteten in welcher Form aufgeschrieben werden kann und welche „Effekte" durch die Art, etwas so oder anders aufzuschreiben, entstehen (Reh). Jedes Beobachtungsprotokoll enthält Deutungen und auch Spuren subjektiver Wertungen der beobachteten Situation, über die es nachzudenken lohnt. Es wird gezeigt, dass Wertungen eine entscheidende Bedeutung für den Beobachtungsprozess haben und auch als Zugang zum Beobachteten genutzt werden können. Deren Reflexion – auch und gerade hinsichtlich der Wirkung von Krisen und Überraschungen – eröffnet neue Sichten, gibt neue und wichtige Informationen über eigene Standpunkte und Perspektiven (Lehmann-Rommel). Dass die neuen Möglichkeiten für das Beobachten, die mit der Nutzung technischer Hilfsmittel, also vor allem der Videokamera, entstehen, nicht dazu dienen können, Perspektivität als Verfasstheit des immer in Leiblichkeit und Materialität gründenden Beobachtens zu überwinden, sondern ihre besondere Potenz gerade darin erweisen, dieses zu zeigen und auszuspielen, wird zum Abschluss des Kapitels anhand eines Einblicks in die Nutzung der Videographie durch die qualitative Unterrichtsforschung gezeigt (Reh).

Im dritten Kapitel werden unterschiedliche Beobachtungsperspektiven eingenommen. Der Unterricht als Beobachtungsfeld bietet Möglichkeiten, verschiedene Beobachtungsperspektiven einzunehmen. So geht es zunächst um den Blick auf die Schüler und Schülerinnen. Ein solcher kann nicht voraussetzungslos und ungebrochen eingenommen werden. Auf der Grundlage kindheitstheoretischer Einsichten und empirischer Forschungen wird eine Systematik möglicher Perspektiven auf Schüler/innen entworfen, wie sie die erwachsenen Pädagog/innen, die Lehrer und Lehrerinnen, einzunehmen gewohnt sind. Die erst an dieser Systematik entwickelte Reflexion der notwendigen, also nicht zu überwindenden Differenz des Erlebens und gegenseitigen Wahrnehmens von Erwachsenen und Kindern ermöglicht Einsichten in das, was unter Umständen Kinderperspektiven im Unterricht sind (Heinzel). Der Blick richtet sich explizit auch auf die Dinge, mit denen, durch die und an denen etwas gelernt werden soll. Gefragt wird, ob sich Neues erfahren lässt, wenn diese Dinge des Lernens in den Blick genommen werden (Rabenstein/Wienike). Auch Lehrerinnen und Lehrer und ihre vielfältigen Tätigkeiten im Unterrichtsalltag werden Gegenstand unserer Beobachtung. Dies kann ausdrücklich dazu dienen, Verstehens- und Reflexionsprozesse über die Wirkungen des Lehrerhandelns anzuregen und nicht vorschnell und ohne die Kenntnis dessen jeweiliger Bedingungen zu kennen, den Unterricht der Beobachteten zu bewerten (Bennewitz). Zuletzt wird die beobachtende Person selbst in den Mittelpunkt gerückt, und es wird diskutiert, welche Bedeutung Wahrnehmungsgewohnheiten und subjektive Theorien für den Beobachtungsprozess haben. Beschrieben wird, wie die Beobachtung einzelner Schüler/innen an die Reflexion der Beobachtungsmotive und des Beobachtungsprozesses sowie an einen mehrperspektivischen Austausch über Beobachtetes gekoppelt werden kann, um auf diese Weise eine Auseinandersetzung mit den je eigenen Annahmen und Urteilen anzuregen (de Boer).

Im vierten Kapitel wird die Relevanz des Beobachtens für Lehrerbildungsprozesse reflektiert. Das Beobachten wird als eine spezifische Form der Konstituierung des pädagogischen Feldes dargestellt, die sich in der Auseinandersetzung mit fachdidaktischen Fragestellungen zeigt.

So werden unterschiedliche Formen der Beobachtung im und von Mathematikunterricht vorgenommen und hinsichtlich ihres Ertrags für Einsichten in mathematische Lern- und Arbeitsprozesse diskutiert (Brandt/Höck). Exemplarisch wird am Beispiel des Schriftspracherwerbs im Anfangsunterricht der Grundschule dargestellt, wie sowohl die Beobachtung von Schreibprozessen als auch die dialogische Verständigung über subjektive Lösungen von Schreibproblemen zu wichtigen Erkenntnissen führen (Brügelmann). Anhand einiger Beispiele aus dem Kunstunterricht wird ersichtlich, wie die direkte Beobachtung des gesamten bildnerischen Prozesses umso wichtiger wird, je weniger die Kinder auf vorgegebene und (formal) eng gefasste Vorgehensweisen festgelegt sind und je mehr sie im Unterrichtsverlauf weitreichende individuelle Entscheidungen treffen können (Heyl). Welche Bedeutung Beobachtungen für das Handeln haben und wie zirkuläre Prozesse des pädagogischen Beobachtens, Beschreibens, Deutens und Handelns ablaufen, wird am Fall eines Schülers exemplarisch rekonstruiert und sichtbar gemacht (Fabel-Lamla/Pietsch). Inwiefern die Schulung des beobachtenden Blicks einen Beitrag zur Professionalisierung leisten kann, reflektiert zum Abschluss dieses Kapitels ein Beitrag, in dem Krisenerfahrungen und die Erfahrung von Differenz als Anlass zum Beobachten vorgestellt werden (de Boer).

Die Erfahrung zeigt, dass das Beobachten und das Beschreiben des Beobachteten, das Dokumentieren, gelernt sein wollen. Keiner erwirbt die Fähigkeit, aufmerksam zu beobachten und sorgsam zu beschreiben, indem er Texte über das Beobachten liest. Beobachten und Beschreiben zu erlernen ist ein längerer Prozess. Zu ihm gehören allerdings nicht nur Üben und Geduld, sondern auch die systematische Beschäftigung mit der Geschichte und der Theorie des Beobachtens und die Reflexion über Chancen, Herausforderungen und Probleme des Beobachtens und Beschreibens. Wir hoffen, mit diesem Buch und seiner Auseinandersetzung mit dem Sehen, Deuten und Verstehen, mit der Differenz von Beobachten und Bewerten und der Darstellung eines differenzierten Schreibens zukünftige Lehrer/innen zum Beobachten und zur Einnahme einer offenen und fragenden Grundhaltung ermutigen zu können. Wir freuen uns darüber, dass wir viele Experten und Expertinnen gewinnen konnten, die mit ihren Beiträgen die Komplexität dieses Themas auszudifferenzieren geholfen haben, und bedanken uns dafür bei allen Autorinnen und Autoren ausdrücklich.

Berlin und Frankfurt im März 2012 Sabine Reh und Heike de Boer

Inhaltsverzeichnis

Autorenverzeichnis

Prof. Dr. Gertrud Beck Ottrau-Görzhain, Deutschland

Dr. Hedda Bennewitz Institut für Erziehungswissenschaft, Abteilung I – Schulpädagogik/Schul- und Unterrichtsforschung, Westfälische Wilhelms-Universität Münster, Münster, Deutschland

Prof. Dr. Heike de Boer FB 1 Bildungswissenschaften, Institut für Grundschulpädagogik, Universität Koblenz-Landau, Koblenz, Deutschland

Dr. Birgit Brandt Fachbereich Informatik und Mathematik, Institut für Didaktik der Mathematik und der Informatik, Johann Wolfgang Goethe-Universität, Frankfurt, Deutschland

Prof. Dr. Georg Breidenstein Phil. Fak. III, Inst. f. Schulpädagogik und Grundschuldidaktik, Arbeitsbereich Grundschulpädagogik, Martin-Luther-Universität Halle-Wittenberg, Halle/Saale, Deutschland

Prof. Dr. Hans Brügelmann Fak. II, Department Erziehungswissenschaften und Psychologie, Schulpädagogik der Primarstufe, Universität Siegen, Siegen, Deutschland

Prof. Dr. Melanie Fabel-Lamla Fakultät für Bildungswissenschaften, Institut für Pädagogik, Universität Duisburg Essen, Essen, Deutschland

Prof. Dr. Friederike Heinzel Institut für Erziehungswissenschaft, Universität Kassel, Kassel, Deutschland

Prof. Dr. Thomas Heyl Fak. II, Institut der Bildenden Künste, Pädagogische Hochschule Freiburg, Freiburg, Deutschland

Gyde Höck Fachbereich Informatik und Mathematik, Institut für Didaktik der Mathematik und der Informatik, Johann Wolfgang Goethe-Universität, Frankfurt, Deutschland

Dr. Roswitha Lehmann-Rommel Fak. I, Institut für Erziehungswissenschaft/Abteilung Allgemeine Erziehungswissenschaft und Philosophie, Pädagogische Hochschule Freiburg, Freiburg, Deutschland

Dr. Christine Pauli Lehrstuhl für Pädagogische Psychologie und Didaktik, Institut für Erziehungswissenschaft, Universität Zürich, Zürich, Schweiz

Dr. Susanne Pietsch Universität Kassel, Kassel, Deutschland

Prof. Dr. Kerstin Rabenstein Arbeitsbereich Schulpädagogik/Empirische Unterrichtsforschung und Schulentwicklung, Pädagogisches Seminar, Georg-August-Universität Göttingen, Göttingen, Deutschland

Prof. Dr. Sabine Reh Leiterin der Bibliothek für Bildungsgeschichtliche Forschung (BBF), Berlin, und Philosophische Fakultät IV, Institut für Erziehungswissenschaften, Humboldt-Universität zu Berlin, Berlin, Deutschland

Prof. Dr. Gerold Scholz Wald-Michelbach, Deutschland

Johanna Wienike Arbeitsbereich Schulpädagogik/Empirische Unterrichtsforschung und Schulentwicklung, Pädagogisches Seminar, Georg-August-Universität Göttingen, Göttingen, Deutschland

Teil I
Grundlegendes: Verfahren und Ziele

1 Beobachten und aufmerksames Wahrnehmen

Aspekte einer Geschichte des Beobachtens

Sabine Reh

▸ **Sabine Reh** geht in einem historischen Rückblick der Entwicklung des Beobachtens als einer wissenschaftlichen Methode und der Konzeptionen eines Beobachters nach. Es wird gezeigt, wie sich seit der frühen Neuzeit Vorstellungen über das Methodisieren der Beobachtung als Beobachtung der Natur, als Methode der empirischen Zuwendung zur Welt und zum Menschen entwickelt hat und wie im 19. Jahrhundert eine Art Technisierung des Beobachtens bzw. seine Vermittlung über technische Geräte stattfand. Am Anfang des 20. Jahrhunderts wurde mit Hilfe einer neuen Methode, der „teilnehmenden Beobachtung", in der Anthropologie und in der soziologischen Milieu- und Stadtforschung ein neues Modell des hermeneutischen Beobachtes geschaffen. Das differenztheoretische Denken des 20. Jahrhunderts zeigt, dass Beobachten prinzipiell nicht nur perspektivisch, sondern paradox ist. Die Unvermeidlichkeit dessen wird abschließend mit Blick auf phänomenologische und ästhetische Positionen zur Wahrnehmung erörtert.

Um die Frage zu klären, was wir eigentlich tun, wenn wir etwas beobachten, wenn wir Unterricht, Schüler/innen und Lehrer/innen und das, was sie tun, beobachten, wie wir etwas wahrnehmen, auf welche Weise daraus Beobachtungen werden, was wir also tun, um Beobachter zu sein, soll im Folgenden ein Blick auf die Geschichte des Beobachtens und der Beobachtung als eine wissenschaftliche Methode geworfen werden.

Prof. Dr. Sabine Reh ✉
Leiterin der Bibliothek für Bildungsgeschichtliche Forschung (BBF), Berlin, und Philosophische Fakultät IV, Institut für Erziehungswissenschaften, Humboldt-Universität zu Berlin, Berlin, Deutschland
e-mail: sabine.reh@dipf.de

H. de Boer und S. Reh (Hrsg.), *Beobachtung in der Schule – Beobachten lernen*,
DOI 10.1007/978-3-531-18938-3_1,

Das Wort „beobachten" kommt im 17. Jahrhundert auf, ähnlich wie „Obacht", als ein Wort für Aufmerksamkeit und „Obacht geben" als Acht geben, aufmerksam sein. Mit ihm wird die Qualität, etwa die Intensität oder Dauer, einer betrachtenden Zuwendung zu etwas hervorgehoben. Beobachten bezeichnete – angelehnt an den lateinischen Sprachgebrauch von observare – ein fortgesetztes und wiederholtes Wahrnehmen, nicht einfach nur ein sinnliches Gewahr werden von etwas; es entsprach einem aufmerksamen, achtsamen (Campe 1807, S. 455) und langen Betrachten (vgl. Drosdowski 1989, S. 492 f.). Im 18. Jahrhundert kommt dem Beobachten, dem aufmerksamen oder achtsamen, dem langandauernden Wahrnehmen, das sich von einem anderen, einem weniger intensiven und einfachen Wahrnehmen zu unterscheiden schien, schließlich gar die Bedeutung einer methodisch angestellten Betrachtung zu; so wie Wahrnehmen mehr sei als Bemerken, sei Beobachten mehr als Wahrnehmen[1].

Mehr als 200 Jahre später wird in einem Lexikon der Erziehungswissenschaft Beobachtung als „elementare Methode der Datengewinnung in den Wirklichkeitswissenschaften" im Besonderen in der empirischen Sozialforschung bezeichnet (Böhm-Kasper 2012, S. 107), insofern deren Methoden „definitionsgemäß auf menschlichen Sinneserfahrungen", vornehmlich auf visuellen und auditiven, beruhen. Beobachten wird vor allem in der Psychologie als zielgerichtete Wahrnehmung des Menschen und menschlichen Verhaltens verstanden, die unter bestimmten, kontrollierten Bedingungen vorgenommen wird. „Wissenschaftliche Beobachtung" (Greve und Wentura 1997) sei durch die Merkmale Absicht, Selektion und Auswertung gegenüber einfacher Wahrnehmung charakterisiert: „Die absichtliche, aufmerksam-selektive Art des Wahrnehmens, die ganz bestimmte Aspekte auf Kosten der Bestimmtheit von anderen beobachtet, nennen wir Beobachtung. Gegenüber dem üblichen Wahrnehmen ist das beobachtende Verhalten planvoller, selektiver, von einer Suchhaltung bestimmt und von vornherein auf die Möglichkeit der Auswertung des Beobachteten im Sinne der übergreifenden Absicht gerichtet. Im alltäglichen Verhalten gehen Wahrnehmen und Beobachten oft unmerklich ineinander über" (Graumann 1966, S. 86, zit. nach Greve und Wentura 1997, S. 12). In der Soziologie werden – wie Lamnek (1995, S. 249) anführt – ebenfalls die Gesichtspunkte der Planung, der systematischen Aufzeichnung und

[1] Vgl. insgesamt die Eintragungen zu beobachten und anderen Wörtern dieser Gruppe in: „Deutsches Wörterbuch von Jacob Grimm und Wilhelm Grimm auf CD-Rom und im Internet. Ein Projekt des Kompetenzzentrums für elektronische Erschließungs- und Publikationsverfahren in den Geisteswissenschaften an der Universität Trier in Verbindung mit der Berlin-Brandenburgischen Akademie der Wissenschaften Berlin", http://woerterbuchnetz.de/DWB/ (letzter Zugriff am 30. Januar 2012).

das Verfolgen eines Forschungszweckes herausgestellt; das, nämlich einen Zweck, eine Funktion und einen spezifischen Ort im Kontext forschender Tätigkeiten einzunehmen, gilt hier nun allerdings als das, was eine wissenschaftliche von einer unwissenschaftlichen Beobachtung unterscheide, nicht irgendein Charakteristikum des Beobachtens selbst. „Beobachtung ist jede Analyse von Wahrnehmungen, die absichtlich nach bestimmtem Plan, in besonderer ‚Einstellung' vorgenommen wird, kurz: geplante, sinnvoll gelenkte Wahrnehmungsanalyse. In den Begriffen: Absicht, Plan, Einstellung liegt das Charakteristische" (Petersen und Petersen 1965, S. 102), wird auch in der pädagogischen Praxisbeobachtung und in der frühen erziehungswissenschaftlichen Forschung verkündet. Diskutiert wird, wie sich Beobachten einerseits vom Messen, für das es nicht nur Abbildungsvorschriften, sondern auch geregelte Aussagen zur Interpretation der Ergebnisse in den zugeordneten Symbolen gibt, und andererseits von einem Experiment unterscheide: „Der Experimentator kontrolliert die Untersuchungsbedingungen, er manipuliert sie absichtlich und systematisch (...). Der heuristische Beobachter beobachtet, um Zusammenhänge, vielleicht sogar Hypothesen zu generieren, der Experimentator experimentiert, um Zusammenhänge, Hypothesen oder Theorien zu überprüfen" (Greve und Wentura 1997, S. 18–25, hier S. 22).

Unterschiedliche Klassifikationen des Beobachtens beziehen sich auf einzelne Faktoren des Beobachtungs-Settings; so wird unterschieden zwischen technisch vermittelten, also technisch aufgezeichneten und unvermittelten Beobachtungen, zwischen Labor- und Feldbeobachtungen, die oft auch naturalistische Beobachtungen genannt werden; es gibt offene und verdeckte Beobachtungen – je nachdem, ob die Beobachteten von der Beobachtung wissen, und es wird schließlich zwischen teilnehmender und nicht-teilnehmender Beobachtung ein Unterschied gemacht (Greve und Wentura 1997, S. 26–30, vgl. auch Lamnek 1995, S. 247–255). Verschieden aber kann auch der Umfang des Beobachteten sein; unterschieden wird danach, was alles beobachtet wird, ob möglichst viel oder möglichst fokussiert (Greve und Wentura 1997, S. 30 f.) und was davon wie als Aufzeichnung gesichert, wie genau aufgeschrieben wird, z. B. ob eine anscheinend unscharfe Alltagssprache oder Fachterminologie verwendet, inwieweit dabei „nur" beschrieben oder schon gedeutet wird und – indem Handlungen und damit immer auch unterschiedlich weitgehend bzw. unterschiedlich abstrahiert – Intentionen unterstellt werden: Was tut einer, der seine Hand mit einem Stück Stoff an einem Fenster rauf und runter bewegt? Putzt er ein Fenster? Will er seinem am nächsten Tag erwarteten Besuch eine saubere Wohnung präsentieren oder geht er seinem Wunsch nach, die eigene Wohnung und sich selbst auf den Frühling vorzubereiten (vgl. Greve und Wentura 1997, S. 32–43)?

Es scheint nicht einfach zu bestimmen, was Beobachten ist und was der Beobachter tut. In einem – dem gegenwärtigen Verständnis dienenden – historischen Rückblick soll im Folgenden der Entwicklung des Beobachtens als einer wissenschaftlichen Methode und der darin enthaltenen Vorstellungen vom Beobachter nachgegangen werden. In fünf Schritten wird gezeigt,

1. wie sinnliches Wahrnehmen seit der frühen Neuzeit eine neue epistemologische Rolle erhält, wie sich daraus Vorstellungen über deren Methodisierung als Beobachtung der Natur, als Methode der empirischen Zuwendung zur Welt und zum Menschen, etwa in der Anthropologie oder dem, was später Ethnologie wird, aber auch in psychologischen und pädagogischen Kontexten entwickeln und wie, damit verbunden, Vorstellungen über einen objektiv-distanzierten Beobachter, der sich auf seine Sinne verlassen kann und dessen Neutralität und Unvoreingenommenheit aber auch durch Vorkehrungen gesichert werden muss, entstehen.
2. Im Laufe des 19. Jahrhunderts ruft nun allerdings die Erforschung der Sinne einerseits und die mit der industriellen und technischen Entwicklung neu entstehenden Anforderungen an eine Integration der Sinnesdaten durch das wahrnehmende Subjekt andererseits Zweifel an der Vorstellung einer einfachen Registratur der Daten durch die Sinne hervor. Sinnliches Wahrnehmen entpuppte sich als produktiv, konstruierend und fehlerhaft. Damit entfernte sich das Beobachten in den Naturwissenschaften immer weiter von einer aufmerksamen sinnlichen Wahrnehmung; es fand eine Art Technisierung des Beobachtens bzw. seine Vermittlung über technische Geräte statt. Beobachten wurde zum Messen und Experimentieren. Der in vielerlei Hinsichten unzuverlässige, der körperliche Beobachter wurde ersetzt oder musste mindestens durch Aufzeichnungsgeräte kontrolliert werden.
3. In den Sozialwissenschaften, aber vor allem in der Anthropologie entwickelt sich gegen Ende des 19., vor allem aber zu Beginn des 20. Jahrhunderts ein anderer, beobachtend-verstehender, letztlich ein hermeneutischer Zugang zum Menschen. Mit Hilfe der neuen Methode der „teilnehmenden Beobachtung" in der Anthropologie und in der soziologischen Milieu- und Stadtforschung (vgl. Robben und Sluka 2012) wurde ein neuer Beobachter geschaffen. Er war durch seine Zeugenschaft als Teilnehmender in der Fremde autorisiert, wenn es ihm gelang, seine Erfahrungen als verstehender und allwissender Erzähler aufzuschreiben, also von seiner eigenen Perspektivität anscheinend abzusehen. Mehr und mehr jedoch erwies sich die Perspektivität des Beobachtens als Unhintergehbarkeit einer über die leibliche Anwesenheit vermittelten Wahrnehmung und stellt damit schließlich die dem „hermeneutischen Feld" unterstellte Di-

chotomie von Geist und Materie selbst (Gumbrecht 1996, 2004), wie auch die alleinige Herrschaft des Verstehens als einer Suche nach verborgenen Bedeutungen in Frage.

4. Das differenztheoretische Denken im 20. Jahrhundert bescheinigte dem Beobachten als genereller Form der Erkenntnis nun prinzipiell paradox zu sein: Beobachtet wird, insofern etwas von etwas anderem unterschieden und bezeichnet wird, und die Beobachtung tut etwas – nämlich zu unterscheiden –, was sie selbst wiederum nicht beobachten kann; sie kann also nicht erkennen, was die beobachtete Unterscheidung ausmacht bzw. eint. Sie produziert notwendig einen eigenen blinden Fleck, den sie nicht sehen kann.
5. Die Unvermeidlichkeit von Perspektivität lässt sich systematisch mit Blick auf phänomenologische und ästhetische Positionen zur Wahrnehmung erörtern. Mit Hilfe des Konzeptes der Aufmerksamkeit als einer moderierenden Variable von Situiertheit und Leiblichkeit und mit Blick auf das – gegen die Vorherrschaft der Hermeneutik gerichtete – Konzept von Präsenz des sinnlichen Erscheinens (Seel 2003) können mögliche Konsequenzen für das Beobachten im Klassenzimmer gezogen werden.

1.1 Natur und Menschen beobachten – Entdeckungen der Sinne

Francis Bacons Plädoyer für Erfahrung, für das Sinnliche und Einzelne, bei dem hinreichend lange zu verweilen sei und aus dem erst allmählich – induktiv – die Lehrsätze zur Erklärung der Natur zu ziehen seien (vgl. Bacon 1990), kennzeichnet seit dem 16. Jahrhundert die Entwicklung eines modernen Wissenschaftsverständnisses. Erfahrung erhält eine besondere epistemologische Rolle:

> Seit ihren Anfängen im 16. Jahrhundert kennzeichnet die moderne Naturforschung eine Spannung, die niemals weicht. An der Erfahrung hat sich zu prüfen, was von den Vorgängen am Himmel und den Verhältnissen der Körper auf der Erde, von der Darstellung der Stoffe und der Erscheinung und dem Leben der Tiere und Pflanzen zu verstehen ist, und darf zugleich von den Umständen der Erfahrung nicht berührt sein. Ganz gleich also, ob man Astronomie, Physik, Chemie, Naturgeschichte und später Biologie betreibt, diese und alle anderen Wissenschaften, die seither noch dazu gekommen sind, bezeichnen immer mindestens zwei Dinge: eine spezifische, materiell wie theoretisch organisierte Praxis des Beobachtens, Messens und Experimentierens, mit deren Hilfe sich Erfahrungen einstellen, und einen Korpus von Erkenntnissen, der sich hieraus stützt, aber unabhängig von den Handlungen der Wissenschaften Gültigkeit besitzen soll (Hoffmann 2006, S. 7).

Das Verständnis von Beobachtung steht in engem Zusammenhang mit dieser Entwicklung eines bestimmten Wissenschaftsverständnisses, mit der Herausbildung vor allem der Naturwissenschaften als empirischer Wissenschaften. Deren Modernität beruht auf der Einschätzung, nichts könne Gegenstand des Denkens und der Analyse werden, das nicht vorher auch Gegenstand der Wahrnehmung geworden sei. Wissen entstehe in den Wissenschaften in und durch Beobachtung und es gehe darum, Beobachtungen zu erklären. Mit dieser Entwicklung einhergehend werden im weiteren Verlauf der Beobachter und seine Position näher bestimmt.

Neben der zum universalen Erkenntnismodell avancierenden methodisierten Beobachtung der „äußeren" Natur in den Naturwissenschaften rückt im Laufe des 18. Jahrhunderts auch der Mensch in den Fokus wissenschaftlichen Interesses. Zum Besten der Menschheit geht es nun auch darum, durch Beobachtung Kenntnis über den Menschen und seine Natur zu gewinnen:

> Aber wie kann ich den ganzen übrigen Theil meines Lebens besser nutzen, als wenn ich ihn, neben der thätigen Ausübung meiner Pflicht, zur Erforschung und Betrachtung desjenigen anwende, was mir und meinen Mitgeschöpfen gerade am wichtigsten ist? Und was ist dem Menschen wichtiger als, der Mensch? Diesem vortrefflichen Studium will ich daher meine Zeit und meine Kräfte widmen, und in Rücksicht auf dasselbe will ich studieren, lesen, beobachten, denken, und leben (Moritz 1986, S. 7).

schreibt Karl Philipp Moritz 1783 zur Einführung in das „Magazin zur Erfahrungsseelenkunde", das unter dem Motto „Gnothi Seauton", also unter dem Imperativ „Erkenne dich selbst", veröffentlicht wird.

Seit Beginn des 18. Jahrhunderts – so führt Moravia in seiner Untersuchung zur Anthropologie in der Aufklärungszeit (Moravia 1973) aus – wurden verschiedene Anstrengungen unternommen, die in den Naturwissenschaften ausgearbeiteten Methoden empirischer Forschung – wozu, wie dargestellt, an zentraler Stelle das Beobachten gehörte – auf die Erforschung des Menschen zu übertragen (Moravia 1973, S. 18). Auch wenn es nur langsam gelang, die Wissenschaft vom Menschen als eine durchzusetzen, „die stark genug war, sich von metaphysischen Fesseln wie z. B. dem Leib-Seele-Dualismus völlig zu befreien und den Menschen als natürliches und experimentell erfassbares Wesen zu verstehen" (Moravia 1973, S. 30), wurde schließlich in Frankreich 1799 die „Société des Observateurs de l'Homme", ebenfalls unter dem Motto „Gnothi seauton", gegründet (vgl. auch Jauffret 1973, S. 218). In ihr sollte es um die Wissenschaft vom Menschen gehen, die auf Beobachtung und Erfahrung – Grundlage jeder Naturwissenschaft – setze:

> Schon allein durch ihren Namen zeigt die Gesellschaft an, auf welche Weise sie eine gründlichere Kenntnis des Menschen erlangen zu können glaubt. Ihr Plan ist es vor allem, viele Tatsachen zu sammeln, die Beobachtungen zu erweitern und zu vermehren und dabei alle leeren Theorien, alle verwegenen Spekulationen beiseite zu lassen, die

zu nichts anderem führen würden, als ein ohnehin schon so dunkles Forschungsgebiet noch mehr in Finsternis zu hüllen (Jauffret 1973, S. 209).

„Tatsachen" über den Menschen, über seine Natur, sollten gesammelt und verglichen werden. Dafür bot es sich an, Beobachtungen auf Reisen über andere, „wilde" (vgl. Moravia 1973, S. 123), „noch nicht zivilisierte" Völker (Jauffret 1973, S. 212) und über die „ersten Entwicklungen der Fähigkeiten des Menschen" zu machen (Jauffret 1973, S. 214). Es wurden solche Menschen zum Gegenstand von Forschungen, die – wie die Kinder – noch nicht von der Künstlichkeit der Zivilisation entstellt seien und auch solche, die auf Grund von Gebrechen verlangsamte oder problematische Entwicklungen zu beobachten erlaubten, so etwa bei der Beobachtung des Zeichenerwerbs oder des Erwerbs einer Sprache bei den Taubstummen (Jauffret 1973, S. 217). Es ging um die Suche nach den universalen Grundlagen des Menschseins, nach dem, was den Menschen vom Tier unterscheide. Großen Erkenntnisgewinn über die Natur des Menschen versprach man sich von kontrastierend oder komparativ angelegten Beobachtungen. Eines der Themen, zu denen die Gesellschaft in Form einer Preisfrage aufforderte, lautete:

> Nach täglichen Beobachtungen eines oder mehrerer Wickelkinder ist zu beschreiben, in welcher Reihenfolge sich die physischen, intellektuellen und moralischen Fähigkeiten entwickeln und inwieweit diese Entwicklung vom Einfluß der Objekte, mit denen das Kind umgeben ist, und von dem noch stärkeren Einfluß der Personen, die mit ihm umgehen, begünstigt und durchkreuzt wird (Moravia 1973, S. 87).

Moravias Analyse macht deutlich, dass die erkenntnistheoretische Konstituierung der Beobachtung als einer wissenschaftlichen Methode und die eines wissenschaftlichen Beobachters zunächst sinnliche Wahrnehmung als Erfahrung in ein wichtiges Element der Menschenkenntnis, eine besondere Art des Wissenserwerbs, verwandelt[2]. Es wurde versucht, die Beobachtung zu methodisieren, ein

[2] Der Begriff der Erfahrung spielt in Theorien des Lernens oder der Bildung eine große Rolle; sie kommen ohne eine Vorstellung von Erfahrung, so Meyer-Drawe, kaum aus (vgl. Meyer-Drawe 2008, S. 188); im Begriff der Erfahrung wird dann zumeist – durchaus emphatisch – eine spezifische Qualität menschlicher Begegnung mit etwas Anderem bezeichnet, die denjenigen, der etwas erfährt, auf die eigene Erfahrung sich zurückwenden lässt, damit immer auch einen Wandel des „Erfahrenkönnens" bedeutet (vgl. Buck 1989, S. 3). Erfahrung sei, so Meyer-Drawe, nicht einfach ein Erleben, Denken oder gar Informiert-werden; von ihr könne nur die Rede sein, wo etwas Neues zum Vorschein komme, beginne dort, wo das Vertrauen brüchig geworden, aber das Neue nicht zur Hand sei. Sie erklärt weiter: „Wenn man Lernen nicht auf Erkennen reduzieren will, sondern im strengen Sinne als Erfahrung begreift, dann kommt der sinnlichen Wahrnehmung eine besondere Stellung zu. An dieser Stelle wäre Bucks Hermeneutik des Lernens durch eine Phänomenologie der Wahrnehmung zu ergänzen" (Meyer-Drawe 2008, S. 193). Meyer-Drawe führt aus, wie im Laufe der Geschich-

Instrumentarium für die Ethnographie als Beschreibung der Anderen zu schaffen. Veröffentlicht wurden Instruktionen zum Vorgehen bei der Beobachtung „wilder Völker", so etwa die von Joseph Marie Degérando verfassten und 1800 in Paris unter dem Titel „Considérations sur les diverses méthodes à suivre dans l'observation des peuples sauvages" (abgedruckt in Moravia 1973, S. 219–251, vgl. auch Moravia 1973, S. 171–182) erschienenen Hinweise. Sie gelten als einer der ersten und entscheidenden Beiträge zur Formierung einer Wissenschaft von fremden Völkern; die Betrachtungen „werden in der Literatur übereinstimmend als bahnbrechend für die Methoden der Ethnologie, insbesondere der Feldforschungen" bezeichnet, auch wenn sie sich in der Praxis eher als unbrauchbar erwiesen (vgl. Bucher 2002, S. 201). Degérando war der Auffassung, dass der Mensch als „objektive und konkrete, sichtbare und messbare Wirklichkeit" (Moravia 1973, S. 172) genauso der Beobachtung unterzogen werden könne und müsse wie die äußere Natur:

> Die Zeit der Systeme ist vorbei. Erschöpft von jahrhundertelanger vergeblicher Beschäftigung mit hinfälligen Theorien hat der Genius des Wissens endlich den Weg der Beobachtung eingeschlagen. Er hat erkannt, dass die Natur der wahre Meister ist; er hat seine ganze Kunst darauf verwandt, genau auf sie zu hören und sie manchmal zu befragen. Auch die Wissenschaft vom Menschen ist eine Naturwissenschaft, eine Wissenschaft der Beobachtung, und zwar die edelste von allen (Degérando 1973, S. 220).

Die Forschungsaufgaben, die Degérando aufzählt und erläutert, waren sehr komplex. Seine Vorschläge, Daten über das Leben „wilder Völker" zu sammeln, waren vielfältig, seine Fragen richteten sich auf viele Facetten, äußere Bedingungen des Lebens so gut wie auf Werte, Erziehungsmaßnahmen und Interaktionen und seine Aufmerksamkeit galt dem Konkreten, den einzelnen Mitgliedern eines Volkes. Beobachtungen hätten Beobachtungen aus erster Hand zu sein. Sie sollten systematisch gemacht und von Informanten bestätigt werden; lediglich induktive Schlüsse seien, diesem Wissenschaftsverständnis folgend, zu ziehen. Gleichzeitig allerdings sollten die Beobachtungen „unbiased and in a holistic way" getätigt werden (Robben 2012, S. 52) und Degérando stellte heraus, dass es notwendig sei, wolle man die Menschen fremder Völker „wirklich kennenlernen", zunächst „einer von ihnen [zu] werden" (Degérando 1973, S. 226). Degérandos Ziel war es, eine Naturwissenschaft aus der Erforschung des Menschen zu machen, indem er der

te abendländischen Denkens der Verdacht gegen die Wahrnehmung – als „Trunkenheit des Leibes" (Meyer-Drawe 2008, S. 199) – immer größer werde und, die Doppeldeutigkeit des Subjektes, das eben nicht nur Grundlage des Erkennens, sondern auch dem Gegebenen unterliegt, übersehend, Wahrnehmungserfahrungen, die Erfahrungen des Erleidens, dass etwas einem widerfährt, auch im professionellen Diskurs über Lernen für nur vorläufig gehalten wird. Meyer-Drawe zufolge sei Lernen Erfahrung und darin Entzug des Beginnens und Erinnerungen erschließend.

Beobachtung als einer erfahrungswissenschaftlichen Methode einen besonderen Stellenwert einräumte: „Degérando wants the science of Man to follow in the footsteps of natural science by emphasizing observation, analysis, and comparison" (Robben 2012, S. 52).

Ähnlich ging es um Fakten und das Beobachten von Fakten, d. h. der Natur des Menschen, auch Carl Philipp Moritz in dem von ihm 1783 herausgegebenen „Magazin zur Erfahrungsseelenkunde". Verschiedene „Professionelle" – wie wir heute sagen würden –, etwa Lehrer, Ärzte oder Pfarrer, taten Beobachtungen, nicht zuletzt der eigenen Person, kund (Moritz 1986, S. 42). Beobachtungen über sich selbst und Erfahrungen, die mit sich selbst gemacht wurden, besaßen einen besonderen Wert[3], galten sie Moritz und seinem Kreis doch als authentisch, weil sie einen Einblick in das Innere einer Person ermöglichten. Ein scharfer Kritiker der Erfahrungsseelenkunde, Kant, war nicht nur, aber vor allem der Selbstbeobachtung gegenüber skeptisch und setzte der Beobachtung als einer Methode, die Natur zu erforschen, früh das Experiment entgegen (vgl. Hagner 2001, S. 250).

Immer aber ging es auch bei der Beobachtung darum, etwas Neues zu entdecken:

> Wenigstens können folgende Winke dazu nutzen, dass sie zu mehreren Arten von Beobachtungen Veranlassung geben, wodurch sich vielleicht etwas ganz anderes ergiebt, als worauf man zuerst bei seinen Untersuchungen ausging: denn wer ein schlechtes Stückchen Silber sucht, kann wohl statt dessen einen Edelgestein finden (Moritz 1986, S. 28).

Vor allem der „Schulmann und der Erzieher" hätten

> Gelegenheit, Beobachtungen über den Menschen anzustellen, weil bei Kindern die Verstellungskunst größtenteils noch nicht so weit wie bei Erwachsenen gehet. Der Erzieher hat den Vorzug, dass er seine Subjekte beständig beobachten kann. Aber der Schulmann hat wiederum den Vortheil der Mannichfaltigkeit der Subjekte (Moritz 1986, S. 79).

Der dieses schreibende Lehrer machte sich einen Plan, wie er die Beobachtungen bei seinen Schülern anstellen könne; zu große Vertrautheit schien dabei hinderlich:

> ich suche an einem jungen Menschen, den ich zum erstenmale sehe, sogleich das Auffallende zu bemerken. Denn was uns oft beim ersten Anblick auffällt, das übersehen wir nachher schon leichter, wenn wir mit dem Subjekte bekannter geworden sind, und uns an sein Gesicht, seine Mienen u. s. w. gewöhnt haben (Moritz 1986, S. 79 f.).

---

[3] Dass es dabei, auch und gerade bei dem Unternehmen von Karl Philipp Moritz, nicht nur um die Etablierung einer wissenschaftlichen Methode, sondern auch um die Etablierung verschiedener Praktiken im Zusammenhang mit dem bürgerlichen Wert der Selbsterkundung ging, stellt Hagner (2001, S. 243) dar.

Bei der Beobachtung wird Vorurteilsfreiheit gefordert:

> Wenn man nur nicht gleich im Anfange etwas festsetzt, sondern sich gleichsam erst einen ohngefähren Grundriss zu seinen künftigen Beobachtungen zu entwerfen sucht, der nachher noch immer wieder abgeändert werden kann. Auch kömmt dieses noch zu statten, dass man gegen denjenigen, welchen man zum ersten Male siehet, gemeiniglich weder ein gutes noch ein böses Vorurtheil gefasst hat, und also, in Ansehung der Unparteilichkeit, seinen Beobachtungen am besten trauen kann (Moritz 1986, S. 80).

Etwa zur selben Zeit formuliert Trapp in seinem „Versuch einer Pädagogik", einen Mangel an anthropologischen, an systematischen Beobachtungen über den Menschen, über dessen Natur, deren Kenntnis erst den Menschen in die Lage versetzen würde, pädagogisch sinnvoll zu handeln:

> Bloß der Mangel sorgfältig und lange genug angestellter anthropologischer Beobachtungen, und daraus fliessender Erfahrungen, nebst dem Mangel richtig daraus gefolgerter Regeln sind, wie mir däucht, Ursache, daß wir, so wie in der Politik und Moral, also auch in der Erziehung noch so weit zurück sind, manchmal so verkehrt darin handeln. Unsere Regeln sind oft aus armseligen, einseitigen, krüppelhaften, zufälligen Erfahrungen abgeleitet, manchmal noch dazu unrichtig abgeleitet; und aufs Beobachten sind wir, so viel ich weiß, besonders in Absicht auf die Erziehung, noch nie recht ausgegangen (Trapp 1780, S. 62).

Mit Trapps Feststellung ist eine lange Tradition pädagogischer Beobachtungen eingeleitet, wie sie Petersen und Petersen nachzeichnen: „Bei der Erforschung der pädagogischen Wirklichkeit und all ihrer Situationen stand von Anfang an im Vordergrund das Urmittel aller Forschungen, die *Beobachtung* und zwar die direkte Beobachtung" (Petersen und Petersen 1965, S. 102).

Die in der Erziehung Tätigen werden selbst die Beobachter – das ist teilweise an den Autoren des „Magazins zur Erfahrungsseelenkunde" zu erkennen – und es müssen für die Fruchtbarkeit einerseits und deren Glaubwürdigkeit andererseits spezifische Vorkehrungen getroffen werden. Dabei wird deutlich, dass der Beobachter – so wie er implizit im „Magazin zur Erfahrungsseelenkunde" und auch noch in der „Pädagogischen Tatsachenforschung" der beiden Petersens erscheint – wohl ein professionell Handelnder sein kann, aber das Beobachten erfordert vor allem, distanziert zu sein und sich selbst eine systematische Beobachtung zur Aufgabe gemacht zu haben.

1.2 Technisierung des Beobachtens

Gegenüber der teils euphorischen, teils aus heutiger Sicht naiv erscheinenden Hoffnung, sich der Natur – der menschlichen so gut wie der nicht-menschlichen – als „Tatsachen" einfach beobachtend zuwenden zu können, veränderten sich im Laufe des 19. Jahrhunderts sowohl Vorstellungen vom Beobachten und vom Beobachter wie auch die über deren Verhältnis zueinander und die Formen der Wahrnehmung selbst.

Schienen die Sinnesorgane – wie dargestellt – noch im 18. Jahrhundert richtig zu gebrauchen, durch Übung anzuleiten und durch die Vernunft korrigierbar zu sein, waren sie also „Werkzeuge des Verstandes" und konnten die Beobachter durch skrupulöse Ausbildung vor Trugschlüssen bewahrt werden, so werden die Sinne im Laufe des 19. Jahrhunderts Akteure, eigenständig Agierende mit eigener Logik und unvermeidliche Quelle von Fehlern. Hoffmann (2006) stellt Akzentverschiebungen in den „Beobachterregimen", die regelten, was als objektive, richtige Beobachtung Anerkennung fand, dar (Hoffmann 2006, S. 8): Im Laufe des 19. Jahrhunderts verlieren die Sinne, verliert die Beobachtung als sinnliche Wahrnehmung, mehr und mehr an Bedeutung in den (Natur-) Wissenschaften. Es findet statt, was „Probabilisierung der Erfahrung" genannt wird:

> Gemeint ist damit die Einführung der Wahrscheinlichkeitsrechnung in die Evaluierung von Beobachtungsdaten, die sowohl für den Begriff von der Natur wie für die Vorstellung von den Möglichkeiten ihrer Erkenntnis tiefgreifende Konsequenzen hat (Hoffmann 2006, S. 15).

Der Akt der Beobachtung hat sich schließlich aus seiner Abhängigkeit von einem menschlichen Beobachter gelöst.

In zwei materialreichen Studien – „Techniques of the Observer. On Vision and Modernity in the Nineteenth Century" (1992) und seinem Buch „Aufmerksamkeit. Wahrnehmung und moderne Kultur" (Crary 2002), einer „Genealogie der Aufmerksamkeit" (Crary 2002, S. 14) – hat der Kunsthistoriker Jonathan Crary den Prozess analysiert, wie die Vorstellungen und das Wissen über das Funktionieren der Sinne sich veränderten. Zu Beginn des 19. Jahrhunderts sei – so Crary – ein neues Modell visueller Wahrnehmung auf den Plan getreten, das aus der Beobachtung als passiver Aufnahme der umgebenden Welt eine spezifische Prozedur mache, an der die Sinne, vor allem der visuelle Sinn des Beobachters, mitwirkten. Zwei Entwicklungen vollzögen sich parallel: Einerseits veränderten sich Anforderungen an Wahrnehmung und Wahrnehmungsorganisation auf Seiten des Individuums durch technische Entwicklungen, die etwa zu einer Zunahme verfügbarer Informationen und der Notwendigkeit einer beschleunigten Rezeption dieser führten und andererseits veränderten sich damit das Sehen selbst, aber auch die Vorstellungen über das Sehen und den Beobachter. Crary stellt dar, wie gegenüber dem Modell des Sehens in der „camera obscura", als eines einfachen, geradezu unbearbeiteten Abbildens des Sehfeldes, das einherging mit der Vorstellung von Selbstpräsenz, Helmholtz' wissenschaftlich-experimentelle Erforschung des Auges, also die physiologische Optik, deutlich macht, dass der Körper nicht transparent, passiv und unvermittelt Bilder empfängt. Die Wahrnehmung des Menschen sei eben nicht kontinuierlich, präsent und einheitlich und schaffe keine unabhängigen Bilder als einfache Repräsentationen – etwa auch nicht auf der Netzhaut. Die Problematik der sinnlichen Wahrnehmung wird – anhand der „nachlaufenden Bilder" und einem ähnlichen Phänomen des Gehörsinns, der „nachlaufenden Geräusche", in einem Artikel aus einer Zeitschrift für Volksschullehrer gegen Ende des 19. Jahrhunderts als Problem des Beobachters folgendermaßen beschrieben:

> Die Erhaltung eines kontinuierlich sich fortbewegenden Sinnesproduktes in der zurück gelegten Bahn ist eine Leistung des vorstellenden Subjektes. Sie wird veranlasst durch das Reizmoment der Bewegung, ermöglicht durch das Beharren der Vorstellungen und bewirkt durch die Hinlenkung der Aufmerksamkeit auf den Vorgang der Bewegung (Walsemann 1900, S. 54).

Eine Fähigkeit zu aufmerksamer Wahrnehmung – wie hier ausgedrückt – schien zunächst das entstandene Problem der glaubwürdigen Repräsentation der äußeren Welt im Inneren eines Subjektes lösen zu können[4]. Der Beobachter wurde so im Kontext der Prozesse der Veränderung der sinnlichen Wahrnehmung nur mehr aufgrund einer besonderen Fähigkeit zu Aufmerksamkeit, also als aufmerksamer Beobachter, zu einem Garanten der Einheit der Wahrnehmung und der Wahrheit der Wissenschaft.

Gleichzeitig mit der Veränderung der materiellen Bedingungen von Beobachtungen bzw. der konkreten Anordnungen, in denen sich das Erfahrungswissen einstellte, verschob sich seit dem späten 19. Jahrhundert die eigentliche Arbeit der Beobachtung immer mehr hin zu technischen Arrangements, bis sie schließlich gänzlich automatisiert schien (Hoffmann 2006, S. 19). Die Handlungsroutinen sinnesphysiologischer Forschungen in der Zeit nach 1850 trugen zur Ausformung von

[4] Im gleichen Zuge allerdings, wie sich die Aufmerksamkeit als Lösung anbietet, wird auch das Gegenteil von Aufmerksamkeit, zunächst Zerstreuung genannt, beobachtbar und als Bedrohung virulent (vgl. auch Hagner 1998, S. 285 f.). Aufmerksamkeit wird – so die Grundthese Crarys – zum ambivalenten Kohärenz-Stiftungs-Modell, weil sie Phänomene zwischen hoher Präsenz, Bewusstheit, Wille und Entscheidung auf der einen Seite und dem Flottieren, dem – wie es heute bei den Psychologen heißt (vgl. Smallwood und Schooler 2006) – „mind wandering" auf der anderen Seite, gar der Selbstvergessenheit, des Trancezustandes einschließt.

Auge, Ohr oder Tastsinn analog zu technischen Apparaturen bei. Damit wurde nicht nur ein spezifisches Bild vom Beobachter in die Welt gesetzt, sondern es fand eine Modellierung der Sinne als Apparate, als technisch überformte „Sinnesapparate" statt. Beobachten als ein Verfahren, das unmittelbar die untersuchten Objekte erfasst und erste Quelle ihrer Erkenntnis ist, wanderte damit im Laufe des 20. Jahrhunderts weitgehend aus den Naturwissenschaften aus. Das Interesse galt nun nicht mehr der sinnlichen Beobachtung als solcher, sondern dem kognitiven oder dem epistemologischen Kontext des Beobachtens.

Hoffmanns These ist die, dass das Verständnis von Beobachtung ganz auf die Idee eines Beobachters als Ursprung von Denkvorgängen ausgerichtet ist. Beobachtungen werden in ihrer Abhängigkeit von einem intentional bestimmten, theoretisch instruierten Zugriff des forschenden Subjekts oder Kollektivs zurechtgelegt (vgl. Hoffmann 2006, S. 24). Die Dinge, die der Naturwissenschaftler im 20. Jahrhundert „gesehen" habe, könnten nur noch in den seltensten Fällen von Menschen mit „unbewaffneten Sinnen" wahrgenommen werden. Damit ändere sich der Charakter der Beobachtung, die durch und mit Hilfe von Instrumenten vorgenommen werde. Gegenstände würden in den Naturwissenschaften nicht mehr mit Auge, Ohr, Hand, Nase und Zunge begriffen. Menschen seien in den Laboren lediglich noch nötig, um die Leistung der Experimentalapparaturen lesen und verstehen zu können. Objektivität basiere genau darauf; sie ist nicht mehr im menschlichen Beobachter und seiner Beobachtung zentriert. Die Arbeit der Beobachtung bestehe nicht im sinnlichen Registrieren, im Fixieren eines Phänomens; es gebe keinen Akt, in dem sich eine Vorstellung bestätigt oder ein Datum der Natur entsteht. Beobachtung sei damit also keine im Sinneszeugnis gegründete Erfahrung der Natur mehr. Lediglich noch ein Akt der Information sei erforderlich; es gehe darum, abzulesen und durch die Apparatur informiert zu werden.

1.3 Teilnehmende Beobachtung als Hermeneutik

Die Arbeiten Malinowskis (1979, 1986) – so wird immer wieder deren großer Wert postuliert (vgl. etwa Kohl 2000, Robben 2012, S. 54) – markieren eine neue Form empirischer Forschung in der Ethnologie. Mit der Methode der „teilnehmenden Beobachtung" und deren Dokumentation, der Ethnographie, werden Beobachtung und der Beobachter als ein verstehender Anwesender und Teilnehmer neu konzipiert. Die Autorität des Beobachters erwuchs aus seiner Zeugenschaft und seinem Verstehen. Mit der Trennung von Natur- und Geisteswissenschaften gegen Ende des 19. Jahrhunderts (vgl. Dilthey 1981) und dem Verlust einer „optimistischen Anthropologie der Perfektibilität des Menschen" (vgl. Hagner 1998, S. 289) geht dieser

Neueinsatz in der Ethnologie einher. Er lässt sich explizit als Versuch charakterisieren, Differenz zu verstehen und ist vor dem Hintergrund dieses Verstehensanspruches von Teilen der Ethnologie selbst als eine „hermeneutische Wende“ angesehen worden (Fuchs und Berg 1993, S. 44). Die in den Naturwissenschaften diskutierte Problematik sinnlicher Wahrnehmung, ihre Fehlerhaftigkeit, ihre Täuschungen, erscheinen hier nicht als Problem: Der Beobachter ist anwesend – er muss anwesend sein, um auf seine Weise holistisch, verstehend wahrnehmen zu können. Gleichzeitig musste seine Leiblichkeit zunächst abgespalten und geleugnet werden – wie das bekannte „Tagebuch im strikten Sinne“ von Malinowski (1985) zeigt. In diesen, lange nach seinem ethnographischen Bericht über die Trobriand-Inseln (Malinowski 1979) posthum veröffentlichten Tagebüchern hatte Malinowski sein Unwohlsein, seine Krankheiten und Ängste und sein Begehren in der Fremde dokumentiert und „abgearbeitet“ (vgl. auch Kohl 2000, S. 111–119).

Ist den Ethnographen – so zunächst Malinowski (1979) und auch noch Geertz (1983) – bei Teilnahme am Alltagsleben der untersuchten Gruppe, der Fremden, man könnte sagen des „Falles“, (vollständiges) Verstehen möglich, so muss dieses in einem spezifischen Text, der „dichten Beschreibung“ (Geertz 1983) dokumentiert werden. Das Verstehen des Falles gelingt, weil und insofern eine Art Ordnung, ein Ganzes, unterstellt und herausgearbeitet wird. Unterstellt wird ein Verhältnis von Teil und Ganzem zueinander, dem man sich in einem – allerdings unabschließbaren – zirkulären Prozess nähern kann. Das entspricht in Teilen dem „klassisch“ geisteswissenschaftlichen Verständnis der Hermeneutik, wie es traditionsbildend Dilthey zu Beginn des 20. Jahrhunderts darlegt (Dilthey 1981). Der ethnographische Text, die angefertigte „dichte Beschreibung“ mache, so später die Kritik, den hermeneutischen, den verstehenden Beobachter als Autor der Konstruktion von Beobachtungen unsichtbar (vgl. Clifford und Marcus 1986), wie er gleichzeitig im Akt des Verstehens, des notwendigen Bestimmens von etwas als etwas, auch ein Verkennen und Gewalt transportiere[5]. Hirschauer hat analysiert, vor welche Schwierigkeiten des Beschreibens als eines Bestimmens vor allem das Schweigsame, Stumme, Unaussprechliche und Vorsprachliche die Ethnographie stelle (Hirschauer 2001).

Weil die „teilnehmende Beobachtung“ in der Ethnographie aber tatsächlich die leibliche Anwesenheit des Beobachters erforderte, wurde hier bald das „hermeneutische Feld als eine Lebensform“ (Gumbrecht 1996), der hermeneutisch-akademische Habitus dieser Zeit als immerwährende Suche bzw. Ermittlung eines

[5] Vgl. zur Diskussion der Grenzen des Verstehens vor dem Hintergrund einer schon länger andauernden Kritik an der Hermeneutik jüngst Merschs Entwurf einer „Posthermeneutik“, dessen Anliegen es ist, gegen die Hermeneutik und gegen die Suche nach dem versteckten Sinn auf den Präsenzbegriff nicht zu verzichten (Mersch 2010, S. 21).

verborgenen, unterlegten Sinns und Preisgabe von „Präsenzerfahrungen" (vgl. Gumbrecht 2004, S. 99 ff.) in Frage gestellt. Hier, in der ethnologischen Ethnographie, mussten – anders als in den eigentlichen Textwissenschaften – die Standortgebundenheit und gegenwärtige Situiertheit des Interpreten sichtbar, die Trennung von körperfundierter Wahrnehmung und begriffsgebundener Erkenntnis immer schwieriger (vgl. Gumbrecht 1996, S. 19, auch Grumbrecht 2004) und die Grenzen des Verstehens zunehmend deutlicher werden. Veranlasst wurde das vor allem aufgrund von zwei Bedingungen, nämlich a) der Ausgesetztheit des Beobachters, der Tatsache, dass der Beobachter nicht nur auch im gleichen „Schlamassel" (Goffman 1996) steckte wie die Beobachteten, sondern dadurch in besonderer Weise herausgefordert war und b) des besonderen Gegenstandes, der ehemals kolonialisierten oder „unberührten Völker", die in Zeiten des Postkolonialismus nicht mehr einfach über sich sprechen lassen wollten und die identifizierenden und verkennenden Kategorisierungen kritisierten. Explizit haben Ethnologen und Anthropologen seit den 80er-Jahren die Unhintergehbarkeit von Perspektivität herausgestellt, und konnten zudem zeigen, dass gerade im Versuch der Repräsentation des verstandenen Fremden dessen Konstruktion als „Othering" einerseits (vgl. Fuchs und Berg 1993, S. 13) und dessen Relativierung in einer Art der „Nostrifizierung", der Vereinnahmung bzw. Anerkennung als mit Eigenem vergleichbar, andererseits statt fanden.

1.4 Differenztheoretische Perspektive: Beobachten als Unterscheiden

Radikal und differenztheoretisch (vgl. Ricken und Balzer 2007) wird das Problem der Perspektivität des Beobachtens von Luhmann zu Ende gedacht: Er versteht Beobachten als ein Unterscheiden. Luhmann, der sich an dieser Stelle auf den Mathematiker Georg Spencer Brown bezieht, charakterisiert jede Art von Operation, die eine Unterscheidung vornimmt, als Beobachtung (vgl. Luhmann 1992, S. 99). Die beobachtende Person konstituiert eine Unterscheidung, indem sie bezeichnet. Da jede Beobachtung im Moment des Unterscheidens immer nur die Seite, die sie bezeichnet hat, und nicht die nicht bezeichnete sehen kann, bleibt immer ein blinder Fleck. Damit ist Beobachten gleichzeitig ein Paradox:

> Jeder Beobachter beobachtet, was er beobachten kann, aufgrund einer Unterscheidung, deren Einheit sich seiner Beobachtung entzieht. Man hat die Wahl, ob man von wahr/unwahr, Krieg/Frieden, Mann/Frau, gut/böse, Heil/Verdammnis etc. ausgeht, aber wenn man für die eine oder andere Unterscheidung optiert, hat man nicht mehr die Möglichkeit, die Unterscheidung als Einheit, als Form zu sehen – es sei denn

> mit Hilfe einer anderen Unterscheidung, also als ein anderer Beobachter. (...) Jede Beobachtung braucht ihre Unterscheidung und also ihr Paradox der Identität des Differenten als ihren blinden Fleck, mit dessen Hilfe sie beobachten kann. Ein anderer Beobachter kann auch dies nur beobachten – aber nur bei anderen, nicht bei sich selbst (Luhmann 1990, S. 123).

Auch wenn Luhmann den Begriff des Beobachtens hier sehr weit, nämlich im Sinne von Erkenntnis bzw. erkennen nutzt, gilt seine Kennzeichnung des mit dem Beobachten verbundenen Paradoxes auch für Beobachtungen in einem wörtlichen Sinne, etwa für Beobachtungen, die ein Beobachter oder eine Beobachterin im Klassenraum macht. So wird der Beobachter im Klassenraum von der Unterscheidung zwischen verschiedenen Rollen oder Positionen in der Schule ausgehend das Agieren von Einzelnen in den Rollen von Lehrer/innen und Schüler/innen beobachten. Damit allerdings – so wäre Luhmann zu verstehen – ist die grundlegende Einheit dieser Unterscheidung oder Form, wie Luhmann sagt, als Voraussetzung dieser Beobachtung, nämlich die Einheit des sozialen Systems Schule bzw. die Unterscheidung zwischen der Schule und der Gesellschaft bzw. anderen Subsystemen der Gesellschaft nicht im selben Zuge zu beobachten. Der Beobachter im Klassenraum kann aber auch – und an den Beispielen in den einzelnen Beiträgen des vorliegenden Buches ist das wiederum zu beobachten – eine andere Unterscheidung zu seinem Ausgangspunkt machen, so etwa die zwischen Kindern und Erwachsenen. Wenn eine Beobachterin diese Unterscheidungen zu ihrem Ausgangspunkt macht, kann sie wiederum etwas anderes, eine diese grundlegende Unterscheidung einende Form nicht sehen. Nicht sichtbar ist, dass auch den Beobachtungskategorien „Kind" und „Erwachsener" eine mit bestimmten Vorannahmen und Einschränkungen verbundene Einheit zugrunde liegt, nämlich die Form „Mensch". Der blinde Fleck dieser Beobachtung ermöglicht es nun nicht, den Menschen zu beobachten und im Unterschied zu seinem Gegenstück, dem Nicht-Menschen als einem anderen „Teilnehmer" der Sozialwelt zu bestimmen. Freilich kann ein Beobachter zweiter Ordnung sehr wohl die verdeckte Unterscheidung der ersten Beobachtung beobachten und der Reflexion zugänglich machen; er selbst trifft allerdings ebenfalls eine von ihm selbst nicht beobachtbare Unterscheidung, weist in seiner Beobachtung also auch einen blinden Fleck auf. Das beschriebene Problem des Beobachtens und des Beobachters – folgt man Luhmann – ist nicht lösbar; konstatiert werden kann hier lediglich noch ein Paradox.

Luhmanns Begriff von Beobachtung bezieht sich auf unterschiedliche Operationen in sozialen Systemen, lebenden Systemen oder von Bewusstseinssystemen, wie Luhmann sie unterscheidet. Folgt man nun Luhmann und der von ihm beschriebenen Logik systemtheoretischer Annahmen, sind Systeme gegeneinander abgeschlossen; das eine System ist für das andere Umwelt, sie können sich gegenseitig nicht steuern oder bestimmen. Es gibt lediglich eine Art der Bezogenheit und des Aufeinandereinwirkens, die Luhmann mit dem Begriff der „Interpenetration" bzw. später dem der „strukturellen Kopplung" kennzeichnet (Luhmann 1998, S. 100 ff.) Die Frage danach, wie Beobachtung von etwas als über die Sinne eines lebenden Systems erfolgende Wahrnehmung von sich selbst, also des lebenden Systems, aber auch seiner Umwelt, zum psychischen System sich verhält, berührt Luhmanns Interesse nur am Rande. Diese Frage nach dem Charakter (sinnlicher) Wahrnehmung muss mit Blick auf andere Theorien und Theorie-Traditionen zu beantworten versucht werden.

1.5 Leiblichkeit, Perspektivität und Präsenz in der Beobachtung

Während zunächst die erkenntnistheoretische Analyse des Wahrnehmungsaktes und die Frage nach der Leistung, dem Wahrheitsanspruch der sinnlichen Wahrnehmung im Mittelpunkt der Beschäftigung mit der Wahrnehmung standen, beschäftigten sich im Laufe des 20. Jahrhunderts vor allem Phänomenologie und (Wahrnehmungs-) Psychologie mit dem Akt der Wahrnehmung, dessen fundamentalem Charakter, als einem Phänomen sui generis. Merleau-Ponty spricht von einem „Primat der Wahrnehmung" (Merleau-Ponty 2003) und wendet sich der Bedeutung des Leibes für die Wahrnehmung zu:

> Die Synthese der Wahrnehmung muss also durch jemanden vollzogen werden, der in den Gegenständen bestimmte perspektivische Aspekte feststellen kann, die allein leibhaftig gegeben sind, und muss zugleich über sie hinausgehen. Dieses Subjekt, das einen bestimmten Standpunkt einnimmt, ist mein Leib als Feld der Wahrnehmung und des Handelns, insofern meine Bewegungen eine bestimmte Reichweite haben und als mein Bereich die Gesamtheit der mir vertrauten Gegenstände umschreiben (Merleau-Ponty 2003, S. 33; vgl. Wiesing 2003, S. 87).

Der Leib sei in seiner Präsenz in der Wahrnehmung eine Bedingung der Möglichkeit für notwendig perspektivische Wahrnehmung:

> Wenn Gegenstände mir notwendig stets nur eine ihrer Seiten zeigen, so weil ich selbst einen bestimmten Platz einnehme, von dem aus ich sie sehe, den ich selbst aber nicht sehen kann. (…) so konnte das Phänomen der Ständigkeit des eigenen Leibes (…) bereits zu einem Begriff des Leibes nicht als Gegenstandes der Welt, sondern als Mittel der Kommunikation mit der Welt führen, wie auch zu einem Begriff der Welt selbst nicht als Summe determinierter Gegenstände, sondern als des latenten Horizonts all unserer Erfahrung (…) (Merleau-Ponty 1966, S. 117 f.).

An diese Phänomenologie leiblicher Wahrnehmung schließt wiederum Waldenfels an (vgl. z. B. Waldenfels 2000, S. 106) und versucht Sinne und Sinnlichkeit zu rehabilitieren: „Der Rückgang zur Wahrnehmung bedeutet deshalb den Rückgang zu einer Welt, in der die Dinge noch vieles bedeuten können." Kontextualität, Situationalität und konkrete Zusammenhänge seien nicht nur als Vorstufen der Erkenntnis, als zu überwindende Subjektivität oder zu vermeidender Partikularismus zu verstehen:

> Fragen der Rationalität beginnen schon im Bereich der Sinne. Das sinnliche Empfinden ist keine bloße Vorstufe, was hieße, dass wir auf der Stufe des Empfindens bloße Erkenntnismaterialien auflesen, aus denen wir dann etwas Allgemeingültiges zusammenbauen. Das Erkennen bleibt vielmehr zurückbezogen auf einen sinnlichen Prozess der Gestaltbildung und der Strukturierung mit all seinen Kontingenzen, Vieldeutigkeiten und Unabgeschlossenheiten (Waldenfels 2000, S. 107).

Wahrgenommen werden nicht isolierte Elemente, sondern Relationen, Zusammenhänge, Gestalten, d. h. differenzierte Gebilde, wahrgenommen wird in Kontexten. Wahrnehmen heißt, dass Organisationsformen ins Spiel kommen – für Waldenfels wie schon für Merleau-Ponty und andere in einer phänomenologischen Perspektive – und Gestalt- und Strukturbildungen stattfinden: Es wird ein strukturiertes Ganzes wahrgenommen, Gestalten werden in der Differenz von Figur und Grund, etwa Feld oder Horizont, gebildet; etwas bildet einen Zusammenhang, bezieht sich auf anderes und hat darin einen Sinn. Es ist immer Sinn und Gestalt für jemanden, der wahrnimmt; so auch kann Wahrnehmung produktiv, als eine „Schöpfung" verstanden werden.

Im Rahmen eines ökologisch-wahrnehmungstheoretischen Ansatzes bestimmt Gibson Wahrnehmung als Informationsentnahme, konzipiert diese aber anders als üblich. Die Entnahme von Informationen ist eine bestimmte Art der Aktivität und ein kontinuierlicher Akt: „Ich meine die Aktivität des Hinschauens, Horchens, Ergreifens, Kostens oder Beriechens" (Gibson 1982, S. 263). Information sei daher keine weitergegebene Nachricht, könne weder befördert noch gespeichert werden, sondern kennzeichne die „Umwelt des Beobachters", nicht die seiner Sinnesorgane oder Rezeptoren. Orte, festverbundene Objekte, Dinge und Substanzen würden zusammen mit Ereignissen wahrgenommen: „Diese Dinge zu sehen, ist zugleich ihre Angebote zu sehen", sie in ihrem Bezug auf den eigenen Leib wahrzunehmen (Gibson 1982, S. 258). Wahrnehmung sei

> Tuchfühlung-Halten mit der Welt, eher ein Erfahrungen sammeln, als Erfahrungen haben. Es beinhaltet Aufmerksamkeit – auf, nicht bloßes Bewusstwerden – von. Es mag das Aufmerken auf etwas in der Umwelt oder etwas im Beobachter oder beides zugleich sein, doch gibt es kein leeres Bewusstwerden, unabhängig von dem, dessen

> man gewahr wird. (...). Wahrnehmen ist ein psychosomatischer Akt, weder des Geistes noch des Körpers, sondern eines lebenden Betrachters (Gibson 1982, S. 258).

Wenn nun mit solchen Konzeptionen von Wahrnehmung ansatzweise schon die Dichotomie von Körper und Geist in Frage gestellt werden kann und gegen die Hermeneutik als „Lebensform" die Leibgebundenheit des Wahrnehmens ins Feld geführt wird, die immer gerichtet, ein Wahrnehmen-als sei, haben andere, etwa Seel (2003), in einer an Traditionen der Ästhetik im 18. Jahrhundert anknüpfenden Theorie ästhetischer Wahrnehmung noch etwas anderes betont. Erst ein aufmerksames und offenes Wahrnehmen, das sich auf das Wahrgenommene, den Wahrnehmenden selbst und den Akt der Wahrnehmung, auf das „Wahrnehmen-dass" richtet, und einen Sinn für die Form, das Erscheinen der Phänomene in ihrer Gegenwart richtet, kann vorschnell bestimmende und begrifflich-kategorisierende Zugriffe, das schnelle „Verstehen" vermeiden.

In solchen Konzeptionen werde Wahrnehmung nicht nur in ihrer Perspektivität und leiblichen Fundiertheit erfasst, sondern gleichzeitig weder Freiheitsgrade des Subjekts übersehen, noch dieses als unabhängiger „Konstrukteur" seiner Welt verstanden (vgl. Breyer 2011, S. 186). Folgt man Breyer ist es eine bestimmte Konzeption von Aufmerksamkeit, die genau dieses Verhältnis von Aktivität und Passivität zueinander – weder sind es die Dinge, die deren Wahrnehmung durch das Subjekt, noch ist es das Subjekt, das deren Wahrnehmung determiniert – zu denken erlaube und Dichotomien überwinden könne. Aufmerksamkeit sei Bereicherung, Modulation und „ichliche Selektivität" der Wahrnehmung (Breyer 2011, S. 186):

> Aufmerksamkeit stellt sich so gesehen als die grundlegende Bedingung und die konkrete Möglichkeit von Bewegung in der Wahrnehmung und im Denken dar. In dem durch sie geschaffenen Feld ist ihre weitere Funktion, Invarianzen im sensorisch-kinästhetischen Vollzug der Wahrnehmung festzuhalten (Breyer 2011, S. 190 f.).

Möglicherweise erlaubt ein solchermaßen aufmerksames Beobachten auch die Entdeckung von Neuem.

1.6 Fazit

Beobachtung ist eine in einem bestimmten Zeitraum sich herausbildende und sich mit der technischen Entwicklung verändernde wissenschaftliche Methode, mit deren Hilfe sowohl das, was als wirklich galt, wahrgenommen und Erkenntnisse über die Wirklichkeit produziert werden sollten, wie diese aber auch die Vorstellungen von dem, was als wirklich und wahr überhaupt nur gelten konnte, bestimmte. Die Vorstellungen über das Beobachten, die Praktiken des Beobachtens vermittelten zudem in ihrer historischen Entwicklung auch sich ändernde Vorstellung von dem, was der zu tun hatte, der beobachtete und wie er zu sein hatte:

- zunächst ein distanzierter und objektiver Beobachter der Natur und der Natur des Menschen, Fehler vermeidend und auf technische Unterstützung setzend,
- dann mit holistischem Blick die Kultur eines Volkes oder einer sozialen Gruppe verstehend und sich als affiziert Anwesender leugnend und
- schließlich ein Beobachter, der in einer Art ästhetischer Haltung das Erscheinen um des Erscheinens willen beobachtet und auf das Wahrnehmen selbst aufmerksam ist.

Für Beobachtungen im Klassenraum ist Unterschiedliches in Rechnung zu stellen:

- Beobachtung ist immer die eines leiblichen oder mindestens die eines körperlich-materialen Wesens bzw. Aktanten und hierin gegründete Perspektivität.
- Beobachtung ist Herstellung von Situationalität, Kontextualität und Relationalität.
- Beobachten, das also immer bedeutet, eine Perspektive einzunehmen, heißt gleichzeitig anderes dafür nicht in den Blick nehmen zu können.
- Beobachtung ist als eine Wahrnehmung gerichtet auf etwas, es wird etwas als etwas wahrgenommen und es findet statt, was man schon als eine rudimentäre Form des Verstehens – Gestalt- und Strukturbildungen – bezeichnen könnte und was mit – in je eigener Geschichte – sedimentierten Bewertungen seitens eines Einzelnen oder einer Gruppe einhergeht.
- Beobachtung kann partiell aber als ästhetisches Wahrnehmen auf Materialität und Gegenwärtigkeit der Phänomene gerichtet sein und darin von Bestimmungen, vom Verstehen absehen.

Diese Charakteristika des Beobachtens gilt es nun aber nicht nur in der Reflexion über das Beobachten in Rechnung zu stellen, sondern in ihrer Potentialität zu nutzen: Wie kann sich dem Beobachter oder der Beobachterin Neues zeigen – auch wenn dieses letztlich unverfügbar bleibt? Offenheit für das Neue, für Anderes oder Differentes, die Möglichkeit aufzumerken auf dieses, muss unterstützt werden, indem die Beobachterin versucht, während des Beobachtens, im Feld mit allen Sinnen zu beobachten und auf das eigene Wahrnehmen, also auf sich selbst aufmerksam, anwesend zu sein und schließlich dieses Aufmerken im Notat einer Analyse zugänglich zu machen (vgl. Reh, Beobachtungen aufschreiben, in diesem Band).

Literaturverzeichnis

Bacon, F. (1990). *Neues Organon. Lateinisch-deutsch.* Hamburg: Meiner. Hrsg. von W. Krohn. 2 Bde.

Böhm-Kasper, O. (2012). Beobachtung. In K. P. Horn, H. Kemnitz, W. Marotzki, & U. Sandfuchs (Hrsg.), *Klinkhardt Lexikon Erziehungswissenschaft*. Bd. 1 (S. 107). Bad Heilbrunn.

Breyer, T. (2011). *Attentionalität und Intentionalität. Grundzüge einer phänomenologisch-kognitionswissenschaftlichen Theorie der Aufmerksamkeit*. München: Wilhelm Fink.

Bucher, G. (2002). *„Von Beschreibung der Sitten und Gebräuche der Völker". Die Instruktionen Gerhard Friedrich Müllers und ihre Bedeutung für die Geschichte der Ethnologie und der Geschichtswissenschaft*. Stuttgart: Franz Steiner Verlag.

Buck, G. (1989). *Lernen und Erfahrung – Epagogik. Zum Begriff der didaktischen Induktion* (3. Aufl.). Darmstadt: Wissenschaftliche Buchgesellschaft.

Campe, J. H. (Hrsg.). (1807). *Wörterbuch der Deutschen Sprache*. Braunschweig: In der Schulbuchhandlung.

Clifford, J., & Marcus, G. E. (Hrsg.). (1986). *Writing Culture*. Berkeley/Los Angeles/London: University of California Press.

Crary, J. (1992). *Techniques of the Observer. On Vision and Modernity in the Nineteenth Century*. Cambridge/London: MIT Press.

Crary, J. (2002). *Aufmerksamkeit. Wahrnehmung und moderne Kultur*. Frankfurt a. M.: Suhrkamp.

Degérando, J. M. (1973). Erwägungen über die verschiedenen Methoden der Beobachtung der wilden Völker. In S. Moravia (Hrsg.), *Beobachtende Vernunft. Philosophie und Anthropologie in der Aufklärung* (S. 219–251). München: Carl Hanser Verlag.

Dilthey, W. (1981). *Der Aufbau der geschichtlichen Welt in den Geisteswissenschaften*. Frankfurt a. M.: Suhrkamp.

Drosdowski, G. (Hrsg.). (1989). *Duden. Etymologie. Herkunftswörterbuch der deutschen Sprache*. Mannheim u. a.: Bibliographisches Institut, & F.A: Brockhaus. (= DUDEN Band 7).

Fuchs, M., & Berg, E. (Hrsg.). (1993). *Kultur, soziale Praxis, Text. Die Krise der ethnographischen Repräsentation*. Frankfurt a. M.: Suhrkamp.

Geertz, C. (1983). *Dichte Beschreibung*. Frankfurt a. M.: Suhrkamp.

Gibson, J. J. (1982). *Wahrnehmung und Umwelt. Der ökologische Ansatz in der visuellen Wahrnehmung*. München/Wien/Baltimore: Urban & Schwarzenberg.

Goffman, E. (1996). Über Feldforschung. In H. Knoblauch (Hrsg.), *Kommunikative Lebenswelten. Zur Ethnographie einer geschwätzigen Gesellschaft* (S. 261–269). Konstanz: Universitätsverlag Konstanz.

Graumann, C. F. (1966). Grundzüge der Verhaltensbeobachtungen. In E. Meyer (Hrsg.), *Fernsehen in der Lehrerbildung* (S. 86–107). München: Manz.

Greve, W., & Wentura, D. (1997). *Wissenschaftliche Beobachtung. Eine Einführung*. Weinheim: Beltz.

Grimm, J. & Grimm, W. (n.d.) [online]. Verfügbar unter: http://woerterbuchnetz.de/DWB/ [30.01.2012]

Gumbrecht, H. U. (1996). Das Nicht-Hermeneutische. Skizze einer Genealogie. In J. Huber, & A. M. Müller (Hrsg.), *Die Wiederkehr des Anderen* (S. 17–35). Basel/Frankfurt a. M.: Stroemfeld/Roter Stern.

Gumbrecht, H. U. (2004). *Diesseits der Hermeneutik. Die Produktion von Präsenz*. Frankfurt a. M.: Suhrkamp.

Hagner, M. (1998). Achtsamkeit als Ausnahmezustand. In N. Haas, R. Nägele, & H. J. Rheinberger (Hrsg.), *Aufmerksamkeit* (S. 273–294). Eggingen: Klaus Isele.

Hagner, M. (2001). Psychophysiologie und Selbsterfahrung. Metamorphosen des Schwindels und der Aufmerksamkeit im 19. Jahrhundert. In A. Assmann, & J. Assmann (Hrsg.), *Aufmerksamkeiten. Archäologie der literarischen Kommunikation* (S. 241–263). München: Fink Verlag.

Hirschauer, S. (2001). Ethnografisches Schreiben und die Schweigsamkeit des Sozialen. Zu einer Methodologie der Beschreibung. *Zeitschrift für Soziologie, 30*(6), 429–451.

Hoffmann, C. (2006). *Unter Beobachtung. Naturforscher in der Zeit der Sinnesapparate*. Göttingen: Wallstein.

Jauffret, L. F. (1973). Einführung in die „Mémoires" der „Société des Observateurs de l'homme". In S. Moravia (Hrsg.), *Beobachtende Vernunft. Philosophie und Anthropologie in der Aufklärung* (S. 209–219). München: Carl Hanser Verlag.

Kohl, K. H. (2000). *Ethnologie – die Wissenschaft vom kulturell Fremden* (2., erw. Aufl.) München: C.H. Beck.

Lamnek, S. (1995). *Methoden und Techniken* (3., korr. Aufl.) Qualitative Sozialforschung, Bd. 2. Weinheim: Beltz.

Luhmann, N. (1992). *Beobachtungen der Moderne*. Braunschweig: Westdeutscher Verlag.

Luhmann, N. (1998). *Die Gesellschaft der Gesellschaft*. Bd. 1. Frankfurt a. M.: Suhrkamp.

Luhmann, N. (2003). Sthenographie. In N. Luhmann, H. Maturana, M. Namiki, V. Redder, & F. Varela (Hrsg.), *Beobachter. Konvergenz der Erkenntnistheorien?* (3. Aufl.) (S. 119–137). München: Fink Verlag.

Malinowski, B. (1979). *Argonauten des westlichen Pazifik. Ein Bericht der Unternehmungen und Abenteuer der Eingeborenen in den Inselwelten von Melanesisch-Neuguinea*. Frankfurt a. M.: Syndikat.

Malinowski, B. (1986). *Ein Tagebuch im strikten Sinne des Wortes. Neuguinea 1914–1918*. Frankfurt a. M.: Syndikat.

Merleau-Ponty, M. (1966). *Phänomenologie der Wahrnehmung*. Berlin: Walter de Gruyter.

Merleau-Ponty, M. (2003). *Das Primat der Wahrnehmung*. Frankfurt a. M.: Suhrkamp.

Mersch, D. (2010). *Posthermeneutik*. Berlin: Akademie Verlag. (= Deutsche Zeitschrift für Philosophie. Sonderband 26.)

Meyer-Drawe, K. (2008). *Diskurse des Lernens*. München: Fink Verlag.

Moravia, S. (1973). *Beobachtende Vernunft. Philosophie und Anthropologie in der Aufklärung*. München: Carl Hanser Verlag.

Moritz, K.-P. (Hrsg.). (1986). *Gnothi Seauton oder Magazin zur Erfahrungsseelenkunde als ein Lesebuch für Gelehrte und Ungelehrte*. Erstes bis Drittes Stück 1783, Bd. 1. Nördlingen: Franz Greno.

Petersen, P. & Petersen, E. (1965). *Die Pädagogische Tatsachenforschung*. Paderborn: Schöningh.

Ricken, N. & Balzer, N. (2007). Differenz: Verschiedenheit - Andersheit - Fremdheit. In J. Straub, A. Weidemann & D. Weidemann (Hrsg.) *Handbuch interkulturelle Kommunikation und Kompetenz*. Stuttgart/Weimar: Verlag J. B. Metzler.

Robben, A. C. G. M. (2012). Part I. Beginnings. In A. C. G. M. Robben, & J. A. Sluka (Hrsg.), *Ethnographic Fieldwork. An Anthropological Reader* (2. Aufl., S. 49–81). Oxford: Wiley-Blackwell.

Robben, A. C. G. M., & Sluka, J. A. (2012). *Ethnographic Fieldwork. An Anthropological Reader* (2. Aufl.) Oxford: Wiley-Blackwell.

Seel, M. (2003). *Ästhetik des Erscheinens*. Frankfurt a. M.: Suhrkamp.

Smallwood, J., & Schooler, J. W. (2006). The Restless Mind. *Psychological Bulletin, 132*(6), 946–958.

Trapp, E. C. (1780). *Versuch einer Pädagogik*. Berlin: Friedrich Nikolai.

Waldenfels, B. (2000). *Das leibliche Selbst. Vorlesungen zur Phänomenologie des Leibes*. Frankfurt a. M.: Suhrkamp.

Walsemann, H. F. (1900). Effekte des sinnlichen Vorstellens. *Pädagogische Reform, 24*(7), 53–55.

Wiesing, L. (2003). Nachwort. Merleau-Pontys Entdeckung der Wahrnehmung. In M. Merleau-Ponty (Hrsg.), *Das Primat der Wahrnehmung* (S. 85–124). Frankfurt a. M.: Suhrkamp.

Ethnographisches Beobachten

2

Georg Breidenstein

▸ **Georg Breidenstein** diskutiert die Praxis des Beobachtens im Unterrichtsalltag vor dem Hintergrund der Ethnographie und denkt darüber nach, wie sich bestimmte Prinzipien und Praktiken ethnographischen Forschens so adaptieren lassen, dass sie sich für Beobachtungen in der Schule zum Beispiel im Rahmen von Schulpraktika oder kollegialer Leitung eignen. Gefragt wird nach der Spezifik ethnografischen Beobachtens und dessen Potential für die Reflexion schulischen Alltags. Beschrieben werden drei Strategien der Distanznahme von den Selbstverständlichkeiten des Alltagswissens, die grundlegend sind für ethnographische Vorgehensweisen. Zur Veranschaulichung wird ein Beispiel aus einem Forschungsprojekt zur schulischen Leistungsbewertung vorgestellt: eine kleine Beobachtung zu einer mündlichen Prüfung. Abschließend fragt der Autor nach den Möglichkeiten und Grenzen ethnographischen Beobachtens im Unterricht.

Der folgende Beitrag diskutiert die Praxis des Beobachtens im Unterrichtsalltag vor dem Hintergrund der „Ethnographie" als einer sozialwissenschaftlichen Forschungsstrategie, die methodisch vor allem auf die „teilnehmende Beobachtung" setzt. Es kann hier nicht darum gehen in ethnographisches Forschen als solches einzuführen, dazu muss auf andere Publikationen verwiesen werden,[1] sondern es

[1] Als Lehrbücher für ethnographisches Forschen sind vor allem Atkinson und Hammersley (1995) sowie Emerson et al. (1995) empfehlenswert.

Prof. Dr. Georg Breidenstein ✉
Phil. Fak. III, Inst. f. Schulpädagogik und Grundschuldidaktik, Arbeitsbereich Grundschulpädagogik, Martin-Luther-Universität Halle-Wittenberg, Halle/Saale, Deutschland
e-mail: georg.breidenstein@paedagogik.uni-halle.de

H. de Boer und S. Reh (Hrsg.), *Beobachtung in der Schule – Beobachten lernen*,
DOI 10.1007/978-3-531-18938-3_2,

soll konkret diskutiert werden, wie ein spezifisches Verständnis von „Ethnographie" genutzt werden kann, um das Beobachten im Unterrichtsalltag zu qualifizieren. Bezugspunkt der folgenden Überlegungen sind nicht ethnographische Forschungsprojekte im eigentlichen Sinne, die als solche sehr voraussetzungsvoll und auch ressourcenintensiv sind,[2] sondern es soll darum gehen, darüber nachzudenken, wie sich bestimmte Prinzipien und Praktiken ethnographischen Forschens so adaptieren lassen, dass sie sich für Beobachtungen zum Beispiel im Rahmen von Schulpraktika oder kollegialer Beratung eignen. Wie gestaltet sich eine Praxis des Beobachtens im Schulalltag, die sich von der Tradition und Erkenntnishaltung ethnographischer Forschung anregen lässt? Worin lässt sich die Spezifik ethnographischen Beobachtens bestimmen und welches Potential enthält dieses mit Blick auf die Reflexion des schulischen Alltags?

Die Ethnographie hat derzeit durchaus Konjunktur in der Erziehungswissenschaft[3] und stellt auch im Bereich der Unterrichtsforschung einen zunehmend begangenen Weg dar.[4] Es ist im Rahmen dieses Beitrages allerdings auch nicht ansatzweise zu leisten, Projekte und Befunde der ethnographischen Unterrichtsforschung vorzustellen, sondern es soll in sehr grundlegender Weise gefragt werden: Was bedeutet es im Unterricht „ethnographisch" zu beobachten? Wie kann ein „ethnographischer" Blick entwickelt werden und was gewinnt man dabei?

Um diese Fragen zu bearbeiten gehe ich in vier Schritten vor: Ich erläutere zunächst in aller Kürze die Ethnographie als eine sozialwissenschaftliche Forschungsstrategie und diskutiere vor diesem Hintergrund schulischen Unterricht als ein spezifisches Feld ethnographischer Forschung. In einem zweiten Abschnitt beschreibe ich drei Strategien der Distanznahme von den Selbstverständlichkeiten des Alltagswissens, die grundlegend sind für ethnographische Vorgehensweisen. Drittens präsentiere ich zur Veranschaulichung ein Beispiel aus einem aktuellen Forschungsprojekt zu schulischer Leistungsbewertung: eine kleine Beobachtung zu einer mündli-

---

[2] Hier ist mit mehrjährigen Forschungsprozessen zu rechnen, die typischerweise nur im Rahmen von Promotionsprojekten oder von Drittmittelforschung zu bewältigen sind.

[3] Während Zinnecker (2000) noch über eine Hemmung der Erziehungswissenschaft in Bezug auf ethnographische Forschung klagt, ist inzwischen zu konstatieren, dass im Rahmen von großen Tagungen und auch Sammelbänden ein intensiver Austausch über „erziehungswissenschaftliche Ethnographie" in Gang gekommen ist (vgl. Hünersdorf et al. 2008; Heinzel et al. 2010).

[4] Exemplarisch seien einige Studien genannt, wobei das Feld ethnographischer Unterrichtsforschung inzwischen so ausdifferenziert ist, dass es eine eigene Betrachtung erfordern würde (ohne jeden Anspruch auf Vollständigkeit: Kalthoff 1997; Wiesemann 2000; Rusch und Thiemann 2003; Budde 2005; de Boer 2006; Huf 2006; Breidenstein 2006; Wulf et al. 2007; Langer 2008; Hecht 2009; Zaborowski et al. 2011).

chen Prüfung. Abschließend frage ich nach den Möglichkeiten und Grenzen ethnographischen Beobachtens im eigenen Unterricht.

2.1 Ethnographie

Die „Ethno-Graphie" meint dem Wortsinn nach die *Beschreibung* eines *„Volkes"*, also einer Gruppe von Menschen, die sich durch eine gemeinsame Kultur auszeichnet. Dabei sind ursprünglich „fremde" Völker gemeint. Die Ethnographie entstammt unmittelbar der wissenschaftlichen Disziplin der Ethnologie, die sich aus der alten „Völkerkunde" entwickelt hat und sich traditionell (und bis heute) für fremde Kulturen und ferne Länder interessiert. Entscheidend für ein modernes Verständnis von ethnologischer Forschung wurde seit dem frühen 20. Jahrhundert der Anspruch, dass der Forscher selbst in das Land reist, für das er sich interessiert, dort lebt, die einheimische Sprache lernt und versucht, die (bis dahin) fremde Kultur zu verstehen. Leitend wurde dabei die Maxime, sich auf die Sicht der „Einheimischen" einzulassen und die Kultur aus deren Perspektive zu rekonstruieren. Es soll also vermieden werden, Erklärungen oder gar Werturteile aus der eigenen an die „fremde" Kultur heran zu tragen, stattdessen geht es in der Ethnologie immer wieder darum, im Studium fremder Kulturen Distanz zu gewinnen zu den etablierten Gewissheiten der eigenen Kultur. Der Anspruch die fremde Kultur wissenschaftlich zu repräsentieren und gewissermaßen für die Einheimischen zu sprechen – einschließlich des Problems der Exotisierung der „fremden" Kultur – wird innerhalb der Ethnologie inzwischen sehr kritisch und kontrovers diskutiert (vgl. Berg und Fuchs 1999), aber diese Diskussion aufzuarbeiten würde hier zu weit führen.

Eine weitere Tradition ethnographischer Forschung findet sich in der Soziologie, wo sich Forscher der Chicago-Schule seit den 1920er-Jahren für Subkulturen und fremde Milieus innerhalb der *eigenen* Gesellschaft interessieren, seien dies jugendliche Gangs (Wyhte 1943) oder etwa das Innenleben der Psychiatrie (Goffman 1961). Auch hier geht es forschungsmethodisch um eine teilnehmende Beobachtung, die sich auf die Gegebenheiten vor Ort einlässt und versucht die fremde Welt aus der Perspektive der „Einheimischen" zu beschreiben.

Was hat nun diese Tradition einer Erforschung fremder Kulturen, ob in fernen Ländern oder in der eigenen Umgebung, mit der Praxis des Beobachtens im Kontext schulischen Unterrichts zu tun? Schulunterricht ist sicher keine „fremde", sondern eine uns nur allzu bekannte Welt, es handelt sich dabei möglicherweise um die soziale Situation, die uns am vertrautesten überhaupt ist: Wir alle verfügen über mindestens 12 oder 13 Jahre eigene Erfahrung in diesem Feld. Was gäbe es dort noch Neues zu entdecken? Die Schule ist zudem vermutlich dasjenige Feld sozialer Praxis, das die meisten Selbst-Beschreibungen, auch wissenschaftlicher Art, produziert: Was die Schule ist, was sie will und wie sie funktioniert ist in pädagogischen Schriften, in Lehrbüchern, in Berichten aus dem schulischen Alltag, in Schulprogrammen und Untersuchungen hundert- und tausendfach beschrieben. Was ließe sich darüber noch Neues sagen? Wir haben es also im Feld der Unterrichtsforschung mit einem zweifachen sehr starken Bias auf Vertrautheit und Bekanntheit zu tun, demgegenüber ethnographische Forschung kaum als Erkundung einer fremden Welt gelten kann.

Hier kommt ein methodologisches Programm ins Spiel, das sich mit Amann und Hirschauer (1997) als die „Befremdung der eigenen Kultur" beschreiben lässt. Die Autoren diskutieren die Voraussetzungen und Potentiale einer ethnographischen Forschung, die sich eben nicht dem Fremden widmet, sondern ein neues, „befremdetes" Verhältnis zu dem (scheinbar) Bekannten und (allzu) Selbstverständlichen einzunehmen sucht. Es geht darum, das eigentlich Vertraute zu betrachten „als sei es fremd" (Amann und Hirschauer 1997, S. 12). Die ethnologisch-ethnographische Neugier gegenüber dem Fremden soll also mobilisiert werden um einen neuen und fremden Blick auf die Selbstverständlichkeiten und Gewohnheiten der eigenen Umgebung und des eigenen Alltags zu gewinnen.

Auch eine so gefasste ethnographische Forschung arbeitet mit der Annahme der Fremdheit, allerdings einer Fremdheit, die nicht von vornherein gegeben ist, sondern zumindest zum Teil erst hergestellt werden muss, indem man Distanz gewinnt zu den Gewissheiten des Alltagswissens. Ich werde nachher am Beispiel zu zeigen versuchen, welches Erkenntnispotential im Fall der Unterrichtsforschung daraus erwachsen kann. Zunächst will ich aber drei grundlegende Strategien der Distanzierung erläutern, die es ermöglichen den Unterrichtsalltag mit neuem und „fremdem" Blick zu sehen (vgl. auch Breidenstein 2010a).

„Ethnographisches Beobachten", um das bis hierhin Ausgeführte zusammen zu fassen, ist also davon gekennzeichnet, schulischen Unterricht als eine „fremde Kultur" zu betrachten, um in diesem scheinbar so vertrauten Geschehen Neues zu entdecken.

2.2 Distanzierung vom Alltagswissen

Entscheidend für die Ethnographie des Unterrichts ist also die *Differenz* zwischen Teilnehmer- und Beobachterverstehen. Ethnographische Forschung muss sich daran bewähren, dass sie Neues über das scheinbar Vertraute zu sagen hat. Dies impliziert ein Verständnis von den Potentialen sozialwissenschaftlicher Analyse, das die Ethnographie durchaus mit anderen Methodologien qualitativer Sozialforschung teilt: Einerseits knüpft die Analyse an das alltägliche Interpretieren und Verstehen an, das die soziale Praxis selbst kennzeichnet, andererseits beansprucht sie über das alltägliche Verstehen und Beobachten hinaus zu gelangen.[5]

Es ist also nach Strategien für die Herstellung von Fremdheit – oder analytischer Distanz – für den ethnographischen Forschungsprozess zu fragen. Ich möchte im Folgenden drei grundlegende Strategien der Distanzierung ansprechen: die Etablierung und Nutzung der Beobachterrolle, die extensive Verschriftlichung und die reflexiv-analytische Durchdringung der Beobachtungen.

2.2.1 Die Etablierung und Nutzung der Beobachterrolle

Die Praxis des weitgehend handlungsentlasteten Beobachtens ist die erste und vielleicht schon entscheidende Differenz zwischen der Ethnographin und anderen Teilnehmern der Unterrichtssituation. Auch die Lehrerin beobachtet permanent, was im Klassenzimmer passiert, wie die Schüler reagieren, wer was tut etc. Aber sie beobachtet mit der Maßgabe zu handeln, die Situation zu managen, für den Fortgang des Unterrichts zu sorgen und nach Möglichkeit bestimmte Ziele zu erreichen. Auch die Schüler beobachten das Geschehen und verfolgen damit i. d. R. ebenfalls strategische Ziele: sich selbst ins rechte Licht zu rücken, eine Nische für verdeckte Neben-Tätigkeiten zu finden, den Blick der Angebeteten zu erhaschen etc. Die Ethnographin beobachtet das Unterrichtsgeschehen mit dem einzigen Interesse der *Beschreibung*, mit dem Ziel einer möglichst präzisen, übersichtlichen und verallgemeinerungsfähigen Beschreibung.

Die Etablierung einer solchen neutralen, jenseits der Lehrer- und der Schülerrolle angesiedelten *Beobachterrolle* im Unterricht ist nicht ganz einfach, insofern sie normalerweise nicht vorgesehen ist und von manchen Lehrpersonen auch als bedrohlich empfunden wird. Ist der Zugang aber erreicht und das Vertrauen der Teilnehmer gewonnen, dann lässt sich in der Unterrichtssituation unauffällig und unaufdringlich beobachten. Auch permanentes Mitschreiben ist unproblematisch, denn es ähnelt dem Tun der Teilnehmerinnen und Teilnehmer.

Ein entscheidendes Qualitätsmerkmal im Rahmen dieser Strategie ist die *Intensität* der Beobachtungen und das meint nicht zuletzt die Langfristigkeit der Teilnahme. Auf manche Merkmale der beobachteten sozialen Praxis wird man schnell

[5] Dafür wird auch in anderen Methodologien im Forschungsprozess systematisch „Fremdheit" erzeugt: in der „Objektiven Hermeneutik" etwa durch die Etablierung einer Haltung „künstlicher Naivität" in der Interpretation oder in der „dokumentarischen Analyse" durch die Suche nach „Gegenhorizonten".

aufmerksam, aber viele Details entdeckt man erst nach einiger Zeit, auch Entwicklungen und Variationen erschließen sich oft erst der kontinuierlichen Beobachtung. Schließlich erfordert auch der produktive Feldzugang selbst schon Zeit: Zeit, in der man das Vertrauen der Teilnehmer gewinnen und konstruktive Forschungsbeziehungen gestalten kann.

Kennzeichnend für ethnographische Forschung ist weiterhin, dass sich Datenerhebung und -analyse nicht scharf trennen lassen. Bereits im Feld und während der Beobachtung finden entscheidende Schritte des Verstehens und der Analyse statt. Ethnographische Analyse ist nicht mit der nachträglichen Auswertung von Daten gleichzusetzen, sondern beginnt schon während der Beobachtung im Feld und bezieht die situativen Interpretationen und Reflexionen der Feldforscherin ein.

2.2.2 Verschriftlichung

Der Forschungsprozess der Ethnographie besteht wesentlich darin, unterschiedliche Schreibstrategien zu entwickeln und zu kombinieren (vgl. dazu Emerson et al. 1995). Die Praxis extensiver Verschriftlichung macht die zweite grundlegende Differenz zwischen dem Ethnographen und den Mitgliedern der beforschten Kultur aus. Das Schreiben zwingt zur Explikation: Was man in der Situation vielleicht nur intuitiv oder „praktisch“ verstanden hat, trachtet das Protokoll zu verbalisieren. Stefan Hirschauer (2001) bestimmt die „Versprachlichung des Sozialen“ als wesentliche Aufgabe ethnographischer Forschung. Es geht darum Beobachtungen in Sprache zu überführen. Dies wird z. B. in der Regel nicht durch Stichpunkte oder Tabellen geleistet, sondern bedarf des ausführlichen und detaillierten Textes und einer Beschreibung, die nach geeigneten Begrifflichkeiten und Formaten sucht. Im Zuge des Protokolle-Schreibens führt man sich das beobachtete Geschehen vor Augen und versucht es so wieder zu geben, dass es auch für jemanden, der nicht dabei war, nachvollziehbar wird. Diese Anforderung erfordert die (selbst-)bewusste Autorenschaft und explizite Bemühung um Beschreibung.

Die Verschriftlichung des beobachteten Geschehens ermöglicht aber auch in anderer Hinsicht die Distanzierung und Befremdung. Das Protokoll der Szene kann man anschließend beliebig oft und beliebig genau und langsam lesen. Man kann das verschriftlichte Geschehen gewissermaßen in Zeitlupe betrachten oder unter das Mikroskop legen. – Man denke daran, welche ungeheure Befremdung von dem Transkript der Audioaufzeichnung eines beliebigen Alltagsgespräches allein dadurch ausgeht, dass das Gespräch eine schriftliche Gestalt angenommen hat. Die Verschriftlichung der Beobachtung ermöglicht, kurz gesagt, die Reflexion und Analyse. Beobachtungen werden in „Daten“ verwandelt. Beobachtungsprotokolle kann man kodieren, zerschneiden, neu arrangieren, man kann sie den verschiedensten Prozeduren qualitativer Datenanalyse unterwerfen und sich dadurch in eines neues, distanziertes und „fremdes" Verhältnis zu dem vertrauten Geschehen setzen.

Das Qualitätskriterium für die Verschriftlichung von Beobachtungen liegt einerseits in der Ausführlichkeit und Detaillierung des Schreibens und andererseits in der Reflexion und zunehmenden Fokussierung und analytischen „Verdichtung" des Schreibens. Das Schreiben leistet nicht nur die Versprachlichung der Beobachtungen, sondern auch deren analytische Durchdringung. Die Beschreibung führt möglichst nah heran an das interessierende Geschehen, macht es nachvollziehbar und versetzt die Leserin geradezu hinein in die Szene und das Feld; zugleich sind entscheidende Prozesse der Distanzierung und Analyse unmittelbar an den Akt des Schreibens geknüpft. Gerade die schreibende Annäherung an das Phänomen ermöglicht interessanterweise die reflexive Distanzierung.

2.2.3 Reflexiv-analytischer Umgang mit Beobachtungen

Der ethnographische Forschungsprozess kennt verschiedene Verfahren der Datenanalyse. Diese beziehen sich in Praktiken des Kodierens einerseits auf den oft sehr umfangreichen Datenkorpus als Ganzen und durchsuchen diesen nach wiederkehrenden Mustern und nach interessanten Themen. Andererseits richtet sich der analytische Blick auf die detaillierte Untersuchung einzelner, exemplarischer Beobachtungen, also einzelner Szenen, Interaktionssequenzen oder Beschreibungen. Es würde in diesem Rahmen zu weit führen in die komplexe Praxis der Datenanalyse in ethnographischer Forschung einführen zu wollen. Stattdessen geht es mir wieder darum, einige *Prinzipien* ethnographischer Vorgehensweisen anzusprechen, die für Beobachtungen im Schulalltag entsprechend zu adaptieren wären.

Emerson, Fretz und Shaw (1995) beschreiben den Wechsel von „writing mode" in den „reading mode" als entscheidenden Schritt für die Aktivierung des analytischen Blicks. Mit diesem Wechsel wird man zum Leser oder zur Leserin der eigenen Protokolle und beginnt über das nachzudenken, *was* man beschrieben hat und *wie* man es beschrieben hat. Beim Lesen der Protokolle sucht man nach Irritationen, man bleibt hängen an Unverstandenem und formuliert Fragen für die weitere Reflexion. Auch wenn man das beobachtete und beschriebene Geschehen zunächst verstanden zu haben meint, gilt es, sich (erneut) darüber zu wundern. Clifford Geertz (1983) kleidet die grundlegende Erkenntnishaltung der Ethnographie in die Formulierung: „What the hell is going on here?" Diese Frage ist im Prozess ethnographischer Forschung immer wieder neu zu mobilisieren.

Um den Prozess der Analyse in Gang zu setzen und in Gang zu halten gilt es vorschnelle „Erklärungen" zu vermeiden. Dies betrifft vor allem Erklärungen, die außerhalb der Beobachtungen liegen und an diese heran getragen werden. Zum Beispiel sollte man es unbedingt vermeiden, sperrige Beobachtungen oder ungewöhnliche Verhaltensweisen etwa auf die „Persönlichkeit" oder den „Charakter" oder auf spezifische Defizite der handelnden Personen zurückzuführen. Die Reflexion richtet sich auf *situative* Bedingungen und *lokale* Logiken. Gleichermaßen sollte man mit dem Rekurs auf „die Gesellschaft", die „heutige Zeit" oder gängige Theoreme wie z. B. die „veränderte Kindheit" oder „Individualisierung" als Erklärung für das beobachtete Geschehen sehr vorsichtig sein, denn auch solcherart „Erklärungen" schließen den analytischen Prozess eher ab, als dass sie ihn eröffnen.

Um die Analyse auf das Besondere, die Spezifik und vielleicht auch das Befremdliche der beobachteten sozialen Praxis einzustellen, ist es hilfreich, die Frage nach dem „Warum?" (zunächst) zu suspendieren und vollständig auf das „Wie?" zu fokussieren: Wie gehen die Beteiligten an einer spezifischen Praxis vor? Wie machen sie sich gegenseitig verständlich, was sie tun? Wie sind sie eingebunden in eine gemeinsame soziale Praxis? Solcherart Fragen erschließen die *immanente* Logik des Geschehens als einer situierten Praxis.

Es lohnt sich im Sinne der Ethnomethodologie[6] zu fragen, inwiefern die beobachtbaren Praktiken konkrete Antworten auf praktische und alltägliche Probleme der Teilnehmer darstellen. Ich will dies am Beispiel erläutern: Im Zuge ausgedehnter teilnehmender Beobachtungen kann man auf die nahezu durchgängige „Produktionsorientierung" schulischen Unterrichts aufmerksam werden (vgl. Breidenstein 2006); damit ist zusammenfassend angesprochen, dass es im Unterricht permanent darum zu gehen scheint, Produkte aller Art zu erstellen: von ausgefüllten Arbeitsblättern über vollgeschriebene Hefte bis hin zu Wandzeitungen und sonstigen „Ergebnissen" von Projekt- oder Gruppenarbeiten. Bei dem Nachdenken, was hinter solch einer bisweilen geradezu obsessiven Anfertigung von vorzeigbaren und kontrollierbaren Produkten schulischen Tuns stecken mochte, entwickelte sich die Vermutung, dass es der prekäre Charakter schulischen Lernens sein könnte, der dazu verleitet das Lernen so zu gestalten, dass es „beobachtbar" wird. Das Lernen selbst, der unumstrittene Sinn und Zweck schulischen Unterrichts, kann als solches nicht beobachtet werden und bleibt notwendigerweise diffus. An vollgeschriebenen Heften, Wandzeitungen etc. kann immerhin gezeigt werden, dass etwas *getan* wurde. Die zahllosen Produkte schulischen Unterrichts können möglicherweise als ein Versuch der Selbstvergewisserung der Unterrichtspraxis interpretiert werden – und

[6] Einführend zur Perspektive der Ethnomethodologie Bergmann (2000) und Breidenstein und Tyagunova (2011).

insofern als eine handlungspraktische Lösung für das konkrete Problem der Ungewissheit von Lernprozessen (vgl. auch Breidenstein 2010b).

Die andere große Technologie der Sichtbarmachung schulischen Lernens scheint in der permanenten und alltäglichen Überprüfung des Wissens von Schülerinnen und Schülern zu liegen. Denn auch die Prüfung zeigt, dass etwas gelernt wurde – oder zumindest hätte gelernt werden können. Ein kleines Beispiel aus unserer Ethnographie schulischer Leistungsbewertung soll dies veranschaulichen.

2.3 Ein Beispiel: „Mündliche Leistungskontrolle"

Wir betrachten eine Situation der „Leistungskontrolle". Der Zweck dieser Praktiken ist die Produktion von Noten – Einzelnoten, die dann in die Berechnung von Gesamt- und Zeugnisnoten eingehen können. Den Unterrichtsalltag an deutschen Schulen durchziehen derartige Praktiken der Notenproduktion in phantastischer Fülle. Mündliche Prüfungen, Hausaufgabenkontrollen, Kurzkontrollen, schriftliche Übungen, Referate, Präsentationen von Gruppenarbeiten, Tests, Klassenarbeiten, bewertetes Vorsingen im Musikunterricht, Leistungsmessungen im Sportunterricht und so weiter. Die Schüler und Schülerinnen in den von uns beobachteten Schulen „bekommen" wöchentlich etwa zehn Zensuren oder mehr. Insofern sind Situationen wie die folgende sehr alltäglich und stark von Routine geprägt.

Ich stelle exemplarisch eine Situation aus dem Gymnasium vor, die Michael Meier protokolliert hat.[7] Es handelt sich um den Beginn einer Biologiestunde Ende September am Anfang der fünften Klasse.

> Rebekka sagt, dass sie es gelernt habe, fasst Frau Stern die Situation zusammen, „also erzähle!" Rebekka steht vorn an der Tafel, druckst rum, sie ist sehr leise, ich verstehe hier hinten nichts. Es dauert lange, wohl eine Minute oder so, Frau Stern lässt ihr und sich und uns allen Zeit. Stockend und leise erzählt sie was zur Fortpflanzung der Fische. D.h. eigentlich erzählt sie nicht, sondern sie antwortet mit einzelnen Begriffen auf die Fragen der Lehrerin. „Bis zu welchem Zeitpunkt spricht man von Paarung?" – „Ejakulation." „Wie

[7] Das DFG-Projekt „Leistungsbewertung in der Schulklasse" wurde unter meiner Leitung von 2005–2010 am Zentrum für Schul- und Bildungsforschung der Martin-Luther-Universität Halle-Wittenberg durchgeführt. Die Projektergebnisse werden ausführlich dargestellt in Zaborowski et al. (2011).

finden sich die Fische? Woran erkennen die, dass die paarungsbereit sind?" – „Schwanzflossen".

Elsa flüstert derweilen ausgiebig mit Klaus-Maria. Frau Stern guckt nun Klaus-Maria an: „Klaus-Maria, kannst du es besser?!" Klaus-Maria wiegelt ab, es geht weiter mit Rebekka und der Fortpflanzung der Fische: „Warum legen die so viele Eier ab?" – „Weil so viele gefressen werden." – „Und warum noch?" – Rebekka fällt kein weiterer Grund ein. Thessa meldet sich und kommt dran: „Weil viele Eier nicht befruchtet werden." Ein anderer Schüler, der sich auch gemeldet hat, kommt nun dran: „Weil das Wasser fließt und das Sperma an den Eiern vorbei geht". „Richtig", fasst Frau Stern zusammen, „das Wasser bewegt sich ja ständig, und viele Eier werden weggetrieben".

Dann wendet sich Frau Stern wieder Rebekka zu: „Was gehört alles zu den Wirbeltieren?" – „Vögel, Fische, Säugetiere", weiß Rebekka richtig zu antworten. „Okay", nun nimmt sich Frau Stern zurück, aber nicht ohne im Anschluss in die Klasse zu fragen: „Wollt ihr sie ausquetschen? Zwei Fragen noch!?"

Zunächst meldet sich niemand, dann gehen doch zwei Finger in die Höhe.

Friedemann kommt dran: „Warum überlebt der Fisch nicht am Land?" – Rebekka antwortet, dass Fische Kiemen hätten, mit denen sie an Land, also an der Luft nicht atmen können. Frau Stern fragt, ob Friedemann mit der Antwort zufrieden sei. – „Ja." – Ein anderer Schüler darf auch noch eine Frage stellen, die Rebekka ebenfalls richtig beantwortet. „So", fasst die Lehrerin die Leistung von Rebekka zusammen, der Anfang, die Fortpflanzung der Fische wäre ja nicht so gut gewesen, die späteren Zusatzfragen hingegen seien differenziert beantwortet worden. „Welche Note würdest du dir selber geben?"

Rebekka stockt.

Die Lehrerin: „Ich hab da eine stehen!"

Rebekka sagt immer noch nichts.

„Okay, wer ist die Klassensprecherin? Carmen! Was würdest du Rebekka geben, ganz objektiv!" Carmen sagt zögerlich, dass sie Rebekka eine Zwei geben würde. „Hab ich auch." Dann zu Rebekka: „Setz dich!"

Ich gehe bei der Interpretation Schritt für Schritt vor und folge damit der sich im Vollzug entfaltenden Logik der Praxis. Die Beobachtung der Praxis wird in diesem Modus der Analyse sehr stark verlangsamt, der Effekt der „Zeitlupe", der dadurch entsteht, stellt eines der wichtigsten Mittel der Distanzierung in qualitativer Forschung dar.

Ich möchte hier nicht auf alle Einzelheiten eingehen, aber doch auf ein paar Dinge hinweisen: Schon der Beobachter sinniert über die Diskrepanz zwischen der Aufforderung der Lehrerin zu *„erzählen"*, die erwarten lassen würde, dass Rebekka selbständig und offen eine Darstellung dessen entwickelt, was sie vorbereitet hat, und einem Frage-Antwort-Wechsel, der verlangt, dass auf ganz enge Fragen der Lehrerin einzelne Begriffe genannt werden. Es geht darum, die richtigen Lösungen zu nennen, wobei deren Korrektheit gar nicht explizit markiert wird, sondern nur durch das Stellen der nächsten Frage, durch den Fortgang des Verfahrens. Das Begriffe-Nennen wird durch keinerlei weitere Erläuterung begleitet, es scheint nicht um die Klärung von Sachverhalten zu gehen, sondern um die reine Überprüfung von Wissensbeständen.

Als Rebekkas Wissen ausgeschöpft ist, kommen auch noch andere Schüler zu Wort, die ergänzen dürfen. Handelt es sich doch nicht um eine Einzelprüfung, sondern um eine kollektive Wiederholung des Gelernten? Die beobachtete Praxis erfüllt offenbar beide Funktionen zugleich, was allerdings zur Folge hat, dass Rebekka unmittelbar vorgeführt wird, was sie alles *nicht* wusste und hätte wissen können.

Nachdem das Wissen um die Fortpflanzung der Fische vervollständigt ist, kommt die Lehrerin doch noch einmal auf ihren Prüfling zurück und übergibt diesen nach einer weiteren Frage den Mitschülern zum *„ausquetschen"*. Worum handelt es sich dabei: Eine moderne Form der Peinigung? Jedenfalls scheint diese, für den Außenstehenden irritierende, Wendung für die Teilnehmer nicht erläuterungsbedürftig, was erstaunlich ist, wenn man bedenkt, dass die Klasse in der neuen Schule erst seit wenigen Wochen zusammen ist. Was mit „ausquetschen" gemeint ist, scheinen alle zu wissen; es wird nicht weiter erklärt.

Die Situation ist für die Mitschüler von Rebekka nicht einfach: Einerseits fühlen sie vermutlich mit ihr und sind zumindest insoweit solidarisch, als sie wissen, dass sie jederzeit selbst in diese Lage kommen können (das wurde Klaus-Maria ja bereits angedroht), andererseits muss das Ritual vollzogen werden. Die Frage der Lehrerin nach dem „Wollen" war rhetorischer Art – die Mitschüler *müssen* im Rahmen dieses – offenbar allen Teilnehmern bekannten – Vollzugs die ihnen zugedachte Rolle übernehmen. Wie ist dieses Dilemma zu lösen?

Rebekkas Mitschüler sind geschickt genug, solche Fragen zu stellen, die sie problemlos beantworten kann. Die Schülersolidarität besteht in diesem Fall darin, die Prüferrolle so zu gestalten, dass sie dem Prüfling keine Probleme bereitet und eine ernsthafte Prüfung in gewisser Weise nur zu simulieren.

Die Lehrerin qualifiziert abschließend die Leistung Rebekkas, nennt dann aber nicht selbst die Note, sondern fragt den Prüfling. Wieder eine überraschende Wendung! Zwar im Konjunktiv, aber Rebekka wird in die Situation versetzt sich selbst zu bewerten, und zwar öffentlich vor dem Publikum der Mitschüler. Das ist eine prekäre Lage, denn was soll Rebekka antworten? Nennt sie eine gute Note, schätzt sie sich möglicherweise zu gut ein, was nicht nur peinlich ist, sondern auch mit Enttäuschung einhergeht; nennt sie hingegen eine schlechte Note hat sie an ihrem eigenen schlechten Ergebnis mitgewirkt – denn dass sie sich nicht tatsächlich selbst die Note gibt, kann sie schon dem Konjunktiv entnehmen.

Rebekka erscheint tatsächlich wie gelähmt. Ihre Situation wird noch verschärft durch die Bekundung der Lehrerin, dass die Note schon feststehe. Es handelt sich also um eine Art zweiter Prüfung: nach der Wissensabfrage steht jetzt Rebekkas Fähigkeit zur Selbsteinschätzung auf dem Prüfstand, allerdings in der beschriebenen Weise eingespannt zwischen Skylla und Charybdis. Rebekka ist komplett handlungsunfähig, geht in eine Art „Totstellreflex" und wartet bis die Situation vorbei ist.

Die Lehrerin lässt notgedrungen von Rebekka ab, insistiert aber darauf, Schüler in die Notenfindung einzubeziehen. So spricht sie die Klassensprecherin an, was wiederum eine verblüffende Wendung darstellt, denn das Amt der Klassensprecherin ist ja gemeinhin nicht dafür vorgesehen, die Mitschüler zu benoten oder bei der Notenfindung der Lehrerin mitzuwirken. Die Klassensprecherin aber ist die einzige Schülerin mit einer herausgehobenen Funktion und offenbar allein dadurch prädestiniert hier einzuspringen um das Verfahren der Lehrerin zu retten. Damit bringt die Lehrerin allerdings Carmen in ein ähnliches Dilemma, wie es gerade für Rebekka beschrieben wurde. Eine schlechte Note zu nennen kommt aus Gründen der Solidarität nicht in Frage, der Versuchung eine gute Note zu nennen schiebt Frau Stern mit dem Hinweis auf „Objektivität" einen Riegel vor: Carmen wird auf eine Neutralität verpflichtet, die ihr strukturell eigentlich gar nicht möglich ist und die mit ihrem Amt als Klassensprecherin gerade nicht vereinbar ist.

Carmens Zögern ist nur allzu verständlich. Die Note, zu der sie sich dann durchringt, erscheint tatsächlich als die einzige sinnvolle Option. Eine Drei wäre im Rahmen einer mündlichen Prüfung schon eine eher enttäuschende Note, die sie für eine Mitschülerin nicht vorschlagen kann und will und eine Eins wäre auf jeden Fall begründungsbedürftig, was angesichts von Rebekkas doch etwas dürftiger Performance nicht realistisch erscheint. Von der Zwei kann Carmen hoffen, dass sie der doch recht positiven zusammenfassenden Charakterisierung von Rebekkas Leistung durch Frau Stern entspricht.

Carmen hat Glück oder war geschickt genug, die richtige Note zu treffen. Jedenfalls bestätigt die Lehrerin den Notenvorschlag und Rebekka wird aus ihrer misslichen Lage entlassen. Die Notengebung ist vollzogen und die Beteiligten sind aus dem quälenden Ritual entlassen.

Was hier in der Verlangsamung der Detailanalyse kaum auszuhalten scheint, dauert in der Realzeit des Unterrichtsalltages nur wenige Minuten. Die Episode wirft für die Beteiligten vermutlich auch kaum Fragen auf – zu selbstverständlich gehören Szenen dieser Art zum alltäglichen Unterrichtsgeschehen. Dennoch lohnt es sich zu fragen, was sich dieser kleinen Szene über strukturelle Probleme der Praxis der Leistungsbewertung entnehmen lässt. Konkret: Wie lassen sich die für Außenstehende so merkwürdig und verdreht anmutenden Praktiken der Lehrerin erklären?

Zunächst fällt die Zwitterstellung des Lehrer-Schüler-Gesprächs zwischen Leistungsfeststellung und Stoffwiederholung auf. Die Rekapitulation des voran gegangenen Unterrichts ist hier multifunktional angelegt: als Wiederholung für alle und als Produktion einer mündlichen Note. Dies hat den Preis, dass das zur Rede stehende Wissen in Form von Prüfungswissen prozessiert werden muss: Letztlich geht es um ein auf Schlüsselbegriffe reduziertes Wissen, das die Auswertung und Zählung richtiger und falscher Antworten erlaubt.

Was hat es aber damit auf sich, dass Schüler ebenfalls Prüfungsfragen stellen müssen und mit den beharrlichen Versuchen der Lehrerin, die Schüler in die Notenfindung einzubeziehen? Die Einbeziehung erfolgt im Konjunktiv und trägt deutlich den Charakter der Pseudo-Partizipation. Die Note steht fest und die Schülerin hat sie zu erraten. Solche und ähnliche Praktiken der Pseudo-Einbeziehung von Schülern in die Notenfindung haben wir häufig beobachtet, ihnen scheint eine systematische Bedeutung für den Alltag der Leistungsbewertung zuzukommen. Wenn es um das pädagogisch-didaktische Ziel ginge, Schüler zu einer realistischen Einschätzung der eigenen Leistung zu erziehen, müsste dies nicht vor der Öffentlichkeit der Schulklasse geschehen – und warum muss in unserem Beispiel dann die Klassensprecherin ran, als Rebekka in Schweigen versinkt? Hier ist eine weitere und ganz andere Funktion dieser Praxis zu vermuten: Es geht zunächst um die Einbeziehung von Schülern in das Prüfungsverfahren in der Rolle von Prüfern und dann geht es um die Zustimmung der Betroffenen zum Urteil der Lehrerin. Diejenigen, die bewertet werden, sollen die Bewertung mit verbürgen, indem sie zunächst an der Prüfung beteiligt waren und dann öffentlich bestätigen, dass sie selbst zu der gleichen Einschätzung gelangt sind. Die Übereinstimmung mit der Bewertung der Lehrerin bedeutet hier die Anerkennung des Urteils als objektiv und damit als gerechtfertigt. Da diese Anerkennung von Rebekka in dieser Situation nicht mehr zu bekommen war, musste Carmen als Klassensprecherin an ihrer Stelle das Urteil öffentlich verbürgen und anerkennen.

Die Legitimierung und Anerkennung der vergebenen Zensuren erweist sich immer wieder als *das* zentrale Handlungsproblem der Praxis schulischer Leistungsbewertung. Die Beobachtungen im Unterricht zeigen, dass und in welch vielfältigen Weisen die Idee der Objektivität und Legitimität von Zensuren hergestellt und aufrecht erhalten wird. Denn so prekär der Anspruch der „Objektivität" der Zensuren auch ist – jeder weiß, dass die Zensurenvergabe vielfältigen verzerrenden Einflüssen unterliegt[8] – so unverzichtbar erscheint doch die Aufrechterhaltung der *Idee* der Objektivität.

Auf eines will ich abschließend noch hinweisen, bevor ich dieses Beispiel verlasse: Die praktischen Verwicklungen und Problemstellungen für die Teilnehmer und die praktischen „Lösungen" der Aufgabe, in halbwegs effizienter Form Zensuren zu „produzieren" und diese als „objektiv" auszuweisen werden erst sichtbar, wenn man sich in der Analyse und Reflexion auf die Details der beobachteten Praxis einlässt und nicht etwa (vorschnell) auf die verbreitete „Erklärung" zurückgreift, all das, was man an Praktiken der Leistungsbewertung beobachtet, sei der „Selektionsfunktion" der Schule geschuldet. Stattdessen erweist es sich als ergiebig, nach dem spezifischen und *situativen* Sinn der beobachtbaren Praktiken im Rahmen schulischer Leistungsbewertung zu fragen. Je genauer man hinschaut, desto merkwürdiger und „fremder" erscheinen einige dieser Praktiken.

2.4 Ethnographisches Beobachten in der Unterrichtspraxis

In einem letzten Schritt möchte ich die Frage diskutieren, wie das bis hierhin über ethnographische Forschung Ausgeführte auf Beobachtungen im schulischen Alltag bezogen werden kann, die nicht im Rahmen von aufwändigen Forschungsprojekten stattfinden, sondern Teil der Praxisreflexion im Rahmen von Lehrerbildung oder auch Teil der Selbstreflexion schulischer Praxis sein mögen. Auch eine Beobachtung, der es nicht um Forschung im engeren Sinn geht, sondern eher um eine distanzierende und kritische Reflexion der (eigenen) Praxis, kann möglicherweise von der Adaption der *Erkenntnishaltung* der Ethnographie profitieren.

Vermutlich wichtiger als einzelne methodische Vorgehensweisen erscheinen in diesem Zusammenhang zwei intellektuelle Bewegungen, die „ethnographischen" Beobachtungen zugrunde liegen: Das ist zum einen die Suspendierung von Vertrautheit und die Etablierung der Annahme von Fremdheit. Es geht darum, die Unterrichtspraxis so zu beobachten, *als sei sie fremd,* um neu nach grundlegenden Merkmalen und Funktionsweisen dieser Praxis fragen zu können. So muss man etwa an das oben zitierte Beispiel herangehen, als wüsste man nicht, welche Bedeutung Zensuren im Schulalltag besitzen und wie sie vergeben werden – dann bekommt man auch die Skurrilität und Absonderlichkeit solcher Praktiken in den Blick und man hat tatsächlich ein Verstehensproblem.

[8] Der Forschungsstand zu schulischer Leistungsbewertung und zur Zensurengebung ist sehr differenziert und kann hier nicht referiert werden. Für Überblicksdarstellungen sei auf Weinert (2001), Beutel (2005), Sacher (2004) oder Brügelmann et al. (2006) verwiesen.

Der heuristische Ausgangspunkt der Fremdheit ist noch unabweislicher, wenn man auf die *Adressaten* schulischen Unterrichts fokussiert, also auf die Kinder oder Jugendlichen, und versucht, deren Perspektive auf die Unterrichtssituation zu rekonstruieren.[9] Dabei kann man, an Ergebnisse der Jugendforschung oder der neueren Kindheitsforschung anknüpfend, davon ausgehen, dass die Peerkultur der Kinder oder Jugendlichen eigene Relevanzen und Praktiken entwickelt, die die schulischen Anforderungen in vielfältiger Weise aufnimmt, umformt, bricht und tatsächlich in etwas Neues verwandelt, das sich auf beides gleichermaßen bezieht: auf die Peer- und die Unterrichtsordnung (vgl. auch de Boer und Deckert-Peaceman 2009). Beispielsweise beschreibt Hedda Bennewitz (2004) anhand der minutiösen Beobachtung dessen, was zwei nebeneinander sitzende Schülerinnen während des Unterrichts tun, wie sich die Ausgestaltung der Freundschaftsbeziehung mit der gekonnten Absolvierung einer Physikstunde verbindet.

An diesem Versuch die Perspektive der Adressaten schulischen Unterrichts in den Blick zu bekommen, kann auch gleich die Bedeutung der zweiten intellektuellen Voraussetzung ethnographischen Beobachtens erläutert werden: die Suspendierung der Normativität des pädagogischen Blicks. Wie kunstvoll und routiniert die von Bennewitz beobachteten Freundinnen im Physikunterricht die Unterrichtsteilnahme mit der Praktizierung ihrer Freundschaft verbinden, erschließt sich nur, wenn man die zu beobachtenden Praktiken der Mädchen nicht vorschnell als „Nebentätigkeiten" abqualifiziert oder gar als „Unterrichtsstörung" problematisiert. Beides würde den Sinn, den diese Praktiken *in der Welt der Schülerinnen* haben, weit verfehlen. Es geht also darum, den beobachtenden Blick, der im Rahmen pädagogischer Praxis durch die Frage nach dem „Gelingen" von Unterricht motiviert ist, durch das *was sein soll,* auf die distanzierte Beschreibung dessen *was ist* umzustellen.

Auch im obigen Beispiel hilft es für das Verständnis der Funktionslogik der Szene nicht viel weiter, wenn man etwa das Handeln der Lehrerin, die Rebekka prüft, als „unprofessionell" oder gar „zynisch" kritisiert (auch wenn eine solche Charakterisierung vielleicht nahe läge), stattdessen gilt es die *Analyse* von jeglicher Empörung oder moralischen Entrüstung frei zu halten. Hier hilft möglicherweise die Erinnerung an die Ethnologie, die von ihren Anfängen als wissenschaftlicher Disziplin bis

[9] Fritz Schütze (1994, S. 189) schlägt eine grundlegende Orientierung der Methoden der Sozialen Arbeit an der sozialwissenschaftlichen Tradition ethnographischer Feldforschung vor, mittels derer „die sympathetische Fremdheitshaltung am besten auf Dauer gestellt werden" könne. – Auch die pädagogische und didaktische Praxis in der Schule sollte vermutlich viel öfter von Fremdheit ausgehen, als sie es oft tut – vor allem von der Fremdheit der Lebenswelt der Kinder oder Jugendlichen, die die Adressaten des Unterrichts sind.

heute sich der Herausforderung zu stellen hat, „fremde Kulturen" aus sich heraus zu beschreiben und zu verstehen und nicht etwa an „unseren" Normen zu messen.[10]

Wenn man diese beiden, im Übrigen miteinander verknüpften, Voraussetzungen ethnographischen Beobachtens, die Fremdheitsannahme und die Suspendierung von Normativität, beachtet, dann erscheinen konkrete methodische Vorgehensweisen disponibel, das heißt sie können Gegebenheiten und Ressourcen angepasst werden. Maßgabe der oben beschriebenen Methoden bleibt allerdings die analytische Distanznahme überhaupt zu ermöglichen.

Ich fasse abschließend noch einmal zusammen, was ich gewissermaßen für „Minimalstandards" halte, will man das Potential einer „ethnographischen" Beobachtung mobilisieren:

1. Es bedarf einer Beobachterrolle, die für die Zeit der Beobachtung von den Zwängen des Handelns klar entlastet ist – man kann nicht gleichzeitig im hier entwickelten Sinn beobachten und unterrichten.
2. Die Verschriftlichung der Beobachtungen muss von einer hinreichenden Intensität geprägt sein. Konkret: Während man in der Beobachtungssituation lediglich kurze Stichpunkte als Gedächtnisstütze notiert, sollte man anschließend mindestens die doppelte Zeit veranschlagen, um das Protokoll der Beobachtungen auszuformulieren.
   Die Beschreibungen müssen einen hohen Grad an Detaillierung aufweisen. Sie sind weniger auf Vollständigkeit angelegt als auf eine reflektierte und ergiebige Fokussierung, die die Aufgabe einer „Versprachlichung des Sozialen" ernst nimmt.
3. Verlangt ist schließlich die Etablierung einer reflexiv-analytischen Haltung den eigenen Beobachtungsprotokollen und Beschreibungen gegenüber. Dies gelingt am besten in einer Gruppe, die sich der gemeinsamen Interpretation der Texte oder kleiner Ausschnitte aus den Texten widmet. Maxime ist hier wiederum die Detaillierung, das heißt die extreme Verlangsamung bzw. Vergrößerung der Betrachtung und, wenn es sich um Interaktionssequenzen handelt, die Beachtung der Sequenzlogik, indem die Interpretation dem Verlauf folgt (und diesem nicht vorauseilt).

Alle drei Bedingungen erfordern Zeiten und Räume, die von Erfordernissen des alltäglichen Unterrichtshandelns entlastet sind. Ethnographisches Beobachten ist auch in angepassten Versionen in jedem Fall aufwändig und nicht von einer unmit-

[10] Auch die Polygamie oder die Menschenfresserei muss als in sich sinnvoll und funktional untersucht werden, wenn man diese Phänomene verstehen will.

telbaren „Verwertbarkeit" der Ergebnisse gekennzeichnet – niemand kann sagen, ob und inwiefern die Analysen „hilfreich" für die Praxis sein werden. Zu erwarten ist allerdings, dass ethnographische Beobachtungen *Entdeckungen* in der Welt des Unterrichts ermöglichen, die auch langjährigen Praktikern neue Perspektiven auf das allzu vertraute Geschehen eröffnen.

Literaturverzeichnis

Amann, K., & Hirschauer, S. (Hrsg.). (1997). *Die Befremdung der eigenen Kultur*. Frankfurt a. M.: Suhrkamp.

Atkinson, P., & Hammersley, M. (1995). *Ethnography. Principles in Practice* (2. Aufl.) London/New York: Routledge.

Bennewitz, H. (2004). Helenas und Fabiennes Welt. Eine Freundschaftsbeziehung im Unterricht. *Zeitschrift für Soziologie der Erziehung und Sozialisation*, *24*(4), 393–407.

Berg, E., & Fuchs, M. (1999). *Kultur, soziale Praxis, Text. Die Krise der ethnographischen* Repräsentation. Frankfurt a. M.: Suhrkamp.

Bergmann, J. (2000). Ethnomethodologie. In U. Flick (Hrsg.), *Qualitative Forschung. Ein Handbuch* (S. 118–137). Reinbek: rororo.

Beutel, S. I. (2005). *Zeugnisse aus Kindersicht. Kommunikationskultur an der Schule und Professionalisierung der Leistungsbeurteilung*. Weinheim/München: Juventa.

Breidenstein, G. (2006). *Teilnahme am Unterricht. Ethnografische Studien zum Schülerjob*. Wiesbaden: VS Verlag.

Breidenstein, G. (2010a). Einen neuen Blick auf schulischen Unterricht entwickeln: Strategien der Befremdung. In F. Heinzel, W. Thole, P. Cloos, & S. Köngeter (Hrsg.), *Auf unsicherem Terrain". Ethnographische Forschung im Kontext des Bildungs- und Sozialwesens* (S. 205–216). Wiesbaden: VS Verlag für Sozialwissenschaften.

Breidenstein, G. (2010b). Überlegungen zu einer Theorie des Unterrichts. *Zeitschrift für Pädagogik*, *56*(6), 869–887.

Breidenstein, G., & Tyagunova, T. (2011). Ethnomethodologie und Konversationsanalyse. In U. Bauer et al. (Hrsg.), *Handbuch Soziologie der Erziehung und Bildung*. Wiesbaden: VS Verlag.

Brügelmann, H., Backhaus, A., Brinkmann, E., Coelen, H., Franzkowiak, T., Knorre, S., Oser, E. & Roth, S. (2006). *Sind Noten nützlich und nötig? Ziffernzensuren und ihre Alternativen im empirischen Vergleich*. Frankfurt a. M.: Grundschulverband.

Budde, J. (2005). *Männlichkeit und gymnasialer Alltag. Doing Gender im heutigen Bildungssystem*. Bielefeld: Transcript.

de Boer, H. (2006). *Klassenrat als interaktive Praxis*. Wiesbaden: VS Verlag.

de Boer, H., & Deckert-Peaceman, H. (Hrsg.). (2009). *Kinder in der Schule. Zwischen Gleichaltrigenkultur und schulischer Ordnung*. Wiesbaden: VS Verlag.

Emerson, R., Fretz, R., & Shaw, L. (1995). *Writing Ethnographic Fieldnotes*. Chicago/London: University of Chicago Press.

Geertz, C. (1983). *Dichte Beschreibung. Beiträge zum Verstehen kultureller Systeme*. Frankfurt a. M.: Suhrkamp.

Goffman, E. (1961). *Asyle. Über die soziale Situation psychiatrischer Patienten und anderer Insassen*. Frankfurt a. M.: Suhrkamp.

Hecht, M. (2009). *Selbsttätigkeit im Unterricht. Empirische Untersuchungen in Deutschland und Kanada zur Paradoxie pädagogischen Handeln*. Wiesbaden: VS Verlag.

Heinzel, F., Thole, W., & Cloos, P. (Hrsg.). (2010). *„Auf unsicherem Terrain". Ethnographische Forschung im Kontext des Bildungs- und Sozialwesens*. Wiesbaden: VS Verlag.

Hirschauer, S. (2001). Ethnografisches Schreiben und die Schweigsamkeit des Sozialen. Zu einer Methodologie der Beschreibung. *Zeitschrift für Soziologie, 30*(6), 429–451.

Huf, C. (2006). *Didaktische Arrangements aus der Perspektive von SchulanfängerInnen*. Bad Heilbrunn: Klinkhardt.

Hünersdorf, B., Maeder, C., & Müller, B. (Hrsg.). (2008). *Ethnographie und Erziehungswissenschaft*. Weinheim: Juventa.

Kalthoff, H. (1997). *Wohlerzogenheit. Eine Ethnographie deutscher Internatsschulen*. Frankfurt a. M.: Campus Verlag.

Langer, A. (2008). *Disziplinieren und entspannen. Körper in der Schule – eine diskursanalytische Ethnographie*. Bielefeld: Transcript.

Rusch, H., & Thiemann, F. (2003). *Mitten im Kampfgetümmel. Ethnographische Reportagen aus den Klassenzimmern*. Baltmannsweiler: Hohengehren.

Sacher, W. (2004). *Leistungen entwickeln, überprüfen und beurteilen*. Weinheim: Klinkhardt.

Schütze, F. (1994). Ethnographie und sozialwissenschaftliche Methoden der Feldforschung: eine mögliche methodische Orientierung in der Ausbildung und Praxis der Sozialen Arbeit? In N. Groddeck, & M. Schumann (Hrsg.), *Modernisierung sozialer Arbeit durch Methodenentwicklung und -reflexion* (S. 189–297). Freiburg im Breisgau: Lambertus.

Weinert, F. E. (Hrsg.). (2001). *Leistungsmessungen an Schulen*. Weinheim/Basel: Beltz.

Wiesemann, J. (2000). *Lernen als Alltagspraxis. Lernformen von Kindern an einer Freien Schule*. Bad Heilbrunn: Klinkhardt.

Wulf, C., Althans, B., Blaschke, G., Ferrin, N., Göhlich, M., Jörissen, B., Mattig, R., Nentwig-Gesemann, I., Schinkel, S., Tervooren, A. & Wagner-Willi, M. (2007). *Lernkulturen im Umbruch. Rituelle Praktiken in Schule, Medien, Familie und Jugend*. Wiesbaden: VS Verlag.

Wyhte, W. F. (1943). *Street Corner Society*. Chicago: University of Chicago Press.

Zaborowski, K. U., Meier, M., & Breidenstein, G. (2011). *Leistungsbewertung und Unterricht. Ethnographische Studien zur Bewertungspraxis in Gymnasium und Sekundarschule*. Wiesbaden: VS Verlag.

Zinnecker, J. (2000). Soziale Welten von SchülerInnen. Über populare, pädagogische und szientifische Ethnographien. *Zeitschrift für Pädagogik, 2000*(46), 667–690.

Kodierende Beobachtung

3

Christine Pauli

▸ **Christine Pauli** stellt dar, was kodierendes Beobachten kennzeichnet. Diese Art des Beobachtens ist geeignet für Fragestellungen, welche die standardisierte und quantifizierende Erfassung des Auftretens von bestimmten Verhaltensweisen, Ereignissen oder Merkmalen der Interaktion erforderlich machen. Sie eignet sich für den systematischen Vergleich größerer Fallzahlen sowie für die statistische Überprüfung von Hypothesen. Der Unterschied zwischen kodierender Beobachtung und Schätzverfahren wird erläutert und mündet in dem Beispiel einer kodierenden Beobachtung, an dem erläutert wird, wie die zu beobachtenden Dimensionen oder Elemente in einem Beobachtungsmanual festgelegt werden. Abschließend werden Nutzen und Grenzen des Verfahrens für die Ausbildung von Lehrern und Lehrerinnen reflektiert.

3.1 Einleitung

Welche Sozial- und Arbeitsformen setzt Lehrerin X bei der Erarbeitung von neuem Stoff in einer Mathematikstunde ein? Ruft Lehrer Y im Unterrichtsgespräch Jungen ebenso häufig auf wie Mädchen, oder kommt eine Gruppe häufiger zum Zug? Welche Art von Hilfestellung gibt Lehrerin Z den Schülern und Schülerinnen während der selbstständigen Schülerarbeit?

Dr. Christine Pauli ✉
Lehrstuhl für Pädagogische Psychologie und Didaktik, Institut für Erziehungswissenschaft, Universität Zürich, Zürich, Schweiz
e-mail: cpauli@ife.uzh.ch

H. de Boer und S. Reh (Hrsg.), *Beobachtung in der Schule – Beobachten lernen*, DOI 10.1007/978-3-531-18938-3_3,

Dies sind Beispiele von Fragestellungen, zu deren Bearbeitung die empirische Unterrichtsforschung kodierende Beobachtungsverfahren nutzt. Grundidee dieses Vorgehens ist es, durch die standardisierte und quantifizierende[1] Erfassung des Auftretens von bestimmten Verhaltensweisen, Ereignissen oder Merkmalen der Interaktion Muster (z. B. hinsichtlich der Häufigkeit, Verteilung oder der zeitlichen Anordnung) sichtbar zu machen und ggf. auch Daten zu produzieren, die zur statistischen Hypothesenprüfung herangezogen werden können (vgl. Bortz und Döring 1995) oder die zumindest systematische Vergleiche mehrerer Fälle (z. B. Unterrichtsstunden einer oder verschiedener Lehrpersonen) ermöglichen. Entsprechend kommen kodierende Beobachtungsverfahren insbesondere auch bei Analysen größerer Stichproben zum Einsatz.

Entscheidend für die Qualität einer kodierenden Beobachtung ist, dass sie aufgrund eines Beobachtungsplans erfolgt, der den Beobachtungsgegenstand, die zu beobachtenden Dimensionen oder Elemente und die Art und Weise der Protokollierung genau festlegt. Diese Festlegungen werden in einem *Beobachtungsinstrument* oder *Manual* in Form von möglichst präzisen Handlungsanweisungen festgehalten. Ziel ist es, subjektive Einflüsse der Beobachterin oder des Beobachters zu minimieren und den Beobachtungsprozess so eindeutig festzulegen, dass die Beobachtung „zumindest theoretisch nachvollzogen werden kann" (Bortz und Döring 1995, S. 241). Deutungs- und Interpretationsleistungen seitens der kodierenden Person können und sollen dabei keineswegs verhindert werden, denn jede inhaltlich gehaltvolle Kodierung setzt ein bestimmtes Ausmaß an Deutung und Interpretation voraus. Vielmehr sollen dem Beobachter oder der Beobachterin die Deutungen und Interpretationen „soweit wie möglich durch die Vorgabe zuverlässiger Indikatoren für das einzuschätzende Verhalten *erleichtert* werden" (ebd., S. 248, Hervorhebung CP).

Die Entscheidung, auf welche Art und Weise beobachtet und das Beobachtete auch quantifiziert werden soll, stellt eine wichtige Weichenstellung bei der Planung standardisierter Beobachtungen dar. Deshalb werden im Folgenden zunächst drei Methoden der Quantifizierung kurz erläutert, auch um den Unterschied zwischen kodierender Beobachtung und Schätzverfahren zu verdeutlichen[2]. Anschließend

[1] In der Literatur werden verschiedene Bezeichnungen für die hier angesprochenen Beobachtungsverfahren verwendet: Gebräuchlich sind die Bezeichnungen systematische Verhaltensbeobachtung (Faßnacht 1995) oder standardisierte (Gniewosz 2011), strukturierte oder quantifizierende (Bortz und Döring 1995) Beobachtung. Im Folgenden wird, der Terminologie dieses Buches folgend, die Bezeichnung „kodierende Beobachtung" verwendet.

[2] Da es im vorliegenden Kapitel nicht um eine systematische Einführung in standardisierte Beobachtung als Forschungsmethode, sondern um eine praxisorientierte Einführung im Hinblick auf die Nutzung kodierender Beobachtungsverfahren bei der Einübung in die Un-

wird die Durchführung einer kodierenden Beobachtung schrittweise und anhand eines Beispiels erläutert. Der Beitrag schließt mit einigen Überlegungen zur Nutzung kodierender Beobachtung in der Aus- und Weiterbildung von Lehrkräften.

3.2 Weichenstellungen bei der Planung standardisierter Beobachtung

Zwei bedeutsame Unterscheidungen werden im Folgenden aufgegriffen: zum einen die Unterscheidung zwischen kodierender Beobachtung und Schätzverfahren bzw. „Ratings" und zum anderen die Unterscheidung zwischen Ereignisstichproben („Event Sampling") und Zeitstichproben („Time Sampling"). Außerdem wird kurz die in der Literatur häufig anzutreffende Unterscheidung zwischen „hoch inferenten" und „niedrig inferenten" Verfahren aufgegriffen.

3.2.1 Kodierende Beobachtung und Schätzverfahren

Kodierende Beobachtungsverfahren zielen darauf ab, das Auftreten und ggf. die Dauer bestimmter Ereignisse oder Verhaltensweisen zu erfassen und festzuhalten. Die erzeugten Daten geben Aufschluss über die Häufigkeit, Verteilung oder zeitlichen Anteile bestimmter Verhaltens- oder Interaktionsmerkmale. Demgegenüber geht es bei *Schätzverfahren* (oft auch englisch als „Ratings" bezeichnet) um eine *Einschätzung* oder *Beurteilung* des Beobachtungsgegenstandes, indem anhand von Schätzskalen die Ausprägung bestimmter Merkmale (z. B. bestimmter Qualitätsdimensionen) eingestuft wird. Im Kontext der Unterrichtsforschung werden beispielsweise häufig verschiedene Aspekte von Unterrichtsqualität auf diese Weise eingeschätzt. Das folgende Beispiel einer Schätzskala zur Beurteilung der Klassenführung („Classroom Management") verdeutlicht die Vorgehensweise: Anhand von *Indikatoren* ist die Ausprägung der Klassenführung in Mathematikstunden als Gesamteindruck auf einer vierstufigen Skala einzuschätzen, wobei „1" eine sehr geringe Ausprägung und „4" eine hohe Ausprägung bedeutet.

terrichtsbeobachtung im Kontext der Ausbildung von Lehrkräften geht, beschränkt sich die Darstellung auf einige wenige Grundbegriffe und Unterscheidungen, die unter diesem Gesichtspunkt von Bedeutung sind. Interessierte Leser und Leserinnen seien auf ausführlichere Darstellungen verwiesen, z. B. bei Bortz und Döring (1995, S. 240 f.), Faßnacht (1995), Seidel und Prenzel (2010) oder Gniewosz (2011).

Classroom Management

Grundidee:

Diese Dimension orientiert sich an der Idee des präventiven Verhaltens, d. h. es geht darum einzuschätzen, inwiefern die Lehrperson eingreift, bevor Störungen und Unruhe entstehen. Präventives Verhalten beinhaltet, dass die Lehrperson „alles sieht" und den Überblick über die Klasse hat.

Indikatoren:

- Die Lehrperson greift ein, bevor Unruhe u. Störungen entstehen bzw. um sich greifen
- Die Lehrperson scheint die Übersicht über die Klasse bzw. über die Vorgänge im Klassenzimmer nie zu verlieren
- Übergänge (z. B. von Klassenunterricht zu Stillarbeit, oder zu Gruppenarbeit, oder Hervornehmen von Material) geschehen reibungslos, relativ lärmfrei und rasch
- Es scheint Routinen zu geben, die Übergänge regeln: Die Schülerinnen und Schüler scheinen zu wissen, was von ihnen verlangt wird (z. B. „in den Kreis kommen", „in den Gruppen zusammen sitzen"), sodass solche Wechsel oder Übergänge ohne großen Aufwand geschehen und der Unterricht davon kaum unterbrochen wird
- Es wird keine Zeit verschwendet oder vertrödelt
  Antwort: Gesamteindruck

(Rakoczy und Pauli 2006, S. 231).

Als wissenschaftliche Methode waren Schätzverfahren lange Zeit umstritten, galten sie doch als besonders anfällig für Beobachtungsfehler und subjektive Verzerrungen (vgl. z. B. Faßnacht 1995). Erst im Kontext der neueren videobasierten Unterrichtsforschung konnten Schätzverfahren (u. a. durch wesentlich präzisere Rating-Instrumente und verbesserte Verfahren der Qualitätssicherung) so weiterentwickelt werden, dass sie – gute Instrumente, eine hinreichende Schulung des Personals und Maßnahmen der Qualitätssicherung vorausgesetzt – wissenschaftlichen Qualitätskriterien genügen können.

Außerhalb des Forschungskontextes sind Schätzverfahren sehr häufig anzutreffen, beispielsweise bei Unterrichtsevaluationen oder bei kollegialer Unterrichtshospitation. Entsprechend zahlreich sind mittlerweile auch die verfügbaren Rating- oder Beurteilungsinstrumente (vgl. für Beispiele u. a. Buhren 2011; Helmke 2009). Da der Schwerpunkt dieses Kapitels auf *kodierender Beobachtung* liegt, wird auf Schätzverfahren nur am Rande eingegangen.

3.2.2 Hoch inferente und niedrig inferente Beobachtung

In der Literatur ist verschiedentlich auch die Unterscheidung zwischen *niedrig* und *hoch inferenten* Beobachtungssystemen anzutreffen. Damit wird auf das Ausmaß an Schlussfolgerungen (Inferenzen) Bezug genommen, die erforderlich sind, um den zu kodierenden Ereignis- oder Verhaltensaspekt korrekt zu erfassen. Wie bereits erwähnt, setzt jede inhaltlich gehaltvolle Kodierung gewisse Deutungen und Interpretationen voraus, doch das Ausmaß der erforderlichen Deutungsleistung kann durchaus variieren. So können z. B. Sozialformen (Klassenunterricht, Einzel-, Partner- oder Gruppenarbeit) in einer Unterrichtsstunde relativ leicht und anhand weniger Kriterien unterschieden werden, so dass es nicht besonders schwer fällt, eine entsprechende Kodierung vorzunehmen. Wesentlich weitergehende Schlussfolgerungen sind jedoch beispielsweise bei der Einschätzung von Unterrichtsqualitätsmerkmalen wie „Klassenführung" (vgl. Beispiel in Abschn. 3.2.1), „Motivierungsqualität" oder „kognitive Aktivierung der Lernenden" erforderlich. Deshalb werden solche Schätzverfahren teilweise auch als „hoch inferente Ratings" bezeichnet (vgl. Clausen et al. 2003; Hugener et al. 2006). Umgekehrt ist aber eine kodierende Beobachtung keineswegs immer als „niedrig inferent" einzustufen. So erfordert beispielsweise die Unterscheidung verschiedener Arten von Lehrerfragen oder von Lehrerfeedback ebenfalls ein erhebliches Ausmaß an Schlussfolgerungen und kann kaum als „niedrig inferent" bezeichnet werden. Es ist deshalb eher von einem Kontinuum zwischen „hoch" und „niedrig" auszugehen, auf dem ein bestimmtes Beobachtungssystem eingeordnet werden könnte. Die Unterscheidung zwischen hoch und niedrig inferenten Beobachtungssystemen ist deshalb nicht sehr aussagekräftig.

3.2.3 Ereignisstichproben und Zeitstichproben

Die Unterscheidung zwischen Ereignis- und Zeitstichproben (*Event Sampling* und *Time Sampling*) betrifft die Festlegung der zeitlichen Einheiten, welchen Kodes zugeordnet werden sollen. Bei *Ereignisstichproben* begrenzen die zu registrierenden, im Voraus festgelegten Ereignisse oder Verhaltensweisen selbst die Auswertungseinheiten: Jedes Mal, wenn ein gesuchtes Ereignis oder Verhalten auftritt, wird es registriert, und ggf. wird auch die Dauer des Auftretens durch die Bestimmung des genauen Anfangs- und Endzeitpunkts festgehalten. So wurde z. B. bei einem Beobachtungssystem für die Analyse von Hilfestellungen durch die Lehrkraft während Schülerarbeitsphasen in Mathematikstunden (vgl. Beispiel in Abschn. 3.3.1 und Krammer 2009) jede Lehrer-Schüler-Interaktion während der selbstständigen Schülerarbeit (Schülerarbeitsphasen) identifiziert, mit Anfangs- und Endzeitpunkt registriert und anschließend mit Hilfe eines Kategoriensystems hinsichtlich der Art der Unterstützung kodiert.

Auch die kontinuierliche zeitliche Erfassung mehrerer Ausprägungen einer Verhaltens- oder Ereignisdimension wird als Ereignisstichprobenverfahren verstanden. Ein typisches Beispiel dieses Vorgehens ist die Kodierung der Sozialformen während einer Unterrichtsstunde (vgl. Hugener et al. 2006, S. 55 ff.). Diese führt zur Unterteilung der Unterrichtsstunde in Segmente von je unterschiedlicher Dauer, die voneinander durch die Wechsel der Sozialform abgegrenzt sind.

Zeitstichproben (Time Sampling) gliedern die Beobachtung in feste, im Voraus bestimmte Zeitabschnitte, die auch als Einheitsintervalle bezeichnet werden (vgl. Faßnacht 1995, S. 138). Jedes Einheitsintervall wird dann anhand des Kategoriensystems kodiert. So wurden in einer Untersuchung zum Lernverhalten von Grundstufenschülern und -schülerinnen von Lipowsky (1999) jeweils ein Schüler/eine Schülerin während 12 Minuten beobachtet, wobei das Einheitsintervall 30 Sekunden betrug. D. h. während 12 Minuten wurde alle 30 Sekunden das Verhalten der betreffenden Schülerin einer aus einer Liste von vorgegebenen Kategorien zugeordnet und der entsprechende Kode in einen standardisierten Beobachtungsbogen eingetragen (vgl. ebd., S. 137 ff.).

3.3 Von der Frage zur Kodierung

Im Folgenden wird das Vorgehen einer kodierenden Beobachtung in fünf Schritten (vgl. Bos und Tarnai 1999; Hugener et al. 2006; Seidel und Prenzel 2010) anhand eines Beispiels erläutert. Als Beispiel wurde ein Beobachtungsinstrument ausgewählt, das von Krammer (2009) für die Erfassung verschiedener Arten individueller Lernunterstützung bzw. Hilfestellung während der Schülerarbeitsphasen (bzw. selbstständiger Schülerarbeit) in Mathematikstunden entwickelt wurde und im Rahmen einer Videostudie zum Mathematikunterricht[3] zur Anwendung kam (Krammer 2009).

3.3.1 Schritte der kodierenden Beobachtung

Die wesentlichen Schritte einer kodierenden Beobachtung lassen sich anhand des in Abb. 3.1 dargestellten Schemas zusammenfassen (Hugener et al. 2006, S. 49)[4].

[3] Schweizerische Videostudie im Rahmen der TIMSS 1999 Video Study (Reusser et al. 2010).

[4] Diese Darstellung, die im Kontext der Inhaltsanalyse entwickelt wurde (Bos und Tarnai 1999), findet sich in der Literatur mittlerweile in unterschiedlichen Varianten, die sich hin-

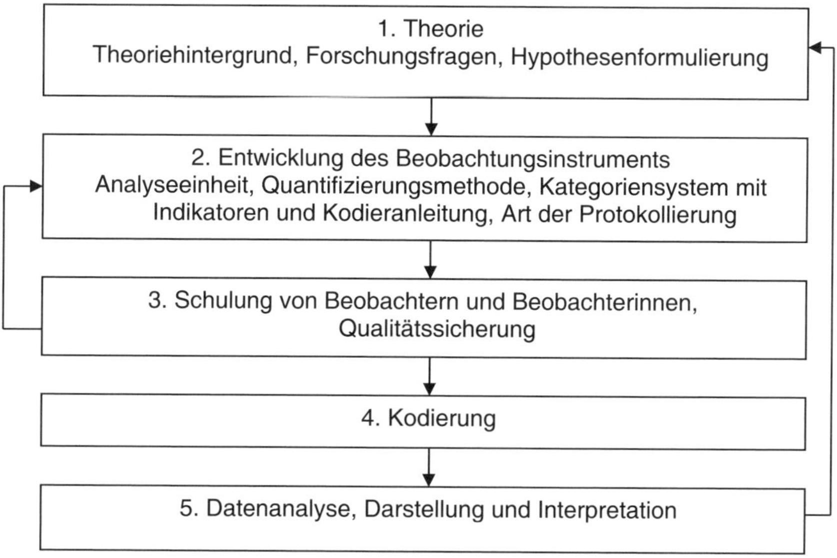

Abb. 3.1 Verfahren der kodierenden Beobachtung (Hugener et al. 2006a, b)

Schritt 1: Fragestellung/Ziel Jeder kodierenden Beobachtung liegt eine bestimmte Zielsetzung oder *Fragestellung* zugrunde und u. U. bestehen auch theoretisch begründete Erwartungen, die als Hypothesen formuliert werden können. Die Fragestellung soll durch die systematische Erfassung von ausgewählten, für diese Frage relevanten Merkmalen des Unterrichts oder der Lehrer-Schüler-Interaktion bearbeitet werden. Die beobachtende Person soll also nicht die ganze Komplexität des Unterrichtsgeschehens erfassen, sondern ihre Aufmerksamkeit gezielt auf bestimmte Handlungen oder Ereignisse richten. Kodierendes Beobachten ist in diesem Sinne immer selektiv.

Schritt 2: Entwicklung des Beobachtungsinstruments Grundlage und Werkzeug kodierender Beobachtung ist ein Beobachtungsinstrument, das genaue Anweisungen für die Kodierung und die Protokollierung umfasst. Dazu muss zunächst die

sichtlich der Zuteilung einzelner Tätigkeiten zu den fünf Schritten leicht unterscheiden (vgl. z. B. Seidel und Prenzel 2010).

Analyseeinheit und die der Fragestellung angemessene Methode der Quantifizierung (vgl. Abschn. 3.3.2) festgelegt werden.

Mit der *Analyseeinheit* wird bestimmt, was genau in die Beobachtung einbezogen wird (und was nicht). Dies betrifft zum einen die *zeitliche* Eingrenzung der Beobachtungsperiode: Soll z. B. eine ganze Unterrichtsstunde oder sollen nur bestimmte Teile davon, im Beispiel also nur die Schülerarbeitsphasen, in die Beobachtung einbezogen werden? Zum andern wird damit auch der *Beobachtungsfokus* bestimmt. So ist z. B. zu entscheiden, ob nur die Lehrkraft oder sowohl die Lehrkraft als auch die Lernenden zu beobachten sind, welche Verhaltensweisen (nur verbales Verhalten oder auch weitere Aspekte der Kommunikation, z. B. Gesten, schriftlicher Text) und welche Kontextmerkmale berücksichtigt werden sollen.

Für die *Kodieranleitung* müssen präzise Beschreibungen der gesuchten Ereignisse und Verhaltensweisen formuliert werden. Da pädagogische oder psychologische Konstrukte in der Regel nicht direkt beobachtbar sind, müssen diese für die Kodierung operationalisiert, d. h. messbar gemacht werden, indem geeignete Indikatoren bestimmt werden. Außerdem müssen auch Regeln für die Anwendung des Kategoriensystems und die Zuordnung von Kodes formuliert werden. Dabei können zwei Typen von Beobachtungssystemen unterschieden werden:

Geht es nur darum, das *Vorkommen* bestimmter Ereignisse, Handlungen oder Interaktionen festzuhalten, spricht man von *Zeichen- oder Indexsystemen* (Faßnacht 1995; Seidel und Prenzel 2010). Hier gilt es festzulegen, wann ein bestimmtes Verhalten oder Ereignis als ein Fall des gesuchten Verhaltens oder Ereignisses zu registrieren ist. So stellt sich bezogen auf das Beispiel der individuellen Lernunterstützung die Frage, welche Bedingungen erfüllt sein müssen, damit eine bestimmte Lehrer-Schüler-Interaktion, die während einer Schülerarbeitsphase auftritt, als ein Fall von individueller Lernunterstützung gelten kann. Bei Ereignisstichprobenverfahren ist außerdem festzulegen, wann und wie zwei aufeinanderfolgende Fälle von individueller Lernunterstützung voneinander abzugrenzen sind (und somit nicht als *ein* Fall, sondern als *zwei* Fälle gelten). Im vorliegenden Beispiel galt dazu folgende Regel: „Wenn zwei Interaktionen mit der bzw. dem gleichen Lernenden (oder Gruppe von Lernenden) unmittelbar aufeinander folgen, dasselbe Problem zum Thema haben und nicht mehr als 15 Sekunden auseinander liegen, werden die beiden Interaktionen zu einer Interaktion zusammengefasst" (Krammer 2009, S. 166). Fälle von individueller Lernunterstützung können so eine je unterschiedlich große Anzahl von Lehrer- und Schüleräußerungen umfassen. Dies verdeutlichen auch die drei Beispiele im Abschn. 3.3.2. Schließlich ist auch festzulegen, welche Lehrer-Schüler-Interaktionen ggf. *nicht* registriert werden sollen. Im vorliegenden Beispiel individueller Lernunterstützung waren dies unter anderem an die Lehrkraft gerichtete Schülerfragen, welche von der Lehrkraft nicht beantwortet wurden,

Äußerungen der Lehrkraft, die sich explizit an die ganze Klasse richteten oder reine Gestik oder Mimik der Lehrkraft ohne verbale Äußerung (vgl. Krammer 2009, S. 167).

Soll nicht nur erfasst werden, *ob* (und ggf. wann oder wie lange) ein bestimmtes Verhalten – wie z. B. individuelle Lernunterstützung – auftritt, sondern soll das auftretende Verhalten darüber hinaus nach bestimmten Kriterien näher bestimmt oder klassifiziert werden, ist ein *Kategoriensystem* erforderlich. Jede Auswertungseinheit muss dann (bezogen auf eine Dimension) genau einer Kategorie aus einer Liste zugewiesen werden können. Die Kategorien müssen deshalb disjunkt (d. h. trennscharf), erschöpfend (die Zuordnung zu einer Kategorie ist in jedem Fall möglich) und hinreichend präzise beschrieben sein (die Zuordnung erfolgt nach genau definierten Kriterien; vgl. auch Maiello 2006, S. 41).

Im Beispiel der individuellen Lernunterstützung interessierte nicht nur, *wie oft* solche Interaktionen vorkamen, sondern v. a. auch *welche Art* von Hilfestellung die Lernenden erhielten. Deshalb wurde ein Kategoriensystem entwickelt, das eine Klassifizierung der identifizierten Fälle von Lernunterstützung erlaubte. Ausgehend von theoretischen und empirischen Erkenntnissen der Lehr- und Lernforschung (→ Schritt 1) interessierte insbesondere, ob die Hilfestellungen in Form von *expliziten Erklärungen* erfolgten oder in Form von *indirekten Anregungen oder Hinweisen*. Von Letzteren wird angenommen, dass sie besonders geeignet sind, bei den Lernenden eigenständige Denkprozesse in Gang zu setzen.

Die Entwicklung eines Kategoriensystems erfolgt in der Regel sowohl theorie- als auch datengeleitet, d. h. aufgrund der Sichtung von Daten. Deshalb braucht es im Rahmen der Kode-Entwicklung auch mehrfache Probekodierungen. Die dazu benutzten Daten sollten möglichst nicht identisch sein mit den Daten, die dann in die Auswertung einbezogen werden. Besonders günstig ist es, wenn Videoaufnahmen vorliegen, die wiederholt betrachtet und anhand derer konkrete Kodierprobleme diskutiert und bereinigt werden können. Meistens zeigt sich bei der ersten Anwendung theoriegeleitet entwickelter Kategorien, dass diese nicht alle Vorkommnisse adäquat erfassen. Dies war auch im Beispiel der individuellen Lernunterstützung der Fall. So zeigte sich z. B. anhand der Daten, dass sich die Hilfestellung teilweise auf eher organisatorische Aspekte der Lernaktivitäten bezog. Das Kategoriensystem wurde deshalb entsprechend erweitert.

Tabelle 3.1 fasst die von Krammer (2009) entwickelten und in ihren Analysen von 145 Mathematikstunden aus dem deutsch-, italienisch- und französischsprachigen Teil der Schweiz verwendeten Kategorien zusammen. Aus Platzgründen können die Indikatoren und Kategorienbeschreibungen hier nicht vollständig wiedergegeben werden (vgl. dazu Krammer 2009, S. 194 ff. und S. 342 ff.).

Tab. 3.1 Kategoriensystem zur Beschreibung der Unterstützungsformen

Organisatorische Unterstützung	
OA	Organisation allgemein (nicht aufgabenbezogen)
OMM	Organisation Mathematikaufgaben: Material
OMA	Organisation Mathematikaufgaben: Arbeitsform
Inhaltliche, mathematikbezogene Unterstützung	
EV	Evaluation des Lernfortschritts: *Fragen der Lehrperson, welche sich ausschließlich auf das Abschätzen des Schülerverständnisses richten
FB	Feedback: *Kurze Rückmeldung der Lehrperson zur Korrektheit der Schülerarbeit
E	Erklärung, direkt: *Erklären, Vorzeigen, Modellieren der Lösung einer Aufgabe oder einzelner Teilschritte (direkte Anweisung zum weiteren Vorgehen)
H	Hinweis, indirekt: *Inhaltlicher und/oder strategischer Hinweis, der zum Weiterdenken anregt (indirekte Unterstützung, Anregung zur Schüler-Aktivität)
EH	Erklärung *und* Hinweis: *Sowohl Erklärung als auch weiterführende Hinweise
UN	Unterstützung nicht bestimmbar *(Restkategorie)

Quelle: Krammer (2009, S. 194).
* Ergänzungen eingefügt durch CP.

Ein gutes Kategoriensystem umfasst neben der präzisen Beschreibung der Kategorien und Indikatoren auch *exemplarische Beispiele*. Bei aufgezeichneten Daten (z. B. Videodaten, Transkripte) können zudem *Ankerbeispiele* (Hinweise auf entsprechend kodierte Stellen im Datenmaterial) angegeben werden. Solche Ankerbeispiele sind äußerst hilfreich für das Erlernen des Beobachtungssystems bzw. für die Schulung von Beobachtungspersonal.

Als Beispiel einer Kategorienbeschreibung werden im Folgenden die Angaben zu den beiden Kategorien „Feedback" und „Hinweis, indirekt" aus dem Kategoriensystem von Krammer (2009) auszugsweise wiedergegeben.

3.3.1.1 Feedback (FB)

Die Lehrperson meldet einem Lernenden oder einer Gruppe von Lernenden zurück, ob die Aufgabe oder ein Teilschritt der Aufgabe richtig oder falsch gelöst wurde. Dies kann ein „mhm" sein oder eine ausgedehnte Rückmeldung wie „Schau hier nochmals genau hin, hier scheint ein Fehler zu sein".

Wichtiges Merkmal dieses Codes ist, dass er nur eine Rückmeldung der Lehrperson beinhaltet und keine weitere Unterstützung geleistet wird. Die Lehrperson sagt, *was falsch/richtig* ist oder *welcher Teil falsch/richtig* ist, ohne auf die weitere

Bearbeitung der Frage einzugehen. Die Art und der Inhalt des Fehlers werden nicht gekennzeichnet.

Es gibt auch eine *indirekte Form* der Rückmeldung. Zum Beispiel fallen die Bemerkungen „Bist du sicher, dass das hier richtig ist?“ oder „Kann das sein?“ unter den Code FB, da sie für den Lernenden eine *Rückmeldung ohne weitere Unterstützung* darstellen. Er muss aufgrund einer solchen rhetorischen Frage der Lehrperson davon ausgehen, dass in seinem Lösungsweg ein Fehler ist.

Auch als FB werden Ja/Nein-Antworten der Lehrperson auf eine Schülerfrage bezüglich der Aufgabenbearbeitung codiert. Auch hier weiß der Lernende nur, dass sein Gedanke richtig oder falsch ist, ohne weitere Hinweise zu erhalten. Sobald ein Feedback weitere Hinweise zur Aufgabenbearbeitung enthält, wird es als E, H oder EH codiert.

Ankerbeispiele

[Es folgen präzise Hinweise auf bestimmte Stellen im Videomaterial (Lektions-Identifikation und präzise Zeitangabe), die als FB codiert wurden (oder auch: die gerade nicht als FB codiert wurden), mit kurzer Erläuterung]

Beispiel 1
Lektion: SW-011, Zeit: 42:13–42:16: Bestätigen von Lösungsschritten

S Stimmt das bis hierhin?
L Ja.

Beispiel 2
Lektion: SW-055, Zeit: 27:41–28:11: Indirektes Feedback:

L Hat du diese schon mal kontrolliert?
S Hm-m (nein)
L Also, Reto, Stefan und Ralf, bitte die mittlere Spalte, da würde ich mal kurz überprüfen, ob ihr auch richtig rechnet.

[Es folgen weitere Beispiele und eine Reihe von speziellen Codierregeln, die hier nicht wiedergegeben werden] (Krammer 2009 S. 345 f.)

3.3.1.2 Hinweis, indirekt (H)

Die Lehrperson unterstützt einen Lernenden oder eine Gruppe von Lernenden beim Bearbeiten von Aufgaben, indem sie einen Hinweis oder Tipp gibt, der den oder die Lernende zum Denken anregt. Der Hinweis kann inhaltlicher oder strategischer Art sein, ohne prozedurale, konkrete kleinschrittige Anweisungen zu geben und den nächsten konkreten Lösungsschritt oder die richtige Lösung zu nennen.

Diese Form der Unterstützung bedeutet aus der Sicht des Lernenden, dass die Lehrperson ihn zum Denken anregt, ihn auf dem Lösungsweg weiterbringt, ohne selber die Erklärung abzugeben. Der Lernende soll selber herausfinden, wie er die Aufgabe lösen muss, wie der nächste Lösungsschritt aussieht.

Interaktionsbeispiele

- auf ein wichtiges Merkmal der Aufgabe aufmerksam machen, ohne zu erklären, was dieses Merkmal bedeutet („Achtung, hier vorne steht ein Minus"). (Wenn die Lehrperson sagt, was mit diesem Minus geschehen muss, wird die Äußerung als E codiert, z. B.: „Hier musst du Minus rechnen")
- Aufforderung, wichtige Informationen/Elemente zu suchen („Wie machst du das, was steht da vorne für ein Zeichen?")
- Aufforderung, die Aufgabe in Teilschritte zu zerlegen („Was musst du als erstes tun?")
- Physische Hilfsmittel bereitstellen
- Aufforderung, mit Gegenständen/Skizzen zu handeln („Mach doch eine Skizze!")
- Reflexion anregen, Aufforderung, den eigenen Denkweg zu beschreiben
- Hinweise zu allgemeinen Arbeitsstrategien wie „schätzen", „Probe machen", „Ich würde es nicht nur im Kopf rechnen, ich würde es aufschreiben, vielleicht siehst du es dann besser … "

  (…)

Ankerbeispiele

Beispiel 1

Lektion: SW-011, Zeit: 32:34–32:53: Einen Denkweg beschreiben, klären, überprüfen

L Wie hast du diesen kleinen Kreis definiert? Wodurch ist er bestimmt?
S ()
L Jawohl, genau. Wo sind die Berührpunkte, kannst du sie genau lokalisieren?
S ()

[Es folgen weitere Beispiele]

Codierregeln

- Anregungen der Lehrperson erkennt man daran, dass die Lehrperson einen Vorschlag für das weitere Vorgehen macht, aber nicht eine eindeutige Arbeitsanweisung gibt
- (…)

(Krammer 2009, S. 347 f.)

Zusätzlich zum Kategoriensystem muss auch eine geeignete Form der *Protokollierung* entwickelt und erprobt werden. Insbesondere bei direkter Beobachtung im Klassenzimmer ist es wichtig, dass die Protokollführung in Form von (schriftlichen oder elektronischen) Beobachtungsbögen so einfach wie möglich gestaltet ist, d. h. der zu beobachtende Vorgang muss sich mit einfachen Zeichen, Zahlen oder Abkürzungen festhalten lassen (vgl. Bortz und Döring 1995, S. 248).

Schritt 3: Beobachterschulung und Qualitätssicherung Mit der Fertigstellung des Kategoriensystems, der Kodieranleitung und dem vorbereiteten Beobachtungsprotokoll sind die Bedingungen für die Schulung von Beobachtern und Beobachterinnen in der korrekten Anwendung des Beobachtungsinstruments gegeben. Im Laufe eines Beobachtertrainings kann sich weiterer Überarbeitungsbedarf beim Kodiermanual zeigen, indem etwa weitere Präzisierungen oder zusätzliche Beispiele eingefügt werden müssen. Die Schritte 2 und 3 sind deshalb rekursiv.

Eine wissenschaftlichen Ansprüchen genügende kodierende Beobachtung bedarf neben einer gründlichen Schulung der Beobachtungspersonen auch einer Überprüfung der Beobachtungsqualität. Ein wichtiges Gütekriterium stellt dabei die *Beobachterübereinstimmung* dar: Es muss sichergestellt werden, dass alle Beobachter und Beobachterinnen das Beobachtungsinstrument in der intendierten Art und Weise und übereinstimmend anwenden. Dazu wird ermittelt, in welchem Ausmaß zwei Beobachter bzw. Beobachterinnen übereinstimmend die gleichen Kodes setzen, wenn sie parallel und unabhängig voneinander das gleiche Datenmaterial, also z. B. die gleiche Unterrichtsstunde, kodieren. Als einfaches Maß kann hierfür der prozentuale Anteil übereinstimmend gesetzter Kodes an der Gesamtheit der gesetzten Kodes ermittelt werden. Im wissenschaftlichen Kontext wird aufgrund gewisser Nachteile dieses Maßes häufiger *Cohens Kappa* verwendet. Dieses Maß berücksichtigt zusätzlich das Verhältnis zwischen der beobachteten und der durch Zufall erwarteten Übereinstimmung (vgl. Wirtz und Caspar 2002, S. 55 ff.)[5].

---

[5] Bei Schätzverfahren werden andere Maße verwendet, auf die hier nicht eingegangen wird (vgl. z. B. Schuster 2010; Wirtz und Caspar 2002).

Schritt 4: Durchführung der kodierenden Beobachtung Sind die Qualitätsanforderungen erfüllt, wird das ganze Datenmaterial kodiert. Bei großen Stichproben wird die Beobachterübereinstimmung im Laufe der Durchführung mehrmals ermittelt, um sicherzustellen, dass sich auf die Dauer keine systematischen Fehler einschleichen.

Schritt 5: Auswertung, Darstellung und Interpretation Nach der vollständigen Kodierung werden die Kodes ausgewertet und in geeigneter Form dargestellt. Die Spannweite der Auswertungen reicht von der einfachen Erfassung der Auftretenshäufigkeit einzelner Kodes bis hin zu komplexeren Analysen. Ggf. werden statistische Auswertungen und eine Hypothesenprüfung vorgenommen. Schließlich erfolgt im letzten Schritt die Interpretation und Diskussion der Ergebnisse, bezogen auf die Fragestellung und die theoretischen Grundlagen (vgl. Schritt 1) sowie im Hinblick auf mögliche Konsequenzen, beispielsweise für die Unterrichtsentwicklung und die Lehrerbildung.

3.3.2 Ein Beispiel

Drei authentische Episoden aus dem Datenmaterial einer Videostudie zum Mathematikunterricht in Deutschland und der Schweiz (Klieme et al. 2009) sollen abschließend Gelegenheit geben, die Kodierung individueller Lernunterstützung anhand des in Tab. 3.1 dargestellten Kategoriensystems nachzuvollziehen. Das Kodiersystem von Krammer (2009) beruhte auf dem Ereignisstichproben-Verfahren. Jede der drei Episoden stellt einen Fall von individueller Lernunterstützung dar und ist somit als Ganzes einer Kategorie zuzuordnen. Die Beispiele stammen aus Schülerarbeitsphasen aus zwei Mathematikstunden, in denen an einer mathematischen Textaufgabe[6] gearbeitet wird. Es wurden bewusst Beispiele gewählt, bei denen die Zuordnung zu einer der Kategorien einige Überlegungen erfordert. Erschwert wird die Zuordnung selbstverständlich dadurch, dass die Kategorien hier nur verkürzt wiedergegeben werden konnten (vgl. Abschn. 3.3.1, Schritt 2), und dass keine Beobachterschulung stattgefunden hat. Dennoch sei die Leserin bzw. der Leser dazu eingeladen, eine Zuordnung der drei Episoden zu der je passenden Kategorie aus

[6] Aufgabe: Ein rechteckiges Gartengrundstück ist doppelt so lang wie breit. Vergrößert man die Länge um 4 m und die Breite um 5 m, so nimmt der Flächeninhalt um 146 m^2 zu. Wie viele Birken könnte man auf dem ursprünglichen Grundstück pflanzen, wenn eine Birke 4 m^2 Land benötigt? Die Aufgabe lag in verschiedenen Varianten unterschiedlicher Schwierigkeit vor.

dem Kategoriensystem von Krammer (2009) zu versuchen. Die der schweizerischen Videostudie entsprechende Zuordnung befindet sich am Schluss dieses Kapitels.

Episode 1: Schülerin (S) ruft den Lehrer (L), der gerade in der Nähe steht[7]	
S	Herr V., stimmt das so?
L	O, weiß ich nicht, ob das stimmt … Hast du die Probe gemacht? … Dann probier mal (lacht) … Bevor ich dir sage, ob's stimmt, machst du die Probe allein

Episode 2: L geht an Tisch vorbei, S spricht ihn an		
S	Äh, ich habs [unverständlich]	S legt neues, leeres Blatt über das Blatt mit der Lösung
L	Hm, du hast – (lass mal sehen)!	S nimmt Blatt wieder hervor, schiebt es hinüber zu L, dieser schaut auf das Geschriebene (auf dem Blatt ist oben der aufgeklebte Aufgabentext, darunter eine Skizze und eine Gleichung mit Auflösung)
L	Aber Achtung! Stimmt das, dass das gleich groß ist? … Du sagst hier – guck mal Du sagst, Y plus vier … mal zwei Y plus fünf … ist gleich hundertsechsundvierzig … Wo steht denn das im Text?	L zeigt während des Sprechens mit dem Finger auf jedes einzelne Element der Gleichung und danach auf den Aufgabentext
S	Nein, Y das ist – eh//-	S zeigt auf der Skizze
L	//-ja, ist schon klar, schon klar. Die Größere und jetzt steht da: Ist hundertsechsu – wo steht das im Text – ist hundertsechsundvierzig?	L tippt mit dem Finger auf den Aufgabentext
S	Ach,…	S wendet sich der Gleichung zu
L	Was steht da?	L zeigt auf den Aufgabentext
S	Ja klar	S setzt Stift an bei der Gleichung
L	Was steht denn da?	L zeigt auf den Aufgabentext

[7] Da die Kodierung in der Videostudie anhand der Videoaufnahmen erfolgte, beschränkt sich die Transkription auf verbale Äußerungen. In den hier wiedergegebenen Episoden wurde ein Minimum an ergänzenden Informationen eingefügt, um die Episoden auch ohne Videoaufnahme verständlich zu machen.

S	Ich dachte noch, es wär ein bisschen leicht	S beginnt bei Gleichung zu schreiben
L	Ja was steht denn da?	zeigt auf den Aufgabentext
S	ja, dass er zu- zunimmt	
L	AHA!! (betont) NIMMT ZU!! (betont) Aha!	Unterstreicht die Äußerung mit erhobenem Finger, entfernt sich vom S

Episode 3: Die Schüler/Schülerinnen sitzen an Gruppentischen (je 4 S), die Lehrerin, die von Tisch zu Tisch geht, bleibt hinter einem S stehen		
L	Seid ihr schon so weit? … noch nicht. Also. Jetzt wenn … Wenn ich vergrößere*	schaut auf das Lösungsblatt, zeigt mit dem Finger zunächst auf den Aufgabentext
L	so verlängert sich die Länge vom Zaun und der Zaun ist der Umfang rundherum ums – um das Ganze herum, oder?	zeichnet mit dem Finger ein Quadrat auf die Tischplatte
L	Also wenn ich vergrößere, dann//verlängert sich der Umfang//	
S	//aha//	greift zum Radierer
L	//nein das ist schon richtig. Das ist vollkommen richtig. So lange ist der Zaun.	
L	Und jetzt mache ich einen Vergleich, oder. Jetzt von da nach da – nein, natürlich von da nach da, wird der Zaun dreimal länger	tippt mit dem Finger auf die Felder der Tabelle, gibt dem S den Stift wieder in die Hand
S	A, noch drei mal//-	
L	//-Vier X, gibt	
S		schreibt Zahl
L	Ja genau	

* Die Äußerungen von Lehrerin und Schüler wurden von Schweizer Mundart nach Standarddeutsch übersetzt.

3.4 Nutzung kodierender Beobachtung in der Ausbildung von Lehrkräften?

Kodierende Beobachtung spielt in der aktuellen empirischen Unterrichtsforschung eine wichtige Rolle, sei es bei der Analyse aufgezeichneten Unterrichts im Rahmen videobasierter Untersuchungen oder sei es als direkte Beobachtung in Klassenzimmern (vgl. Pauli 2008). Festzuhalten bleibt jedoch, dass nicht alle relevanten Unterrichtsmerkmale kodierender Unterrichtsbeobachtung gleichermaßen zugänglich sind. Gewisse Aspekte lassen sich besser durch die Befragung der Lehrkräfte und der Lernenden erfassen oder durch weniger standardisierte Formen der Beobachtung. So können, um beim Beispiel der Hilfestellung zu bleiben, auf diese Art zwar bestimmte und aus theoretischer Sicht lernrelevante Muster des Unterstützungsverhaltens festgestellt werden. Die Kodierung gibt jedoch keine Auskunft darüber, wie sich ein indirekter Hinweis oder eine Erklärung im Einzelfall in der Interaktion mit den betreffenden Lernenden ausgewirkt hat, d. h. zu welchen Verstehens- und Verständigungsprozessen sie Anlass und Ausgangspunkt gewesen ist. Kodierende Beobachtung unterliegt damit, wie andere Verfahren der Datenerhebung und Datenanalyse auch, gewissen Einschränkungen und es hängt von der Fragestellung und Zielsetzung ab, ob eine kodierende Beobachtung die geeignete Methode ist.

Nun geht es im vorliegenden Kontext nicht um empirische Unterrichtsforschung, sondern um Beobachtung in der Schule und um das Beobachten lernen von angehenden Lehrerinnen und Lehrern. Welche Bedeutung kommt der Kodierung von Beobachtungen bzw. kodierenden Beobachtungsverfahren in diesem Zusammenhang zu? Verschiedene Gründe sprechen dafür, dass es durchaus relevant und sinnvoll ist, sich in der Ausbildung zur Lehrkraft entsprechende Kompetenzen zu erwerben. Zum einen tragen solche Kenntnisse dazu bei, wissenschaftliche Texte und Forschungsberichte, die sich auf Beobachtungsdaten stützen, besser zu verstehen und die Qualität der dargestellten Ergebnisse besser einschätzen zu können. Zum anderen kann die Durchführung einer einfachen kodierenden Beobachtung von Unterrichtssequenzen im Rahmen gemeinsamer Unterrichtsreflexion wesentlich dazu beitragen, den analytischen Blick auf zentrale Aspekte von Lehr- und Lernprozessen zu schärfen. Dies zeigen auch die Erfahrungen der Autorin mit videogestützten Weiterbildungsveranstaltungen von Lehrpersonen. Auf der Basis wiederholter Videoaufnahmen des eigenen Unterrichts kann zudem mittels kodierender Beobachtung der eigene Lernfortschritt bei der Weiterentwicklung bestimmter Aspekte des eigenen Unterrichtsverhaltens – beispielsweise eine bewusste Verlängerung der Wartezeit nach Lehrerfragen oder eine veränderte Gestaltung des Lehrerfeedbacks – mithilfe kodierender Beobachtung systematisch überprüft und dokumentiert werden. Da die Entwicklung eines Beobachtungsinstrumentes allerdings aufwendig ist, kann es eine sinnvolle Option sein, sich dabei möglichst auf bereits verfügbare Instrumente zu stützen oder sich zumindest daran zu orientieren.

3.5 Anhang: Codierung der 3 Episoden nach dem Kategoriensystem von Krammer (2009)

Episode 1 Hinweis, indirekt (H). Erläuterung: Obwohl die Schülerin nach einem Feedback fragt, kann diese Interaktion nicht der Kategorie Feedback zugeordnet werden, da die Schülerin keine eindeutige Information über die Korrektheit ihrer Lösung erhält. Stattdessen gibt ihr der Lehrer den neutralen Hinweis, eine Probe zu machen.

Episode 2 Hinweis, indirekt (H). Erläuterung: Bei dieser längeren Episode erfährt der Schüler, dass seine Lösung falsch ist, und erhält somit ein Feedback. Trotzdem passt die Episode nicht in die Kategorie „Feedback", weil die Bedingung „*Rückmeldung ohne weitere Unterstützung*" nicht erfüllt ist. Vielmehr handelt es sich auch hier um eine Unterstützung der Kategorie „Hinweis, indirekt", weil der Schüler zum Weiterdenken angeregt wird, ohne dass der Lehrer genau erklärt, was als nächstes zu tun ist: Er weiß zwar jetzt, dass er eine wichtige Information im Aufgabentext übersehen hat. Welche Schlüsse aus der neu einbezogenen Information (… „nimmt zu") im Hinblick auf die Lösung des Problems zu ziehen sind, muss er jedoch selber herausfinden.

Episode 3 Erklärung, direkt (E). Erläuterung: In dieser Episode erklärt die Lehrerin dem Schüler Schritt für Schritt, wie die Aufgabe zu lösen ist.

Literaturverzeichnis

Bortz, J., & Döring, N. (1995). *Forschungsmethoden und Evaluation für Sozialwissenschaftler* (2., vollst. überarb. u. aktual. Aufl.). Berlin: Springer.

Bos, W., & Tarnai, C. (1999). Content analysis in empirical social research. *International Journal of Educational Research, 31*, 659–671.

Buhren, C. G. (2011). *Kollegiale Hospitation. Verfahren, Methoden und Beispiele aus der Praxis.* Köln: Carl Link.

Clausen, M., Reusser, K., & Klieme, E. (2003). Unterrichtsqualität auf der Basis hochinferenter Unterrichtsbeurteilungen. Ein Vergleich zwischen Deutschland und der deutschsprachigen Schweiz. *Unterrichtswissenschaft, 31*(2), 122–141.

Faßnacht, G. (1995). *Systematische Verhaltensbeobachtung: eine Einführung in die Methodologie und Praxis* (2., vollst. neu bearb. Aufl.). München: Reinhardt. UTB für Wissenschaft.

Gniewosz, B. (2011). Beobachtung. In H. Reinders, H. Ditton, C. Gräsel, & B. Gniewosz (Hrsg.), *Empirische Bildungsforschung. Strukturen und Methoden* (S. 99–107). Wiesbaden: VS Verlag.

Helmke, A. (2009). *Unterrichtsqualität und Lehrerprofessionalität. Diagnose, Evaluation und Verbesserung des Unterrichts.* Seelze-Velber: Kallmeyer/Klett.

Hugener, I., Pauli, C., & Reusser, K. (2006a). *Videoanalysen.* Frankfurt a. M.: GFPF/DIPF. (= Teil 3 der Dokumentation Erhebungs- und Auswertungsinstrumente zur schweizerisch-deutschen Videostudie „Unterrichtsqualität, Lernverhalten und mathematisches Verständnis").

Hugener, I., Rakoczy, K., Pauli, C., & Reusser, K. (2006b). Videobasierte Unterrichtsforschung: Integration verschiedener Methoden der Videoanalyse für eine differenzierte Sicht auf Lehr-Lernprozesse. In S. Rahm, I. Mammes, & M. Schratz (Hrsg.), *Schulpädagogische Forschung. Unterrichtsforschung. Perspektiven innovativer Ansätze* (S. 41–53). Innsbruck: StudienVerlag.

Klieme, E., Pauli, C., & Reusser, K. (2009). The Pythagoras Study: Investigating effects of teaching and learning in Swiss and German mathematics classrooms. In T. Janik, & T. Seidel (Hrsg.), *The Power of Video Studies in Investigating Teaching and Learning in the Classroom* (S. 137–160). Münster: Waxman.

Krammer, K. (2009). *Individuelle Lernunterstützung in Schülerarbeitsphasen. Eine videobasierte Analyse des Unterstützungsverhaltens von Lehrpersonen im Mathematikunterricht.* Münster: Waxmann.

Lipowsky, F. (1999). *Offene Lernsituationen im Grundschulunterricht. Eine empirische Studie zur Lernzeitnutzung von Grundschülern mit unterschiedlicher Konzentrationsfähigkeit.* Frankfurt a. M.: Lang.

Maiello, C. (2006). *Verhaltenswissenschaftliche Forschung für Einsteiger: Methodenlehre, Statistik und Computergestützte Datenauswertung.* Landau: Verlag Empirische Pädagogik.

Pauli, C. (2008). Unterrichtsbeobachtung. In F. Hellmich (Hrsg.), *Lehr-Lernforschung und Grundschulpädagogik* (S. 143–155). Bad Heilbrunn: Klinkhardt.

Rakoczy, K., & Pauli, C. (2006). Hoch inferentes Rating: Beurteilung der Qualität unterrichtlicher Prozesse. In E. Klieme, C. Pauli, & K. Reusser (Hrsg.), *Dokumentation der Erhebungs- und Auswertungsinstrumente zur schweizerisch-deutschen Videostudie „Unterrichtsqualität, Lernverhalten und mathematisches Verständnis", Teil 3: I. Hugener, & C. Pauli: Videoanalysen* (S. 206–233). Frankfurt a. M.: DIPF & GFPF.

Reusser, K., Pauli, C., & Waldis, M. (Hrsg.). (2010). *Unterrichtsgestaltung und Unterrichtsqualität – Ergebnisse einer internationalen und schweizerischen Videostudie zum Mathematikunterricht.* Münster: Waxmann.

Schuster, C. (2010). Beurteilerübereinstimmung. In H. Holling, & B. Schmitz (Hrsg.), *Handbuch Statistik, Methoden und Evaluation* (S. 700–707). Göttingen: Hogrefe.

Seidel, T., & Prenzel, M. (2010). Beobachtungsverfahren: Vom Datenmaterial zur Datenanalyse. In H. Holling, & B. Schmitz (Hrsg.), *Handbuch Statistik, Methoden und Evaluation* (S. 139–152). Göttingen: Hogrefe.

Wirtz, M., & Caspar, F. (2002). *Beurteilerübereinstimmung und Beurteilerreliabilität. Methoden zur Bestimmung und Verbesserung der Zuverlässigkeit von Einschätzungen mittels Kategoriensystemen und Ratingskalen.* Göttingen: Hogrefe.

Pädagogische Beobachtung
Pädagogische Beobachtungen machen – Lerngeschichten entwickeln

4

Heike de Boer

Was müssen pädagogische Beobachtungen leisten, die sich mit Lernprozessen von Schülerinnen und Schülern auseinandersetzen, fragt **Heike de Boer**. Dazu skizziert sie ihr Verständnis von Lernen und reflektiert, ob und in welcher Form Lernen zu beobachten ist. Verschiedene Konzepte, die mit offenen, pädagogischen Beobachtungen und mit Beobachtungsprotokollen arbeiten, werden vorgestellt. An Beispielen wird gezeigt, welche Schritte notwendig sind, um eine pädagogisch angelegte Beobachtung durchführen und dokumentieren zu können und wie der Wechsel von einer eher defizitorientierten Perspektive hin zu einer Ressourcenorientierung methodisch unterstützt werden kann. Im Rückgriff auf das vom Deutschen Jugendinstitut entwickelte Konzept der Lern- und Bildungsgeschichten werden beispielhafte Darstellungen vorgenommen und reflektiert.

> Wenn man das Wort „beobachten" hört, so denkt man nicht unbedingt an eine sehr schwere Aufgabe, ein bisschen zuschauen, was kann daran so schwierig sein? Ich für meinen Teil habe diese Sache gewaltig unterschätzt.[1]

Die Einschätzung dieses Studenten findet sich im Schlusswort seiner kleinen Beobachtungsstudie, die er während einer Hospitation in einer dritten Klasse durchgeführt hat. Die Aufmerksamkeit auf einzelne Kinder und Situationen zu fokussieren

[1] Das Zitat stammt aus Beobachtungsstudien, die im Wintersemester 2010/2011 angelegt wurden.

Prof. Dr. Heike de Boer ✉
FB 1 Bildungswissenschaften, Institut für Grundschulpädagogik, Universität Koblenz-Landau, Koblenz, Deutschland
e-mail: hdeboer@uni-koblenz.de

H. de Boer und S. Reh (Hrsg.), *Beobachtung in der Schule – Beobachten lernen*,
DOI 10.1007/978-3-531-18938-3_4,

und in Beobachtungsprotokollen zu verschriftlichen, stellt sich als enorme Herausforderung dar. Eine andere Studentin schreibt:

> Noch nie habe ich so genau und detailliert Menschen beobachtet, mir im Anschluss meine Gedanken zum Verhalten der Personen gemacht und verschriftlicht (Meier 2011, S. 18)[2]

Was sind pädagogische Beobachtungen und wie muss eine Beobachtung angelegt werden, damit sie Rückschlüsse auf Lernprozesse ermöglicht – diese Fragen stehen im Mittelpunkt des Beitrages. Dazu findet zunächst eine Auseinandersetzung mit dem Lernbegriff statt. Reflexionen über das Beobachten von Lernprozessen werden angeschlossen und münden in der Darstellung einzelner Aspekte, die für den Beobachtungs- und Dokumentationsprozess von Bedeutung sind. Die Skizzierung des vom Deutschen Jugendinstitut erstellten Konzeptes der Lern- und Bildungsgeschichten sowie beispielhafte Darstellungen folgen abschließend.

4.1 Lernen beobachten

In der Schule als Bildungsinstitution und Ort des Lernens arbeiten Lehrer und Lehrerinnen, die als Experten und Expertinnen für das alltägliche Geschäft des Lehrens und Lernens ausgebildet wurden und dafür zuständig sind. Die Schaffung vorbereiteter Lernumgebungen sowie differenzierter, individualisierender und zum Lernen herausfordernder Aufgaben wird von ihnen erwartet. Das ist ein anspruchsvolles Unterfangen, das nicht ohne die Auseinandersetzung mit den einzelnen Schülern und Schülerinnen gelingt: Wie lernen sie? Was lernen sie? Wann und mit wem lernen sie? Was haben sie schon gelernt?

Gerstenmaier und Mandl definieren Lernen als Konstruktion: „Lernende konstruieren ihr Wissen aktiv, indem sie wahrnehmungsbedingte Erfahrungen interpretieren, und zwar in Abhängigkeit von ihrem Vorwissen, von gegenwärtigen mentalen Strukturen und bestehenden Überzeugungen" (Gerstenmaier und Mandl 1995, S. 874–875). Diese der Pädagogischen *Psychologie* zuzuordnende Definition von Lernen fokussiert das Individuum. Lernen ist jedoch nicht nur eine individuelle Konstruktion kognitiver Konzepte, sondern auch ein sozialer Prozess, der in der Interaktion zwischen Menschen und in der Auseinandersetzung von Menschen mit Dingen stattfindet. Eher *soziologisch* orientierte Perspektiven auf den Lernprozess interessieren sich deswegen besonders für die interaktive Aushandlung von Bedeutungen im Lernprozess und damit für die Frage, wie miteinander gelernt wird (vgl.

---

[2] Ebd.

Krummheuer und Naujok 1999). So reflektiert der Soziologe Miller z. B., dass eine soziale Gruppe zwar nur lernen könne, wenn der Einzelne dazu in der Lage sei, doch dass die einzelne Person Neues lernen könne, wenn ihre Lernprozesse eine „integrative Komponente eines sozialen Interaktionsprozesses darstellen" (Miller 1986, S. 5). Er begegnet psychologisch dominierten und auf das Individuum konzentrierten Entwicklungstheorien mit einer soziologischen Lerntheorie, die er in der Tradition des genetischen Interaktionismus in Anlehnung an Durkheim, Mead, dem frühen Piaget und Wygotsky sieht. Millers Grundannahme zeichnet sich dadurch aus, dass er davon ausgeht, dass die kollektive und symbolisch vermittelte Anwendung von auf das einzelne Individuum begrenzten mentalen Fähigkeiten für die beteiligten Individuen zu einem Prozess der Erfahrungskonstitution auf der Ebene des faktischen Vollzuges führen kann, mit dessen Hilfe das einzelne Subjekt potenziell die Probleme einer Dialektik von Wissen und Erfahrung auflösen kann (vgl. ebd., S. 21). Mit seinen qualitativ empirischen Analysen von Gesprächen unter Kindern kann er sichtbar machen, dass die Partizipation an der sozialen Gruppe und die Interaktion an sozialen Prozessen zu fundamentalen Lernschritten für das Individuum führen. Wiesemann (vgl. 2006, S. 173) konzipiert Lernen als normale schulische Praxis und legt ein situationistisches Verständnis von Lernen als situierte soziale Praxis Grund.

Auch der *Erziehungswissenschaftler* Scholz untersucht die interaktive Herstellung von Bedeutung im Lernprozess und versteht Lernen als kommunikativen Akt, bei dem sich die Teilnehmenden miteinander darüber austauschen, als was sie die wahrgenommenen Handlungen deuten und wie sie den dazu gehörigen Kontext verstehen. Beispielsweise wird mit der Aussage „das Kind meldet sich" der beobachteten Handlung, d. h. dem Strecken des Armes und des Fingers, die Bedeutung „Melden" gegeben. Die Bedeutung „Melden" erhält diese Handlung erst im Kontext Schule, wo sie stattfindet (vgl. Scholz 2009, S. 166). Während Scholz den Fokus auf die Kommunikation mittels Sprache, Gestik und Mimik legt, hob der Pragmatist Dewey besonders die Bedeutung des Begriffes „Erfahrung" für das Lernen hervor: Er sprach auch von „denkender Erfahrung" und formulierte: „Alles Denken ist Forschung, alle Forschung ist eigene Leistung dessen, der sie durchführt, selbst wenn das, wonach er sucht, bereits der ganzen übrigen Welt restlos und zweifelsfrei bekannt ist" (Dewey 2000, S. 231). Auch die *Phänomenologin* Mayer-Drawe hebt hervor, dass Lernen vor allem bedeute, Erfahrungen zu machen, und eine pädagogische Theorie des Lernens vor allem der zeitraubenden Irritation in Lernprozessen Bedeutung beimesse (vgl. Meyer-Drawe 2008, S. 15).

Neue Erfahrungen machen, etwas ausprobieren und zu beforschen provoziert Schwierigkeiten und Widerstände, damit ist Lernen auch Umlernen. Umlernen bedeutet die Negation von Vorangegangenem, „denn im neu Gelernten wird das Alte negiert und das Neue entsteht aber erst durch eine Irritation, eine Verwunderung und durch eine Negativ-Einsicht“ in das „Noch-Nicht-Können“ (Dietrich 2011, S. 103). Es gibt dementsprechend kein einseitig nur „positives Lernen“. Zum Lernen gehören ebenso die frustrierenden, enttäuschenden, auch destruktiven Erfahrungen.

Lässt sich Lernen überhaupt beobachten? Prange konstatiert, dass das Lerngeschehen nicht beobachtbar sei, sondern nur die Bemühungen und das Resultat zu sehen seien (vgl. Prange 2012, S. 85). Scholz stellt ebenso fest, dass nur die Veränderungen beobachtbar seien und Lernen deswegen eine Interpretation der beobachtenden Person sei (vgl. Scholz et al. 2006, S. 80). Situationen zu beobachten und zu dokumentieren, die Lernprozesse auslösen könnten, heißt demzufolge, Handlungen von Schülern und Schülerinnen mit Dingen und miteinander anzuschauen; ihren Rückgriff auf Sprache, Symbole, Bewegungen, Gestik und Mimik zu beobachten und genau zu beschreiben. So macht es z. B. einen entscheidenden Unterschied, ob ein Kind nur sitzend schaukelt oder stehend schaukelt. Die einfache Klassifikation „schaukelt“ wäre eine Verkürzung hinsichtlich des Könnens. Den Fokus auf das Lernen zu legen bedeutet, den Prozess anzuschauen und die Aufmerksamkeit auf die kleinen Schritte zwischen Nichtkönnen und Können zu legen. Man kann an den Gesichtern und Körpern von Kindern sehen, dass sie auf einmal etwas können, was sie vorher nicht konnten (vgl. ebd.).

Während es eine Vielzahl pädagogisch-psychologisch orientierter Beobachtungs- und Dokumentationsverfahren gibt (z. B. Grewe und Wentura 1997; Kleber 1992), denen Kodierungen und Indikatoren zugrunde liegen, die im Beobachtungsprozess dann bestätigt oder als nicht zutreffend beurteilt werden, gibt es nur wenige Konzepte, die mit offenen, pädagogischen Beobachtungen mit Beobachtungsprotokollen arbeiten. Schäfer setzt offene Beobachtungen in der Ausbildung von Erzieherinnen ein und spricht in diesem Kontext von „wahrnehmender Beobachtung“ (2005), in der Beobachtung und Selbstreflexion eng aneinander gekoppelt sind. Buschbeck prägte in den 80iger-Jahren den Begriff der „reflektierenden Beobachtung“ (1985), auch Wawrinowski und Martin (2002) sprechen im sozialpädagogischen Kontext von „reflektierter Beobachtung“ und verweisen auf den engen Zusammenhang von Beobachtung und Selbstbeobachtung im Kontext pädagogischer Beurteilungsschritte. Leu et al. (2007) betten ihre Beobachtungen in das Konzept der Lern- und Bildungsgeschichten für den Elementarbereich ein und sprechen von einem „ressourcenorientierten“ Ansatz. Bollig hingegen fasst das Beobachten nicht als subjektive Tätigkeit auf, sondern als „verteilte Praktik“, die im situierten Zusammenspiel von Körpern, Kollektiven und Artefakten vollzogen wird (vgl. Bollig 2011, S. 38). Bolligs jüngst publizierter Ansatz ist ebenfalls auf den Elementarbereich fokussiert. Während es mittlerweile zahlreiche Veröffentlichungen gibt, die das Beobachten im Elementarbereich thematisieren und Forschungsergebnisse darstellen (vgl. Cloos und Schulz 2011; Viernickel 2009; Streudel 2008), gibt es kaum Untersuchungen, die den schulischen Bereich erfassen. Der von Beck und Scholz (1995) erschienene Band zum Beobachten im Schulalltag fokussiert die teilnehmende Beobachtung als wichtiges Mittel, mit der Lernprozesse beobachtet, dokumentiert, reflektiert und analysiert werden können. Dieser Band ist nach wie vor die einzige Darstellung, in der eine Untersuchung zur offenen Beobachtung in der Grundschule vorgestellt wird. Die Arbeit mit Beobachtungsbögen und kodierenden Beobachtungen (vgl. Pauli in diesem Band) sind im schulischen Kontext eher bekannt, das ausführliche Beobachtungsprotokoll als differenzierte Handlungsbeschreibung wird hingegen kaum eingesetzt.

Beobachtungen vorzunehmen und in Protokollform zu dokumentieren stellt sich als anspruchsvolle Aufgabe dar, die versucht, Menschen und ihre Situationen bzw. Schüler/-innen im Kontext ihrer Situationen zu beschreiben und damit eine Grundlage z. B. für die Rekonstruktion ihrer Handlungen zu erlangen. In diesem Sinne geht es hier um eine Perspektive, die an qualitativ empirische Dokumentationsformen (vgl. Beck und Scholz sowie Breidenstein in diesem Band) anschließt und diese für den schulischen Alltag nutzbar machen möchte. Je genauer beobachtet wird, desto deutlicher tritt in Erscheinung, wie komplex die Leistungen von Kindern sind und wie unterschiedlich das ist, was Kinder tun, wie sie es tun und was ihnen wichtig ist. Das aufmerksame Beobachten von Handlungen, die Lernprozesse und Lernentwicklungen auslösen können, enthält wichtige Hinweise für didaktische Überlegungen:

> Um Kinder in ihrer Vielfalt und Widersprüchlichkeit zu erfassen, um etwas über ihre Besonderheit aussagen zu können, müssen sie sichtbar gemacht werden, d. h., es müssen Situationen hergestellt werden, in denen sich die Kinder mit ihren Fähigkeiten zeigen können. Sie müssen herausgelockt werden durch anregende Angebote und vielfältiges Material. Erst dann wird erkennbar, was Kinder können, was ihnen Spaß macht und wo sie ihre Ängste und Schwierigkeiten haben. Der Pädagoge, der die Lernerfahrungen der Kinder, ihre Fähigkeiten und Fertigkeiten beurteilen will, muss deshalb für unterschiedliche Situationen sorgen, in denen er sehen kann, wie sich die Kinder mit Personen und Sachen auseinandersetzen. Das ist Voraussetzung, um etwas über Stärken und Schwächen des Kindes, über seine Entwicklungsmöglichkeiten und den tatsächlichen Entwicklungsprozess aussagen zu können (Buschbeck 1985, S. 18–19).

4.2 Beobachtungen als intensive Auseinandersetzungen – Beobachtungen dokumentieren

Schulische Situationen sind hoch komplex. Zeitgleich geschehen viele unterschiedliche Dinge – je „offener" der Unterricht gestaltet ist, desto stärker wird das deutlich. Zahlreiche Interaktionen unterschiedlicher Personen untereinander laufen gleichzeitig ab. Schüler/-innen sind mit sich und den Nachbarn, der Lehrperson, der jeweiligen Aufgabe, aber auch mit dem Geschehen in und außerhalb der Klasse beschäftigt. Für die Beobachterin bedeutet dies, nicht alles, was passiert, wahrnehmen zu können, denn während das eine protokolliert wird, entgehen zeitgleich andere Geschehnisse dem beobachtenden Blick.

> Ich stellte mir das Protokollieren zwar nicht einfach vor, aber es konnte wirklich nicht schwer sein, das Verhalten eines Kindes in einem festgelegten Zeitraum schriftlich zu fixieren. Diese Einstellung änderte sich jedoch beim ersten Versuch. Ich hatte große Schwierigkeiten, alle Bewegungen, Geräusche und Sätze des Kindes festzuhalten. Schließlich wollte ich so viel Verhaltensgeschehen und Originaltext wie möglich aufnehmen. Meine ersten Protokolle wurden daher zwar sehr genau, aber vollkommen unverständlich.[3]

Beobachtungen können niemals vollständig sein. Sie sind der Versuch, sich intensiv in eine Beobachtungssituation hineinzubegeben und mit dem Dokumentationstext die beobachtete Situation so genau zu beschreiben, dass eine außenstehende Person den Verlauf und das Geschehen nachvollziehen kann.

Was macht den Beobachtungsprozess so schwierig? Die Fokussierung einer Situation, das konzentrierte Schauen und die ausdifferenzierende Beschreibung kindlicher Handlungen im situativen Geschehen sind ungewohnte Tätigkeiten. Sie erfordern, sich auf die Situation einzulassen und innezuhalten. Der Wechsel von aktiver Teilnahme an einem Geschehen zur teilnehmenden Beobachtung wird als schwierig wahrgenommen. Deswegen ist für ein ungestörtes Beobachten wichtig, dass den Schülerinnen transparent ist, dass die Studentin bzw. der Student für eine bestimmte Zeit nicht zur Verfügung steht und eine Aufgabe erledigt, während der sie/er keine Hilfen geben kann.

Gerade am Anfang bietet es sich an, die Beobachtungszeit auf 20–30 Minuten zu begrenzen und in diesem abgesteckten Zeitraum die Beobachtungen möglichst genau zu notieren. Da in der Regel allerdings sehr viel mehr geschieht, als zeitgleich aufgeschrieben werden kann, ist es hilfreich, die Mitschrift am Ende des Beobachtungszeitraums mit Gedächtnisnotizen zu ergänzen. Wichtig ist, das Be-

[3] Das Zitat stammt aus Beobachtungsstudien, die im Sommersemester 2006 im Rahmen der schulpraktischen Studien an der Goethe-Universität Frankfurt angelegt wurden.

obachtungsprotokoll möglichst zeitnah fertigzustellen. Doch was soll in der Fülle von Geschehnissen beobachtet werden? Eine Beobachtung braucht eine Fragestellung, die deutlich macht, worum es gehen soll. Das folgende Beispiel hat ein Student im Rahmen seiner Hospitation verfasst, in der er ein einzelnes Kind in unterschiedlichen Situationen beobachtet hat. Hier interessiert er sich dafür, wie Jakob im Mathematikunterricht arbeitet.

Beispiel: Wie arbeitet Jakob im Mathematikunterricht?
Jakob steht auf und geht leicht schlurfend zur Tafel, wo er die Kreide in die Hand bekommt. Er fragt: „Soll ich sagen?", die Lehrerin entgegnet: „Sag uns bitte, was in deinem Kopf vorgeht, während du rechnest, und ich sage irgendwann mal Stopp." Jakob fängt in der ihm bekannten Form an zu addieren: „Acht und neun ist 17, also muss die Eins hierhin, und die sieben hier unten." Er schreibt die beiden Zahlen auf und rechnet dann die zweite Spalte aus. „Eins plus Zwei ist drei und drei plus neun ist zwölf." Wieder schreibt er beide Zahlen an die richtige Stelle, da ruft die Lehrerin: „Stopp! Ist das richtig bis hierhin?" Von Seiten der Klasse kommt zaghafte Zustimmung, einige nicken, die Lehrerin bestätigt die Richtigkeit des bis hierher Gerechneten und sagt dann: „Und was kommt jetzt? Was müssen wir jetzt machen?" Damit die Klasse die Tafel und die Aufgabe besser sehen kann, berührt sie Simon an der Schulter und schiebt ihn sanft ein Stück zur Seite. Er schaut kurz zur Lehrerin hoch, schaut etwas unsicher in die Klasse, hält die Kreide mit beiden Händen fest. Jakob möchte schon mit der nächsten Spalte weitermachen, doch die Lehrerin hält ihn auf und fragt dann in die Klasse, was denn nun zunächst zu tun sei. Einige melden sich und die Antwort kommt schnell: „Das Komma. Richtig, Jakob, setzt du bitte das Komma?" Der Junge geht wieder zur Tafel und malt ein dickes Komma vor die Zwei. „So, und jetzt kannst du weiterrechnen." Simon stellt sich also wieder vor die Tafel, setzt die Kreide an und beginnt, die nächste Zahl auszurechnen: „Eins plus drei ist vier und vier ist acht", und schreibt die Acht unter den Strich neben das Komma. Mit dem Finger, mit dem er nicht die Kreide festhält, zeigt er immer auf die Zahlen, die er gerade zusammenzählt, wohl damit seine Klassenkameraden mitkommen.[4]

[4] Die beiden folgenden Beobachtungsbeispiele entstanden im Rahmen einer Veranstaltung zum Thema „Kinder beobachten und verstehen" im Wintersemester 2010/2011.

Schüler/-innen variieren ihr Verhalten in unterschiedlichen Situationen und mit unterschiedlichen Personen, sie probieren sich aus. Der obige Protokollausschnitt gibt einen Blick auf die beobachtete Situation im Mathematikunterricht wieder und ist Ausdruck des Versuchs, sich mit der Interaktion zwischen Lehrerin und Schüler zu befassen. Die möglicherweise auch kurz und bündig als „Rechenprozess an der Tafel" zu beschreibende Handlung wird hier differenziert dargestellt. Wortlaut des Gesprächs, Mimik und Gestik der Akteure werden sichtbar und damit zu einem Dokument, das die klassische Schulsituation „Vorrechnen an der Tafel" festgehalten hat. Typische schulische Praktiken wie das laute Mitsprechen, zur Seite geschoben werden oder Unterbrechungen durch die Lehrerin werden erkennbar.

Wichtig ist, dass die Beobachtung nicht bei Einschätzungen stehen bleiben darf, wie z. B. „Jakob rechnet konzentriert", sondern in eine differenzierte Beschreibung der konkreten Handlung mündet, die sichtbar macht, woran sich Jakobs Konzentration ablesen lässt. Neben den verbalen Äußerungen sind auch Mimik und Gestik bedeutend und helfen dabei, die Situation einzuschätzen und zu verstehen: *Mit ihrer genauen Dokumentation wird das Beobachtungsprotokoll zu einer möglichst differenzierten Beschreibung.* Die Beobachtungsfrage „Wie arbeitet Jakob im Mathematikunterricht?" ist entstanden, da der Student Jakob zunächst in verschiedenen Fächern beobachten wollte. Es handelt sich hier um eine offene Fragestellung. Eine Anschlussbeobachtung, die den fachlichen Gegenstand näher erfassen möchte, könnte hier z. B. die Frage „Wie addiert Jakob Kommazahlen schriftlich?" fokussieren. Liegt das Interesse auf der Interaktion mit anderen Schülerinnen und Schülern würde die Frage lauten: „Wie löst Jakob gemeinsam mit anderen Kindern zusammen die Aufgabe, Kommazahlen schriftlich zu addieren?" Je mehr Beobachtungserfahrungen vorliegen, je komplexer das Wissen über einzelne Kinder ist, desto präziser kann die Beobachtungsfrage formuliert und fokussiert werden.

4.3 Beobachtungsprotokolle als differenzierte Beschreibungen

Die genaue Beschreibung alltäglicher Situationen der Schüler/-innen untereinander und mit ihren Lehrenden geben Hinweise auf für selbstverständlich Gehaltenes und gemeinsam geteilte „Normalität"[5]. Die Beschreibung der von den Schülerinnen und Schülern und der Lehrperson gemeinsam geteilten und konstruierten Normalität lenkt den Blick auf Handlungen und Deutungen der Akteure und auf Differenzen

[5] Normalität wird als Grundlage, schnell, sicher und selbstverständlich handeln zu können, gesehen (vgl. Soeffner 2004, S. 22).

zwischen beidem. Handlungen von Kindern und Jugendlichen erscheinen auf den ersten Blick manchmal rätselhaft und unverständlich. Oft werden sie als Störung klassifiziert, die vom erwarteten störungsfreien Unterricht abweichen und selektiv wahrgenommen werden. Beobachtungen werden von den Interessen, Einstellungen und Stimmungen der Beobachtenden geleitet (vgl. Martin und Wawrinowski 2002, S. 40), sie sind ein komplexitätsreduzierender Vorgang (vgl. Breidenstein und Kelle 1998, S. 140) und beruhen auf Annahmen und Konzepten, die kulturell und individuell geprägt sind. Vor diesem Hintergrund ermöglicht die sorgfältige und differenzierte Beschreibung einer Situation, weiterführende Fragen zu entwickeln und Zu- oder Festschreibungen („arbeitet selbständig", „ist abgelenkt") aufzulösen. Die Berücksichtigung nonverbaler Ausdrucksformen zeigt sich als wichtige Ressource, um Handlungen in ihrer Prozessqualität genauer erfassen zu können.

Beispiel: Jakob schreibt ein Wortdiktat

„Die Kinder der dritten Klasse üben im Deutschunterricht Lernwörter, indem sie die von der Lehrerin diktierten Wörter in Leerstellen eines Lückentextes eintragen sollen.

Die Lehrerin liest den Satz vor, Jakob hört gespannt mit offenem Mund zu. Das erste Wort soll eingetragen werden, es lautet „Weihnachtsferien". Jakob fängt nicht direkt an zu schreiben, sondern schaut erst noch kurz nach vorne zur Lehrerin, da er sich vermutlich nicht sicher ist, ob er nun das Wort schreiben soll oder nicht. Als er bemerkt, dass alle anderen Kinder angefangen haben, greift er zum Bleistift und legt los. Er schreibt mit der linken Hand und fährt mit der rechten Hand an der Linie entlang, in die er das Wort eintragen möchte. Die Lehrerin liest weiter, diesmal schreibt Jakob direkt mit, es sind zwei Wörter, die in dem Satz einzutragen sind. Auch hier fährt er wieder mit dem rechten Zeigefinger an der Lücke entlang, wahrscheinlich um nicht darunter oder darüber zu schreiben. Beim nächsten Satz, der vorgelesen wird, schreibt Jakob nicht direkt mit, schaut einen Moment lang nach vorn. Anschließend schreibt er das Wort auf. Es folgt der letzte Satz, bei dem Jakob wieder gespannt zuhört, den Kopf auf den Ellenbogen stützt und am Bleistift kaut. Als er das Wort eintragen soll, wirkt er kurz hektisch, schaut nach links zum Nachbarn, dann nach rechts. Er schafft es nicht, das Wort selbständig in die passende Lücke zu schreiben und schreibt beim Tischnachbarn ab."[6]

[6] Beobachtungsbeispiel eines Studenten im Rahmen des Seminars: Kinder beobachten. WS 2010/2011, Universität Koblenz.

Hier macht die Beschreibung von Jakobs Gestik sichtbar, wie Jakob diese Aufgabe löst. Erkennbar wird nicht nur, dass er mit der linken Hand schreibt, sondern auch, dass er mit Hilfe der rechten Hand seinen Schreibfluss unterstützt und die markierten Lücken kennzeichnet. Auch die Darstellung seines mimischen Ausdrucks hilft, Jakobs Vorgehensweise zu verstehen. Auf diese Weise wird sichtbar, dass er unsicher ist, wann er genau mit dem Schreiben beginnen darf. Erst die Orientierung an den anderen Kindern hilft ihm weiter. In der Diktatsituation gibt es ein vorgegebenes Tempo für alle Kinder. Durch die detaillierte Darstellung dieser Szene wird ein typisches Problem frontaler Diktatsituationen offenbart, die kein Zögern, Verweilen oder längeres Überlegen erlauben. Für Jakob bringt diese Aufgabe verschiedene Herausforderungen mit sich: Genau zuhören, schnell reagieren und schreiben, richtig schreiben, in die Linien schreiben. So gibt diese Beschreibung eher Hinweise auf die Problematik der Aufgabenstellung als auf den Lernprozess von Jakob. Wenn sichtbar werden soll, wie Jakob schreibt und welche Strategien er anwendet, ist ein anderes Aufgabenformat notwendig. Beobachtungstexte sind folglich auch hilfreich, um über die Grenzen von Aufgabenstellungen nachzudenken. Auch diese Szene kann als typische schulische Situation verstanden werden.

Es zeigt sich ein weiterer Aspekt, der für die Dokumentation von Beobachtungen wichtig ist: *Handlungen werden detailliert beschrieben und nicht zusammengefasst.*

Beispiel: Jenny balanciert

Jenny, ein vierjähriges Mädchen, befindet sich zusammen mit anderen Kindern im Freien. Sie balanciert auf aneinander gereihten Holzblöcken, die einen Weg begrenzen. Dabei setzt sie den einen Fuß auf den nächsten Holzblock und zieht den anderen nach. Sie schaut auf ihre Füße, ihre Arme sind angewinkelt und die Finger gespreizt, ihre Schultern hochgezogen. Von hinten kommen weitere Kinder, die schneller als sie balancieren und rufen: „Geh' mal schneller!". Auf Zurufe reagiert sie nicht und läuft in gleichem Tempo weiter. Am Ende angekommen, springt sie herunter und rennt zum Anfang der Reihe und wiederholt den Vorgang. Nach Ende des zweiten Durchgangs wirft sie nach dem Herunterspringen die Arme hoch, hebt den Kopf und ruft: „Geschafft!". Sie lächelt. Sie will auf dem eben abgelaufenen Pfad zurücklaufen. Da ihr aber ein anderes Mädchen entgegenkommt, bricht sie ab. Sie läuft wieder zum Anfang zurück und beginnt zu balancieren. Eines der Mädchen springt vor ihr auf die Blöcke und läuft vor ihr her. Jenny geht weiter. Das Mädchen dreht sich zu Jenny um und winkt sie zu sich. Jenny läuft im gleichen Tempo weiter. Das Mädchen läuft weg und ruft: „Komm!" Jenny schaut ihr nach, lacht und fängt an, mit schnelleren Schritten auf sie zuzubalancieren. Sie sagt leise: „Ich komme!" Sie schwankt leicht. Als sie das Mädchen erreicht, greifen sie sich an beiden Händen. Dabei lacht Jenny. (Seminarergebnis einer Arbeitsgruppe 2010)[7]

Gerade die Wiederholungen einzelner Handlungen können Ausdruck dafür sein, wie intensiv ein Kind involviert ist, Herausforderungen standhält, Schwierigkeiten meistert und Unsicherheiten überwindet. Eine knappe Beschreibung im Sinne: „Jenny balanciert viermal über einen Parcours aus Holzblöcken" wäre wenig informativ. In diesem Beispiel macht der Protokollausschnitt erkennbar, wie Jenny genau übt zu balancieren, welche Körperhaltung sie dabei einnimmt, wie sie sich weder von den anderen Kindern drängeln lässt, noch aufgibt, als ihr ein Kind entgegenkommt. Kleine Details können wichtig sein, um zu verstehen, wie ein Kind vorgeht, welche Strategien es anwendet, welche Fähigkeiten es einsetzt und welche Schritte es geht.

4.4 Beobachtungsdokumentationen und Deutungen

Die Beschreibung von Beobachtungssituationen unterliegt immer den subjektiven Beobachtungen der beobachtenden Person. Hirschauer spricht von der „Kontamination der Daten von der interpretativen Analyse" (2001, S. 433). Beschreibungen sind Dokumente der Beobachtungsprozesse und werden durch individuelle Einstellungen, Erfahrungen, Alltagstheorien und kulturelle Kontexte inhaltlich strukturiert (vgl. auch Lehmann-Rommel und de Boer in diesem Band). Die Beziehung zwischen Erfahrung und Sprache ist durch zahlreiche Kodierungen präformiert, so Hirschauer (vgl. 2001, S. 429). Sie sind ein Dokument der Übertragung des Beobachteten ins Schriftliche und enthalten Deutungen. Dabei handelt es sich auch um implizites Wissen und um für selbstverständlich Gehaltenes, was nicht ohne weiteres abrufbar ist. Beobachtungen erwirken Interpretationen, die das Handeln strukturieren. Sie beruhen auf Annahmen und Konzepten und enthalten individuelle Perspektiven auf die Welt. Automatisierte Bewertungen und das schnelle Einordnen von Situationen geben einerseits Sicherheit und verhindern andererseits eine offe-

[7] Dieser Protokollausschnitt entstand im Rahmen eines Beobachtungsprotokolls im WS 2010/2011 (in der Lehrveranstaltung: Kinder beobachten und verstehen) zu einer Sequenz vom DJI herausgegebenen DVD (Leu et al. 2007).

ne Begegnung ohne Rückgriff auf bekannte Muster und Routinen (vgl. Lehmann-Rommel in diesem Band). Amann und Hirschauer sprechen im Kontext ihrer Reflexionen zur Ethnografie (1997) von der „Befremdung der eigenen Kultur“ und verweisen auf die Notwendigkeit, das allzu Vertraute durch systematische Distanzierung zu betrachten, als sei es fremd (vgl. Amann und Hirschauer 1997, 12). Diese Perspektive führt zur Entwicklung einer fragenden Grundhaltung, für die entscheidend ist, sich von den eigenen Annahmen lösen zu können und sich möglichst unvoreingenommen auf die Beobachtung einer Situation einzulassen. Gerade in schulischen Situationen im Umgang mit Kindern, die bereits schwierige Lernbiographien haben und denen bestimmte Rollen zugewiesen wurden, zeigt sich dieses bedeutsam. Beobachtung und Selbstbeobachtung liegen damit eng beieinander: Das Registrieren und die Reflexion der eigenen Annahmen ermöglicht es, sich mit persönlichen Wahrnehmungsgewohnheiten auseinanderzusetzen und daran zu arbeiten.

Die differenzierte Handlungsbeschreibung, wie im obigen Kontext dargestellt, als genaue Dokumentation der in der Situation zu beobachtenden Handlung, hilft in diesem Kontext, automatisiert ablaufende Deutungen zu unterbrechen. *Zugleich kann der Gebrauch einer vorsichtigen Ausdrucksweise Vermutungen erkennbar machen und Deutungsspielräume eröffnen (z. B. „vermutlich“, „möglicherweise“, „anscheinend“, „könnte sein“, „wirkt auf mich“, „macht den Eindruck“, „ich vermute“).* So formuliert eine Gruppe von Studierenden ihre Deutungen zu der Beobachtung von Jenny beim Balancieren:

> Diese Szene *scheint* im Kindergarten zu spielen. Jenny *wirkt* motorisch noch unsicher und während der gesamten Szene auf das Balancieren konzentriert zu sein. *Unserer Ansicht nach* lässt sich Jenny von den anderen Kindern nicht verunsichern. Am Anfang *scheint* sie an den anderen Kindern noch kein Interesse zu haben. Sie *macht den Eindruck*, dass es beim dritten Balanceakt zu einer Annäherung zwischen ihr und den anderen Kindern kommt.
>
> Die Wiederholungen lassen auf hohe Motivation und Interesse am Balancieren schließen. (Arbeitsgruppenergebnis im Seminar „Kinder beobachten“)[8]

Pädagogische Beobachtungen zu schreiben, bedeutet sich intensiv mit einer Situation und ihren Protagonisten auseinanderzusetzen, sensibel für die eigene Wahr-

[8] Siehe Fußnote 7.

nehmung und Versprachlichung zu werden und sie in diesem Prozess zu reflektieren und auszudifferenzieren.

Beobachtungen schreiben

1. Der Beschreibung sollten Ort, Datum, Uhrzeit, Klasse, Fach und Ausgangssituation vorangestellt werden.
2. Die Beobachtungsnotizen können in zwei Spalten angelegt werden. In der ersten Spalte werden Situationsbeschreibungen notiert und in der zweiten Spalte eventuelle Deutungen.
3. Die Protokollierung sollte während der Beobachtung beginnen und im Anschluss direkt mit Gesprächsnotizen zur Situation ergänzt und zeitnah fertig gestellt werden.
4. Das Beobachtungsprotokoll enthält eine möglichst differenzierte Handlungs- und Situationsbeschreibung. Neben der gesprochenen Sprache ist eine Beschreibung der nonverbalen Kommunikation bedeutend.
5. Die Beschreibung erfasst die beobachtete Situation so genau, dass eine außenstehende Person den Verlauf und das Geschehen nachvollziehen kann. Zeitspannen werden nicht zusammengefasst und nach Möglichkeit aufgeschlüsselt beschrieben.
6. Verschiedene Aktivitäten einer Person werden detailliert beschrieben: anstatt Person A war abgelenkt, z. B. Sarah schaut aus dem Fenster, kramt dann im Ranzen, nimmt ihr Stickerheft raus und schaut es sich unter der Bank an.
7. Beobachtungsbeschreibungen sind sprachlich Übersetzungen des Beobachteten; sie enthalten Deutungen. Wertungen und Festschreibungen können durch detailgenaue Beschreibungen beobachtbarer Handlungen und durch vorsichtige Ausdrucksweisen teilweise vermieden werden: „vermutlich", „möglicherweise", „anscheinend", „könnte sein" …
8. Die eigene Subjektivität kann sprachlich deutlich gemacht werden: z. B. „wirkt auf mich", „macht den Eindruck", „ich vermute" …

4.5 Beobachtungsbeschreibungen und Lerngeschichten

Seit 2004 multipliziert das Deutsche Jugendinstitut deutschlandweit die auf das Konzept der Neuseeländerin Magret Carr zurückgehende Idee der „Learning stories“ (vgl. Leu et al. 2007). Es wurde im Zusammenhang mit dem neuseeländischen Curriculum für die frühe Kindheit „Te Whariki“ entwickelt. In diesem Ansatz werden Qualitätsaspekte kindlicher Handlungsmuster in den Vordergrund gerückt und in Form von Bildungs- und Lerngeschichten dokumentiert. Die Beobachtung individueller Lernprozesse wird fokussiert mit dem Ziel, Bildungs- und Lernwege des Kindes zu erkennen und zu unterstützen. Deutungsmittelpunkt sind das Kind mit seinen Interessen und Fähigkeiten sowie die situativen Rahmenbedingungen, die bestimmte Handlungen und damit die Realisierung von Lernen ermöglichen, unterstützten oder auch erschweren. Dieses offen ausgerichtete Beobachtungsverfahren thematisiert explizit das Lernen des Kindes, um mit pädagogischen Interventionen dort anzusetzen, wo bereits Anzeichen für eine Entwicklung des Kindes zu finden sind. Jeder Beobachtung folgt eine Analyse der nach Carr festgelegten fünf Lerndispositionen: Interessiert sein – engagiert sein – standhalten bei Herausforderungen und Schwierigkeiten – sich ausdrücken und mitteilen – an einer Lerngemeinschaft mitwirken und Verantwortung übernehmen (vgl. Leu et al. 2007, S. 48 ff.)

4.5.1 Lerndispositionen

Interessiert sein:	Was ist das Interesse in dieser Beobachtung? Woran erkenne ich es?
Engagiert sein:	Woran erkenne ich das Engagement des Kindes?
Standhalten bei Herausforderungen	Woran erkenne ich das Standhalten des Kindes? Was ist die Herausforderung?
Sich ausdrücken und mitteilen:	Wie drückt sich das Kind aus und teilt sich mit? Was ist die Mitteilung?
An einer Lerngemeinschaft mitwirken und Verantwortung übernehmen:	Woran erkenne ich, dass das Kind an einer Lerngemeinschaft mitwirkt und Verantwortung übernimmt?

Dieses Verfahren ist dialogisch und mehrperspektivisch angelegt und sieht vor, dass die Eindrücke unterschiedlicher Erzieherinnen festgehalten, verglichen und durch die Sicht verschiedener Kolleginnen ergänzt werden und in einen persönlichen Brief an das beobachtete Kind münden. Lerngeschichten sind in diesem Sinne Geschichten, die vom Lernen des Kindes erzählen. Sie basieren auf Beobachtungen, die mit Hilfe der fünf Lerndispositionen ausgewertet werden und eine Fokussierung der Ressourcen vornehmen. Mit einer positiv anerkennenden und wertschätzenden Sprache werden die Lernaktivitäten beschrieben und gewürdigt (vgl. ebd., S. 82).

Beispiel einer Lerngeschichte für Jakob

Heute möchte ich dir meine erste Lerngeschichte schreiben. Ich habe dir dabei zugesehen, wie du die Aufgaben im Mathebuch gelöst hast. Diese Aufgaben waren nicht so einfach, aber dennoch hast du dich durch das ganze Gemurmel deiner Klassenkameraden nicht davon abbringen lassen. Du hast dabei alles ganz genau in dein Heft geschrieben. Als ihr gemeinsam mit Frau Müller kontrolliert habt, hast du dich gefreut, dass das, was du geschrieben hast, richtig war. Auch hast du mir deine Lösungen noch einmal gezeigt. Sehr beeindruckt von dir war ich, als du in einer anderen Mathestunde eine Aufgabe an der Tafel gelöst hast. Als Frau Müller gefragt hat, wer dann nach vorne an die Tafel kommen möchte, hast du dich gemeldet. Du hast dich getraut, diese Aufgabe vor der ganzen Klasse zu lösen. Du erinnerst dich bestimmt noch daran, dass ihr in dieser Stunde mit einem ganz neuen Thema angefangen habt, nämlich dem Rechnen mit Kommazahlen. Du hast dich als Erster an dieser schwierigen Aufgabe versucht. Als du dann vorne an der Tafel warst und die Kreide in der Hand hattest, hast du sofort angefangen zu rechnen. Du hast alles richtig vorgerechnet und dabei immer gesagt, was du genau machst. Ich glaube, dass es dir Spaß gemacht hat, denn du hast dich danach direkt noch einmal gemeldet, um vorzurechnen.

Es ist schon ein bisschen länger her, aber du kannst dich bestimmt noch an die Weihnachtszeit kurz vor den Ferien erinnern. In Deutsch habt ihr Lernwörter geübt, die zum Winter passen. Frau Müller hat euch dazu einen Text vorgelesen, einen Lückentext, bei dem du die Wörter richtig einsetzen solltest. An deinem Gesicht habe ich gesehen, dass du genau zugehört hast. Auch die schwierigen Wörter hast du aufschreiben können. Später beim Kontrollieren hattest du bei all den Wörtern nur einen einzigen Fehler, den du verbessern musstest, und wirktest zufrieden. Jakob, ich habe den Eindruck, dass du im Moment besonders am Rechnen mit Kommazahlen interessiert bist. Kannst du dir vorstellen, in der nächsten Woche einer kleinen Kindergruppe zu erklären, wie das Rechnen mit Kommazahlen geht? Außerdem möchte ich dir neue Aufgaben mit größeren Zahlen anbieten. Was hältst du davon?

Dein Sören Dillinger.[9]

[9] Lerngeschichte eines Studenten im Rahmen des Seminars: Kinder beobachten. WS 2010/2011, Universität Koblenz.

In dem Konzept des DJI ist vorgesehen, dass auch der Dialog mit den Eltern und dem Kind selbst geführt wird und dazu beiträgt, das Kind einschätzen und unterstützen zu können (vgl. ebd., S. 48–56). Carrs Konzept bietet mit seinen fünf Lerndispositionen einen bedeutsamen Ansatz, der zum Erkennen der Stärken einzelner Kinder führen und Analysehilfen für die Planung nächster Lernschritte geben kann. Die in dieser Weise am Lernprozess des Kindes orientierte Beobachtung und Dokumentation kann sowohl in der Schule wie in der Elementarerziehung gleichermaßen angewandt werden (vgl. auch Moser-Opitz und Graf 2007). Die Aufgabe, sich mittels systematischer Beobachtung und Selbstreflexion kindlichen Handlungen anzunähern, stellt sich in beiden Berufsfeldern: Für die Begleitung und Unterstützung von Bildungs- und Lernprozessen ist es bedeutsam, dass die Interessen und Kompetenzen von Kindern und Jugendlichen angemessen wahrgenommen und beschrieben werden, um das pädagogische Handeln darauf abstimmen zu können. Gerade Grundschullehrende stehen vor der anspruchsvollen Aufgabe, zum Schuljahresende an der Stelle von Zeugnissen im Anfangsunterricht für jedes Kind Lernentwicklungsberichte anfertigen zu müssen. Vorliegende Studien zur Analyse von Berichtszeugnissen (vgl. Brügelmann et al. 2006; Valtin 2012) verweisen hier bislang eher auf ernüchternde Ergebnisse. Dazu ist ein sensibler Umgang mit der Sprache bedeutend. Eine präzise Beschreibung des individuellen Lernstands, eine wertschätzende und auf Festschreibungen verzichtende Sprache kann Zugänge eröffnen, Anerkennung ausdrücken und Interesse signalisieren – das sind wichtige Voraussetzungen für die pädagogische Arbeit!

Literaturverzeichnis

Amann, K., & Hirschauer, S. (Hrsg.). (1997). *Die Befremdung der eigenen Kultur*. Frankfurt a. M.: Suhrkamp.

Beck, G., & Scholz, G. (1995). *Beobachten im Schulalltag. Ein Studien- und Praxisbuch*. Frankfurt a. M.: Cornelsen.

Bollig, S. (2011). Notizen Machen, Bögen ausfüllen, Geschichten schreiben. Praxisanalytische Perspektiven auf die Materialität der bildungsbezogenen Entwicklung. In P. Cloos, & M. Schulz (Hrsg.), *Kindliches Tun beobachten und dokumentieren* (S. 33–49). Weinheim und Basel: Juventa.

Breidenstein, G., & Kelle, H. (1998). *Geschlechteralltag in der Schulklasse. Ethnografische Studien zur Gleichaltrigenkultur*. Weinheim und München: Juventa.

Brügelmann, H., Backhaus, A., Brinkmann, E., Coelen H., Franzkowiak, T., Knorre, S., Müller-Naendrup, B., Oser, E. & Roth, S. (2006). *Sind Notizen nützlich – und nötig? Ziffernzensuren und ihre Alternativen im empirischen Vergleich*. Frankfurt am Main: Grundschulverband.

Buschbeck, H. (1985). *Reflektierende Beobachtung: Ein Arbeitsbericht mit Praxisbeispielen aus dem Projekt „Vorschulerziehung"*. Berlin.

Cloos, P., & Schulz, M. (Hrsg.). (2011). *Kindliches Tun beobachten und dokumentieren: Perspektiven auf die Bildungsbegleitung in Kindertageseinrichtungen*. Weinheim und Basel: Juventa.

Dewey, J. (2000). *Demokratie und Erziehung. Eine Einleitung in die philosophische Pädagogik*. Weinheim und Basel: Beltz.

Dietrich, C. (2011). Bildungstheoretische Notizen zur Beobachtung frühkindlicher Bildungsprozesse. In P. Cloos, & M. Schulz (Hrsg.), *Kindliches Tun beobachten und dokumentieren: Perspektiven auf die Bildungsbegleitung in Kindertageseinrichtungen* (S. 100–115). Weinheim und Basel: Juventa.

Gerstenmaier, J., & Mandl, H. (1995). Wissenserwerb unter konstruktivistischer Perspektive. *Zeitschrift für Pädagogik, 41*, 867–887.

Graf, U., & Moser-Opitz, E. (Hrsg.). (2007). *Diagnostik und Förderung im Elementarbereich und Grundschulunterricht: Lernprozesse wahrnehmen, deuten und begleiten*. Hohengehren/Baltmannsweiler: Schneider.

Grewe, W., & Wentura, D. (1997). *Wissenschaftliche Beobachtung*. München: Beltz – Psychologie Verlags Union.

Hirschauer, S. (2001). Ethnografisches Schreiben und die Schweigsamkeit des Sozialen. Zu einer Methodologie der Beschreibung. *Zeitschrift für Soziologie, 30*(6), 429–451.

Krummheuer, G., & Naujok, N. (1999). *Grundlagen und Beispiele interpretativer Unterrichtsforschung*. Opladen: Leske und Budrich.

Kleber, E. W. (1992). *Diagnostik in pädagogischen Handlungsfeldern*. Weinheim und München: Juventa.

Leu, H. R., Flämig, K., Frankenstein, Y., Schneider, K., & Schweiger, M. (2007). *Bildungs- und Lerngeschichten. Bildungsprozesse in früher Kindheit beobachten, dokumentieren und unterstützen*. Weimar, Berlin: Verlag das Netz.

Meyer-Drawe, K. (2008). *Diskurse des Lernens*. München: Fink.

Miller, M. (1986). *Kollektive Lernprozesse. Studien zur Grundlegung einer soziologischen Lerntheorie*. Frankfurt a. M.: Suhrkamp.

Prange, K. (2012). *Die Zeigestruktur der Erziehung* (2. Aufl.). Paderborn, München, Wien, Zürich: Schöningh.

Schäfer, Gerd E. (2005). *Bildung beginnt mit der Geburt*. Weinheim, Basel: Beltz Verlag.

Scholz, G. et al. (2008). Der Sprung über die Bank. In K. Mitgutsch (Hrsg.), *Dem Lernen auf der Spur. Die pädagogische Perspektive* (S. 78–96). Stuttgart: Klett-Cotta.

Scholz, G. (2009). Lernen als kommunikative Haltung. Überlegungen zu einem erziehungswissenschaftlichen Lernbegriff. In G. Strobel-Eisele, & A. Wacker (Hrsg.), *Konzepte des Lernens in der Erziehungswissenschaft. Phänomene, Reflexionen, Konstruktionen. Beiträge zur Theorie und Geschichte der Erziehungswissenschaft*. Bd. 31 (S. 157–171). Bad Heilbrunn: Klinkhardt.

Soeffner, H. G. (2004). *Auslegung des Alltags – Der Alltag der Auslegung*. Weinheim und Basel: Suhrkamp.

Streudel, A. (2008). *Beobachtung in Kindertagesstätten: Entwicklung einer professionellen Methode für die pädagogische Praxis*. Weinheim und München: Beltz Juventa.

Valtin, R. (2012). Noten oder verbale Beurteilung: Was ist ein gutes Zeugnis? In Fürstenau, S., & Gomalla M. (2012), *Migration und schulischer Wandel: Leistungsbeurteilung*. (S. 89–107). Wiesbaden: Springer VS Verlag.

Viernickel, S. (Hrsg.). (2009). *Beobachtung und Erziehungspartnerschaft. Reihe Offensive Bildung*. Berlin/Düsseldorf/Mannheim: Cornelsen.

Wawrinowski, U., & Martin, U. (2003). *Beobachtungslehre* (4., überarb. Aufl.). Weinheim und München: Juventa.

Wiesemann, J. (2006). Die Sichtbarkeit des Lernens. In Cloos, P. & Thole W. (Hrsg.) *Ethnografische Zugänge. Professions- und adressatenbezogene Forschung im Kontext von Pädagogik*. (S. 171–185). Wiesbaden: VS Verlag.

Teil II

Methodisches: Beobachten, Beschreiben, Bewerten

Die Schule als Beobachtungsfeld

5

Gertrud Beck und Gerold Scholz

▸ **Gertrud Beck** und **Gerold Scholz** berichten von ihren Erfahrungen aus einem Forschungsprojekt, in dem sie eine Schulklasse vier Jahre lang mit teilnehmender Beobachtung begleitet haben. Sie reflektieren die Frage, wie sich eine teilnehmende Beobachterin in der Klasse verhalten muss, um akzeptiert zu werden. Dazu muss die Forscherin die Kultur der Klasse kennenlernen, lautet eine Antwort. Diesen Prozess stellen sie in zwei Phasen dar. Was muss geschehen, damit die Forscherin die Erlaubnis erhält, ins Feld einzutreten, fragen sie zuerst. Wie muss sich die teilnehmende Beobachterin verhalten, damit sie beobachten darf und das Beobachtete aufschreiben kann, fragen sie weiter. Bezogen auf die zweite Feldphase stellen sie weitere Fragen, z. B. „Wie stelle ich mich vor? Wo setze ich mich hin? Wie beobachte ich?" Mit zahlreichen Beispielen aus ihrer Forschungspraxis werden diese Fragen beantwortet und mit Situationen aus dem Forschungsprozess illustriert.

5.1 Teilnehmende Beobachtung im Schulalltag – Erfahrungen aus einem Forschungsprojekt in einer Grundschule

Wer immer eine teilnehmende Beobachtung durchführen möchte, muss seinen gewohnten Lebenszusammenhang verlassen. Das gilt für ethnologische Studien in

Prof. Dr. Gertrud Beck ✉
Ottrau-Görzhain, Deutschland
e-mail: beck-schlegel@t-online.de
Prof. Dr. Gerold Scholz ✉
Wald-Michelbach, Deutschland
e-mail: gerold.scholz@t-online.de

H. de Boer und S. Reh (Hrsg.), *Beobachtung in der Schule – Beobachten lernen*,
DOI 10.1007/978-3-531-18938-3_5,

fremden Kulturen, es gilt aber auch für teilnehmende Beobachtung in einer Schule. Nun könnte man einwenden, dass jeder in Deutschland lange Jahre in einer Schule zugebracht hat und sich deshalb dort hervorragend auskennt. Lehramtsstudierende könnten auf Erfahrungen als Schüler/-innen oder Praktikant/-innen verweisen. Wir sagen hier erst einmal, dass es einen Unterschied macht, ob man in der Schule tätig ist, sei es als Lehrer, als Schüler oder als Praktikant oder ob man als Teilnehmender Beobachter in der Schule kommt.[1] Warum dies so ist und welche Konsequenzen es hat, wird uns in diesem Beitrag beschäftigen.

5.2 Schule und Kultur

Alle Personen, die mit einer Schule verbunden sind, arbeiten an dem Ziel, dass das, was sie mit ihrer Schule verbinden, funktionieren soll. Damit ist gemeint, dass die Schule Ziele hat und Mechanismen, sie zu verwirklichen. Wenn man sich klar macht, wie viele Menschen mit einer Schule verbunden sind, etwa: Lehrer, Schüler, Hausmeister, Eltern, Schulrat, psychologischer Dienst, Logopäde, Kultusminister, Praktikanten, Sekretäre usw., dann kann man leicht verstehen, dass es Differenzen und Widersprüche zwischen den Zielen gibt bzw. den Vorstellungen darüber, wie sich Ziele verwirklichen lassen. Es gibt sicher in vielen Fragen Übereinstimmungen und Gewohnheiten oder gesetzliche Regelungen. Es gibt aber auch kaum diskutierte Grundannahmen. Man streitet sich auch um die richtigen Ziele und die besten Methoden. Man kann sagen, dass alle an diesem Streit mitarbeiten. Nur der Teilnehmende Beobachter nicht, denn der schaut sich diesen Streit an.

Jede einzelne Schule ist in ein Gewebe eingesponnen (vgl. Geertz 1994) und zwar nach außen und nach innen. Von außen her gesehen ist es für die einzelne Schule wichtig, welche Vorstellungen in der Gesellschaft existieren, zu der die Schule gehört. Dann hat es für die einzelne Schule eine Bedeutung, in welchem Bundesland sie angesiedelt ist, und noch genauer, in welcher Stadt oder welchem Stadtteil. Ebenso wichtig ist die Frage, zu welcher Schulform die Schule gehört: Grundschule, Gesamtschule, Gymnasium etc. Innerhalb einer Schule gibt es auch viele Beteiligte, die miteinander kommunizieren und damit ihr Zusammenwirken anhand von Routinen, Deutungs- und Handlungsmustern entwickeln.

Man kann das, was wir oben „Zusammenwirken im Streit" genannt haben, auch als „Kultur" bezeichnen. Das Ergebnis dieses Zusammenwirkens im Streit, das selbst

[1] Wenn es sich um konkrete Personen handelt, benutzen wir die entsprechende weibliche oder männliche Form; wenn es um die Bezeichnung von Rollen oder Berufen geht, verwenden wir die männliche Form.

nicht konstant bleibt, sondern sich dauernd verändert, ist ein ganzes Netzwerk an Wissen über die Bedeutungen von Handlungen, Gegenständen und Situationen. Ein Wissen vor allem darüber, welche Handlungen in welcher Situation als angemessen gelten oder nicht.

Wenn Menschen innerhalb einer Kultur handeln, dann tun sie dies entlang ihres Wissens über die von den Mitmenschen in dieser Kultur geteilten Bedeutungen von Handlungen. Jeder Teilnehmer an einer Kultur kennt die Regeln und Routinen, kennt die Bedeutungszuschreibungen, weiß über Hierarchien Bescheid und darüber, wer sich im Lehrerzimmer auf welchen Stuhl setzen darf. Das Wissen darüber ist in einer Kultur unterschiedlich verteilt und wer es gar nicht weiß, tritt in den berühmten Fettnapf. Aber auch wer provozieren will oder einen Skandal heraufbeschwören, verletzt die Regeln in Kenntnis ihrer Existenz. Wenn man einen Schulanfang beobachtet, so kann man dabei zuschauen, wie Kinder als Neulinge der Schulkultur in die vorhandenen Muster integriert werden. Dies gilt eigentlich auch für Lehrer oder Praktikanten, die neu an einer Schule beginnen.

Sie lernen, was man in dieser Schule tun darf und was nicht, was man tun soll und was nicht, was man denken darf und was nicht, was man fühlen darf und was nicht, was man sagen darf und was nicht und insgesamt: wie man sich und die Welt wahrnehmen und interpretieren soll.

Der Kulturbegriff ist äußerst schwierig. Wir sprechen nicht von Hochkultur und niederer Kultur, auch nicht von dem Gegensatz zwischen Kultur und Zivilisation. Wir gehen auch nicht davon aus, wie dies häufig in der Debatte um Interkulturalität geschieht, dass Kulturen deckungsgleich mit Staatsgrenzen, Völkern oder Sprachen sind. Wir denken auch nicht, dass sich Individuen als Träger einer bestimmten Kultur bestimmen lassen: Jedes deutsche Kind kennt amerikanische Comics und wohl jedes türkische Kind in Deutschland deutsches Fernsehen. Wir denken aber, denn sonst macht Teilnehmende Beobachtung wenig Sinn, dass Kultur in einer Sozietät, also zum Beispiel in einer Schule oder in einer Schulklasse, etwas Gemeinsames ist, worauf sich die Menschen an diesem Ort beziehen, wenn sie dort miteinander handeln und kommunizieren.

Wir verstehen hier pragmatisch unter Kultur die Gesamtheit der kollektiven Orientierungsmuster in einer von anderen abgrenzbaren Gruppe, einschließlich der Gegenstände, die sich in der Welt dieser Gruppe vorfinden lassen (vgl. Nieke 2008).[2]

[2] Wir beziehen uns hier pragmatisch auf die Definition von Nieke, weil es in diesem Beitrag nicht um die Frage geht, wie Orientierungsmuster entstehen, sondern um den Gedanken, dass Orientierungsmuster geronnene Wahrnehmungseinstellungen sind. Wenn man – angesichts der komplexen Debatte um den Kulturbegriff – eine Unterscheidung vornehmen will, etwa zwischen Gesellschaft und Kultur, so kann man vielleicht sagen, dass der Kulturbegriff dort angemessen ist, wo es um Bedeutungen geht und nicht um Sachverhalte; genauer ge-

Dagegen lässt sich einwenden, dass es immer wieder Abweichungen von den kollektiven Orientierungsmustern gibt. Deshalb versuchen wir die Aufmerksamkeit auf die Doppelfunktion von Kulturen zu legen: Erstens bieten sie eine gemeinsame Grundlage, ein kollektives Orientierungsmuster; zweitens beschreibt Kultur einen Prozess und kein Produkt, weil Bedeutungen in Situationen generiert werden. Dies erklärt, warum sich Kulturen fortwährend verändern. Deshalb sprechen wir vom Zusammenwirken im Streit (vgl. Geertz 1994).

Man kann es auch so sagen: Schulen unterscheiden sich voneinander, Klassen innerhalb einer Schule ebenso. So lassen sich alle zweiten Schuljahre einer Schule selbst dann noch voneinander unterscheiden, wenn die gleichen Lehrer darin unterrichten. Dies ist möglich, weil es in jeder Klasse andere Kinder gibt und weil Kinder und Lehrer in jeder Klasse beginnend mit dem ersten Schultag eine von den anderen Klassen unterscheidbare Geschichte ihres Zusammenwirkens entwickelt haben.

Wir denken auch, dass die Mitglieder einer Kultur wissen, wer zu dieser Kultur gehört, nämlich die Einheimischen. Deshalb ist jeder, der in einer Kultur als Teilnehmender Beobachter anwesend sein will, ein Fremder, auch wenn ihm manches vertraut und bekannt vorkommen mag.

Man kann nicht in seiner eigenen Kultur als Teilnehmender Beobachter auftreten, weil man dort notwendig am Orientierungsstreit mitwirkt. Deshalb muss man seinen eigenen kulturellen Raum verlassen, um von einer anderen Kultur als Fremder akzeptiert zu werden, der nicht mit streiten will und soll, sondern beobachten.

Uns ist die Betonung der Unterscheidung zwischen eigener und fremder Kultur auch deshalb wichtig, weil man ja fragen kann, welchen Sinn Teilnehmende Beobachtung macht, welche Art von Daten man mit dieser Methode gewinnt.

---

sagt um die Bedeutungen von Sachverhalten. Der von Clifford Geertz im Anschluss an Max Weber formulierte semiotische Kulturbegriff, der unter Kultur ein selbstgesponnenes Bedeutungsgewebe versteht, ist eine Antwort auf die anthropologische Frage, ob es so etwas wie Kultur gibt, und keine auf die Möglichkeiten der Unterscheidbarkeit von Kulturen. Dieser Beitrag beschäftigt sich nicht mit der anthropologischen Frage nach der Existenz von Kultur überhaupt, sondern nach der Unterscheidbarkeit unterschiedlicher Kulturen. Die weitgehend geteilte Auffassung, wonach Kultur als Zeichensystem aufgefasst wird, hat das noch ungelöste Problem, in welcher Weise der Körper und das Performative in diese Theorie integriert werden kann. In dem Buch „After the Fact" bietet Clifford Geertz eine reflexive und unterhaltsame Dekonstruktion der Beziehungen zwischen Realität und Theorie (vgl. Geertz 1995). In diesem Beitrag hat das Wort „Kultur" zwei Bedeutungen. Es bezieht sich einerseits allgemein auf die Frage, was mit dem Begriff gemeint ist, wie es beschrieben werden kann. Dies etwa im Unterschied zu dem Wort „Gesellschaft". Meistens ist allerdings eine lokale, örtlich abgrenzbare Kultur gemeint, in der bestimmte Bedeutungen und Deutungen gelten oder verhandelt werden.

Wenn man wissen will, wie schnell bestimmte Kinder im Vergleich zu anderen Kindern laufen können, holt man sie besser auf den Sportplatz. Und wenn man wissen will, wie gut die Kinder in einer bestimmten Klasse im Vergleich zu allen Kindern rechnen können oder lesen können, holt man sie lieber in das Labor, denn nur dort kann man die Bedingungen kontrollieren, die für alle beobachteten Kinder gelten sollen. Und wenn man etwas über den Charakter von Kindern wissen möchte oder deren Biographie, so geht man am besten in die Familie. Das gilt auch für die Lehrer. Möchte man wissen, was sie von bestimmten pädagogischen Ideen halten, so kann man sie interviewen. Wenn man aber wissen möchte, wie sie mit bestimmten pädagogischen Ideen umgehen, dann muss man sie in ihrem Unterricht besuchen und sich den Unterricht anschauen. Und zwar deshalb, weil die Handlungen des Lehrers von dem kulturellen Kontext mitbestimmt werden, in dem sein Unterricht stattfindet. Im jedem konkreten Unterricht findet sich u. a. die Biographie des Lehrers, sein Charakter, vielleicht auch der Charakter seiner Schüler, aber eben auch das, was hier als „Kultur" bezeichnet wird, nämlich das Netz an Bedeutungen, die in dem Kontext, in dem der Unterricht stattfindet, gehandelt werden. Die Teilnehmende Beobachtung interessiert sich, im Unterschied zu anderen Methoden, für das Netz.

Teilnehmende Beobachtung schaut nicht auf einzelne Menschen, sondern auf das, was einzelne Menschen in ihrem Zusammenwirken an Deutungen und Bedeutungen hervorbringen. Daraus ergibt sich ein Netz von Bedeutungen, das in jedem Fall sehr kompliziert ist, aber eben doch beschreibbar als unterscheidbar von anderen Netzen.

Der Teilnehmende Beobachter hält sich also in dieser Kultur auf. Er geht mit den Dingen um, die es dort gibt, er beobachtet Handlungen, Körpersprache, Regeln, Normen und Emotionen und hört Äußerungen. Er kann auch Gespräche führen, Fragen stellen oder auf bestimmte Zusammenhänge hinweisen. Allerdings wird auch der Beobachter beobachtet, wie er sich verhält, was er sagt oder auch nicht sagt. Seine Emotionen werden ebenso deutlich sichtbar, wie seine Einstellungen und Haltungen.

Diese Gegebenheit hat aus unserer Sicht zu der nicht zutreffenden Annahme geführt, dass ein Teilnehmender Beobachter lernen muss, sich so zu verhalten und so zu fühlen und zu denken, wie die Menschen, die er beobachtet. Dass er also das Fremde an sich so lange ablegt, wie er sich in der von ihm beobachteten Kultur aufhält und erst danach wieder zum Wissenschaftler wird, der sich nun entsprechend der kulturellen Regeln von Wissenschaftlern verhalten muss. Dieses Bild unterstellt, dass diejenigen, die man beobachtet, sich gewissermaßen täuschen lassen. Das Bild hält die Beobachteten für naiv. Es geht davon aus, dass nur der Beobachter beobachtet und die von ihm beobachteten Menschen sich ganz natürlich verhalten, so lange er sie nicht stört.

Wir gehen davon aus, dass auch der Beobachter beobachtet wird; dass jeder weiß, dass der Beobachter ein Fremder ist und dass er, wenn seine Beobachtungen zu Ende gekommen sind, die Kultur verlassen wird. Aus dieser Perspektive geht es nicht darum, so zu werden wie die Einheimischen, sondern darum, als Fremder akzeptiert zu werden. Und vor allem akzeptiert zu werden als eine Person, die anwesend ist und beobachtet, sich also in diesem Sinne nicht an dem Zusammenwirken im Streit beteiligt (vgl. Dammann 1991).

Dies ist nicht einfach, denn man kann ja fragen, wozu man jemanden braucht, der nicht mit Hand anlegen will.

Damit ist die entscheidende Frage für die Vorbereitung für eine Teilnehmende Beobachtung gestellt: Wie muss ich mich verhalten, damit ich als Teilnehmender Beobachter in der Kultur, die ich beobachten will, von allen Beteiligten akzeptiert werde? Schließlich kann man nur dann teilnehmen und beobachten, wenn man von allen akzeptiert wird.

Die Suche nach Akzeptanz lässt sich in drei Phasen unterteilen:

1. Die erste Phase besteht darin, zu erreichen, dass einem der Eintritt erlaubt wird.
2. In der zweiten Phase der Anwesenheit muss man sich so verhalten, dass man auch beobachten und das Beobachtete festhalten kann.
3. Die dritte Phase bezieht sich auf den Zeitraum nach dem Ende der Beobachtungen. Nun hat der Beobachter das Feld verlassen, um – in erster Linie für andere Menschen als die, die er beobachtet hat – einen Text zu schreiben. Das kann eine Hausarbeit sein oder eine Examensarbeit oder ein Buch. Gerichtet ist dieser Text zunächst an die Gemeinde der Wissenschaftler oder bei Studierenden an den beurteilenden Dozenten. Aber auch die Beobachteten, die Kinder, die Lehrerinnen, die Eltern etc., können lesen und haben ein Interesse daran, zu lesen, was über sie geschrieben wird.

In unserer Phaseneinteilung spielt der Zeitfaktor eine große Rolle. Wir haben über vier Jahre eine Langzeitbeobachtung durchgeführt. Dieser lange Zeitraum ist eher selten. Aber ohne eine längere Zeit im Feld können wir uns keine Teilnehmende Beobachtung vorstellen, denn für die Teilnehmende Beobachtung muss man ein Stück weit mit den Menschen zusammen leben, die man beobachten möchte. Ein kurzer Gastaufenthalt ermöglicht keinen Zugang zu einer Kultur.

Die folgende Darstellung basiert auf unseren Erfahrungen in dieser Langzeitstudie, die zwischen 1989 und 1993 in einer Schule in der Nähe von Frankfurt stattfand.

5.3 Phase I – Der Durchgang durch das Eintrittstor

In Institutionen wie der Schule gibt es „Torwächter". Ihre Aufgabe besteht darin, niemanden herein zu lassen, der nicht herein gehört. Die Frage ist, wie man an ihnen vorbeikommt. Einfach erscheint dies, wenn man geholt wird. Wenn es also einen Lehrer gibt, der sich in seiner Klasse mit einem Problem konfrontiert sieht, von dem er meint, es sei gut, wenn jemand mit einem unvoreingenommenen Blick sich einmal die Situation und das Problem ansehen würde.

So offen dürfte es selten sein. In der Regel haben Lehrer eine Vorstellung davon, worin das Problem zu suchen ist, aber keine Zeit, selbst zu suchen. Deshalb lassen sie jemanden herein, der sich für sie auf diesen Suchpfad begeben soll. Der Teilnehmende Beobachter bietet eine Art Arbeitserleichterung und ist in diesem Sinne nützlich. In aller Regel kann man allerdings davon ausgehen, dass jemand, der als Beobachter in eine Klasse kommt, ein vorhandenes Problem anders definiert als der Lehrer und sich folglich auf einen anderen Suchpfad begibt.

Es gibt darin eine Grundsituation. Wenn Lehrer Probleme wahrnehmen, so suchen sie sie selten bei sich. Für jeden Teilnehmenden Beobachter gilt, wie für jeden Kommissar: „Wir ermitteln in alle Richtungen". Es kann dabei herauskommen, dass nicht die Schüler oder ein bestimmter Schüler das Problem verursachen, sondern zum Beispiel der Lehrer.

Virulent wird diese Frage während der Phase der Anwesenheit und nach dem Ende der Beobachtungen, wichtig aber ist sie bereits am Anfang, beim Eintritt.

Es ist so, dass Lehrer objektiv und subjektiv keine Zeit haben. Wenn sie einen Beobachter in die Klasse lassen, haben sie zunächst mehr Arbeit, denn es werden Gespräche geführt usw. Um eingelassen zu werden, muss man glaubwürdig versichern können, dass die eigenen Beobachtungen und deren Interpretation für die Schulklasse nützlich sind. Nun wissen auch Lehrer, dass sie selbst einmal studiert haben, und sie wissen auch, dass man im Laufe eines Berufslebens dazu tendiert, eingefahrene Routinen nicht mehr zu bemerken oder zu hinterfragen. Nach unserer Erfahrung gibt es durchaus ein Interesse daran, sich für wissenschaftliche Fragestellungen zu öffnen und zur Verfügung zu stellen, ebenso wie ein Interesse daran, dass Studenten durch einen Einblick in die Praxis zu einer guten Ausbildung kommen. Aber dieser allgemeine Nutzen muss sich auch konkret für die eigene Praxis einstellen können. Zumindest kann man als Lehrer erwarten, dass der Teilnehmende Beobachter mit einem spricht, dass man mit ihm in einen Austausch kommt. Das Prinzip der geschlossenen Klassentür und die Tatsache, dass es ganz schwer zu realisieren ist, einen Kollegen mal als Beobachter im Unterricht haben zu können, motiviert manche Lehrer dann doch, jemanden zu seiner Klasse einen Zutritt zu gewähren, weil der Schutz, den die geschlossene Tür bietet, auch als unangenehm empfunden werden kann.

Kurz gesagt: Ganz gleich, ob man geholt wird, oder von selbst initiativ wird, man muss etwas vorweisen können, womit die eigene Forschung einen Sinn für die Erforschten macht.

Dieses Versprechen, im Rahmen der gegebenen Bedingungen durchaus nützlich sein zu wollen, muss verbunden sein mit dem nachvollziehbaren Versprechen, vertrauenswürdig zu sein. Alle Kulturen haben ein Innenleben. Die Kultur regelt auch, was an Vorgängen und Vorfällen nach außen dringen darf und was innen verhandelt werden muss. Jede Kultur, sonst bräuchte sie nicht das sie abschließende Moment, hat auch etwas zu verbergen. Wenn man nun jemand herein lässt in die eigene Kultur, dann kann man davon ausgehen, dass dieser Teilnehmende Beobachter auch das mitbekommt, was man eigentlich nicht draußen erzählen will. Man kann es aber nicht vor ihm verbergen und wenn man ihn einmal hereingelassen hat, so kann man auch nicht wollen, etwas zu verbergen, denn dann könnte er nicht nützlich sein. Deshalb ist Vertrauen unseres Erachtens entscheidend. Und dies bedeutet konkret, dass die Beobachteten die Chance haben wollen, darüber mit zu entscheiden, was aus ihrem Innenleben nach außen dringen darf und was nicht.

Für die ersten Gespräche über die Teilnehmende Beobachtung sind eine Vorstellung und eine Vereinbarung über den Zeitrahmen wichtig. Aus der Logik der Teilnehmenden Beobachtung ergibt sich die Notwendigkeit, eine längere Zeit in dem Feld zuzubringen. Wenn man Veränderungen in Kulturen, wie etwa Lernprozesse von Kindern, verstehen möchte, kommt man an einer Langzeitbeobachtung nicht vorbei. Ganz grundsätzlich kann man eine Kultur nicht verstehen, wenn man nicht über einen längeren Zeitraum in ihr gelebt hat. Die Studie, auf die wir uns hier beziehen, hat etwas mehr als vier Jahre gedauert. Das war und ist eine eher ungewöhnlich lange Zeit. Für eine Examensarbeit müssen sicher wenige Wochen reichen. Das bedeutet dann eine hohe Intensität der Teilnahme. Sie darf allerdings nicht so hoch sein, dass man keine Zeit mehr hat oder nicht mehr in der Lage ist, die Beobachtungen gewissermaßen am eigenen Schreibtisch aufzuschreiben. Zur Teilnehmenden Beobachtung gehört auch die Teilnahme an Aktivitäten der Schulklasse, die am Rande des eigentlichen Forschungsthemas liegen können. Etwa ein Ausflug, ein Sportfest oder eine Feier mit Eltern.

5.4 Phase II – Während des Aufenthaltes

Was man in der Phase der Beobachtung erleben kann und bedenken muss, soll nachfolgend an eigenen Forschungserfahrungen beschrieben und diskutiert werden. Dazu zunächst einige Informationen:

Vier Jahre lang, vom ersten Schultag des 1. Schuljahres im August 1989 bis zum letzten Schultag des 4. Schuljahres im Juli 1993, haben wir als Teilnehmende Beobachter in einer Grundschulklasse gearbeitet. In der Regel saßen wir einen Vormittag pro Woche in der Klasse und beobachteten, wie die Kinder auf die Angebote der Schule reagierten und miteinander umgingen. Weil wir von Anfang an dabei waren, konnten wir in den meisten Fällen direkt neben den Kindern sitzen und in Notizen ihre Tätigkeiten und auch ihre Gespräche festhalten. Diese „Feldnotizen" wurden dann umgehend (in der Regel am Tag nach der Beobachtung) in Protokollen ausformuliert und dabei in einzelne Szenen gegliedert. Von den meisten Beobachtungstagen gab es also zwei Protokolle, eins von Gertrud Beck verfasst, eins von Gerold Scholz. Die beteiligten Lehrkräfte erhielten diese Protokolle eine Woche später. Im Laufe von 4 Jahren haben wir 236 Protokolle erstellt. Den Szenen, in die die Protokolle gegliedert waren, haben wir Suchwörter zugeordnet, einerseits, um die Bedeutungen, die wir in den Szenen erlebt hatten, stichwortartig festzuhalten, und andererseits, um durch die Suchwörter die Auswertung zu erleichtern. Einige dieser Szenen sollen im Folgenden dargestellt werden, um Möglichkeiten und Probleme der Teilnehmenden Beobachtung im Schulalltag differenzierter diskutieren zu können.

Am ersten Schultag waren wir beide – Gertrud Beck und Gerold Scholz – anwesend, durften aber, wie auch die Eltern der Kinder, nicht mit in den Klassenraum, während die Lehrerinnen – die Klassenlehrerin Christina Walter und die Studentin Sandra Kurth, die ihre Staatsexamensarbeit über die Anfangsphase schreiben wollte und nach ihrem Examen auch als Referendarin in der Klasse tätig war – zum ersten Mal mit den Kindern im Klassenraum zusammen waren. Keines der Kinder nahm uns in dem Trubel der Einschulungsfeier zur Kenntnis. Am 3. Schultag war Gerold Scholz den ganzen Vormittag in der Klasse, ab der zweiten Schulwoche waren Gerold Scholz und Gertrud Beck je einen Vormittag in der Klasse.

5.4.1 Frage 1: Wie stelle ich mich vor?

Weil wir von Anfang an dabei waren, gehörten wir für die Kinder zunächst zu den Selbstverständlichkeiten der Schule, über die sie sich keine Gedanken machten, denn sie waren vor allem daran interessiert, ihre Lehrerinnen kennen zu lernen und herauszubekommen, was man in der Schule kann, darf und soll und was nicht. Sie wollten im Spiel Neues ausprobieren und neue Beziehungen zu anderen Kindern herstellen. In diesem Geschehen spielten wir zunächst keine Rolle. Unsere ersten Protokolle weisen keinerlei „Vorstellung" aus, sei es durch uns selbst, sei es durch die Lehrerin. Die Kinder nahmen uns hin, beantworteten unsere vereinzelten Fragen oder fragten uns etwas, wenn es für sie im Zusammenhang mit ihrer eigenen Situation sinnvoll erschien.

Nach zwei Schulwochen fragte allerdings einer der Jungen Gerold Scholz: *„Kannst du rechnen, kannst du lesen, kannst du schreiben, kannst du alleine in einen tiefen Wald finden?"* Er wollte wohl wissen, warum ein Erwachsener noch auf den Stühlen für Erstklässler sitzt. Und dafür konnte es vier gute Gründe geben. Der Erwachsene kann nicht rechnen, nicht lesen, nicht schreiben, oder er hat – wie ein Kind – Angst im Dunkeln.

Ein anderes Beispiel findet sich im ersten Beobachtungsprotokoll von Gertrud Beck:

> 08.09.1989 Peter beschäftigt sich mit dem Telefon, das auf den Regalen vor der Leseecke steht. Er hat die Tafel aufgeklappt und auf die Innenseite eine Telefonnummer (seine eigene?) aufgeschrieben, die er nun versucht zu wählen. Durch die aufgeklappte Tafel entstehen Probleme für die Kinder, die in die Leseecke wollen, die Tafel versperrt den Zugang. Ich gebe Peter den Hinweis, die Telefonnummer auf die Außenseite zu übertragen … Die Tafel wird zugeklappt. Peter fängt an zu telefonieren und fordert mich auf, den anderen Hörer zu nehmen. Wir unterhalten uns: „Wie heißt du?" – „Frau Beck!" – „Was machst du heute?" – „Ich besuche euch im Unterricht!" – „Aha, na dann viel Spaß. Auf Wiedersehen!" – „Tschüs!"

Teilnehmende Beobachtung kann nur funktionieren, wenn eine Teilnahme an den Geschehnissen gegeben ist, die den Beobachtern Zugang zu Bedeutungen ermöglichen. Entsprechend hat sich Gertrud Beck in Peters Spiel hineinziehen lassen und sich mit der von ihr erwünschten Anrede vorgestellt, aber auch akzeptiert, geduzt zu werden. Die Szene zeigt aber auch, dass Peter keineswegs nach dem Sinn und der Berechtigung der Beobachtung fragt, weil er sich der Bedeutung des Begriffs Beobachtung in diesem Zusammenhang nicht bewusst ist. Die Antwort: „Ich besuche euch im Unterricht!" ist also nur Teil einer konventionellen Kommunikation.

Bei jedem Beginn einer Teilnehmenden Beobachtung ist die erste Begegnung wichtig:

- Wie stelle ich mich vor und wie begründe ich meine Anwesenheit?
- Dazu gehört auch: Lasse ich mich mit Vornamen anreden oder mit dem Nachnamen?
- Will ich mich mit „Du" ansprechen lassen oder sollen die Schüler/innen mich mit „Sie" ansprechen?
- Und was sollen die Schüler/innen von mir wissen?

Wenn der Beobachter Teil der Kultur werden will, muss eine Übereinkunft gefunden werden, wer er/sie ist, was seine/ihre Aufgabe ist, wie man sich gegenseitig anredet.

Entsprechend lohnt es sich, vor Beginn einer Teilnehmenden Beobachtung im schulischen Umfeld zu überlegen, ob man sich selbst vorstellen will und kann, und wenn ja, wie oder ob man das der Lehrerin überlässt oder sich mit ihr vorher darüber einigen kann. Diese Beschreibung kann im Laufe einer längeren Beobachtung modifiziert und ausdifferenziert werden, sollte aber möglichst am Anfang bereits so formuliert sein, dass keine grundsätzliche Veränderung notwendig wird. Für uns war dieser Anfang besonders leicht, weil ja noch keine Kultur der Klasse entstanden war, in die wir uns hätten einführen und einfügen müssen, wir kamen vielmehr in eine Situation, in der es noch keine festen kollektiven Orientierungsmuster gab. Die „Geschichte des Zusammenwirkens" (s. o.) entstand ja gerade erst und wir waren ein Teil dieser Geschichte. So hießen wir von Anfang an Frau Beck und Herr Scholz, wurden aber meist mit „Du" angeredet. Im weiteren Verlauf haben uns zunehmend immer mehr Kinder mit „Sie" angesprochen und wir haben beide Formen kommentarlos akzeptiert. Verallgemeinernd kann man wohl sagen: Je jünger die Schülerinnen und Schüler sind, desto eher werden sie die Anwesenheit eines weiteren Erwachsenen fraglos hinnehmen bzw. diesem Menschen mit offener Neugier begegnen. Je älter die Schüler sind und je weiter die Entwicklung einer kollektiven Orientierung bereits fortgeschritten ist, desto eher muss man darauf reagieren und ggf. auch mit mehr Reserviertheit rechnen und darauf gefasst sein, sich den Zugang zu „verdienen". Eventuell hilft es, mit Erwachsenen (Lehrerin, Rektor), darüber zu sprechen, wie sie selbst angesprochen werden, ob die Kinder schon andere Praktikanten oder ähnliche Besucher erlebt haben und wie diese sich vorgestellt haben bzw. angesprochen wurden.

Da wir vom 1. Schultag an dabei waren und vier Jahre bleiben wollten, mussten wir uns allerdings schnellstmöglich den Eltern vorstellen. Die erste Gelegenheit dafür bot sich am Tag nach der Einschulung: Beim ersten Elternabend der Klasse konnten wir uns und unser Projekt vorstellen. Eine Mutter fragte, ob das denn nicht zu viele Erwachsene seien. Kinder brauchten doch eine feste Bezugsperson. Die Lehrerin erklärte, dass auch im Kindergarten zwei Erwachsene anwesend seien, die Situation für die Kinder also bekannt sei. Zunächst solle nur Herr Scholz einmal die Woche anwesend sein, später dann auch Frau Beck. Nachdem die Lehrerin versichert hatte, dass die pädagogische Verantwortung ausschließlich bei ihr liege und sie sofort eingreifen werde, falls Schwierigkeiten auftreten sollten, erklärten sich die Eltern einverstanden.

Die Eltern einzubeziehen und sich ggf. ihrer Zustimmung zu versichern, ist bei Teilnehmender Beobachtung dringend geboten, nicht nur weil Eltern einen Anspruch darauf haben, zu wissen, was mit ihren Kindern geschieht, und man durch rechtzeitige Information viele Schwierigkeiten vermeiden kann, sondern vor allem auch aus rechtlichen Gründen, z. B. wenn aus der Beobachtung eine Veröffentlichung entstehen soll.

5.4.2 Frage 2: Wo setze ich mich hin?

In unserer Beobachtungsklasse arbeiteten die Kinder an Gruppentischen, teilweise mit fester Sitzordnung, teilweise in Arbeitsgruppen mit spezifischen Angeboten. Zu diesen Tischgruppen konnten wir uns dazu setzen. Außer den Tischgruppen gab es im Klassenraum eine abgegrenzte Lese-/Spielecke, die in Phasen der Freien Arbeit oder nach Fertigstellung von gestellten Aufgaben von den Kindern benutzt werden konnte. Hier konnten wir zwar nicht mit in die Spielecke, dafür war sie zu klein, aber wir konnten am Rande sitzend beobachten, was dort geschah. Außerdem war der Sitzkreis eine häufig benutzte Unterrichtsform. Manchmal saßen wir mit im Kreis, aber nur dann, wenn wir in diesem Kreis auch mitreden sollten, z. B. als Gesprächspartner bei Sachfragen, zumal es oft zu Rangeleien kam, weil einzelne Kinder uns unbedingt neben sich haben wollten, wohl vor allem, weil dadurch eine besondere Stellung in der Gruppe entstand. Deshalb saßen wir in der Mehrzahl der Fälle in der zweiten Reihe, also dabei, aber nicht als Teil des Kreises. Am Anfang setzten wir uns kommentarlos dazu, bald aber mit der Frage: „Darf ich mich zu euch/zu dir setzen?" Lehnte ein Kind ab, was am Anfang eigentlich nie vorkam, gegen Ende der

Grundschulzeit aber immer häufiger, haben wir das selbstverständlich akzeptiert. Damit entsprachen wir einerseits der sich entwickelnden Kultur in der Klasse. Die Lehrerin achtete sehr darauf, dass weder durch sie selbst noch durch Kinder „übergriffig", d. h. ohne Berücksichtigung der Wünsche des jeweils betroffenen Kindes, gehandelt wurde. Wir hatten dadurch aber auch nicht mit versteckter Ablehnung zu kämpfen, da diese ja offen ausgetragen werden konnte. Die Entscheidung „Wo setze ich mich hin?" kann unter anderen Umständen ganz anders aussehen. Vielleicht gibt es aufgrund eines zu kleinen Klassenraumes und einer frontalen Sitzordnung und Arbeitsweise nur die Möglichkeit, am Rande oder in der hintersten Ecke zu sitzen. In diesem Fall muss man berücksichtigen, dass man nur beobachten kann, was es gibt. Kooperation zwischen Kindern ist z. B. im Frontalunterricht nur höchst eingeschränkt möglich und würde sich entsprechend nur schwer beobachten lassen. Die räumlichen Gegebenheiten einschließlich der Sitzordnung müssen sowohl bei der Entscheidung über Ziele und Schwerpunkte als auch bei der Interpretation der Beobachtungen berücksichtigt werden.

5.4.3 Frage 3: Wie beobachte ich?

Bei der Teilnehmenden Beobachtung geht es nicht um eine Reduktion auf wenige Faktoren, wie z. B. bei Laborexperimenten oder Interviews, sondern um komplexe Zusammenhänge, die durch Feldnotizen und Protokolle festgehalten werden. Umso wichtiger ist es, sich selbst klar zu werden, was denn das Ziel der Beobachtung sein soll. Wir wollten beobachten, wie die Kinder auf die Angebote des Unterrichts reagierten und wie sie miteinander umgingen, – mehr hatten wir zunächst nicht festgelegt, da wir ja die Kinder und die Arbeitsweise der Lehrerinnen erst kennen lernen mussten. Bei der Durchsicht unserer Protokolle in den Herbstferien ergab sich u. a., dass wir mehr Jungen als Mädchen beobachtet hatten. Deshalb beschlossen wir, uns bei unseren Beobachtungen jeweils auf ein Kind zu konzentrieren und Situationen zu beobachten, die sich um dieses Kind herum ergaben. Dazu einigten wir uns auf sechs Kinder, drei Jungen und drei Mädchen. Von diesem Zeitpunkt an beobachtete jeder von uns eines dieser sechs Kinder und es wurde darauf geachtet, dass jeder alle sechs Kinder im Wechsel beobachtete. Dadurch schien es eher möglich, uns nicht von irgendeinem besonders auffälligen Ereignis gefangen nehmen zu lassen, sondern den Schultag aus der Perspektive dieses Kindes zu betrachten. Die Entscheidung, wer an diesem Tag wen beobachtete, erfolgte ad hoc zu Beginn des Beobachtungstages. Übrigens haben wir die Kinder über diese Entscheidung nicht informiert, sie haben auch nie danach gefragt, eben weil durch die offene Arbeitsweise gar nicht auffiel, dass wir nicht eine Tischgruppe oder eine Spielsituation beobachteten, sondern ein einzelnes Kind, und weil wir ja nicht ständig das gleiche Kind beobachteten. In der Folge zeigte sich, dass wir mit dieser Vorgehensweise Beobachtungsdaten von fast allen Kinder erfassen konnten, da durch die offene Arbeitsweise das jeweils beobachtete Kind sich im Laufe eines Vormittags in ganz unterschiedlichen Gruppen, Arbeitssituationen und Beziehungen bewegte und es uns so möglich wurde, „das Zusammenwirken im Streit" zu erleben.

Welcher Fokus jeweils gewählt wird, ist einerseits von den gegebenen Möglichkeiten abhängig. So lässt sich die Kooperation zwischen Kindern im Rahmen von Frontalunterricht nur höchst eingeschränkt erwarten und beobachten. Andererseits gibt es aber auch Einschränkungen durch den eigenen Blickwinkel der Beobachter.

Selbstbeobachtung

- Wie sehe ich Kinder?
- Was fällt mir als positiv oder negativ auf?
- Welche Kinder finde ich sympathisch, welche weniger?
- Auf welche Handlungen von Kindern reagiere ich positiv, mit Amüsement, Begeisterung, oder negativ mit „Das macht man nicht!", mit Abscheu, Ekel, …

Auf die äußeren Bedingungen kann man sich einstellen, z. B. durch eine Veränderung des Beobachtungsziels. Die eigene Sichtweise muss man ständig erneut reflektieren, sowohl bei der Erstellung des Protokolls, als auch vor allem bei der Interpretation des eigenen Textes.

5.4.4 Frage 4: Darf ich helfen?

Über alle vier Schuljahre hinweg, mit leicht sinkender Tendenz im 4. Schuljahr, gab es immer wieder Situationen, in denen wir als Hilfslehrer fungierten. Da wir oft mit an den Gruppentischen saßen, war es fast unvermeidbar, dass die Kinder uns um Hilfe baten oder wir mit Fragen und Hinweisen in ihre Arbeit eingriffen. Im Sinne unserer Forschungsaufgabe haben wir versucht, uns möglichst wenig einzumischen. Oft haben wir getan, als würden wir eine andere Szene beobachten, haben bewusst oder sogar provokatorisch geschwiegen oder grinsend Ablehnung signalisiert, wenn wir um Hilfe oder Bestätigung gefragt wurden. Wenn das nichts half, versuchten wir durch Sätze wie „Das kannst du selbst!" oder „Wie kannst du dir helfen?“ auf Eigeninitiative und selbständige Problemlösung zu verweisen. Im schlimmsten Fall, wenn nichts mehr half, haben wir die Beobachtung abgebrochen und den Platz gewechselt. Hierzu ein Beispiel:

> 23.11.1990 Hannes deutet auf eine Aufgabe im Matheheft. „Wie viel?“ fragt er mich. Ich sage nichts. Benjamin weiß es auch nicht und schaut mich erwartungsvoll an. Ich sage immer noch nichts. Benjamin: „He, sag doch mal was!“ Als immer noch nichts kommt: „Mach doch den Mund auf!“ Klingt genau, wie Erwachsene mit einem verstockten Kind sprechen. Ich grinse. Als beide mich immer noch anschauen, sage ich: „Ich helfe nur, wenn ihr es nicht könnt“. Benjamin liest nun den Text der Aufgabe: „Ach so!“ Er fängt an zu rechnen, Hannes spielt noch ein bisschen weiter. Er scheint mit den Aufgaben nichts anfangen zu können, nicht weil sie seine Rechenfähigkeit überschreiten, sondern weil er nicht motiviert ist …
>
> Hannes sitzt vor dem Elefantenheft (Arbeitsheft Sprachlehre). Er schreibt offensichtlich ohne Lust, nur im Gefühl, dass er heute fertig werden muss … „Wo ist der Zeiger von der Uhr?“ (Frage an mich, die meint: Bis wohin muss der Zeiger noch wandern, damit endlich das Schreibenmüssen vorbei ist) … Er pfeift, schreibt, fuchtelt mit seinem Bleistift ganz schnell vor meinen Augen hin und her: „Siehst du noch, was ich schreibe?“ Ich bejahe. Er hält den Bleistift ruhig vor meine Augen: „Und jetzt?“ „Es geht.“ Er hält mir die Augen mit der Hand zu. Spiel beendet. Es folgt eine Beschwörung: Großer Zeiger, geh ganz schnell auf die 11, kleiner Zeiger …“ … Ich halte es nicht mehr aus und frage, ob ich ihm diktieren soll. „Wenn du mir sagst, wie die Buchstaben gehen“. Ich helfe ihm. Nach zwei Minuten: „Ich bin auch fertig!“ … Die ganze Phase hat 35 Minuten gedauert.

Das „auch“ in Hannes’ letzter Äußerung entschlüsselt eine wichtige Bedeutung dieser Szene: Andere Kinder hatten ihre Aufgabe bereits beendet und in der Spielecke entwickelten sich interessante Szenen, an denen Hannes gerne beteiligt sein wollte, zumal er zum Lernen bzw. zur Arbeit an den gestellten Aufgaben an diesem Tag nicht motiviert war und einige Probleme hatte, die Aufgaben zu lösen. Da er aber erst in die Spielecke durfte, wenn er fertig war, geriet er in eine für ihn unlösbare Zwickmühle. Hätte Gertrud Beck ihm nicht geholfen, hätte er vermutlich an Ende der Stunde noch immer vor seinen ungelösten Aufgaben gesessen. Man könnte aber auch fragen, wie die Szene ausgegangen wäre, wenn keine Beobachterin anwesend gewesen wäre: Hätte Hannes sich dann vielleicht über die Regel hinweg gesetzt und sich früher den Kindern in der Spielecke angeschlossen? Oder hätte er sich sonstige Hilfe organisiert? An diesem Beispiel wird deutlich, wie Beobachter an der Entstehung kollektiver Orientierungsmuster mitwirken, denn die Beobachtung hat vermutlich mit dazu beigetragen, die Regel „Erst Aufgaben, dann Spiel" bewusst zu machen und zu festigen.

5.4.5 Frage 5: Darf man disziplinieren?

Soweit es um Aufgabenhilfe ging, konnte man die Rolle als Hilfslehrer einigermaßen klar begrenzen, wenn man genügend Selbstdisziplin und Entscheidungsfähigkeit in der Situation aufbrachte. Als wichtig erwiesen sich dabei die häufigen Diskussionen über unser eigenes Verhalten, die sich oft an den Austausch der Protokolle anschlossen. Schwieriger war es allerdings, wenn es um Situationen ging, in denen wir uns genötigt sahen, disziplinierend einzugreifen. Auch hierzu zwei Beispiele:

> 02.02.1990 Heute ist Benedikts Mutter mit den beiden Meerschweinchen Egon und Saxi in der Klasse. Die Kinder dürfen in kleinen Gruppen in die Spielecke, um die Meerschweinchen zu sehen, zu beobachten, anzufassen, … Anne steht und drückt von oben fest auf Egons Hinterteil. Er hat die Beine schon ganz flach am Boden. Ich greife ein …

> 28.09.1990 Ich kriege mit, dass Markus, mit dem Sandra Kurth bisher gearbeitet hat, allein vor seinem Blatt sitzt und nicht weiter kommt. Benedikt kniet vor ihm auf dem Tisch und ruft: „Der weiß nicht wie das l geht!" (Sehr denunziatorisch) Ich: „Benedikt, dann zeigs ihm doch." Benedikts eben noch schadenfroh grinsendes Gesicht erstarrt, er schaut mich an, steigt vom Tisch und geht weg. Markus ruft mich und ich gehe zu ihm und helfe ihm, eine lange Gulli-Geschichte (Gulli = Figur aus der Fibel) fertig zu schreiben, während ringsum alle anderen schon einpacken.

Die betroffenen Kinder verstehen sofort, dass ein Erwachsener sie „ertappt" hat, d. h. sie sind sich bewusst, dass man sich so nicht verhalten soll und dass hier in der

Schule die Lehrerin sofort eingreifen würde, falls sie es bemerkt hätte. Die Beobachter handeln hier wie Ersatzlehrer, die die in der Schule gesetzten und durchgesetzten Regeln vertreten. Nach unserer Kenntnis der jeweils persönlichen Fähigkeiten und Verhaltensweisen der Kinder können wir unterstellen, dass Anne sich nicht bewusst war, dass die Beobachter dieses „abweichende" Verhalten auch protokollieren, dass Benedikt aber sehr wohl in der Lage war, das zu erkennen und sein schroffes Abbrechen der Situation evtl. damit zusammenhing.

Außer Situationen, in denen wir disziplinierend eingreifen mussten, gab es auch einige wenige, in denen wir die Beobachterrolle ganz verlassen haben, weil wir uns in einer brenzligen Situation verpflichtet fühlten zu handeln:

21.02.1993 Der Mathelehrer muss noch eine andere Klasse betreuen. Ich bin die einzige Erwachsene in der Klasse. Zwischen Ole und Frank entwickelt sich ein Streit, worüber habe ich nicht mitgekriegt. Frank kommt angerannt und stürzt sich auf Ole, es wird sofort ernst, ich gehe dazwischen: „Schluss!" Irgendjemand sagt: „Sie können ja böse werden!" Norbert zum Mathelehrer, der gerade hereinkommt: „Die Frau Beck hat Temperament gezeigt!"

11.06.1993 Den Heimweg (vom Besuch im Heimatmuseum) fand ich relativ schlimm, vor allem die Fahrt im Bus. Wiederum saß ich bei der Gruppe im hinteren Teil des Busses. Es gab permanent Kabbeleien unter den Kindern. Lukas und Singh schnitzten mit ihren Feuersteinsplittern, die sie im Museum erhalten hatten, Rindenstücke von Singhs Stock und warfen sie den vor ihnen sitzenden Benedikt und Benjamin auf den Kopf, die dann prompt zurückschlagen wollten. Funda verwandt ihre Feuersteine, um die Namen von Liebespärchen in die Rückwand der Kunststoffsitze zu ritzen. Özgül und Ayse setzen sich vor Ole und Norbert, um die Buben zu provozieren und Stinkefinger nach draußen zu zeigen …

Diese Situation war für uns Beobachter besonders schwierig und frustrierend: Es war kein Rückzug auf die Beobachterrolle möglich, d. h. man konnte sich der Situation nicht entziehen. Sollte Gertrud Beck es zulassen, dass einer der streitenden Jungen sich den Kopf an der Heizung anschlägt, um zu beobachten, wie die Kinder mit solchen Situationen umgehen? Kann man sich als Beobachter einer gefährlichen Situation heraushalten, nur um der Beobachtung willen? Und kann man als Begleitperson bei einer Exkursion außerhalb der Schule sich auf die Beobachterrolle beschränken, auch wenn das Verhalten der Kinder nicht den Regeln des öffentlichen Raumes entspricht? In der Situation haben wir uns diese Fragen nicht gestellt, sondern spontan gehandelt. Aber bei der Erstellung des Protokolls und erst recht bei der Auswertung der Protokolle müssen solche Bedingungen der Entstehung mitreflektiert werden. Fast zwangläufig fühlten wir uns in einer Aufsichtsrolle, fühlten uns genötigt, die von der Lehrerin eingeforderte Disziplin einzufordern und zu vertreten, aber kaum in der Lage, sie durchzusetzen. Norberts Reaktion macht deutlich, dass er das aktuelle Verhalten der Beobachterin als außerhalb der „Normalität" empfand. Diese Rolle eines verantwortlichen Erwachsenen oder Lehrers mussten wir allerdings nur sehr selten in kurzen Episoden übernehmen. Die Beobachtungen, die dann noch möglich sind, unterscheiden sich qualitativ von denen, in denen man nur Zuschauer ist: Der Eigenanteil der Beobachter ist größer und muss entsprechend reflektiert werden.

20.09.1991 Die Referendarin fordert die Kinder auf, die Arme auf den Tisch zu legen und den Kopf auf die Arme. Sie will erst ein bisschen Musik vorspielen. Davon sollen die Kinder sich verzaubern lassen. Dann sollen alle aufschreiben, was sie hören (einige Fenster sind offen). Das Ganze klappt nur bedingt, weil die Stühle knarren, Füllerkappen und Bleistifte hinfallen u. ä. m. Anne hat aufgeschrieben, welche Instrumente sie aus der Musik herausgehört hat … Ich melde mich und lese aus meinem Protokoll vor: „Annes Spitzer fällt auf den Tisch. Rebeccas Bleistift fällt runter, Jans Füllerkappe fällt runter … " Jan: „Lüge! ist nicht runtergefallen. Ich habe ihn hingelegt!"

Unsere Rolle als Beobachter mussten wir immer erneut bestimmen und gestalten. Oft wurden wir von einem Kind aufgefordert, mit ihm zu spielen oder zu arbeiten und haben dies in der Regel als Angebot akzeptiert, wenn wir uns dadurch genauere Beobachtungen erhofften, wie die Kinder ihre Welt lebten. Sehr oft haben wir die Kinder auch durch Rückfragen oder unverhoffte Reaktionen provoziert (vgl. die Aufforderung an Benedikt, Markus nicht zu hänseln, sondern ihm zu helfen, oder die Protokollierung der unerwünschten Geräusche beim Hörversuch). In der Mehrzahl der Situationen waren wir aber Personen, denen man Fragen stellen konnte, weil sie den Sinn der von den Lehrerinnen gestellten Aufgaben kannten, deren Wort als Expertenmeinung, deren Entscheidung als Schiedsrichterspruch gesucht und akzeptiert wurde, bei denen man sich Bestätigung und Lob, Trost und gute Tipps holen konnte, die einen aber auch immer wieder provozierten, indem sie durch Rückfragen Sicherheiten ins Wanken brachten.

5.4.6 Frage 6: Darf man mitspielen?

Sehr frühzeitig haben die Kinder uns in ihr Spiel einbezogen. Dass viele soziale Beziehungen „ausgespielt" wurden, hing nicht nur damit zusammen, dass in der Klasse viel Zeit zum Spielen zur Verfügung gestellt wurde, sondern sicher auch damit, dass wir selbst auf die Spielangebote eingingen. Einerseits hofften wir durch die Spielszenen, die Lebensweise der Kinder besser zu verstehen, und andererseits hatten wir wohl selbst eine Menge Spaß daran, mitzuspielen. Als erstes traten Wortspiele und Kinderwitze auf („Dein Schuhbändel ist auf!" Und wenn man sich zu den Schuhen bückte: „Danke für die Verbeugung!"). Sie versuchten uns Streiche zu spielen und machten uns zu ihren Verbündeten bei Streichen. Es wurde mit unseren Namen gespielt („Beck – Bäcker, musst viele Brötchen haben!" „Herr Scholz ist stolz!"). Es wurde auch gefragt: „Herr Scholz bist du cool oder schwul?". Und die Rückfrage: „Was heißt denn das?" brachte die Kinder in Verlegenheit: Sie wollten ja einen Erwachsenen necken und rechneten eher mit eine disziplinierenden Geste oder Antwort. Eine schlichte Rückfrage, die ihnen Nachdenken über den Inhalt abverlangte, wirkte irritierend, zumal sie sich vermutlich über den Sinn der beiden Begriffe keineswegs im Klaren waren oder zumindest nicht offen darüber sprechen wollten. Sehr häufig wurden wir als Zeugen in die Neckereien der Kinder untereinander einbezogen, vor allem, wenn es um das Thema „Wer liebt wen?" ging. Im 2. Schuljahr gab es eine Phase, in der wir immer wieder aufgefordert wurden, Wetten abzuschließen. Da in den Frühstückspausen und in Phasen Freier Arbeit auch Brettspiele gespielt werden durften, wurden wir oft zum Mitspielen aufgefordert (Reversi, Mathe-Mix, …). Manchmal war ein bestimmtes Spiel über mehrere Wochen in Mode, z. B. das Tauschen von Stickers. Und immer wieder wollten uns Kinder Witze erzählen, die teilweise so deftig waren, dass wir nur gequält grinsen konnten.

15.03.1990 Özgül: „Ich sag mal einen Witz." Sie erzählt sehr schnell: „Fritzchen soll herausfinden, wie der Eierladen heißt. Er fragt seinen Vater. Der weiß es auch nicht. Er sagt: Geh in den Keller, und das erste, was du siehst, ist der Namen vom Eierladen. Fritzchen geht in den Keller. Er findet die alte Unterhose vom Vater, geht zurück und erzählt es dem Vater. Der sagt: „Dann heißt der Eierladen halt Unterhose." Am nächsten Tag in der Schule fragt sie Lehrerin: „Wer weiß, wo es die schönsten und dicksten Eier gibt?" Fritzchen: „In Vaters Unterhose".

22.02.1991 Ayse hat den Plüschaffen (er trägt rote Boxhandschuhe) genommen und lässt ihn mir einen Kuss geben: „Bussi!" Ich küsse mit spitzen Lippen zurück. Ayse: „Er ist ganz rot geworden." Wir lachen beide.

30.10.1992 Norbert ruft mich. Er hält mit seinem Arm den oberen Teil eines Blattes zu und fordert mich auf, unten meinen Namen hinzuschreiben. „Ich unterschreibe nie etwas, was ich nicht gelesen habe!" Norbert signalisiert, dass ich sein Spiel durchschaut habe. Er hebt den Arm hoch. Dort steht: „Hiermit zahle ich 10.000 DM an Maier und Co". Ich sage: Da kann ich ja unterschreiben! Norbert stutzt, dann schreibt er: „Ich Gertrud Beck bezahle 10.000 DM an Maier und Co". Ich grinse: „Da werde ich besser nicht unterschreiben!" …

Es war nicht immer leicht, die Balance zu finden zwischen unserer Rolle als Forscher, den Spielangeboten der Kinder und unserer eigenen Spielfreude. Wir haben uns in der Regel getröstet, dass wir durch unser Mitspielen nicht nur viel über die einzelnen Kinder und ihre aktuellen Gefühle und Erlebnisweisen erfahren haben, sondern dass wir auch Impulse gesetzt und die Kinder zum Nachdenken und zu neuen Lösungen angeregt haben. Auf der anderen Seite ist es uns wahrscheinlich gerade durch unser Mitmachen gelungen, Beziehungen entstehen zu lassen, die tragfähig genug waren, um Verlässlichkeit, Zusammengehörigkeit und Anteilnahme am Leben des anderen zu bieten und damit über mehrere Jahre das enge Miteinanderleben zu ermöglichen. Oswald und Krappmann kommen aufgrund ihrer Forschungsarbeiten mit Kindern zu dem Schluss, dass vor allem lustvolle soziale Objekte „und intensive soziale Beziehungen den Kindern eine Anforderungsstruktur vorgeben, auf die sie mit reflektierten, auf Wechselseitigkeit angelegten Vorgehensweisen zu reagieren tendieren" (o.J., S. 83).

Auf ein spezielles Phänomen aus dem Bereich Spielen soll noch hingewiesen werden: Die Kinder haben uns in einigen Szenen als „Mittel zum Zweck" benutzt.

Am wichtigsten war dabei für sie, dass sie durch uns und unser Protokollieren andere Kinder necken oder ärgern konnten. Sie haben uns aber auch benutzt, um den Lehrern gegenüber eine Ausrede zu haben oder nicht arbeiten zu müssen. Hier ein Beispiel:

07.05.1993 Die Kinder arbeiten an ihrem Sprachlehreheft. Singh zu Ole: „Wie viele Seiten musst du noch machen?" Ole: „Wir sollen bis Seite 43 machen!" Es entsteht eine heftige Diskussion, wie viel bis wann zu machen sei. Die Lehrerin: „Tisch Nr. 3 ist zu laut!" Ole leise, auf ironische Weise Gehorsam signalisierend: „Ja, Baby!" Singh: „Frau Beck, schreiben Sie mal auf!" Ole: „Schreibste echt?". Alle vier Kinder am Tisch amüsieren sich. Ole diktiert mir: „Singh kriegt ein Kind ... " Pit ergänzt: „... von Ole!" Ich sage: „Ich glaube ich gehe besser weg!" und verlasse den Tisch.

Singh hat die ganze Grundschulzeit über mit Konkurrenzgefühlen reagiert, immer wollte er schneller und besser sein als andere. In dieser Szene benutzt er nun die Beobachterin. Sie soll das frech-ironische Verhalten von Ole gegenüber der Lehrerin festhalten. Ole glaubt nicht, dass sie das „petzen" wird, er amüsiert sich eher und dreht den Spieß um, um Singh mit Hilfe des Protokolls zu ärgern. Mit seinem Spruch „Singh kriegt ein Kind" könnte er ausgenutzt haben, dass Singh auf sexuelle Themen immer besonders nervös reagierte. Entsprechend verschärft ja auch Pit noch die Situation, indem er diktiert: „(ein Kind) ... von Ole". Der Abbruch der Beobachtung an dieser Stelle sollte verhindern, dass sich das „Singh ärgern" noch verschärft und aufschaukelt.

In all diesen Szenen haben wir versucht, das Spiel „andere ärgern" nicht zu oft und zu deutlich mitzuspielen. An einigen Stellen haben wir den Spieß umgedreht, vor allem wenn wir das Gefühl hatten, dass es immer dieselben Kinder trifft oder ein Kind zu schwer getroffen wurde. Ziel war es, die Spielfreude der Kinder nicht zu zerstören, aber zugleich schwächere Kinder auch im Sinne der gemeinsam Kultur des Lebens in der Klasse zu schützen und zu signalisieren, dass alle gleich wichtig sind – eine Balance, die nicht immer leicht einzuhalten war, zumal wir über unsere Reaktionen in Sekundenschnelle entscheiden mussten.

5.4.7 Frage 7: Darf man vorlesen, was man geschrieben hat?

Während der Beobachtung haben wir Feldnotizen erstellt, d. h. wir saßen immer mit Papier und Stift in der Klasse und waren meist eifrig am schreiben. Es gelang uns nie, alles was wir sahen und hörten aufzuschreiben. Unsere Feldnotizen bestanden meist aus Stichworten und wenigen wörtlichen Zitaten und das in einer nur für uns selbst lesbaren Schrift. Wir bemühten uns aber darum, soviel festzuhalten, dass es im Anschluss möglich war, die Situation und die von uns erlebte Bedeutung in einem Protokoll auszuformulieren. Allerdings hatte unser „Schreiben" noch eine weitere Bedeutung. Die Kinder sind ja im 1. Schuljahr darauf eingestellt, Lesen und Schreiben zu lernen. Für viele Kinder ist klar, was das bedeutet. Sie haben im Elternhaus erlebt, dass die Erwachsenen Zeitungen und Bücher lesen, teilweise haben sie auch erlebt, dass Nachrichten zwischen den Erwachsenen und zwischen den älteren Geschwistern schriftlich weitergebenen werden. Heute – anders als während unseres Projektes – sind Kindern in der Regel auch E-Mails und SMS als Lese- und Schreibvorgänge bekannt und selbst wenn sie sie noch nicht beherrschen, verstehen sie doch ihren Sinn: eine Nachricht wird weitergegeben. Aber emsig schreibende Erwachsene und das in einer 1. Klasse sind sicher etwas Ungewohntes, das ihre Neugier weckt: Was schreiben die da eigentlich? Auf ihre entsprechenden Fragen haben wir in der Regel erklärt: „ich schreibe auf, was ihr alles macht", oder wir haben ihnen einen Passus aus dem Protokoll vorgelesen, wenn dieser Passus sie selbst betraf, nicht aber, wenn er andere Kinder betraf. Und zunächst gaben sie sich damit zufrieden. Im Vordergrund stand für sie offensichtlich ihre eigene Tätigkeit und sie bezogen unsere Antwort fast ausschließlich darauf.

15.09.1989 Said fragt mich, was ich schreibe. Ich erkläre es ihm und frage dann: „Was schreibst du?". „Ich schreibe, was dort an der Tafel ist."

06.10.1989 Hannes spielt mit dem Raben Toni (einer Handpuppe). Als die Lehrerin ihn zum Tisch 1 ruft, wo er Äpfel schnitzeln soll, kommt er mit dem Raben auf der Hand. Der Rabe sagt: „Hier wird geschnippelt". Dann kommt Hannes zu mir und fragt, was ich da schreibe. Ich lese meinen letzten Satz vor: „Hier wird geschnippelt".

Katrin kommt: „Was schreibst du?“ Ich erkläre, dass ich aufschreibe, was die am Schnippeltisch alles machen. „Und dann machst du das auch mal zuhause“, sagt sie verständnisvoll.

Durch unsere Reaktionen rücken die Inhalte stärker ins Zentrum. Wir schreiben ja nicht, weil uns die Lehrerin eine Aufgabe gestellt hat, sondern weil wir schreiben wollen. Also muss es ja einen Grund geben. Hannes gibt durch den Kommentar seiner Handpuppe selbst so etwas wie ein Protokoll der Situation, deshalb war es in dieser Situation relativ einfach, ihm zu erklären, was geschrieben wurde, wobei er aber auch merken konnte, dass er selbst beobachtet worden war. Die Antwort an Katrin sollte wohl etwas davon ablenken, dass das Verhalten der Kinder beobachtet wurde. Und prompt interpretiert Katrin die Antwort im Sinne von „Du schreibst dir ein Rezept auf“.

24.11.1989 Katrin will wissen, was ich schreibe. Ich schreibe „Sitzkreis“ – „Stuhlkreis“ verbessert sie mich. Sie zählt alle ihre Freundinnen auf: „Rebecca, Sandra, Benjamin“, ich schreibe brav mit. „Benjamin nicht, Benjamin ist ein Junge.“ „Özgül, Ayse, Salia – nein streich sie weg, Frau Walter, Frau Kurth, Loni (Rebecca flüstert ihr neue Namen zu), Toni, Otto, Rollo, …“ „Wer ist Rollo?“ frage ich. Rebecca zeigt mir die Riesenklappmaulfigur, die sie auf dem Arm hat … Hannes: „Kannst du auch so schreiben?“, er kritzelt mit dem Finger ganz schnell über mein Blatt. Ich schreibe „Hannes“ in Schreibschrift und in Druckschrift. Er macht einen Krickelkrackel: „Hannes in Geheimschrift“, erklärt er, „Sekundenschnelle“.

23.03.1990 Özgül ist in der Spielecke. Dann kommt sie zu mir: „Ich sag Ihnen, was sie alles schreiben sollen: Geschrei. Wir gehen gerne in die Pause. Özgül hat ihre Haare geschnitten. Stopp, weil ich in die Pause muss. Komm Sida!“

An diesen beiden Szenen zeigen sich weitere Interessen der Kinder an unserem Schreiben: Sie benutzen uns als Teil ihres Spiels, um andere Kinder zu necken oder sich selbst darzustellen. Zugleich lernen sie aber auch etwas über den Sinn des

Schreibens: Etwas festhalten, mit anderen über Schrift kommunizieren. Szenen, in denen Kinder uns diktierten, was wir schreiben sollten, blieben allerdings selten und traten vermehrt erst im 3. und 4. Schuljahr auf. Sehr viel häufiger waren am Anfang die Szenen, in denen wir und unsere Notizen benutzt wurden, um andere Kinder zu ärgern. Gerade in diesen Situationen waren wir immer wieder gefordert, uns sinnvolle Reaktionen einfallen zu lassen. Und zunehmend – nachdem sie lesen konnten – stand auch unsere Schrift im Zentrum der Fragen, vielleicht weil sie unsere Mitschriften nicht entziffern konnten und weil die Lehrerinnen von ihnen ja eine leserliche Schrift verlangten. Hannes findet eine intelligente, spielerisch verwertbare Ausrede für seine unleserliche Schrift. In den folgenden Wochen wurde für immer mehr Kinder klarer, dass wir aufschreiben, was wir in der Klasse sehen und damit auch festhalten, was die Kinder tun und sagen und ob sie sich den Regeln in der Schule unterwerfen oder nicht. Das hat sicher auch dazu beigetragen, dass die Kinder verstärkt zum Perspektivwechsel herausgefordert wurden: Sie mussten überlegen, wie ihr Verhalten auf uns wirken würde. Auch hier wird wieder deutlich, dass die Beobachter mitwirken an der Entstehung der Kultur in der Klasse. Eine besonders witzige Szene haben wir am 19.01.1990 protokolliert:

Die Beobachterin ist immer da

Özgül und Sida sowie ein Junge aus der Vorklasse (6jährige Kinder, die für noch nicht schulreif galten) sitzen in der Küche um einen Tisch und arbeiten mit Lego … Özgül hat bei ihrem Legohaus das Fenster weggenommen und an einer anderen Ecke eingesetzt, öffnet es, es schlägt gegen den Kopf einer Hausbewohnerfigur. „Ach, schrecklich" stöhnt sie, baut alles ab, grabscht sich eine große Platte, die der Junge aus der Vorklasse offensichtlich reserviert hatte. Auf seinen Protest hin gibt sie die Platte freiwillig heraus. Dann entsteht zwischen den beiden ein spielerisches Wortgefecht: „Du bist dumm" „Du auch" „Dein Gehirn ist dumm" … Özgül: „Sei still, die (Beobachterin) schreibt alles nach". Der Junge: „Da müssen wir schneller reden, dann kann sie nicht alles schreiben."

Hier hat einer die Grenzen unserer Forschungsmethode voll durchschaut! Nur zu oft war es nicht möglich, die witzigen oder auch wütenden Kommentare der Kinder wörtlich zu notieren. Wir konnten zwar den Sinn verstehen, aber nur einzelne Formulierungen wörtlich festhalten. Nun könnte man vermuten, dass eine Tonbandaufzeichnung oder ein Videomitschnitt als Methode genauere Informationen erbrächte, aber gerade die schnellen, spritzigen Wortwechsel, die ja häufig auch mit schnellen Körperdrehungen und Stellungswechseln sowie wechselnder Lautstärke und Artikulation verbunden sind, lassen sich mit Mikrofon und Kamera nur bruchstückhaft erfassen. Dadurch ist es nicht nur zeitlich aufwändig, solche Szenen zu rekonstruieren und zu verschriftlichen, ihr Sinn lässt sich ohne teilnehmende Beobachtung in vielen Fällen nicht entschlüsseln. Aber die Szene in der Vorschulküche ist noch aus einem anderen Blickwinkel interessant: In der eigenen Klasse hätte Özgül keinen Grund für ihre Warnung gesehen, denn dort waren wir in unserer Funktion als Beobachter „anerkannte Fremde". Aber hier kann sie die Kinder der Vorklasse mit ihrem Wissen beeindrucken. Sie benutzt uns Forscher als Mittel zum Zweck, um sich einen Vorteil im Wortgefecht zu verschaffen.

Im Verlauf des 1. und 2. Schuljahres stellten die Kinder immer häufiger die Frage nach dem Sinne unserer Anwesenheit und unseres Schreibens.

Was schreibst du?
27.04.1990 Jan will wissen, was ich schreibe. Ich erkläre es über die Ausbildung künftiger Grundschullehrerinnen. Singh: „Deswegen bist du hier. Sonst wärst du nicht hier." Jan: „Warum nicht immer?" Ich sage, dass ich noch anderes arbeiten muss. „Bist du Lehrerin?" „Ja." „Welche Klassen?" „14., 15. 16. Klasse auf der Universität."

31.08.1990 Said: „Ist das dein Mann" Er deutet auf Gerold Scholz. „Nein". „Dein Cousin (hessisch ausgesprochen: Kusseng)?" „Nein." „Was denn?" „Wir arbeiten zusammen." „Was arbeitet ihr denn?" „Zum Beispiel hier bei euch, wir schreiben auf, was bei euch im Unterricht alles geschieht." Sandra: „Das ist doch keine Arbeit!" Said: „Warum?" Ich versuche es wieder mit meiner Erklärung „Ausbildung von Lehrerinnen, wie Frau Kurth". „Wirst du auch Lehrerin?" „Ich bin Lehrerin." Staunen. Ungläubigkeit.

Durch solche Erklärungen und auch durch Gespräche zwischen Sandra Kurth und uns hatten die Kinder inzwischen mitbekommen, dass wir in der Universität arbeiteten und dass Frau Kurth bei uns studierte. Immer wieder wollten einzelne wissen, wie das genau ist, was wir dort machen oder ob Frau Kurth die Beste ist. Deshalb beschlossen wir, dass alle Kinder uns in der Universität besuchen sollten. Im Wintersemester 1989/99 gab es an der Universität Frankfurt ein von uns geleitetes Seminar „Die ersten 40 Schulwochen", in dem Probleme des Anfangsunterrichts anhand von Dokumenten aus der Forschungsklasse bearbeitet wurden. Die Kinder nahmen dort an einer Seminarsitzung teil, in der Dias von ihrem eigenen Schulanfang gezeigt und interpretiert wurden. In der Folge gab es zwar immer wieder

Fragen zu uns und unserer beruflichen Tätigkeit, aber wir hatten nun eine Basis, auf der wir uns verständigen konnten: Wir schrieben mit, um den Studierenden zu zeigen, wie Kinder lernen. Es hat also mehr als ein halbes Jahr gedauert, bis wir eine für alle verständliche und akzeptierte Definition unserer Tätigkeit als Beobachter in der Klasse gefunden hatten.

Im Verlauf des 3. und 4. Schuljahres rückten zwei andere Aspekte unseres Schreibens in den Mittelpunkt. Einerseits mehrten sich die Szenen, in denen Kinder uns abwiesen, in denen sie signalisierten, dass wir nicht zuhören und mitschreiben sollten: Im 1. und 2. Schuljahr hatten wir je 4 solcher Szenen protokolliert, im 3. Schuljahr 5 und im 4. Schuljahr 22. Andererseits mehrten sich die Szenen, in denen die Kinder uns an unsere Chronistenpflichten erinnerten und auf bestimmte Dinge hinwiesen, die wir unbedingt aufschreiben sollten.

06.09.1991 Katrin und Rebecca flüstern miteinander. Katrin zu mir: „Wir haben was Geheimes. Setz dich mal an einen anderen Tisch." Sie guckt mich an und lacht.

14.08.1992 Hannes: „Gibt's auch was über mich?" (gemeint: in dem, was du aufgeschrieben hast). Ich schreibe genau diesen Satz auf. Hannes: „Nein, was schon geschrieben ist!" Er versucht mein Protokoll zu lesen, kann aber offensichtlich meine Schrift nicht entziffern. Ich weigere mich vorzulesen. Dann entdeckt er die Anfangsbuchstaben seines Namens: „Und was steht da, bitte schön? Schreibst ja eine Seite über mich!" … Hannes baut sein Mäppchen als Mäuerchen in meine Richtung auf. Salia zu mir: „Dem darfst du gar nicht zuhören!" (im Sinne von: Nimm den Hannes nicht ernst!) Es entsteht eine Diskussion über meine Schrift. Sandra und Salia nehmen mir mein Protokoll weg und wollen lesen, was ich geschrieben habe, haben aber größere Schwierigkeiten, meine Schrift zu entziffern. Wiederum weigere ich mich vorzulesen. Hannes beteiligt sich lebhaft an diesem Spiel. Der Mathelehrer kommt vorbei und fordert zu mehr Konzentration auf. Hannes: „Sie (gemeint bin ich) lenkt mich ab!" Lehrer: „Schlingel!" Ich hole mein Protokoll zurück und sage zu Hannes: „Ich soll ja auch nicht bei dir abgucken." (Hat er ja schließlich gesagt und durch sein Mäuerchen signalisiert!) Hannes: „Du schreibst über mich, aber ich nicht über dich!"

Hannes war ein Junge mit einer hohen sozialen Intelligenz. Sehr früh konnte er den Vermittler spielen, weil er sich in beide Seiten hineinversetzen konnte. Insofern kam es sicher nicht von ungefähr, dass er bereits zu Beginn des 3. Schuljahres die Ungleichgewichtigkeit der Beobachtungssituation durchschaute und auch zu verbalisieren vermochte. Er beschreibt damit ein besonderes Problem aller sozialwissenschaftlichen Forschung und insbesondere der Teilnehmenden Beobachtung: Die Forscher sitzen am längeren Hebel, sie bestimmen, was notiert wird und auch das, was durch die Interpretation der Beobachtungen über die Beobachteten ausgesagt wird. Dieses Machtgefälle muss bei der Interpretation berücksichtigt und offengelegt werden, um die Bedeutung der Beobachtungen einschätzbar zu machen.

Die Forscherin und der Forscher in der Klasse bedeuteten für eine größere Anzahl von Kindern die Chance, Beziehungen zu einem Erwachsenen zu haben, der ihnen Sympathie entgegenbrachte und dem sie mit Sympathie begegnen konnten. Allerdings waren diese Beziehungen nur innerhalb vorgegebener Grenzen möglich: Die Kinder wussten ja auch, dass wir sie beobachteten und dass wir unsere Ergebnisse weitergaben. Wir müssen deshalb wie eine soziale Herausforderung gewirkt haben, weil es durch uns zu einer massiven Erweiterung und Komplexität der Möglichkeiten kam, die den Kindern zugleich ein hohes Maß an Differenzierung abverlangte.

Für uns bedeutete die Vielfalt, die Differenziertheit und Komplexität der Beziehung zu der Klasse insgesamt und zu einzelnen Kindern die Notwendigkeit, sich über diese Beziehungen bewusst zu werden. Die Literatur zur Teilnehmenden Beobachtung spricht zu Recht von dem Problem des Ausbalancierens von Nähe und Distanz. Es geht nicht nur darum, in der Klasse als Erwachsener zu leben und bei aller Zuordnung zur Gruppe der Erwachsenen einen Unterschied zu den Lehrerinnen deutlich zu machen; es geht auch darum, gegenüber allen Kindern eine Beziehung zu leben, die nahe genug ist, um auch Dinge zu erfahren, die zum Beispiel die Lehrerin nicht erfahren sollte; aber auch distanziert genug, um nicht den falschen Eindruck zu machen, man sei kein Erwachsener. Die Widersprüchlichkeit und die Ambivalenzen eines Erwachsenen als Teilnehmender Beobachter in einer Grundschulklasse lassen sich nicht durch bloß konsequentes Beibehalten eines einmal eingenommenen Bildes beseitigen. Man wird an der Besonderheit seiner Position als erwachsener Nicht-Lehrer festhalten müssen und dies gelegentlich nach der einen oder anderen Seite verletzen dürfen. Entscheidend scheint uns, dass die Kinder sich darauf verlassen können, dass man nicht petzt und nicht negativ bewertet. Schon während der Anwesenheit in der Klasse müssen sich Kinder wie Lehrerin darauf verlassen können, dass das besondere Wissen des Teilnehmenden Beobachters nicht gegen jemanden verwendet wird.

Forschungspraxis – Zusammenfassende Hinweise entlang der Forschungsstationen

Gatekeeper – Jeder Forscher, der Kinder erforscht, muss sich mit den „Torwächtern" der Kinderräume arrangieren. Für die Erlaubnis, Kinderräume als Forscher betreten zu dürfen, bedarf es einer Begründung, die fair sein sollte, aber nicht immer identisch sein kann mit dem eigenen Forschungsinteresse. Der Umgang mit den Erwachsenen gehört in unserer Kultur zu den unhintergehbaren Aspekten Teilnehmender Beobachtung. Dafür scheint zweierlei wichtig. Erstens: Die eigenen Fragen offen zu formulieren. Also keine Forschungsfragen der Erwachsenen zu übernehmen, die bereits implizite Antworten enthalten. Es geht zum Beispiel nicht um Antworten auf vorweg definierte Probleme, sondern um die Frage, ob, und wenn ja, worin eigentlich ein Problem besteht. Zweitens scheint wichtig, von Beginn an deutlich zu machen, dass man als Forscher nur die Informationen weiter gibt, zu denen man von den Beteiligten auch autorisiert ist.

Anfang – Der amerikanische Kindheitsforscher Corsaro setzt sich an den Rand des Geschehens unter Kindern und wartet darauf, dass er angesprochen wird. Es sind von daher die Kinder, die die Fragen stellen und dem Forscher die Möglichkeit geben, den Unterschied zwischen ihm und anderen Erwachsenen deutlich zu machen: Dass er weder ein Elternteil ist, noch Erzieher oder Lehrer. Diese besondere Rolle des Forschers – der an dem Handeln der Kinder interessiert ist, aber nicht an ihrer Erziehung – ist nicht in seiner Reinform durchzuhalten, aber doch ausreichend distinkt. Krappmann und Oswald (1995) beschreiben sie als »Unsichtbar durch Sichtbarkeit«. Vielleicht sollte man sich auch mental auf »Prüfungen« durch die Kinder einstellen und sich sicher sein, was man möchte. Ein anderer Aspekt des Anfangens ist Offenheit für die Situation. In einer Art »schwebender Aufmerksamkeit« kann man sich sensibel machen für Atmosphären: Wie habe ich mich gefühlt, wie habe ich die Situation empfunden (entspannt oder stressig, spannend oder langweilig etc.). Vielleicht kann man die Anfangssituation auch metaphorisch als „Schlendern" beschreiben: Man geht dem nach, was gerade die Aufmerksamkeit erregt. Dies wird man nachträglich in sog. „memos" niederschreiben.

Feldnotizen – Gleich, ob man während der Beobachtung protokolliert oder nachträglich, es macht Sinn, bestimmte Fragen als Raster zu betrachten. Zum Beispiel:

- Was geschah, um was ging es?
- Wann und wo geschah es?
- Wer war beteiligt?
- Wer handelte wie?
- Welche Reaktionen wurden ausgelöst?
- Welche Ergebnisse stellten sich ein?
- Gab es besondere Umstände?
- Welche Gegenstände waren präsent?
- Beschreibung des eigenen Verhaltens, der eigenen Gefühle und Gedanken.

Wichtig sind möglichst detaillierte und genaue Feldnotizen. Diese zeichnen sich aus durch Anschaulichkeit, Konkretheit und Facettenreichtum. Es ist Tatsache, dass ethnographisches Schreiben über soziale Situationen nicht abbildet, sondern etwas zur Sprache bringt, was nicht Sprache war, also jede sprachliche Vergegenwärtigung eine Deutung ist, also eine interpretative Neuschaffung. Das bedeutet dennoch, dass eine tendenzielle Trennung zwischen eher deskriptiv und eher reflexiv orientierten Formulierungen sinnvoll ist. Und es bedeutet, dass Protokollieren eine Form des Schreibens ist, die man erlernen kann.

Fokussierung – Wir haben gewissermaßen „automatisch geschrieben". Das ist ein Verfahren, in dem man zunächst alles aufschreibt, was man aufschreiben kann; d. h. ohne sich um die Frage zu kümmern, ob das, was man nun aufschreibt, auch die eigene Fragestellung betrifft. Denn die Erfahrung ist, dass man am Beginn einer Situation nicht wissen kann, worum es in dieser Situation gehen wird. Auch Anfang und Ende einer Situation lassen sich oft erst nachträglich bestimmen; d. h. die Markierungen sind abhängig von den Fragen, die man an den Text heranträgt.

Aufzeichnungsgeräte – Corsaro filmt gegen Ende seines Forschungsaufenthaltes. Wir haben wenige visuelle oder auditive Aufzeichnungen als Hilfsmittel der eigenen Erinnerung vorgenommen. Andererseits spricht wenig dagegen, wenn die Geräte nicht die Situation bestimmen. Aber ohne die Protokolle helfen auch die Filme wenig.

Abschied – Alle Beteiligten, Kinder wie Erwachsene, fühlen sich unwohl, wenn sie keine Rückmeldung erhalten. Die Formen muss wohl jeder selbst wählen.

Literaturverzeichnis

Beck, G., & Scholz, G. (1995). *Beobachten im Schulalltag. Ein Studien- und Praxisbuch*. Frankfurt a. M.: Cornelsen/Scriptor.

Beck, G., Scholz, G., & Walter, C. (1991). Szenen – Absichten – Deutungen. Zwei Jahre Auseinandersetzung mit moralischen Fragen. *Die Grundschulzeitschrift*, *5*(50), 14–19.

Beck, G., & Scholz, G. (1995). *Soziales Lernen. Kinder in der Grundschule*. Reinbek: Rowohlt.

Dammann, R. (1991). *Die dialogische Praxis der Feldforschung*. Frankfurt/New York: Campus.

Geertz, C. (1994). *Dichte Beschreibung. Beiträge zum Verstehen kultureller Systeme* (3. Aufl.). Frankfurt a. M.: Suhrkamp.

Geertz, C. (1995). *After The Fact. Two Countries, Four Decades, One Anthropologist*. Cambridge (Mass.)/London: Harvard University Press.

Nieke, W. (2008). *Interkulturelle Erziehung und Bildung. Wertorientierungen im Alltag* (3., akt. Aufl.). Wiesbaden: VS Verlag.

Oswald, H., & Krappmann, L. (o.J.). *Soziale Beziehungen und Interaktionen unter Grundschulkindern. Methoden und ausgewählte Ergebnisse eines qualitativen Forschungsprojektes*: Max-Planck-Institut für Bildungsforschung. Unter Mitarbeit von Fricke C.

Scholz, G. (2005). Teilnehmende Beobachtung: eine Methodologie oder eine Methode. In G. Mey (Hrsg.), *Handbuch Qualitative Entwicklungspsychologie* (S. 381–412). Köln: Kölner Studienverlag.

Beobachtungen aufschreiben
Zwischen Beobachtungen, Notizen und „Re-writing"

6

Sabine Reh

▸ Die Verschriftlichung von Beobachtungen bedarf besonderer Sorgfalt und zeigt sich als Herausforderung, immer wieder entscheiden zu müssen, was aus der Fülle des Beobachteten in welcher Form aufgeschrieben werden kann und welche „Effekte" mit der Art, etwas so oder anders aufzuschreiben, entstehen. **Sabine Reh** stellt zunächst an einzelnen Beispielen dar, wie ein aufmerksames Beobachten im Klassenraum stattfindet, wie dieses notiert wird und welche Vorkehrungen getroffen werden können, um solche Notizen zu produzieren, die in den sich anschließenden schriftlichen Bearbeitungsprozessen vielfältig sich lesen und Neues entdecken lassen. Im nächsten Schritt werden strukturelle Merkmale von Texten und Möglichkeiten, diese schreibend zu erzeugen, also der Einsatz bestimmter sprachlicher Mittel beim Schreiben skizziert.

> Fieldnotes are always incomplete, filled in later by memory of an accurate or quixotic sort. Choices of topics, frameworks, and substantive domains emerge after considerable thought and experimentation. Analysis never ends. And all writing is of course rewriting and rewriting and rewriting. In short, learning in and out of the field is uneven, usually unforeseen, and rests more on a logic of discovery and happenstance than a logic of verification and plan (van Maanen 2001, S. 153).

Zu beobachten und Beobachtungen zu notieren und diese Notizen weiter zu bearbeiten sind Praktiken, die man erlernen muss. Man erlernt sie, indem man beobachtet, Beobachtungen notiert und aus den Notizen dann neue Texte fabri-

Prof. Dr. Sabine Reh ✉
Leiterin der Bibliothek für Bildungsgeschichtliche Forschung (BBF), Berlin, und Philosophische Fakultät IV, Institut für Erziehungswissenschaften, Humboldt-Universität zu Berlin, Berlin, Deutschland
e-mail: sabine.reh@dipf.de

H. de Boer und S. Reh (Hrsg.), *Beobachtung in der Schule – Beobachten lernen*, DOI 10.1007/978-3-531-18938-3_6,

ziert. Wer schon einmal als Beobachter – mit Papier und Bleistift, aber ohne einen Beobachtungsbogen – in einem Klassenraum saß und versucht hat, während er beobachtet, Notizen anzufertigen, das Beobachtete zu notieren und hinterher sich bemühte, daraus einen neuen, für andere lesbaren und instruktiven Text zu machen, weiß, vor welche Schwierigkeiten man sich gestellt sieht. Man trifft – jedenfalls kann man dieses in der nachträglichen analytischen Betrachtung so systematisieren – verschiedene Entscheidungen über a) das zu Beobachtende, b) über sich selbst als Beobachter und c) über sein Tun, das Beobachten.

a) So wird man zuerst über das zu Beobachtende entscheiden, überlegen, was man beobachtet, auf was man seine Aufmerksamkeit richten will, ob
   - auf den Lehrer oder die Lehrerin, darauf, was dieser oder diese tut, wie von ihr die Unterrichtsstunde etwa strukturiert wird, welche Aufgaben gestellt werden, wie er oder sie mit den Schüler/innen interagiert,
   - auf einen Schüler oder eine Schülerin, darauf, wie sie oder er mit einer Aufgabe umgeht, was Schüler/innen miteinander machen, wie sie miteinander kommunizieren und wie sie mit den Dingen und Materialien umgehen oder
   - was für Dinge überhaupt da sind und welche Rolle sie spielen,
   - was für ein Raum der Klassenraum ist, wie er gestaltet ist, was für Möbel darin stehen, wo die Schüler/innen oder die Lehrpersonen sich hinsetzen oder hinstellen, wie sie sich im Raum verteilen und wie sie sich bewegen.

b) Fast könnte es einem, wenn man beobachtet und Notizen macht, erscheinen, als würde man, je mehr man aufschreibt in einer Situation, desto unaufmerksamer dieser selbst gegenüber werden. Bis der Beobachter etwas notiert hat, ist, während er noch auf sein Blatt Papier schaut, schon wieder Vieles geschehen. Man könnte daher versuchen, kürzere Situationen erst so genau zu beobachten, dass man begreift, was da gerade passiert, dass man es „deuten" oder „verstehen" kann. Unter Umständen wird man danach erst seine Notizen machen. Das heißt, selbst wenn entschieden ist, worauf genau der Fokus gerichtet wird, sind noch lange nicht alle notwendigen Weichenstellungen das Beobachten betreffend vorgenommen:
   - Was alles notiert man, wenn man beobachtet; wie viel von dem, was man sieht, hält man schon im Klassenraum auf seinem Papier fest?
   - Schreibt man fortlaufend auf oder schaut erst in Ruhe zu, um anschließend kurze Notizen zu machen?
   - Wie genau schreibt man das auf, was man multimodal – auf unterschiedlichen sinnlichen „Kanälen" – wahrgenommen hat? Man nimmt schließlich mehr wahr, als man sieht: Was hört man, was riecht man? Was spürt man sonst noch?

- Soll man notieren, was mit einem geschieht, während man beobachtet? Soll man notieren, was man fühlt, wie man Situationen bewertet, wie man mit einem Schüler mitfühlt, wie man aufgebracht ist über das, was eine Lehrerin macht, aber vielleicht auch über das, was eine Schülerin mit einem Schüler macht, wie sie miteinander umgehen?

c) Mit den Notizen, mit dem, was man im Klassenraum aufgeschrieben hat, zu Hause angekommen, wird man versuchen, einen neuen Text zu verfassen; das handschriftlich Notierte wird neu geschrieben, „eingegeben" und zu einem elektronisch speicherbaren Text, schließlich in eine Textdatei umgewandelt. Auch dabei tauchen verschiedene Fragen auf:
   - Wie soll man das handschriftlich Notierte bearbeiten, wie soll man aus dem vorliegenden Text einen zweiten Text machen? Was soll und was kann man wie bearbeiten? Schreibt man nur, was auch in den Notizen steht? Was fügt man aus dem Gedächtnis hinzu?
   - Welche Form soll der Text erhalten? In welcher Textsorte – als Bericht vielleicht – soll er geschrieben werden? Oder schreibt man den Text als einen erzählenden? Das könnte nahe liegen, wenn man ein Geschehen darstellen möchte, das einen zeitlichen Ablauf hat, den man mit dem Text nachvollzieht, dem man – einen Text verfassend – einen Anfang und ein Ende gebe.
   - In welchem Verhältnis steht die im Text präsentierte Reihenfolge von Informationen, die eine textuelle Struktur darstellt und dem Leser oder der Leserin einen bestimmten Eindruck vom Geschehen verschafft, zu möglichen anderen Arten, die Informationen zu ordnen und zu verkünden?
   - Als wen stellt man einen Verfasser oder eine Verfasserin des Textes im Text dar? Ist derjenige, der im Text als Berichter oder Erzähler konstruiert wird, „allwissend"? Oder gibt man dessen Perspektive zu erkennen als diejenige eines Menschen, der auch „im Feld" war? Der vielleicht auch eigene Gefühle hatte und darüber auch später noch nachdenkt, der sich so zu erkennen gibt? Wie nennt man ihn überhaupt, wie spricht man über ihn: Spricht ein Ich im Text?

All dieses sind sehr praktische Fragen des Notierens von Beobachtungen und dessen schreibende Bearbeitung, mit denen sich der folgende Text in mehreren Schritten beschäftigen wird. Zunächst wird dargestellt, was wie – ausgehend von dem, was aufmerksame Beobachtungen kennzeichnet (1) – während der Anwesenheit im Klassenraum notiert werden kann, welche Vorkehrungen getroffen werden können, um solche Notizen zu produzieren, die denjenigen oder diejenige – wenn sie die Notizen später bearbeiten – sich an das Geschehen möglichst gut erinnern lassen (2). Im nächsten Schritt wird dargestellt, in welchen Prozessen aus den Notizen dann andere, weitere Texte entstehen (3), um anschließend getrennt davon einige strukturelle Merkmale von Texten über Beobachtungen und deren Bedeutungen bzw. Wirkungen zu beschreiben (4).

6.1 Aufmerksames Beobachten

Prinzipiell scheinen Beobachten und Beschreiben insofern paradoxal strukturiert zu sein, als jeder Beobachter das, was er beobachtet, nur beobachten kann aufgrund einer Unterscheidung, deren Einheit sich seiner Beobachtung aber entzieht, wie Luhmann schreibt (vgl. Luhmann 2003, S. 123; vgl. dazu Reh, Beobachten und aufmerksames Wahrnehmen, in diesem Band). Jede Beobachtung hat ihren unhintergehbaren blinden Fleck, einerseits also etwas, das sie nicht sehen kann, weil sie einen Standpunkt hat, was ihr aber andrerseits gleichzeitig ermöglicht, überhaupt etwas zu sehen, mit dessen Hilfe sie also beobachten kann.

Ich möchte beispielsweise das Arbeiten der Schüler/innen im Wochenplanunterricht beobachten und werde versucht sein, entweder Arbeiten – das Schreiben eines Schülers z. B. – als Arbeiten oder Nicht-Arbeiten wahrzunehmen. Schnell wird also kategorisiert und auf diese Weise kann immer auch viel übersehen oder „verkannt" werden. Was für Unterscheidungen werden im Feld getroffen? Könnte das Schreiben des Schülers nicht auch noch etwas ganz anderes sein – weder nur Arbeiten noch nur Nicht-Arbeiten? Vielleicht zeigt sich hier etwas, das Zeichen für Verschiedenes sein kann, für die Arbeitseinstellung, das Interesse, für Eingeübt-Sein – aber z. B. auch einfach Aufführung von Gemeinschaftlichkeit unter den peers sein kann.

Um so etwas überhaupt in Betracht zu ziehen, entsprechend im Feld anwesend wahrnehmen zu können, ist es nötig, aufmerksam – aufmerksam auf das Beobachtete und das Beobachten selbst – zu sein. Eine solche Aufmerksamkeit wäre zu denken als eine Aufmerksamkeit auf die Materialität, die „phänomenale Präsenz des Objekts" (Seel 2003, S. 52). Es würde bedeuten, einen Gegenstand nicht unter einem bestimmten Aspekt oder gar Begriff zu begegnen, sondern „ihn in seinem Erscheinen begegnen (zu) lassen", wie es Seel ausführt (Seel 2003, S. 52). In neueren Diskursen über Wahrnehmung, (vgl. dazu auch Reh, Beobachtung und aufmerksames Wahrnehmen, in diesem Band) wird diesem Aspekt, dem der Sinnlichkeit der Wahrnehmung und der Aufmerksamkeit für die uns begegnende „Materialität" oder Formgegebenheit in der Gegenwart neu Beachtung geschenkt (vgl. z. B. Böhme 2001; Seel 2003; Gumbrecht 2004). Seel charakterisiert diese besondere Form der Wahrnehmung als ästhetische, in der Wahrnehmung die „Wahrnehmung von etwas in seinem Erscheinen um dieses Erscheinens willen" (Seel 2003, S. 146) ist.

Aufmerksames Beobachten in diesem Sinne wäre aber vor allem ein Beobachten, in dem der Beobachtende sich selbst nicht nur als fragend, als fokussierend erlebt, sondern sich auch als antwortend wahrnehmen kann. Das, was Vorgängigkeit genannt wird, eine fragende Haltung, mit der dem Geschehen begegnet wird, und die Nachträglichkeit, die Responsivität, sind konstitutionslogisch also gleichzeitig, als „gleichursprünglich" zu denken (vgl. Ricken 1999, S. 277 f.). Waldenfels beschreibt das, was „zwischen Auffallen und Aufmerken geschieht" (Waldenfels 2004, S. 30) als einen „originäre(n) Dual oder Plural, (…), der auf keine synthetische Einheit zurück geht, sondern dem Funken gleicht, der überspringt" (Waldenfels 2004, S. 72): „Was uns auffällt, kommt stets zu früh, das Aufmerken zu spät. Weil ich aber in meinem antwortenden Aufmerken bestimmt bin durch das, was mir zuvorkommt, schieben sich Eigenes und Fremdes, Einheimisches und Auswärtiges ineinander" (Waldenfels 2004, S. 72). Dass nun das Beobachten sich offenhält – sich sowohl als fragend wie antwortend, responsiv, angesprochen registriert – kennzeichnet aufmerksames, auf sich selbst immer wieder auch achtendes Beobachten.

Seel stellt entsprechend für ein aufmerksames, ein solchermaßen ästhetisches Wahrnehmen eine konstitutive Offenheit heraus; diese Art der Wahrnehmung sei „offen für das simultane und momentane Spiel der Erscheinungen", für die „phänomenale Besonderheit", für die „unmittelbare Gegenwart der Situation ihres Vollzugs" und sei ein grundsätzlich synästhetisches Vernehmen (Seel 2003, S. 146f.). Einer aufmerksamen Beobachtung im Klassenraum, die in diesem Sinne eine ästherische Wahrnehmung ist, fiele viel in die Sinne. Sie bewiese sich immer wieder im Versuch, möglichst „mehrkanalig" wahrzunehmen und dabei auf schnelle Bestimmungen eines Geschehens im Klassenraum zu verzichten. Sie enthielte sich zunächst selbst noch einer definierenden Bestimmung seiner Aktanten und ihres Tuns (Latour 2007, S. 95), der Festlegung und Abgrenzung verschiedener Einheiten, die am Ablauf eines Geschehens beteiligt sind. Sie würde nicht vorschnell sagen wollen, in welchen kausalen und konditionierenden Relationen zueinander Raum, Dinge, Schüler/innen und Lehrer/innen stehen.

Die Frage lautet nun: Wie kann man ein solchermaßen aufmerksames Beobachten praktizieren und wie kann man es notieren? Das soll im Folgenden zu beantworten versucht werden.

6.2 Klassenraum-Notizen aufmerksamer Beobachtungen

Stellt schon das Beobachten eine Unterscheidung dar, so das Notieren des Beobachteten eine weitere, eine zweite Selektion. Im Bewusstsein, dass diese zweite Selektion zu treffen ist, im Bewusstsein der Aufgabe also, Beobachtetes notieren zu müssen, wird das Beobachten selbst noch einmal verändert, weil implizit oft die Frage, was von dem, was beobachtet wird, aufgeschrieben werden soll, bei allem, was man im Feld beobachtet, „mitlaufen" wird. Eine Möglichkeit, aufmerksames Beobachten zu evozieren, können daher auch materielle Beobachtungsarrangements, besondere Medien bieten, z. B. eine bestimmte Art der Vorbereitung des Papiers, die besondere Praktiken des Beobachtens und Notierens herausfordert.

Agyris und Schön (1999) haben in anderem Kontext die „Rechte-linke-Spalte-Übung" entwickelt, die in der Literatur zur Organisationsentwicklung bzw. über „lernende Organisationen" eine größere Rolle spielt und die abgewandelt anzuwenden auch für das Anfertigen von Klassenraumnotizen vorgeschlagen werden kann. In der ursprünglich vorgeschlagenen Übung ging es darum, sich eine Interaktionssituation ins Gedächtnis zu rufen, an der man selbst beteiligt war. Dann sollte notiert werden – in der rechten Spalte eines Blattes, das man in der Mitte durch einen Strich unterteilt hat –, was in dem Gespräch nacheinander, so weit man sich noch erinnert, gesagt wurde. Zu möglichst jedem Sprechakt notiert man im Folgenden in der linken Spalte, was man selbst dazu gedacht, gefühlt, gespürt, was einen irritiert hat. Auf diese Weise kann man – liest man anschließend einmal nur die linke Spalte – sehr genau rekonstruieren, was die eigene Stimmungslage war, welche Bewertungen den eigenen Beobachtungen unterlegt waren und was den Gedankenfluss des Beobachtenden bestimmt bzw. charakterisiert hat.

Dieses Verfahren kann – abgewandelt – auch genutzt werden bei der Notation von Beobachtungen im Klassenraum. Man könnte sich ebenfalls ein Blatt unterteilen und macht die linke Spalte deutlich schmaler – Hauptaufgabe bleibt es selbstverständlich nämlich, die „Umgebung" und das Geschehen im Klassenraum zu beobachten und darüber Aufzeichnungen zu machen – und notiert hier immer wieder spontan, manchmal auch blitzartig auftauchende Eindrücke, manchmal auch Bewertungen der Situation, der verschiedenen Aktionen. Geübtere Beobachter sind oft auch ohne solche materielle „Erinnerung" achtsam auf sich ihnen in unterschiedlicher Weise mitteilende Veränderungen, starke, bemerkenswerte Eindrücke und Stimmungsänderungen im Feld oder Ähnliches, ungeübtere mag das vor ihnen liegende Blatt „erinnern". Auch wenn die Hauptaufgabe bei den Beobachtungen im Klassenraum nicht darin besteht, sich selbst zu beobachten, muss doch das Beobachten als ein Tun beobachtet werden, scheint es hilfreich, auf das Beobachten aufmerksam zu sein. So kann vielleicht im Anschluss, in der weiteren Arbeit mit den Notizen, deutlich werden, was die eigenen Beobachtungen begleitet und gestimmt hat, was die Perspektive immer wieder justiert und auch beschränkt hat:

	... mal kommen Schüler rein und holen sich ihre (?) oder irgendwelche Aktenordner, mit Anoraks an, die Tür fällt so laut wie zu Hause unsere Kellertür ins Schloss.
Die laute Tür stört mich total. Ich spür den sich ändernden Luftdruck. Keiner lässt die mal leise zugehen!	Ein Schüler geht raus, kommt wieder rein, offensichtlich weil der Weg zum Klo durch das Treppenhaus, in dem renoviert wird, versperrt ist. Mohammed will dann dem Schüler den Weg zum Klo über einen Umweg zeigen. Er geht, wird von Frau Müller aber schnell zurück gerufen, kommt sofort zurück, ist mit dem Schüler nicht weit mitgegangen.

Im Folgenden finden sich in den Klassenraum-Notizen dieser Beobachtungen immer wieder Hinweise auf die Tür. Alle expliziten Notationen über die spontanen Reaktionen des Beobachters zusammen genommen weisen schließlich auf etwas hin, was nicht von Beginn an die Idee des Beobachters war und nicht – oder mindestens nicht so schnell – Gegenstand geplanter Beobachtungen war: Was macht die Tür, was erzwingt oder präfugiert die Tür für einen Umgang mit ihr? Welche Rückwirkungen hat das auf alle Schüler/innen und die Lehrer/innen, auf den Ablauf und die Gestaltung des Unterrichts oder der Lerneinheiten? In den Horizont des Beobachters gerieten nach diesen ersten Beobachtungen immer stärker die Türen in dieser Schule, die alle mehr oder weniger lautstark waren, z. B. quietschten, die dazu dienen konnten, Gefühle auszudrücken und Macht auszuspielen, weil sie ein „Störpotential" hatten, aufgehalten wurden für jemanden, jemandem vor der Nase zufallen gelassen wurden, und Zugänge regulierten, Ströme von Schüler/innen entstehen ließen, immer auch zwischen innen und außen unterschieden. Das wäre nicht als Teil des Geschehens in der Form, in der es eine Rolle spielt, in den Blick geraten, wenn es nicht ausdrücklich in dieser Weise im Notat thematisiert worden wäre.

Im Kontrast zu dieser, doch ein wenig aufwändigen Art, die Aufmerksamkeit auf das eigene Beobachten zu dokumentieren und damit nutzbar für die Entdeckung von etwas Neuem zu machen, kann nun interessanterweise auch der partielle Verzicht auf Notizen oder die bewusste Reduktion auf das Notat bestimmter Phänomene stehen, die gerade ein aufmerksames Beobachten erlauben und zu Entdeckungen führen können. Erfahrene Beobachter berichten, dass mit der Zeit, mit zunehmender Erfahrung, die Art und Weise zu notieren, wenn sie im Klassenraum sind, sich verändere. Während man zu Beginn – wenn man die ersten Male zum Beobachten in den Klassenraum geht – häufig versucht, alles zu notieren, was man sieht, wird der Beobachter oder die Beobachterin im Laufe der Zeit nur mehr das fest halten, was er oder sie selbst im gegebenen Rahmen und unter bestimmten Fragestellungen für „Schlüssel-Beobachtungen" hält oder was derjenige selbst erfahrungsgemäß später benötigen wird, um sich wieder an das zu erinnern, was gesehen wurde.

So berichtete die Mitarbeiterin in einem ethnographischen Forschungsprojekt, dass sie schließlich, während sie sich im Klassenzimmer aufhielt, lediglich noch die Sprechakte möglichst genau, möglichst wörtlich aufgeschrieben habe. Das reiche ihr aus, um bald nach dem Feldaufenthalt, abends zu Hause, den Kontext zu erinnern und umfangreichere Texte über das Gesehene und auch anders Wahrgenommene anzufertigen bzw. nieder zu schreiben. Ihr diene also das Notieren des Gesprochenen als Erinnerungsstütze; ausgehend vom Gesprochenen fiele ihr immer wieder ein, was alles geschehen und was sie beobachtet habe. Nicht immer das Gefühl zu haben, möglichst viel aufschreiben zu müssen, erleichtere ihr, im Feld, im Klassenraum präsent zu sein und genau zu beobachten.

Auch wenn die oben angeführte linke Spalte auf den Notizzetteln erscheint und nacheinander gelesen werden kann und damit Beobachtungen des Beobachters an sich selbst ins Verhältnis zu den Beobachtungen des Feldes gesetzt werden können, so etwas gesehen werden kann, was zunächst nicht im Blickfeld und im Interesse des Beobachters lag, wird damit aber nicht der blinde Fleck, den jede Beobachtung charakterisiert, aufgehoben. Dazu könnte es hilfreich sein, einen Beobachter zweiter Ordnung – der selber auch einen blinden Fleck hat, aber eben einen anderen als der erste Beobachter – fest oder zumindest zeitweilig für eine Beobachtungsphase zu installieren. Rabinow (2007) schlägt ein solches Verfahren vor. Ein weiterer Beobachter im Feld hätte den Beobachter erster Ordnung zu beobachten und zu beschreiben und wäre damit ein Beobachter zweiter Ordnung; eine andere Möglichkeit ist die, den Beobachter mit einer Kamera bei seiner Tätigkeit des Beobachtens zu beobachten.

Im Falle der teilnehmenden Beobachtung in einer Kindertagesstätte, die gleichzeitig mit einer fest installierten Kamera aufgezeichnet wurde, haben diese Kamera – als ein Beobachter zweiter Ordnung – und die nachträgliche Interpretation der entstandenen Aufnahmen zeigen können, wie die Beobachterin das Feld und entsprechend Teilnahme verstanden hat. Die Beobachterin hatte sich zu einer Kindergruppe, die um einen Tisch herum saßen, gesetzt und angefangen auf einem Blatt Papier zu malen. Offenbar hatte die Beobachterin für sich „Teilnahme" an diesem Arrangement als Malen verstanden – möglicherweise weil es das war, was sie sich als „freie Aktivität" der Kinder vorstellte oder das, was an die Kinder als implizite Anforderung heran getragen wurde. Tatsächlich – und das zeigte nun die Videoaufnahme – war es keinesfalls das, was die meisten Kinder taten, wie und in welcher Weise sie teilnahmen. Von den vier bis fünf um den Tisch zeitweise oder die ganze Zeit über herum sitzenden Kindern malten nur zwei zeitweise. In diesem Falle war mit Hilfe des Beobachters zweiter Ordnung erkennbar, dass die Definition von Teilnahme durch die teilnehmende Beobachterin nicht unproblematisch dem entsprach, was die Kinder als Teilnahme aufführten, sondern vielmehr etwas aufgriff, was möglicherweise hier, im Feld, als Norm fungierte und von der Beobachterin selbst implizit transportiert, aber nicht gesehen werden konnte: Als pädagogisch gelungen wird das Arrangement der „freien Aktivität" dann angesehen, wenn am Tisch ruhig gespielt, im besten Falle gemalt wird. Die Frage nach der (diskursiven) Konstituierung dessen, was auf unterschiedlichen Ebenen als (auch pädagogisch) wünschbare Aktivität von Kindern gilt, geriet hier erst durch den Beobachter zweiter Ordnung in den Fokus der Analysen.

Es spricht nach dem bisher Erörterten einiges dafür, vorsichtig und zurückhaltend zu notieren. Zu dokumentieren sind Situationen und ihre Elemente. Das, was aufgeschrieben wird, könnte als Beschreibung einer Situation angelegt sein. Versuchen kann man, die Unterstellung von Intentionen im Notieren zu vermeiden, möglichst wenige Um-zu-Motive zu formulieren und den Gebrauch bestimmter Konjunktionen einzuschränken. So wäre es sicherlich sinnvoll, einen Satz wie den folgenden aufzulösen und durch genauere Beschreibungen zu ergänzen: „Da es ihr erster Tag in der Klasse ist, ist die Lehrerin deutlich nervös". Hier wäre es gewinnbringender, um mehr Informationen zu bieten, zu schreiben, was genau gesehen wird, auf welcher Grundlage die Beobachterin dazu kommt, die Lehrerin für nervös zu halten. Was genau hat die Lehrerin gemacht? Der durch den Gebrauch der Konjunktion „da" unterstellte kausale Zusammenhang kann im engeren Sinne gar nicht beobachtet worden sein. Schreiben könnte man, nachdem angeführt wurde, was die Lehrerin genau tut: „Sie wirkt auf mich daher nervös. Vielleicht liegt das daran, dass heute ihr erster Tag in der Klasse ist, wie sie mir vorhin erzählt hat". Vermieden werden könnte auch eine generalisierende Berichterstattung. „Paul ist ein unaufmerksamer Schüler" notiert nicht die situationellen Merkmale: „Paul rutscht auf dem Stuhl hin und her, er schaut im Klassenraum herum; die Lehrerin ermahnt ihn, sich zu konzentrieren". Es kann allerdings nicht darum gehen, technische Beschreibungen anzufertigen. Dieses wäre sehr aufwändig und im Einzelnen auch wenig ergiebig: „Der Schüler stützt seinen rechten Arm mit dem Ellbogen auf den Tisch, winkelt ihn an und bewegt Daumen und Zeigefinger mehrfach gegeneinander und man hört ein Schnipsgeräusch." Diese Beschreibung ist unter Umständen – obwohl vielleicht genau – gar nicht sehr hilfreich. Die Formulierung: „Der Schüler meldet sich, um endlich drangenommen zu werden" unterstellt dagegen vor allem mit dem „endlich", dass das Schnipsen nicht nur Ungeduld signalisiert, sondern auch Unmut darüber, länger nicht drangenommen worden zu sein. Schriebe man: „Der Schüler meldet sich und schnippst mit den Fingern", umginge man zwar jene Unterstellung machte aber doch deutlich, in welcher Weise das Melden erfolgt, welche Praktik – die eines besonderen Meldens nämlich und darin eingelagerte Motive und Gefühle – erkennbar und interpretierbar sind.

6.3 Bearbeitung der Notizen: Neue Texte entstehen

Die Feldnotizen sind Protokoll eines Beobachtungsprozesses. Als ein solches könnten sie „rekonstruiert" werden. Man könnte – wie im Beispiel oben dargestellt – analysieren, welche Logik im Beobachten als einem Tun erkennbar wird, welche Intentionen beim Beobachten verfolgt wurden und was darüber hinaus, jenseits dieser Intentionen, wahrgenommen wurde. Wichtig wäre es dafür, Notizen so zu verfassen, dass diese es ermöglichen, später, in der Bearbeitung, in ihrer „Verarbeitung" zu weiteren Texten – im Re-writing (van Maanen 2011) – auch etwas Anderes, auch von der Beobachtung nicht Intendiertes, zur Präsenz zu bringen.

In der writing-culture-Debatte – die in den USA in den 80er-Jahren geführt (vgl. Clifford und Marcus 1986) und in Deutschland in den 90er vor allem als „Krise der Repräsentation" (vgl. Berg und Fuchs 1993) rezipiert wurde – untersuchten viele der Autoren die Art des Textschreibens, die Art, in der Texte über „fremde Kulturen", über Beobachtungen im Feld angefertigt wurden und was genau in diesem Prozess einer „Übersetzung", in und mit spezifischen Texten, geschieht. Gefragt wurde etwa, wie die ethnologische Autorität geschaffen wurde, wie sie in den Texten, in der Art des Schreibens, im Stil der Texte, hergestellt wird und wie der Eindruck eines realistischen Schreibens, einer alternativlosen Wahrheit und Authentizität im Text entsteht. Im Gefolge wurden die klassischen Ethnographien immer wieder unter textstrukturellen Merkmalen untersucht.

Van Maanen hat Formen des ethnographischen Schreibens, also des Verfassens von Erzählungen, wissenschaftlichen Berichten zumeist, aber auch solcher, die für eine breite Öffentlichkeit gedacht waren, typisiert. Er unterschied zwischen realistischen, bekenntnishaften und impressionistischen Geschichten. Während realistische Geschichten sich dadurch auszeichnen, dass die Autorität des Erzählers auf nicht ausgesprochenen Erfahrungen beruht, indem gleichzeitig immer wieder implizit, durch Einstreuen von Details, deutlich gemacht wird, dass der Erzähler vor Ort war, Augenzeuge ist, und seine Interpretationen so wenig als seine ausgewiesen werden, wie wörtliche Rede als Rede der Beobachteten notiert ist, zeichnen sich die bekenntnishaften Erzählungen durch eine geradezu obsessive Vorliebe für methodische Überlegungen und Selbst-Reflexionen, etwa eigener Vorannahmen, Befangenheiten und Motive aus. Impressionistische Geschichten, wie van Maanen sie nennt, schaffen eher Unmittelbarkeit: „By holding back on interpretation and sticking to the story, impressionists are saying, in effect, ‚here is this world, make of it, what you will'. Transparency and concretness give the impression tale an absorbing character, as does the use of a maximally evocative language. Moans, cackles an epithets, for example, are used to suggest the emotional involvement of the fieldworker in the tale and to intensify the events. The audience is asked to relive the tale with the fieldworker, not interpret or analyse it." (van Maanen 2011, S. 103). In den letzten Jahren seien zusätzlich an Strukturen orientierte Berichte, „structural tales", solche, die van Maanen „post-structural tales" nennt und „advocacy tales" zu identifizieren (vgl. van Maanen 2011, S. 125 ff.). In unterschiedlicher Weise sind diese Arten, ethnographische Texte zu verfassen, experimentell, in unterschiedlicher Weise schaffen sie Sprecherpositionen und autorisieren diese Sprecher, in unterschiedlicher Weise erzählen sie verschieden kontextuiert Ereignisse als Geschichten oder montieren Versatzstücke und stellen entsprechend Verbindungen zu theoretischen Positionen her.

Orientiert an erzähltheoretischen Überlegungen (vor allem Genette 1998, vgl. Martinez und Scheffel 1999) können einige Hinweise dazu gegeben werden, welche unterschiedlichen Möglichkeiten es in der textuellen Darstellung von Beobachtungen und Geschehnissen im Klassenraum, die man im Anschluss an die Beobachtungen verfasst, gibt. Deutlich wird, dass es ratsam ist, sorgsam zu formulieren.

Ein Text über das, was beobachtet wurde, stellt – sonst wäre er kein Text – in sich Bezüge her, Bezüge zwischen seinen Teilen. Es wird eine Struktur als Text erzeugt. Für die hier interessierenden Berichte über Unterrichtsbeobachtungen, die deutlich einem institutionell vorgegebenen zeitlichen Rahmen folgen, sind erzähltheoretisch Fragen der Schaffung einer zeitlichen Ordnung im Text von größerer Bedeutung. So kann ein Geschehen in der Abfolge erzählt werden, in der es beobachtet wurde. Vorstellbar wäre es aber auch – weil die Schreibende das Ende der Unterrichtsstunde, das Ende einer Kabbelei zwischen zwei Schülern kennt, mit diesem nicht hinter dem Berg zu halten, sondern die Chronologie des Berichtens von der berichteten Chronologie abweichen zu lassen. Manches Mal stellt sich beim Schreiben eines Textes über die Beobachtungen auch die Frage, ob etwas an einer Stelle des Textes geschrieben wird, das, als der teilnehmende Beobachter in der Situation war, er noch nicht wusste. Auch das Tempo kann unterschiedlich gestaltet sein: Mal wird gerafft berichtet, mal wird sehr gedehnt erzählt; das Verhältnis zwischen erzählter Zeit und der Dauer des Erzählens kann ganz unterschiedlich sein. Über ein in der Beobachtung für wichtig gehaltenes Ereignis wird viel ausführlicher berichtet, es wird „gedehnt" erzählt. Oft wird es Zeitsprünge geben, weil ja gar nicht alles aufgeschrieben werden kann. Dabei ist nicht unerheblich, ob diese als solche erkennbar sind.

Aber auch Fragen des Modus, also etwa der Perspektive, und der Stimme, also der Sprecherinstanz, wie Genette schreiben würde, sind wichtig. Im Hinblick auf den Modus unterscheidet die Erzähltheorie den Grad der Mittelbarkeit oder gestalteten Unmittelbarkeit, die Distanz zum Geschehen und die Fokalisierung oder Perspektive. Von wo aus wird über das Geschehen berichtet? Von oben, von der Seite? Was kann der Leser des Textes sehen? Ein Ereignis, eine Situation kann berichtet oder erzählt werden, es bzw. sie kann aber auch – etwa indem direkte Rede angeführt wird – szenisch dargestellt, geradezu dramatisch gestaltet werden.

Während die älteren, in der writing-culture-Debatte kritisierten ethnographischen Texte häufig einerseits keine wörtliche Rede der beobachteten und dann im Text erscheinenden Personen anführten und andererseits den Erzähler nicht als jemanden erkennbar machten, der nur eine begrenzte Perspektive und einen Standort hat, der vielmehr, kaum fassbar im Text, eine Art allwissender Erzähler zu sein schien, sind heute häufiger Texte zu lesen, die direkt zitieren, z. T. auch aufgenommene Gespräche oder genutzte Materialien einfügen. In diesen Texten wird damit so vorgegeben – und das geschieht ja auch –, den Beobachteten eine Stimme zu verleihen und dahinter als Verfasser des Textes zurück zu treten. Tatsächlich allerdings gestaltet auch hier jemand den Gesamttext, arrangiert die unterschiedlichen Materialien – und versteckt sich möglicherweise dahinter.

In der Bearbeitung der Notizen, im Re-writing, das heißt also im Verfassen einer zweiten Schicht von Texten, die neben die erste gestellt werden kann und damit an sich schon als eine Vervielfältigung Deutungsspielräume eröffnet, könnte es sinnvoll sein, offensiver eine weiterreichende Deutung der Situation und der Geschehnisse zu verfolgen. So könnte etwa der Unterschied zwischen dem Erzähler, einem erzählenden Ich und dem erzählten Ich – alles übrigens Textfunktionen – bewusst gestaltet und genutzt werden, um differente Deutungsmöglichkeiten aufscheinen zu lassen: Was sagt der Schreibende, was dachte der Beobachtende?

Auch wenn jede Art der Wahrnehmung eine Wahrnehmung als etwas ist, als gerichtete verstanden wird und also rudimentär immer ein Deuten und Verstehen erfolgt, kann dieses Deuten sich auf unterschiedlich aggregierte Weisen und auf unterschiedlichen Ebenen der Abstraktion vollziehen – so kann etwa eine Praktik als Praktik verstanden werden: Ein Blatt Papier, das auf einem bestimmten Regal liegt, in die Hand zu nehmen und zum Platz zu gehen, ist in einer bestimmten Klasse die Praktik des Wochenplanabholens, um am Platz die Arbeit beginnen zu können. In Praktiken eines bestimmten Feldes sind immer schon Motive und Gefühle, teleoaffektive Strukturen (Schatzki 1996) transportiert und werden als solche auch verstanden. Die Deutung kann aber auch stark darüber hinausgehen und einerseits viel Wissen über einen Schüler, der vielleicht vorher schon beobachtet wurde, unterstellen: „Widerwillig geht Johannes seinen Wochenplan holen. Er ist sehr unlustig", hatte es in der Feldnotiz geheißen. Dieses kann in der Bearbeitung, im Re-writing, als Deutung nun gezeigt werden, indem der Erzähler oder Berichter seine Deutung als seine darstellt, also etwa in der 1. Person Singular verfasst und weitere Fragen in den Lücken zwischen dem Wissen des Beobachters, den durch das Lesen von Notizen ausgelösten Erinnerungen und der Gegenwart des Schreibens begründet: „Mir schien, dass Johannes widerwillig zum Regal ging. Schon an mehreren Tagen hatte ich ein solches Verhalten beobachtet. An diesem Tag bewegte er sich nur langsam zum Regal, schaute dabei in alle möglichen Richtungen, machte auf dem Weg noch dieses und jenes; seine Bewegungen drückten für mich daher keine Zielstrebigkeit aus, wie sie sich bei vielen anderen Kindern in der Klasse zu zeigen schien, indem sie schnell irgendwohin gehen und sich, ohne zu zögern, einer Aufgabe zuwenden. Aber vielleicht – so frage ich mich dieses schreibend jetzt – denken die auch nur nicht darüber nach, was sie eigentlich möchten, sondern handeln einfach routiniert. Zeigt sich hier in diesem Arrangement Arbeitsroutine als zielstrebig? Ist das Zielstrebigkeit?" Hier ist im Lesen der vorliegenden Notizen, in der daraufhin erfolgenden Erinnerung an das Gesehene und Erlebte eine neue Verständnis-Idee entstanden, die im nun geschriebenen Text kenntlich gemacht wird.

6.4 Fazit

Insgesamt wird hier für eine Beobachtungs-bewusste, eine Selbst-bewusste und Text-bewusste Art des Arbeitens an und mit Beobachtungen und des Aufschreibens dieser plädiert.

- Sinnvoll ist es, Arten und Phasen des Schreibens zu unterscheiden: Erst erfolgt das Notieren im Klassenraum und später kommen Schichten der schriftlichen Bearbeitung, die man als solche sammeln und dokumentieren kann, hinzu, ohne die Feldnotizen oder vorhergehende Texte zu ersetzen.

- Sinnvoll ist es auch, sich vor Augen zu führen, dass die Figuration eines Erzählers im Text, die gestaltete Distanz, die gestaltete Nähe, der Grad der Unmittel- bzw. der Mittelbarkeit, mit welchen der Schreibende im Text dem Geschehen im Feld Ausdruck oder Präsenz verleiht, Einfluss wiederum auf die Wahrnehmung des lesenden Beobachters haben.
- Markierte, explizite Deutungen und Bewertungen können nutzbringend ins Spiel kommen.

Im Gegeneinanderführen der verschiedenen Texte, in der textuellen Vervielfältigung, entstehen für den Leser oder die Leserin – und das heißt zunächst gerade für die Leserin der eigenen Texte über die eigenen Beobachtungen –, in Lücken und Ambivalenzen verschiedene Deutungschancen oder Deutungsangebote.

Literaturverzeichnis

Agyris, C., & Schön, D. A. (1999). *Die lernende Organisation. Grundlagen. Methode. Praxis.* Stuttgart: Klett.

Berg, E., & Fuchs, M. (Hrsg.). (1993). *Die Krise der ethnographischen Repräsentation.* Frankfurt a. M.: Suhrkamp.

Böhme, G. (2001). *Aisthetik. Vorlesungen über Ästhetik als allgemeine Wahrnehmungslehre.* München: Fink.

Clifford, J., & Marcus, G. E. (Hrsg.). (1986). *Writing Culture.* Berkeley/Los Angeles/London: University of California Press.

Genette, G. (1998). *Die Erzählung* (2. Aufl.). München: Fink.

Gumbrecht, H. U. (2004). *Diesseits der Hermeneutik. Die Produktion von Präsenz.* Frankfurt a. M.: Suhrkamp.

Latour, B. (1997). *Eine neue Soziologie für eine neue Gesellschaft.* Frankfurt a.M: Suhrkamp.

Luhmann, N. (2003). Sthenographie. In N. Luhmann, H. Maturana, M. Namiki, V. Redder, & F. Varela (Hrsg.), *Beobachter. Konvergenz der Erkenntnistheorien?* (3. Aufl., S. 119–137). München: Wilhelm Fink.

v. Maanen, J. (2011). *Tales of the Field. On Writing Ethnography* (2. Aufl.). Chicago and London: The University of Chicago Press.

Rabinow, P. (2007). Anthropological Observation and Self-Formation. In J. Biehl, B. Good, & A. Kleinman (Hrsg.), *Subjectivity. Ethnographic Investigations* (S. 98–118). Berkeley: University of California Press.

Ricken, N. (1999). *Subjektivität und Kontingenz. Markierungen im pädagogischen Diskurs.* Würzburg: Königshausen und Neumann.

Martinez, M., & Scheffel, M. (1999). *Einführung in die Erzähltheorie.* München: C. H. Beck.

Schatzki, T. (1996). *Social Practices. A Wittgensteinian Approach to Human Activity and the Social*. Cambridge: Cambridge University Press.

Seel, M. (2003). *Ästhetik des Erscheinens*. Frankfurt a. M.: Suhrkamp.

Waldenfels, B. (2004). *Phänomenologie der Aufmerksamkeit*. Frankfurt a. M.: Suhrkamp.

Bewerten als Zugang zum Beobachten **7**

Roswitha Lehmann-Rommel

Roswitha Lehmann-Rommel macht zum Ausgangspunkt ihrer Betrachtungen über das Beobachten die vielfältig ablaufenden komplexen Bewertungsprozesse im Klassenraum. Die Autorin betrachtet Bewertungen als Teil von beobachtbarem Verhalten in einer Situation. Sie zeigt, wie Krisen und Überraschungen zu neuen und wichtigen Informationen über die eigene Beobachtungsperspektive führen können. Die theoretischen Unterscheidungen und Aussagen im Blick auf Situationen werden an Fallbeispielen illustriert. Sichtbar wird, dass nicht nur die Reflexion von Rahmungen, sondern auch handelndes Experimentieren jenseits vertrauter (Bewertungs-)Routinen eine wichtige Ressource für die Veränderung von Wertungen und die Erweiterung von Handlungspotentialen ist.

Wertungen im Blick auf Situationen werden zumeist für selbstverständlich, evident und „nicht der Rede wert" gehalten. Dabei entfalten sie vielschichtige Wirkungen für das Beobachten. Unabhängig davon, ob sie bewusst oder verdeckt wirksam sind, zeigen sie den energetisch besetzten Fokus und die Zugangsweise einer Person zur fraglichen Situation an. Als Ausdruck von Interessen, Zielsetzungen, Erwartungen und Unterscheidungen einer Person stehen hinter ihnen hoch voraussetzungsvolle Annahmen, mit denen Rahmungen und Deutungskontexte für Situationen konstruiert werden. Die wirksamen Wertungen und habitualisierten Überzeugungen haben eine doppelte Funktion: sie ermöglichen fokussiertes Beobachten und schaffen zugleich Blindheiten und Verzerrungen. In dem Maße, in welchem sie

Dr. Roswitha Lehmann-Rommel ✉
Fak. I, Institut für Erziehungswissenschaft/Abteilung Allgemeine Erziehungswissenschaft und Philosophie, Pädagogische Hochschule Freiburg, Freiburg, Deutschland
e-mail: lehmann-rommel@ph-freiburg.de

H. de Boer und S. Reh (Hrsg.), *Beobachtung in der Schule – Beobachten lernen*,
DOI 10.1007/978-3-531-18938-3_7,

automatisiert einsetzen, sorgen sie für gewohnheitsmäßige Selektionen und Deutungsmuster. Durch die nicht bewusste Identifikation mit ihnen haben Beobachter keine Wahlfreiheiten für ein situationsangemessenes Beobachten. Wertungen determinieren dann Grenzen und Möglichkeiten von dem, was eine Person sehen kann.

Die empirische Betrachtung von Wertungen kann daher ein effektiver Ausgangspunkt sein, um Beobachtungen auszudifferenzieren, weitergehende Reflexionen und Handlungsoptionen zu entwerfen und die Bezugnahme auf Potentiale von Situationen zu erweitern. Überraschungen und Irritationen sind dabei eine besonders wertvolle Ressource, um automatisierte Annahmen und scheinbar Selbstverständliches zur Sprache zu bringen.

Im Folgenden werde ich einige theoretische Überlegungen erörtern: 1. Die Bedeutung von Wertungen für Beobachtungsprozesse, 2. Wertungen im Kontext von Rahmungen, 3. Arbeit an Beobachtung und Wahrnehmung sowie 4. das Potential von Krisen und Überraschungen. Um die theoretischen Unterscheidungen und Aussagen im Blick auf Situationen wirksam werden zu lassen, werde ich mich auf Fallbeispiele von Studierenden beziehen.

7.1 Die Bedeutung von Wertungen für Beobachtungsprozesse

Hierzu werden die folgenden drei Aussagen (a–c) erläutert:

a) Akte des Wertens haben zentrale Bedeutung für Subjektivierungsprozesse und bieten eine wichtige Ressource, um Beobachtungs- und Handlungsmöglichkeiten auszudifferenzieren. Diese Auffassung spielt insbesondere im Pragmatismus eine zentrale Rolle.

> In der Lebens- und Lerngeschichte der einzelnen Individuen ist die Tätigkeit des Bewertens eine sehr wichtige Tätigkeit. Bewertend werden die Individuen Subjekte ihres eigenen Lebens. … Indem sie sich wertend auf die Welt beziehen, schaffen sie Lebenssinn und lassen bestimmte Gegenstände ihrer wertindifferenten Umwelt bedeutsam werden. Bewertend lernen sie auf bestimmte positive Merkmale und Eigenschaften der sie umgebenden Dinge aufmerksam zu werden und sie dann für die eigenen Projekte und Vorhaben zu gebrauchen. Bewertend erzielen sie Handlungssouveränität, indem sie bestimmen, was für sie wichtig sein soll. Durch die Tätigkeit des Bewertens lernen sie verschiedene Phänomene und Dimensionen im eigenen Leben wertzuschätzen, die dieses besser und reichhaltiger werden lassen können (Gil 2001, S. 96 f.).

Werten als die Grundoperation des Interessenehmens an der Welt, gibt Hinweise auf Motivationslagen und die wichtigsten Ressourcen des Handelns. Für Dewey steht die Ausdifferenzierung, Reflexion und der Gewinn von Freiheitsgraden im Werten und Interessenehmen im Zentrum von Lernprozessen einer Person – hier verortet er seine maßgeblichen Kriterien für gelungene *education* (Dewey 1939/2004, S. 323).

b) Akte des Wertens und Urteilens haben zugleich die Tendenz, blind zu machen und Akte des Beobachtens und Denkens zu unterminieren.

In dem Maß, in dem Wertungen das Wahrnehmen dominieren, erfolgt dieses als ein subjektives Zugreifen und identifizierendes Wiedererkennen. Man kategorisiert Ereignisse als so und so und konstruiert dabei aus den benannten Aspekten einer Situation einen gedachten Zusammenhang, welcher die Komplexität von Situationen vereinfacht und handhabbar werden lässt. Sofern man dazu neigt, die kognitive Konstruktion für die Realität zu halten und nicht-begriffskonforme Vielschichtigkeit und Relationalität von Situationen aus dem Blick auszuschließen, verliert man Kontakt zur realen Situation, die in ihrer Komplexität nie komplett versprachlicht werden kann. Die Schwierigkeit der so erzeugten Blindheit liegt gerade in dieser (scheinbaren) Offensichtlichkeit von dem, was als falsch und richtig, gut und schlecht, wertvoll und wertlos gilt.

> A situation may begin by seeming complex, uncertain, and indeterminate. However, if we can once see it in terms of a normative dualism such as health/disease, nature/artifice, or wholeness/fragmentation, then we shall know in what direction to move. Indeed, the diagnosis and the prescription will seem obvious (Schön und Rein 1994, S. 28).

Wir sehen dann etwas mit Hilfe von Begriffen und Unterscheidungen – gemäß den eigenen Interessen, Absichten und Wertungen, in denen jeweils eine Dynamik von Schlussfolgerungen und habituellen, routinisierten theoretischen Überzeugungen wirksam ist. Gerade das Denken in Polaritäten sorgt dafür, dass beim Beobachten normiert wird und Verbesserungstendenzen selbstredend als evident erscheinen.

c) Werte aktualisieren sich im alltäglichen Sprechen und Handeln und können selbst durch Beobachtung und Rekonstruktion empirisch untersucht werden.

Wertungen sind tatsächlich ablaufende, Wirkungen erzeugende Prozesse – verwoben in Situationskontexte und habituelle Konstellationen der Handelnden. Dieser deskriptive (nicht normative) Zugang zu Werten findet sich u. a. in der pragmatistischen Philosophie.

> Bewertungen sind evaluative Urteile, Werturteile. Nur in bestimmten Situationen werden sie ausdrücklich vorgetragen oder geäußert. Häufig liegen sie Handlungen, Entscheidungen oder Haltungen als deren Basis und Ausgangspunkt zugrunde. Deswegen erweist sich eine präzise phänomenologische Analyse und Beschreibung dessen, was im Alltag geschieht, wenn Menschen sich in konfliktiven Entscheidungssituationen festlegen, in der Regel als eine gute Methode, um Bewertungen oder evaluativen Beurteilungen auf die Spur zu kommen. Man ist dann in der Lage, genau zu prüfen, was und wie etwas in der den Subjekten externen Welt eine Motivationskraft erhalten kann (Gil 2001, S. 25).

Hinter diesen „Beurteilungsgewohnheiten" (Lenk 1994, S. 162 nach ebd., S. 29) stehen Interessen: „a thing … has value, or is valuable, in the original and generic sense when it is the object of an interest … or whatever is object of interest is ipso facto valuable." (Perry 1968, S. 2 f. nach ebd., S. 37).

Dieser empirische Zugang zu Akten des Wertens grenzt sich ab von der – in der abendländischen Denkgeschichte verbreiteten – Annahme, dass Subjekte durch Introspektion und Intentionalität einen exklusiven Zugang zu den eigenen Werten hätten. John Dewey z. B. macht dagegen geltend, dass Wertschätzungen verwoben sind in habituelle Konstellationen des Denkens und Interessenehmens, die – geformt in früheren Interaktionen – weitgehend automatisiert ablaufen und zunächst keineswegs direkt und bewusst gesteuert werden können. Eine adäquate Untersuchung von Werten und Interessen könne daher nicht mit subjektiven Absichten oder Willensbekundungen beginnen, sondern Dewey betrachtet Werten als Teil von beobachtbarem Verhalten in situativen Kontexten. „Das Vorhandensein und die Beschreibung von Wertschätzungen müssen auf der Grundlage von Beobachtungen des Verhaltens bestimmt werden – Beobachtungen, die (…) sich möglicherweise über einen längeren Zeitraum erstrecken müssen" (Dewey 1939/2004, S. 307). Statt behauptete (explizite) Wert- und Zielvorstellungen ins Zentrum zu rücken, geht es darum, Situationen genau daraufhin zu beobachten, welche Wertungen im Situationskontext – oft auch stillschweigend – wirksam sind, von welchen habituellen Hintergrundannahmen sie getragen werden und welche Konsequenzen sich um diese Wertungen herum in konkreten Situationen organisieren.

7.2 Wertungen im Kontext von Rahmungen

Schön und Rein (1994, S. 40) haben geltend gemacht, dass Wertungen und Interessen eine zentrale Stellung für Rahmungen und Rahmenkonflikte zukommt[1].

> There is no way of perceiving and making sense of social reality except through a frame, for the very task of making sense of complex, information-rich situations requires an operation of selectivity and organization, which is what "framing" means (Schön und Rein 1994, S. 30).

Im Folgenden fokussiere ich drei zentrale Aspekte dieser Annahme.

a) Wertungen emergieren aus Rahmungen und sorgen – scheinbar selbstverständlich – für normative Wendungen im Blick auf Situationen.

In den Prozessen von Benennen und Rahmen wird – so Schön und Rein – ein normativer Sprung vollzogen: innerhalb einer Rahmung gibt es eine Fülle an automatisierten, selbstverständlich geltenden Wertungen und Sollensbestimmungen, welche die Komplexität von Situationen erträglich machen, indem einzelne Aspekte benannt und polarisierend (gut-schlecht, falsch-richtig etc.) geordnet werden.

> Through the processes of naming and framing, the stories make the "normative leap" from data to recommendations, from fact to values, from "is" to "wought" ... in such a way as to make it seem graceful, compelling, even obvious (Schön und Rein 1994, S. 26 f.).

Ereignisse werden so ausgewählt und benannt, dass sie in die Rahmung passen, welche der Beobachter für die Situation konstruiert hat. Die normative Kraft der verwendeten Metaphern und Werte hat oft eine lange kulturelle Tradition und

[1] Habitualisierte Wertungstendenzen sind Teil von impliziten Rahmungen, welche die Menschen im Laufe ihres Lebens stillschweigend erwerben. Menschliches Denken verläuft zu 95 % in automatisierten *habits* unterhalb der Schwelle des Bewusstseins – so Lakoff und Johnson im Anschluss an ihre empirischen Forschungen zwischen Gehirnforschung, Kognitionswissenschaft und Philosophie (Lakoff und Johnson 1999, S. 13). „Each of us goes through life armed with philosophical views about all manner of things: morality, politics, God, knowledge, human nature, the meaning of life, and a vast array of other important life issues. Most of these views we inherit from our culture. We are seldom, if ever, conscious what such philosophical views are, we find it difficult to articulate them explicitly, and we tend to be unaware of all their implications for our lives." (Lakoff und Johnson 1999, S. 539) Diese Sichtweisen („views") bilden die Rahmungen („frames") für alle Wahrnehmungen und Bedeutungen, die wir generieren. In diesem „kognitiven Unbewussten" („cognitive unconscious") sind die abstrakten Einheiten angelegt – z. B. Freundschaft, Fehler, Lernen und Kommunikation, welche alle sprachlichen Überzeugungen, alles Argumentieren und Überlegen, alles Wahrnehmen und Erfahren wie durch eine „verborgene Hand" steuern.

die Tendenz, sich selbst zu bestätigen, indem andere Deutungen aus dem Bereich des Selbstverständlichen geschlossen werden: so erscheint es z. B. „evident", dass wir Krankheit verabscheuen und nach Gesundheit streben. Die beiden Autoren sehen zwischen den Interessen der Handelnden und ihren Rahmungen reziproke, nicht-deterministische Beziehungen, welche sich wechselseitig formen. Insofern kann man über Wertungen und Interessen einen besonders markanten Zugang zu den Rahmungen gewinnen.

b) In Bezug auf Differenzen und Konflikte zwischen Rahmungen gilt:

1. Man kann einen Rahmen nicht falsifizieren. In Kontroversen gibt es häufig wechselseitig inkompatible Weisen, eine Situation zu sehen. Sie funktionieren wie Kippbilder: man kann nicht beide Seiten auf einmal sehen.

Solange eine Lehrer/in mit dem schulischen Bewertungsrahmen unbewusst identifiziert ist, hat sie keine Wahlfreiheit, andere Rahmungen zu wählen (z. B. „Fehler" zum gemeinsamen Forschungsgegenstand zu machen). Wenn ihr jedoch die eigenen stillschweigenden Wertungen und Rahmungen bewusst werden, kann sie eine gewisse Wahlfreiheit gewinnen gegenüber Rahmungen. Es wird ihr möglich, zwischen einer Haltung des Bewertens von Ergebnissen und der Erforschung von Prozessen (auf dem Weg zu dem Ergebnis) zu wechseln und dies auch gegenüber den Schüler/innen transparent zu machen und anzuleiten. Sobald sie jedoch versucht, beides gleichzeitig zu tun, kann dies nicht gelingen (und sie wird unglaubwürdig). Aus der Leistungsbewertung, die in der institutionellen Ordnung der Schule verankert ist, entwickeln sich Dynamiken und Interaktionsmuster (u. a. Bestrafen von Fehlern mit schlechten Noten), welche nur durch die bewusste Wahl einer alternativen Rahmung durchbrochen werden können. Ein Erforschen von Lernwegen verlangt, dass die Subsumtion unter Bewertungen ausgesetzt wird, um für (vermeintliche) „Fehler" offen zu sein und die Potentiale von Denkwegen in den Blick zu nehmen.

2. Wenn man die soziale Realität einer Situation auf eine bestimmte Weise rahmt, wird man die „Fakten" und Motivlagen von Leuten, die von einem anderen Rahmen ausgehen, immer ignorieren oder reinterpretieren können.

Solange z. B. Studierende mit der Unterscheidung „richtig-falsch" identifiziert sind und sie für selbstverständlich erachten, werden sie andere Deutungen von Fallbeispielen ignorieren, abwehren oder im Rahmen ihres dualistischen Denkmusters reinterpretieren. Die Erforschung von Prozessen des Denkens und Handelns ist in dem Maße begrenzt, wie dualistische Denkmuster dominieren.

c) Rahmungen flottieren nicht frei in Institutionen, die sie unterstützen, sondern sind eingebunden in institutionelle Routinen.

Institutionen versuchen oft, interpretative Ordnungen – entsprechend den gewünschten Überzeugungssystemen – zu etablieren. Sie kontrollieren dann die Prozesse, durch die Bedeutungen für Ereignisse konstruiert werden, indem sie strategischen Gebrauch von Symbolen machen. Normalerweise handeln die Beteiligten so, dass sie ihre Überzeugungen und Vorlieben als selbstverständlich unterstellen und damit anderen aufdrängen – ohne zu schauen, welche Wirkungen das auf die Umgebungen hat. Schön und Rein machen deutlich, dass es ein erster – oft schmerzhafter – Schritt für ein absichtsvolles Gestalten von Prozessen in Institutionen ist, eigene Verantwortung für Rahmungen zu übernehmen und Distanz zu nehmen von selbstverständlichen Setzungen. So ist z. B. der Fokus Leistungserbringung und die Orientierung an einem „richtigen" Ergebnis Teil der schulischen Ordnung, welche Lehramtsstudierenden bereits seit ihrer eigenen Schulzeit in Fleisch und Blut übergegangen ist.

7.2.1 Exkurs: Fallbeispiel „Janas Hausaufgaben"

Im Folgenden werde ich diese Überlegungen anhand der Arbeit mit dem Fallbeispiel einer Studentin verdeutlichen und ihre Beschreibungen und Kommentare zunächst in folgenden Hinsichten auswerten:

1. Aufmerksamkeitsfokus: Worauf wird die Aufmerksamkeit gerichtet? Welche Aspekte bzw. Veränderungen und Potentiale der Situation werden gesehen bzw. nicht gesehen? Welche situativen Kontexte (z. B. Institution) werden einbezogen?
2. Wertungen: Welche Wertungen werden ausgesprochen, welche bleiben unausgesprochen? Wie organisieren sie den Blick auf die Situation? Welche Erwartungen, Interessen, Metaphern, Überzeugungen normieren den Blick? Welcher institutionelle Kontext beeinflusst die vorhandenen Rollenerwartungen und Werte?
3. Rahmungen: Wie werden Beobachtungen verarbeitet? (Wie) werden Spannungsfelder, konfligierende Wertungen, unterschiedliche Perspektiven und Rahmungen beschrieben? Welche Formen der Distanznahme von Deutungen im Reflexionsprozess gibt es?

„Janas Hausaufgaben"[2]

Jana sitzt in der schulisch organisierten Hausaufgabenbetreuung vor einer Mathematikaufgabe. Wie unten dargestellt, sollen hierfür verschiedene zweistellige Zahlen und Rechenzeichen selbstständig miteinander kombiniert werden und der entstandene Rechenausdruck ausgerechnet werden. Jana schreibt mehrere Rechnungen dieser Art ins Heft:

$47 + 25 - 11 - 18 = 47 \qquad 25 + 11 - 47 - 18 = 31 \qquad 47 - 53 + 11 + 18 = 53$

Die Betreuerin Lisa fordert sie auf, das Aufgeschriebene nachzurechnen. Das Kopfrechnen dauert länger als Lisa erwartet hat, die Zwischenergebnisse bei einfachen Rechnungen sind zum Teil falsch. Es müssen außerdem größere von kleineren Zahlen abgezogen werden, sodass man in einen negativen Zahlenbereich kommt. Eine Vorstellung von negativen Zahlen besteht noch nicht (wurde auch noch nicht behandelt). Lisa weist darauf hin, dass es in der Aufgabe nicht nur darum geht, eine Aufgabe zu erfinden, sondern auch um ein korrektes Rechenergebnis. Die Schülerin schweigt.

Betr: Das können wir leider nicht stehen lassen, du sollst ja eine korrekte Rechnung haben.
Jana: Ich habe es jetzt schon geschrieben, das lasse ich.
Betr: Aber wir sind doch hier in der Hausaufgabenbetreuung. Die Aufgabe ist so noch nicht gelöst.
Dafür ist doch die Hausaufgabenbetreuung da, dass wir Euch helfen, die Aufgaben zu lösen.
Jana: Ich will das nicht durchstreichen, es gibt ja Heftnoten.

[2] Dieses Fallbeispiel wurde von der Studentin Lisa (= „Betreuerin") in ein Seminar eingebracht, in dem mit eigenen Fallbesprechungen gearbeitet wurde. Sie hatte den Ausgang der transkribierten Szene explizit als deutliche Irritation erlebt und stellt die Szene vor, weil sie sich Unterstützung wünschte. Ich habe dieses Fallbeispiel aus verschiedenen Gründen ausgewählt: einerseits kommt hier ein Muster zum Tragen, das in Situationsbeschreibungen von Studierenden immer wieder zu finden ist: ein Schülerverhalten wird negativ bzw. als Fehler bewertet. Automatisch wird dies als Herausforderung an sich als Lehrende verstanden, direkt einzugreifen und dieses „Defizit" bzw. diesen „Missstand" abzuschaffen, wobei es die Tendenz gibt, sich ein Scheitern dann selbst als fehlende Kompetenz anzulasten. Andererseits nimmt Lisa in der Situation Irritationen zum Anlass, auf Unerwartetes zu reagieren, indem sie ein neues Handlungsmuster ausprobiert.

Betr: Was sagt denn deine Lehrerin, wenn du lauter Zahlen einfach nacheinander aufschreibst, die Rechnung aber nicht richtig ist?
Jana: Das ist ihr egal. Hauptsache, ich hab's gemacht.
Betr: Du hast es aber nicht „gemacht", du hast ja nur Zahlen hingeschrieben.
Jana: Das machen aber alle so.
Betr: Ja, da hast Du wahrscheinlich recht. Aber was alle machen, muss ja nicht gut sein. Ich kann das nicht zulassen hier in der Hausaufgabenbetreuung. Deine Eltern haben dich doch hier angemeldet, damit du Hilfe für die Hausaufgaben hast. Ich lasse Dich nicht einfach Zahlen aufschreiben. Das war nicht die Aufgabe.
Jana: *schweigt*
Betr: Ist dir das im Moment zu schwer in Mathe? Kommst Du gerade nicht so gut mit?
Jana: *schweigt*
Betr: Gerade wenn du vielleicht Schwierigkeiten hast, ist es wichtig, dass du die Sachen übst. Weißt du was, du machst das jetzt richtig und ich helfe dir dabei. Wir können es ja ganz sauber mit dem Lineal durchstreichen oder etwas drüber kleben. Ich gebe Dir gerne ein Blatt. Oder wir lassen es stehen und schreiben die nächsten Aufgaben drunter.
Jana: *nimmt ihren Stift und kritzelt alles durch.* So, jetzt haben Sie's.
Betr: Das wollte ich nicht, dass du alles durchkritzelst.
Jana: *klebt ein Blatt drüber und fängt von vorne an, unmögliche Zahlenreihen aufzuschreiben.*

Den Fokus ihrer Aufmerksamkeit richtet die Betreuerin auf die Ergebnisse der Rechnungen, die sie als inakzeptabel und falsch bewertet und mit der Forderung verknüpft, ein anderes, nämlich ein „korrektes Rechenergebnis" zu liefern. In der Beschreibung der Situation ist dokumentiert, dass Jana in ihrem Heft – entsprechend dem ersten Teil der Aufgabenstellung – Aufgaben konstruiert hat.

Offensichtlich gibt es eine zentrale Wertung, durch welche die Äußerungen der Betreuerin organisiert werden: Die Ergebnisse sind nicht korrekt, die Zahlen „einfach" – ohne zu rechnen – aufgeschrieben. Diese Wertung und Defizitfeststellung ist dominant, so dass es z. B. nur eine abwertende Bezugnahme auf die Lösung des ersten Teils der Aufgabe gibt und zunächst auch keine Kontaktaufnahme mit der Schülerin jenseits dieses Fokus.

Die Betreuerin setzt sich offensichtlich engagiert und gründlich für ihre Aufgabe ein, die sie im Rahmen der schulischen Ordnung verortet (Verweis auf die Amtsautorität der Lehrerin). Auch als Hausaufgabenbetreuerin identifiziert sie sich mit dem institutionellen Rahmen „Schule“, sieht ihre Rolle innerhalb schulischer Ordnung und betrachtet sich als zuständig für die Durchsetzung von Regeln (Hausaufgaben sind zu erledigen und bei Schwierigkeiten hilft die Betreuung). Sie sieht wesentliche Verantwortung bei sich dafür, dass Hausaufgaben „richtig“ erledigt werden. An mehreren Stellen kommuniziert sie explizit ihre eigenen Erwartungen und Normen (z. B. „Ich lasse dich nicht einfach Zahlen aufschreiben. Das war nicht die Aufgabe.“) und macht damit ihre eigenen Absichten transparent.

Doch durch die – für Lisa offensichtlich selbstverständliche – Identifikation mit der Bewertung „richtig-falsch“ und dem Ergebnisfokus werden andere Deutungs- und Handlungsoptionen ausgeschlossen: z. B. eine genauere Rekonstruktion der Situation aus der Perspektive der Schülerin oder ein Abwägen ihres Ziels mit möglichen anderen (Lehr-)Zielen (Motivation, Rechenwege explizieren und metakognitive Fähigkeiten fördern u. a.). Den durch die Schülerin geäußerten Wert „Heftordnung“ ignoriert Lisa zunächst und wertet ihn später ab gegenüber dem Wert „richtige Ergebnisse“ – möglicherweise deutet sie diese Schüleräußerung als Ausweichstrategie.

In einer nachträglichen Reflexion könnten mit ihr die implizit vorausgesetzten Hintergrundannahmen für ihren Ergebnis- und Defizitfokus rekonstruiert werden. Dabei könnten zu den automatisierten Schlussfolgerungen, die Lisa für ihre eigene Handlungsmöglichkeiten zieht, Alternativen überlegt werden. Die Distanznahme von der zentralen Bewertung („falsche Lösung“, „schlechte Arbeitshaltung“) könnte es dann ermöglichen, aus beobachtbaren Aspekten der Situation – auf dem Hintergrund von fachdidaktischen, kommunikativem und institutionsbezogenem Wissen – neue Bedeutungen und Handlungspotentiale zu generieren.

1. Als Lisa ablässt von ihrem Fokus und eine Frage an die Schülerin stellt („was sagt denn deine Lehrerin …“), scheinen in der Antwort der Schülerin wichtige Informationen durch: „Das ist ihr egal. Hauptsache, ich hab's gemacht.“ Aus der Perspektive der Schülerin gibt es – angesichts einer offensichtlich fehlenden Hausaufgabenkontrolle – wenig Anreiz, sich den für sie mühsamen Rechenaufgaben zu stellen. Aus fachdidaktischer Sicht liegt bei den notwendigerweise uneinheitlichen Ergebnissen dieser Aufgabenstellung in der Ergebniskontrolle für die Lehrerin eine erhebliche reale Schwierigkeit. Es könnte sein, dass sie deshalb stellvertretend die Heftführung als Leistungskriterium kommuniziert. Vermutlich überblickt die Lehrerin nicht die demotivierende Wirkung weder der fehlenden Erfolgserlebnisse (Hausaufgabenkontrolle) noch der hohen Schwierigkeit, lösbare Aufgaben zu konstruieren. Lisa selbst wird die Tragweite und das Potential der Schülerantwort in der Situation nicht bewusst. Sie bleibt in

ihrer Rahmung befangen, und so ist ihr die Einschätzung versperrt, dass die Aufgabenstellung der Lehrerin problematisch sein könnte. Stattdessen kehrt sie zu den anfänglichen Wertungen („falsches Ergebnis", „schlechte Arbeitshaltung von Jana") zurück. Insbesondere wenn man auf dem Hintergrund von fachdidaktischem Wissen den hohen Schwierigkeitsgrad der Aufgabe in Rechnung stellt, ergeben sich Handlungsmöglichkeiten, um die Schülerin zu unterstützen: z. B. Entlastung vom Anspruch, dass die Schülerin alle ihre Aufgaben rechnen können müsste, Überschlagsmethoden zur Selbstkorrektur von Ergebnissen sowie Hilfen für die Konstruktion von lösbaren Aufgaben.

2. Hausaufgabenbetreuung hat andere institutionelle Bedingungen als Unterricht: welche Freiräume können wie und für welche Werte und Ziele genutzt werden? Hierzu könnte mit Helspers Überlegungen zu Antinomien im Lehrerhandeln (u. a. die Antinomie von Nähe-Distanz, von Interaktion- und Organisation sowie die Macht- und Subsumtionsantinomie; vgl. Helsper 2004) ihr Schwerpunkt auf dem lehrerrollenförmigen Bewerten bewusst und andere Zielsetzungen für die Situation entworfen werden (z. B. eine Balance zwischen gründlicher, korrekter Aufgabenerfüllung und Spaß beim Arbeiten oder der Bereitschaft, Fehler und Schwierigkeiten zu erforschen.

Dies sind potentielle Bewegungen, von denen in der *nachträglichen* Reflexion mit Lisa diejenigen Bedeutung haben, mit denen sie weiterdenken und ihre Handlungsmöglichkeiten erweitern kann.

Doch es gibt auch *in* der Situation Hinweise darauf, dass Lisa irritiert wird in ihren für sie selbstverständlichen Denk- und Handlungsroutinen. Solange die Wertung (ergebnisorientierte Defizitfeststellung) wie selbstverständlich greift, tendiert das Beobachten dazu, über Details und Potentiale der Situation als nicht erwähnungswürdig hinwegzugehen. Aber im Fortgang der Szene scheint das wiederholte Schweigen der Schülerin – als Reaktion auf viele ihrer Interventionen – eine Irritation zu bewirken. Offensichtlich bewertet Lisa es ab einem bestimmten Zeitpunkt als krisenhaftes Signal, dass ihre Kommunikationsbemühungen scheitern und es so kein Weiterkommen gibt. Hinweise darauf, dass sie dieses Schweigen negativ z. B. als „Renitenz" bewertet (wie zahlreiche Kommiliton/innen es im Seminar meinten) gibt es nicht. In gewisser Weise kann man ihre Reaktion so deuten, dass sie den „back talk" der Situation partiell bzw. diffus zur Kenntnis nimmt. Jedenfalls formuliert sie nicht weitere Forderungen und Urteile, sondern stellt eine Frage nach der Perspektive der Schülerin: sie erkundigt sich bei Jana nach deren Befinden im Mathematikunterricht. Allerdings tut sie dies mit geschlossenen Fragen (d. h. eng geführt ohne Eröffnung eines Raumes für die Schülerin) und unter Beibehaltung des Defizitfokus: Jana wird in der Frage als „schlechte Schülerin", die „Probleme in

Mathe hat" konstruiert. Anschließend formuliert sie erneute Aufforderungen verbunden mit einem Angebot der Kooperation und unter Aufnahme des geäußerten Anliegens der Schülerin, ihr Heft ordentlich zu halten. Die Reaktion der Schülerin, die das Geschriebene „durchkritzelt" und weiter „unmögliche Zahlenreihen" schreibt, zeigt, dass sie in puncto „Heftordnung" ihre Argumentation aufgibt und der Betreuerin dafür „Schuld" zuspricht. Zugleich scheint sie an ihrer bisherigen Strategie festzuhalten, Aufgaben ohne Aufwand zu „bearbeiten". Dieses Verhalten der Schülerin deutet Lisa offensichtlich als „Widerstand", dem gegenüber sie ratlos wird.

Eine Reflexion der Szene könnte auch, die (von Lisa als Einstieg geäußerte) Irritation hinsichtlich eines möglichen Scheiterns der Kommunikation zum Ausgangspunkt nehmen, die vermutlich Anlass für den Wechsel in ihrer Verhaltensstrategie ist. Wie deutet sie das Schweigen der Schülerin, bevor sie ihr die Frage (ob ihr Mathe zu schwer sei) stellt? Welche Beobachtungen und Einschätzungen bzw. welche Absichten und Schlussfolgerungen veranlassen sie, diese Frage zu stellen? Offensichtlich deutet sich hier eine Modifikation des Fokus an: weg von der zunächst scheinbar selbstverständlichen Annahme, aus der automatisch einsetzenden Wertung „falsche Ergebnisse" seien direkt eindeutige Forderungen an die beiden Beteiligten abzuleiten. Wenn Beobachtungen und Deutungen, die das veränderte Verhalten begleiten, expliziert werden, könnte das zu einer bewussten Verschiebung der Rahmung führen – hin zu einer Haltung, welche von „Nichtwissen" ausgeht und ein „Erforschen" der Schülerperspektive beabsichtigt. Das könnte eine Würdigung von Janas Arbeit am ersten Teil der Aufgabe und offene erkundende Fragen zu Denkweise und Befindlichkeit der Schülerin ermöglichen sowohl in Hinsicht auf ihr mathematisches Vorgehen als auch bzgl. ihrer Wünsche und Bedürfnisse im Setting „Hausaufgabenbetreuung".

Im letzten Teil der Fallanalyse wurden – ergänzend zu den am Beginn der genannten – zwei weitere Fragenkomplexe einbezogen:

4. Irritationen: Wie wird über Fehler, Inkohärenzen, Misserfolg, Schwierigkeiten gesprochen? Inwiefern gibt es eine Aufmerksamkeit für Unerwartetes, für Gefühle von Angst, Aufregung, Enttäuschung, Bestürzung? Wie agiert die Lehrperson in der unerwarteten Situation und welche Effekte hat dieses Handeln auf die weiteren Ereignisse? Was wird als Überraschung, Irritation und Krise gedeutet? Welche selbstverständlichen Annahmen werden damit fragwürdig? Welche Auswirkungen hat das auf Wertungsprozesse und welcher Bedarf an weiteren Beobachtungen entsteht?
5. Perspektiven: Welche Bedeutungen könnten generiert werden durch eine Aufmerksamkeit für den „backtalk" der Situation auf erfolgtes Handeln? Welche Po-

tentiale können in der Situation durch andere Rahmungen entdeckt werden? Welche Perspektiven für alternatives oder experimentelles Handeln sind vorstellbar?

Diese beiden Aspekte basieren auf den folgenden theoretischen Überlegungen.

7.3 Wahrnehmung von emergierenden Effekte des eigenen Handelns

Die Arbeit an der Wahrnehmung[3] ist nicht nur unverzichtbare Voraussetzung für jedes reflektierte Beobachten und für wissenschaftliche Forschung, sondern auch die Grundlage dafür, eigene Werte und Absichten wirksam zu realisieren. Ersteres umfasst ein Distanznehmen von Deutungen und Wertungen, ein In-der-Schwebe-Halten von scheinbar selbstverständlichen Metaphern, Bewertungen, Hintergrundannahmen. Wenn die Beobachter/in die Dualität von richtig-falsch, gut-schlecht hinter sich lässt, kann sie durch eine eher schweifende Wahrnehmung einen Möglichkeitssinn für Situationen ausbilden. Es würde also einerseits darum gehen, auf (vorschnelle) Wertungen zu verzichten, die automatisierten Deutungsgewohnheiten anzuhalten, eigene Urteile in der Schwebe zu halten, die Wahrnehmung für einzelne (pädagogische) Situationen und individuelle Prozesse zu sensibilisieren und eine Vielzahl von möglichen Perspektiven zu erforschen. Andererseits kann eine genauere Untersuchung der Wertungen als seiender Kraft in der Situation eine starke Ressource für Lernprozesse freisetzen. In dem Sinn sind Wertungen unverzichtba-

[3] „Wahrnehmung“ gebrauche ich als den weiteren Terminus gegenüber dem Begriff „Beobachtung“, welcher sich in der pragmatistischen Tradition stärker auf Dinge als auf Zeichen bezieht. Beobachten ist eng an einen kategorialen Zugriff bis hin zur Subsumtion unter vorgängige Hypothesen gebunden. „Wahrnehmung“ meint demgegenüber eine rezeptive, nicht fokussierende, eher schweifende Aufmerksamkeit für eine Situation als Ganzes. Diese umfasst das Unbekannte in konkreten Situationen und wird damit auch Quelle von ästhetischem Erfahren (vgl. dazu ausführlicher Lehmann-Rommel 2005). Gemäß dieser Unterscheidung gibt es auch zwei Arten, wie die Tyrannei der Identifizierung mit eigenen Rahmungen und automatisierten Bedeutungszuschreibungen unterbrochen werden kann: eine Ausdifferenzierung der Beobachtung umfasst Metakognitionen, ein Beobachten zweiter Ordnung und das Untersuchen von Rahmungen. Eine Erweiterung der Wahrnehmung bedeutet eher eine Unterbrechung im Strom des Denkens – in dem Sinn, dass ein Gewahrwerden des inneren Monologs zu Freiheit vom automatisierten Kommentieren, zu erhöhter Präsenz, Stille und erweiterter Gegenwartserfahrung führt, wie es u. a. in Praktiken fernöstlicher Philosophien und in Kunsttheorien beschrieben wird. Beides kann – wie Dewey und Weick in ihren Ausführungen zu Intuition und Improvisation zeigen – durchaus miteinander verbunden werden.

rer Ausgangspunkt für wesentliche Entwicklungsprozesse der eigenen Rahmungen und Handlungsmöglichkeiten.

Unterschiedliche theoretische Entwürfe zum Thema der Blindheit und Produktivität von Rahmungen sehen einen wesentlichen Ansatzpunkt in einer gewissen Rezeptivität und achtsamen Aufmerksamkeit[4], die einen „Dialog" mit der jeweiligen Situation ermöglichen und ein Suspendieren von Wertungen und Deutungen voraussetzen. Insbesondere hat der Organisationstheoretiker Weick den Aspekt „Umgang mit Unerwartetem in Organisationen" zu einem Kernthema seiner Forschung gemacht.

> Die Macht einer achtsamen Orientierung besteht darin, daß sie die Aufmerksamkeit vom Erwarteten auf das Irrelevante umlenkt, von den bestätigenden Hinweisen auf die Gegenbeweise, vom Angenehmen auf das Unangenehme, vom Sicheren zum Ungewissen, vom Expliziten zum Impliziten, vom Faktischen zum Wahrscheinlichen und vom Übereinstimmenden zum Widersprüchlichen. Achtsamkeit und Aktualisierung wirken den vielen toten Winkeln entgegen, die sich in der Wahrnehmung entwickeln, wenn Menschen zu sehr auf ihre Erwartungen vertrauen. In eben diesen toten Winkeln verbergen sich die frühen Stadien späterer Störungen (Weick und Sutcliffe 2003, S. 57 f.).

Schön und Reins Vorschlag zur Ausbildung einer „Design Rationalität" zielt – ganz ähnlich – auf diese enge „Konversation zwischen dem Subjekt und seinen Materialien" (Schön und Rein 1994, S. 72 f.), in der überraschende Effekte betrachtet und aufgegriffen werden als Gelegenheiten, Zugang zur Komplexität der Situation zu gewinnen. „As the process goes on, the designer sees what he has made, listens (more or less) to back talk from the materials, and thereby constructs new opportunities or problems" (Schön und Rein 1994, S. 167). Es entsteht eine begleitende Aufmerksamkeit für die jeweils emergierenden Wirkungen des aktiven eigenen Tuns. „The designer seeks to grasp the meanings of his moves, and of others' responses to his moves, and to embody his interpretations in the invention of further moves" (Schön und Rein 1994, S. 172). Intuitiv verändertes Handeln als Ausgangspunkt zu nehmen, um dann die Wirkungen und veränderte Reaktionen der Umgebungen zu beobachten und daraus Bedeutungen zu generieren, ist auch nach Weick ein häufig weit effektiveres, angepassteres Vorgehen angesichts notwendiger Veränderungen als ausführliche Voraus-Planungen in Handeln „umzusetzen". Designer – so Schön – sind fähig, neue Intentionen und Werte auf der Basis ihrer Entdeckungen der sich entwickelnden *design*-Situation, in die sie engagiert sind, zu bilden.

---

[4] Schön nennt diese auch „double vision" und bestimmt diese als „the capacity to keep alive, in the midst of action, a multiplicity of views of the situation" (Schön 1983, S. 281) oder „a redirection of attention to the system of knowing-in practice and to reflexion-in-action itself" (Schön 1983, S. 282).

Zweitens erfolgt dieses *designing* aus verschiedenen Perspektiven, die miteinander kommunizieren. Das *designing system* (Person oder Institution) stellt sein Objekt in eine größere Umgebung, in der andere Handelnde darauf antworten und neue Bedeutungen generieren. Und auf einer dritten Ebene erweitert sich dann die „*design* Rationalität" zu situierter Rahmenreflexion (situated frame reflection), welche *frame differences* und *frame conflicts* in den Blick nimmt. „Co-design depends upon the ability of at least some of the actors to inquire into the intentions and meanings of other actors involved with them in controversy" (Schön und Rein 1994, S. 171). Im Fall von Lisa kann das wohlwollende Einnehmen von Janas Perspektive zu einem Verständnis der fachdidaktischen Schwierigkeit führen.

7.4 Überraschungen – Krisen

Insbesondere Menschen, deren Aktivitäten durch Zielvorgaben geleitet werden, sind automatisch darin geübt, beim Beobachten von Situationen zu messen und zu bewerten – wobei sie am liebsten das bewerten, was sie kennen. Störungen ihrer Routinen im Zielverfolgen werden häufig dadurch abgewehrt, dass diese als irrelevant erklärt werden. „People see those events they feel they can handle. And we don't see what we can't handle" (Weick 2001, S. 178). Die Wahrnehmung des Unerwarteten ist – so Weick – etwas Flüchtiges. Diffuse Gefühle von Angst, Aufregung, Unruhe, Enttäuschung, Bestürzung sind damit verbunden, ohne dass man genau sagen kann, um was es geht. In solchen Momenten, in denen die automatisierten wertenden, ordnenden Zugriffsweisen auf Situationen nicht greifen, gibt es *kurze* Chancen, z. B. Hinweise auf fehlerhafte oder ungünstige Prozesse zu registrieren und sie als Anlass für eine Irritation der Rahmung zu nutzen.

> Es ist einer jener kostbaren Momente, in denen wir unser Wissen erheblich erweitern können. Wenn Sie zu lange warten, wird das Normalisieren die Oberhand gewinnen, und Sie werden überzeugt sein, daß es nichts zu lernen gibt. Die meisten Gelegenheiten zum Lernen kommen in Gestalt kurzer Augenblicke. Und einer der besten Momente zum Lernen, der Überraschungsmoment, ist gleichzeitig einer der kürzesten (Weick und Sutcliffe 2003, S. 54).

Achtsamkeit für Situationen erfordert nach Weick das Zusammenspiel verschiedener Momente: einerseits werden Erwartungen überprüft und überarbeitet – mit der Bereitschaft, neue Erwartungen und Intentionen zu entwickeln, durch die bisher nicht dagewesene Ereignisse verstehbar werden. Andererseits werden der situative Kontext und die in ihm enthaltenen Möglichkeiten zur Problembewältigung nuanciert gewürdigt und neue Kontextdimensionen ausgelotet (vgl. Weick 2001, S. 56). Das Gegenteil sind sowohl Gedankenlosigkeit – wenn es keinen Blick für das Spezifische der Situation gibt und wir dazu neigen, Bestätigung für bestehende Routinen zu suchen –, als auch distanzloser Eifer des Planens und Zielverfolgens, welches situationsadäquates Handeln enorm erschwert.

Dieser „Kampf um Wachsamkeit“ ist ein Kampf gegen die Versuchung, ungewöhnliche Ereignisse zu normalisieren, nach Bestätigung zu suchen anstelle von Widerspruch, das für unwichtig zu halten, was man nicht kennt, und anzunehmen, man würde alles schon einmal erfahren haben (vgl. Weick 2001, S. 358). Insofern ist die Haltung zum eigenen Wissen ein entscheidender Faktor im Blick auf Situationen.

> But people often judge what they don't know to be unimportant, absurd, irrelevant, of little use, or lacking in credibility. Judgments of importance tend to be negatively correlated with judgment of ignorance. [...] The combination of tenacious older “truths” and the tendency to assimilate the novel into one's existing stock of knowledge often results in the belief that what one knows is what is true (Weick 2001, S. 368).

Lehrer/innen oder Lehramtsstudierende können einen Zugang zu mehr Komplexität in schulischen Situationen gewinnen, wenn sie einerseits die Vorannahmen und Kategorien sehen lernen, mit denen sie Ereignisse als selbig oder different beurteilen, und die Fähigkeit schärfen, von eigenen Erwartungen, Zielen und Deutungen zurückzutreten. „We also need to be more stingy in our use of *same* and more generous in our use of *different*.“ (Weick 2001, S. 368). Andererseits geht es darum, Überraschungsmomente auszudehnen, neue Handlungsstrategien auszuprobieren und systematisch Bedeutung aus nachträglichen Beobachtungen zu generieren („a willingness to use one's own life as data, and a search for those outcroppings and ideas that fascinate“ Weick 2001, S. 191). Dazu gehört nach Weick wesentlich die Fähigkeit, „to appreciate the aesthetics of imperfection“ (Weick 2001, S. 64) – eine Lektion, die man nach Weick beispielhaft von Jazz-Improvisationen lernen kann.

7.5 Schlussüberlegung

Für den Professionalisierungsprozess von Lehrer/innen scheint es mir aus unterschiedlichen Gründen sinnvoll zu sein, offene und versteckte Wertungen beim Beobachten zum Ausgangspunkt für nachträgliches Reflektieren zu nehmen. In ihnen verbergen sich Interessen, Zielsetzungen und Identifizierungen (mit Erwartungen und Unterscheidungen) der Beobachtenden – und damit ein Kern ihrer Energie und Motivation. Im ersten Teil wurde dargestellt, dass es zentrales Merkmal von Wertungen und Erwartungen ist, dass sie weitgehend für selbstverständlich, „nicht der Rede wert“ gehalten werden. Daher bieten Irritationen durch deren Enttäuschung und intuitiv veränderte Handlungsstrategien wertvolle Ressourcen für ein *reframing*.

Die wirksamen Überzeugungen bewusst zu machen, ist die Basis, um den Blick für Situationen auszudifferenzieren, weitergehende Reflexionen und Handlungsoptionen zu entwerfen und die Bezugnahme auf Potentiale von Situationen zu erweitern. Zudem bilden Krisenerfahrungen immer die Möglichkeit, direkt in der Situation selbst Neurahmungen vorzunehmen.

Das Reflektieren von Rahmungen ist – nach Schön und Rein – keineswegs der einzige Königsweg, um Prozesse des Neurahmens in Gang zu setzen. Beides ist nur „lose gekoppelt" (vgl. Schön und Rein 1994, S. 37 ff.). Reflexion muss nicht immer zu *reframing* führen und *reframing* kommt oft nicht als Konsequenz von *frame reflection* zustande, sondern kann auch als Nebenprodukt von Handlungen entstehen, die für andere Zwecke unternommen werden. So zum Beispiel Lisas Wechsel zu Fragen nach der Schülerbefindlichkeit oder die folgende Erfahrung der Lernbegleiterin Susanne: auch sie bewertet ein Schülerverhalten als „ungünstig" sieht im Kontext der mit der Wertung verbundenen Rahmung direkten Handlungsbedarf für sich.

> Jakob und Jeremias wechselten gemeinsam mehrmals zwischen zwei Stationen und äußerten ihren Unmut in lautem Reden und Lachen. *„Eh man, was soll man denn da machen?"* oder *„Das versteht ja niemand!"* Ich überlegte mir schon einzugreifen, die beiden voneinander zu trennen und zu ermahnen, da ich befürchtete, dass sie sich gegenseitig anstacheln und hochschaukeln.

Doch das korrigierende Eingreifen kommt nicht zustande, weil sie abgelenkt wird durch andere Schülerinnen, die ihre Hilfe einfordern. Ihre Aufmerksamkeit bleibt jedoch auf die sich entwickelnde, von ihr als „problematisch" eingeschätzte Situation gerichtet. Dabei entsteht ein Raum, in welchem sich Unerwartetes ereignet:

> Während ich Sonja half, beobachtete ich Jeremias und Jakob weiter. Dabei war interessant zu beobachten, dass sich Jakob von Jeremias abgewandt hat, begonnen hat ein Arbeitsblatt zu bearbeiten und sich nicht mehr ablenken ließ. Als Jeremias das bemerkte, ist er etwas eingeschnappt zu einer anderen freien Station gegangen. Da ihm aber nicht klar war, was er dort tun sollte, machte er immer wieder mit lauten Aussagen auf sich aufmerksam, bat jedoch niemanden um Hilfe.

Die veränderten Ergebnisse können wiederum für eine Reflexion der eigenen Rahmung genutzt werden. In ihrem Bericht kommentiert die Studentin nachträglich:

> Ich finde die Sequenz zwischen Jakob und Jeremias deshalb so interessant, da sie es nun zum ersten Mal geschafft haben, sich aus der Situation, in der sie sich gegenseitig anstacheln, zu „befreien". Schon oft habe ich zu Jakob, der sich darüber beschwert hat, dass Jeremias ihn nicht in Ruhe lässt, gesagt, er solle ihn doch einfach ignorieren

und nicht mehr auf ihn reagieren, dann würde es für Jeremias uninteressant werden. Doch immer hat er gesagt, dass er das nicht könne. Doch in dieser Situation hat er genau das gemacht. [...] Diese Situation hat mir gezeigt, dass ich mich nicht für alles verantwortlich fühlen muss. Das heißt ja nicht, dass ich mich ganz abwende, ich habe die Situation beobachtet, aber nicht eingegriffen, ich war präsent, ohne mich selbst als Adressaten des Verhaltens der beiden Jungs zu sehen.

Am Ende schlussfolgert die Studentin, dass Ihr Nicht-Reagieren – in Kombination mit weiterem Beobachten der Situation – eine hilfreiche Rolle gespielt hat für die Prozesse zwischen den Jungen, indem Raum für neue Schülerhandlungen entstand. Sie sieht darin eine neue Handlungsoption und ein Potential für weiteres Beobachten und Experimentieren mit dem Innehalten in der Lehrerrolle.

Offensichtlich reicht es manchmal, das eigene Reagieren zu verzögern und Wirkungen von unerwarteter Tätigkeit zu beobachten, um Lernpotentiale und Gelegenheiten für neue Rahmungen zu schaffen. Vielleicht ist dieses Zutrauen in Situationen und die Bereitschaft, jenseits vertrauter (Bewertungs-)Routinen handelnd zu experimentieren, eine ebenso wichtige Ressource für die Erneuerung von Wertungen und die Erweiterung von Handlungspotentialen wie komplexe nachträgliche Reflexionsprozesse. Das Entscheidende ist in jedem Fall, emergierende Prozesse im Anschluss ans eigene Tun aufmerksam zu beobachten und daraus vielfältigen Sinn – jenseits der Macht des Selbstverständlichen – zu generieren.

Literaturverzeichnis

Dewey, J. (2004). Theorie der Wertschätzung (Theory of valuation). In J. Dewey (Hrsg.), *Erfahrung, Erkenntnis und Wert* (S. 293–361). Frankfurt: Suhrkamp.

Gil, T. (2001). *Bewertungen*. Berlin: Berliner Wissenschafts-Verlag.

Helsper, W. (2004). Antinomien, Widersprüche, Paradoxien: Lehrerarbeit – ein unmögliches Geschäft? Eine strukturtheoretisch-rekonstruktive Perspektive auf das Lehrerhandeln. In B. Koch-Priewe, F. U. Kolbe, & J. Wildt (Hrsg.), *Grundlagenforschung und mikrodidaktische Reformansätze zur Lehrerbildung* (S. 49–98). Bad Heilbrunn: Verlag Julius Klinkhardt.

Lakoff, G., & Johnson, M. (1999). *Philosophy in the flesh: the embodied mind and its challenge to Western thought*. New York: Basic Books.

Lehmann-Rommel, R. (2005). Tätigsein und Wirksamkeit in Deweys Ästhetik. In D. Tröhler, & J. Oelkers (Hrsg.), *Pragmatismus und Pädagogik*. Studien zu historischen Pädagogik und Sozialpädagogik. Bd. 3 (S. 69–86). Zürich: Pestalozzianum Verlag.

Lenk, H. (1994). *Von Deutungen zu Wertungen. Eine Einführung in aktuelles Philosophieren*. Frankfurt: Suhrkamp.

Perry, R. B. (1968). *Realms of Value. A Critique of Human Cicilization*. New York: Greenwood Press.

Schön, D. A. (1983). *The reflective practitioner: How professionals think in action*. New York: Basic Book.

Schön, D. A., & Rein, M. (1994). *Frame Reflection. Toward the Resolution of Intractable Policy Controversies*. New York: Basic Books.

Weick, K. E., & Sutcliffe, K. M. (2003). *Das Unerwartete managen. Wie Unternehmen aus Extremsituationen lernen*. Stuttgart: Klett Cotta. Managing the Unexpected. San Francisco 2001.

Weick, K. E. (2001). *Making Sense of the Organization*: Blackwell Publishers Ltd, Oxford und Malden Mass.

Mit der Videokamera beobachten
Möglichkeiten qualitativer Unterrichtsforschung

8

Sabine Reh

▸ **Sabine Reh** skizziert Vorgehensweisen bei der Erhebung von Videographien, deren Auswertung und damit auch Potentiale und Probleme unterschiedlicher Einsatzweisen der Videographie in der qualitativen Unterrichtsforschung. Das geschieht, indem ausgehend von der grundsätzlichen Frage nach Interessen und Zielen der letzteren zwischen drei verschiedenen Formen des Einsatzes der Videokamera unterschieden wird. Gezeigt werden kann, welche methodischen Schwierigkeiten der Erhebung und der Auswertung des Datenmaterials, das in der Videobeobachtung entstanden ist, auftauchen und wie diese überwunden werden können. Dabei kann deutlich werden, wie mit Hilfe von Videodaten Erkenntnisse über die Qualität des Unterrichts – verstanden als Beschreibung von Merkmalen des jeweiligen unterrichtlichen Geschehens – gewonnen und davon ausgehend Fragen nach der Konstitution des Pädagogischen gestellt werden können.

Unterrichtsbeobachtungen finden nicht nur beiläufig statt, werden nicht nur von den Beteiligten im Unterricht, sondern von solchen Menschen vorgenommen, die sich in eine besondere Position, die eines expliziten Beobachters, begeben. Dabei können sie wiederum aus unterschiedlichen Gründen und mit verschiedenen Zwecken beobachten: Um, etwa als Mitglied der Schulleitung oder der Schulverwaltung, den Unterricht einer Lehrerin oder eines Lehrers zu evaluieren und zu beurteilen oder um als Wissenschaftlerin zu erheben und zu analysieren, was im Unterricht

Prof. Dr. Sabine Reh ✉
Leiterin der Bibliothek für Bildungsgeschichtliche Forschung (BBF), Berlin, und Philosophische Fakultät IV, Institut für Erziehungswissenschaften, Humboldt-Universität zu Berlin, Berlin, Deutschland
e-mail: sabine.reh@dipf.de

H. de Boer und S. Reh (Hrsg.), *Beobachtung in der Schule – Beobachten lernen*, DOI 10.1007/978-3-531-18938-3_8,

geschieht. Unterrichtsbeobachtungen werden vor allem – aber nicht nur hier (vgl. Pauli in diesem Band) – in der sogenannten qualitativen Unterrichtsforschung inzwischen häufig unterstützt von der Videokamera.

Im Folgenden soll dargestellt werden, in welcher Weise die Kamera Unterrichtsbeobachtungen unterstützt und wie mit ihr dabei umgegangen werden kann. Dafür soll zunächst, im ersten Schritt, skizziert werden, was die qualitative Unterrichtsforschung tut, was sie kennzeichnet und im zweiten Schritt, welche unterschiedlichen Arten des Videoeinsatzes dabei genutzt werden. Systematisch wird dann im dritten Schritt diskutiert, was sich an der Beobachtung ändert, wenn man sie unterstützt oder begleitet mit einer Videokamera vornimmt, sie entsprechend technisch aufzeichnet und methodisch kontrolliert interpretiert.

8.1 Gegenstände und Perspektiven qualitativer Unterrichtsforschung

Um welche Gegenstände und Fragen geht es in der qualitativen, der interpretativen oder rekonstruktiven Unterrichtsforschung[1] ? Diese Forschungsrichtung nimmt – ganz generell betrachtet – für sich in Anspruch, Sinn und Bedeutungsstrukturen eines Geschehens zu erfassen. Unterstellt wird zumeist, dass sich Sinn entwickelt, indem auf einen Akt, z. B. eine Äußerung, einen Sprechakt oder eine körperliche Aktion, eine Reaktion erfolgt, die wiederum immer eine Selektion aus unterschiedlichen möglichen Reaktionen darstellt und genau darin, als spezifische Selektion, ihren Sinn entfaltet. Unterricht wird in diesem Forschungsparadigma als sinnhaftes, aktuelles Geschehen beobachtet und aufgezeichnet[2]. Wir können prinzipiell vier große Gegenstandsbereiche unterscheiden. Entweder geht es:

a) um Beschreibung, Rekonstruktion und Analyse von Prozessen der Ko-Konstruktion, der Generierung von Sinn- und Bedeutungsstrukturen unter mehreren Beteiligten als ein auf eine Sache bezogenes Unterrichtsgeschehens;
b) um die Beschreibung, Rekonstruktion und Analyse pädagogischen und didaktischen Handelns bzw. entsprechender Praktiken der Lehrer/innen,
c) um Beschreibung, Rekonstruktion und Analyse des Aufbaus von sich ändernden Sinn- und Bedeutungsstrukturen auf der Seite eines Subjekts, um die Iden-

[1] Je nach theoretischer und methodologischer Herkunft sind die Bezeichnungen unterschiedlich, vgl. Naujok et al. (2004, S. 766).
[2] Vgl. zum Verständnis von Unterricht in verschiedenen Forschungsrichtungen Schelle et al. (2010, S. 25 ff.).

tifizierung von Lern- oder Bildungsprozessen einzelner Schüler/innen, wie sie sich im Unterricht selbst zeigen oder schließlich

d) um Beschreibung, Rekonstruktion und Analyse von Ordnungen, eines komplexen Gesamtgeschehens, des Zusammenspiels unterschiedlicher Aspekte in verschiedenen Unterrichtsarrangements und der Prozesse, in denen diese Ordnungen hergestellt werden, wie z. B. in einer bestimmten Abfolge von Interaktionen oder Praktiken.

Die qualitative Unterrichtsforschung führt definitionsgemäß keine Tests zu den Lernerfolgen der Schüler/innen durch; sie beansprucht auch nicht, statistisch repräsentative Auskünfte darüber machen zu können, was die im Hinblick auf Lernergebnisse geeignetsten Unterrichts-Verfahren sind. Es ist für sie kein Problem, nicht in die Köpfe der Schüler/innen oder der Lehrer/innen schauen zu können, weil sie sowohl pädagogische Interaktionen wie auch Lernen selbst jeweils als ein soziales Geschehen versteht und beobachtet. Sie kann – sehr konkret am einzelnen Fall – zeigen, was im Unterricht und in welcher Weise etwas im Unterricht geschieht und funktioniert; sie kann in der Folge und im Vergleich Formen und Muster dieses sozialen Geschehens herausarbeiten und daraus empirisch fundierte Theorien über Unterricht und seine Konstitution als ein soziales und pädagogisches Geschehen entwickeln.

Verfahrensweisen und Methoden der qualitativen Unterrichtsforschung etablieren sich erst langsam. Die Debatte um eigene Qualitätsstandards muss – wie in der qualitativen Sozialforschung überhaupt (vgl. z. B. Steinke 2003) – intensiviert werden (Helsper et al. 1998). Diese müssen anders bestimmt werden als in der quantitativen Forschung – nicht allein deshalb, weil in der qualitativen Unterrichtsforschung nicht gerechnet wird. Da verschiedene Rekonstruktions- und Interpretationsverfahren zwar methodisch fundierte Verfahren, aber eben dennoch Kunstlehren sind[3], werden Qualitätsmaßstäbe anders formuliert werden müssen. Zu Qualitätskriterien gehören sicherlich Offenlegung des methodischen Vorgehens, Nachvollziehbarkeit der Rekonstruktionen/Interpretationen, etwa durch exemplarische Dokumentation, Bestimmung der Geltungsreichweite der Aussagen und der Reaktivität der Datenerhebung.

[3] Zunächst wird von Dilthey die Hermeneutik als eine „Kunstlehre" bestimmt; das übernimmt die als sozialwissenschaftliche Methode konzipierte Objektive Hermeneutik in Oevermanns Urteil (Oevermann et al. 1979, S. 391 ff.; vgl. Wernet 2006, S. 49 ff.).

8.2 Typen videogestützter Beobachtungsverfahren in der Unterrichtsforschung

In der qualitativen Schul- und Unterrichtsforschung werden videogestützte Beobachtungsverfahren seit etwa 15 Jahren vermehrt eingesetzt. Im Vergleich zu den etablierten Methoden der sequentiellen Rekonstruktion und Analyse des Sinnaufbaus oder von Bedeutungsgehalten auf der Grundlage von Texten befindet sich die Diskussion um Erhebung und Auswertung von Videodaten – die Videographie ist ein ausgesprochen komplexes Medium – immer noch am Anfang. Methodologische und methodische Fragen sind noch nicht gelöst und praktische Fragen der Erhebung und Auswertung scheinen aufgrund der technischen Entwicklungen auch nicht ein für alle mal geklärt werden zu können. Erst langsam bilden sich Richtungen und Schulen aus (vgl. Knoblauch 2004; Knoblauch et al. 2006; Mohn 2006; Pink 2007; Bohnsack 2009; für die Erziehungswissenschaft Nolda 2007; Rabenstein und Reh 2008; Dinkelaker und Herrle 2009; Herrle et al. 2010; vgl. in der angloamerikanischen Forschung Goldman et al. 2007).

Unterschieden werden können im Folgenden – idealtypisch – drei Arten des methodischen Einsatzes von Videographie in der qualitativen Unterrichtsforschung: (a) als Unterstützung anderer Aufzeichnungsweisen, (b) als technische Protokolle multimodaler Interaktionssituationen und (c) als Kamera-Beobachtungen. All diese Arten führen jeweils ein eigenes Verständnis ihres Untersuchungsgegenstandes Unterricht mit sich, bringen diesen in ihren Daten unterschiedlich mit hervor und dabei gleichzeitig auch das gewählte Erhebungs-Medium in seiner Spezifik unterschiedlich stark zur Geltung.

a) **Es werden in einem Teil der interpretativen Unterrichtsforschung Videodaten zur Vervollständigung von Transkripten verbaler Interaktionen eingesetzt** (vorwiegend in der fachdidaktisch orientierten, vgl. Richter 2000; Jessen 2003; Knauth et al. 2000; Meyer et al. 2007). Der Forschungsgegenstand Unterricht wird als Abfolge verbaler Interaktion konzipiert. In diesen Studien wird die Interaktion zwischen Lehrenden und Schülern mit einer, oft mit zwei stationären Kameras aufgenommen, eine Kamera ist z. B. von der Seite auf den meist vorne stehenden Lehrenden und eine von vorne auf die Gesamtgruppe ausgerichtet. Zumeist sorgt ein Raummikrophon für eine hinlänglich gute Tonqualität der Aufnahme. Das Forschungsinteresse richtet sich auf den inhaltlichen Verlauf des Unterrichtsgesprächs zwischen Schüler/innen und Lehrer/innen. Das empirische Material wird so nach dem Muster der Transkription von Gesprächen verschriftlicht. Die Videoaufnahmen werden genutzt, um die Redebeiträge besser transkribieren und genauer einzelnen Sprechern zuordnen zu können. Besonders auffällige Gestik und Mimik werden zum Teil zwar im Transkript vermerkt, aber nur in seltenen Fällen – zum Beispiel bei der von Krummheuer und Mitarbeitern in der Mathematikdidaktik entwickelten so genannten Partizipations- und Rezeptionsanalyse (vgl. Krummheuer und Naujok 1999; Krummheuer und Fetzer 2005) – in der Interpretation berücksichtigt. In diesen Studien wird (häufig ohne die Besonderheit der Videographie zu berücksichtigen) mikrologisch – also zunächst am Einzelfall – in den Blick genommen und sinnlogisch rekonstruiert, was man auch, wie in den hochinferenten Ratingverfahren „schätzen" kann (vgl. Pauli in diesem Band), z. B. ob eine Interaktion anerkennend/respektvoll ist oder nicht, ob ein Gespräch – erkennbar in den Reaktionen der Schüler/innen – auf wen kognitiv anregend wirkt, ob ein anspruchsvolles Üben vorliegt oder nicht. Gerade hier gehört es offensichtlich dazu, die Geschichten von Interaktionen in einer Klasse zu kennen, um entscheiden zu können, ob es sich bei einem Lob etwa nicht vielleicht doch um Ironie oder Abwertung handelt. Ganz generell kann die qualitative Unterrichtsforschung aufweisen, wie oft und wo der Unterricht im Sinne des Unterrichtsgespräches seine eigenen Ansprüche unterläuft, die inhaltlichen Chancen, die sich im Gespräch durch Schüleräußerungen bieten, nicht aufgreift und wie Schüler selber (vgl. Wenzl 2010) dieses wissen und formulieren, wenn sie, um zu markieren, dass sie nun wirklich einmal eine Frage haben, eine Art Exkurs ankündigen: „Ich hab' mal 'ne Frage".

b) **In verschiedenen Studien dient die Videographie der angemessenen Dokumentation der unterrichtlichen „Interaktion unter Anwesenden" als einer multimodalen Interaktion auf unterschiedlichen Ebenen** (vgl. Luhmann 2002; Kress 2010). Der Forschungsgegenstand Unterricht wird hier als ein komplexes und vor allem multimodales Interaktionssystem konzeptioniert. Der Tatsache, dass Sprechen immer ein körperlicher und gleichzeitig symbolische Bedeutungen produzierender Akt, also immer schon eine nie mit sich selbst identisch sein könnende Verdoppelung ist, wird durch die Beobachtung des sprachbegleitenden Verhaltens Rechnung getragen; damit aber kann nun auch der nur passiv Beteiligte ins Blickfeld rücken (vgl. Nolda 2007). Und rekonstruiert werden kann auch, was begleitend zu dem Geschehen auf der Vorderbühne – dem Unterrichtsgespräch zwischen Lehrer/in und der Gesamtgruppe – entweder zwischen den Teilnehmer/innen geschieht oder was hinter ihrem Rücken in ihre Richtung hin geschieht. Wie z. B. die Körper von Kursleiter und Kursteilnehmer/innen zueinander bzw. im Raum und zu den Gegenständen im Raum positioniert sind, wird anhand von Standbildern analysiert. Das auf diese Weise identifizierte Geschehen auf der Hauptbühne und auf den Nebenbühnen im Unterricht wird in der Rekonstruktion schließlich zueinander in Beziehung gesetzt. In Studien, die so vorgehen, wird zumeist ein sehr aufwendiges Transkriptionsverfahren entwickelt. Ein Beispiel dafür bildet das Verfahren, wie es Dinkelaker und Herrle (2009) bzw. Herrle et al. (2010) skizzieren. Angefertigt werden Protokolle, Verbal- und Gesten-/Mimik-Transkripte, Stills und Stillfolgen, u. U. Skizzen der räumlichen Verhältnisse und Mischformen aus diesen verschiedenen Arten der Transkription. Auch die an Bohnsack sich anlehnenden Verfahren einer dokumentarischen Videointerpretation (z. B. Fritzsche und Wagner-Willi 2011), die etwas anders verfahren als Bohnsack (2009) selbst, u. a. weil sie sich anders als dieser mit der Analyse von für die Forschung von Forschern erstellte Videos befassen, erstellen aufwändig verschiedene Stufen von Transkripten, die dann zumeist die Grundlage für die weiteren Interpretationen bilden.

Insgesamt wird in diesen Verfahren rekonstruiert, wie im sequentiellen Verlauf der Interaktionen im Unterricht und in Simultaneität materiell-körperlicher Konstellationen – dazu zählen: räumliche Verhältnisse, die Artefakte und Materialien im Klassenzimmer sowie die Koordination von Körperbewegungen, Gestik und Mimik der Lehrenden und Lernenden – spezifische Bedeutungen emergieren und Ordnungen entstehen (Wagner-Willi 2004, S. 50 f.; vgl. Fritzsche und Wagner-Willi 2011).

c) **In letzter Zeit findet sich vermehrt ein Einsatz der Videographie im Rahmen ethnographischer Studien.** Die Videographie ist hier als ein Beobachtungsverfahren eingesetzt, mit Hilfe dessen detaillierte und beliebig oft reproduzierbare Aufzeichnungen des sprachlichen und körperlichen Geschehens möglich sind, um es anhand der Videoaufnahmen beschreiben zu können: So ergänzt Georg Breidenstein die Feldnotizen durch „audiovisuelle Beobachtungen" (Breidenstein 2006, S. 32), um Dimensionen des körpersprachlichen Verhaltens, die sich dem „‚bloßem Auge' der teilnehmenden Beobachterin und der Versprachlichung in Beobachtungsprotokollen entziehen" (Breidenstein 2006, S. 32) dokumentieren zu können. Mit Hilfe einer flexibel einsetzbaren Handkamera werden einzelne Szenen im Unterricht aufgezeichnet, der Blick wird fokussiert auf kleine Ausschnitte des Geschehens, wie etwa den Umgang der Schüler/innen mit Materialien oder auf das, was jene tun, wenn sie sich langweilen im Frontalunterricht, wie sie zuhören, sich dabei mit den Nachbarn verständigen, sich berühren etc. Ähnlich wird in den ethnografischen Studien zu Ritualen und Ritualisierungen in Unterricht und Schule verfahren (vgl. z. B. Wagner-Willi 2005, 2004; Wulf et al. 2007, im Überblick Wulf 2007, S. 14).

In diesen Arbeiten gilt das Forschungsinteresse vorrangig den Praktiken der Schüler/innen entweder auf der „Hinterbühne" des Unterrichts (vgl. Breidenstein 2006) oder in den Pausen (vgl. Wagner-Willi 2005), also dem was die Schü-

lerinnen und Schüler jenseits der an sie gestellten „Schulaufgaben" tun. In ethnographischer Tradition geht es um die „beobachtende Entdeckung der Praktiken", die sich nicht „unter" den Phänomenen befinden, sondern deren Oberfläche bilden (Breidenstein 2006).
Vergleichbar bezüglich der Gegenstandskonstruktion, jedoch methodisch etwas anders ausgerichtet, ist die von Elisabeth Mohn und Klaus Amann entwickelte spezifische Form der videogestützten Beobachtung im Sinne einer „fokussierten Kameraethnographie" (vgl. auch Mohn 2006), in der Videoaufnahmen als „Videonotizen" wie Feldnotizen zur immer weiterführenden Bearbeitungen bzw. Interpretationen Anlass geben (vgl. Nolda 2007, S. 481). Bei der Auswertung der Videodaten steht dabei nicht die Versprachlichung des Videofilms im Vordergrund, vielmehr wird mit den Videodaten selbst gearbeitet und das Ergebnis, ein Film, wird als ein „dichtes Zeigen" verstanden (Mohn 2006).

Zusammenfassend lässt sich formulieren: Videodaten bieten im Vergleich zu anderen sozialwissenschaftlichen Daten einige Vorteile. Auf Grund ihrer Komplexität werfen sie aber auch besondere Probleme sowohl in Bezug auf ihre Erhebung wie auch in Bezug auf ihre Auswertung auf:

a) Die aufgezeichneten Daten haben einen hohen Detaillierungsgrad, bieten Möglichkeiten, die Schnelligkeit und Dynamik einzelner Handlungsabläufe und die Simultaneität, d. h. die Figuration einer Situation, aufzuzeichnen. Einzelne Details werden „festgehalten", die auch auf den zweiten Blick – beim Betrachten der Aufnahmen – für den Forschenden neu Interessantes entdecken lassen (vgl. Wagner-Willi 2005, S. 256).
b) Gleichzeitig allerdings werden mit der Videokamera in der Hand möglicherweise aber doch wiederum auch Einzelheiten und Ereignisse nicht wahrgenommen, die dem Beobachter ansonsten, aufmerksam mit allen Sinnen im Feld, aufgefallen wären. Die Situation, sich im Feld mit einer (Hand-)Kamera zu bewegen und Videoaufnahmen zu machen, erfordert eine spezifische und sehr gerichtete, also fokussierte Aufmerksamkeit: Man schaut konzentriert auf das Display und sieht immer schon ein gerahmtes Geschehen, eben Videoaufzeichnungen.
c) Die Videografie – und in der technischen Medialisierung, in der Technisierung des Wahrnehmungsvorganges wird dieses verdeckt – ist zudem eine Aufnahme aus bestimmter Perspektive, deren Selektivität es zu reflektieren gilt und die keine unabhängig von der Perspektive der Forschenden bestehende „objektive" soziale Wirklichkeit oder eine wie auch immer geartete Totalität des Geschehens erfasst. Keinesfalls kann man voraussetzungslos und unproblematisch von au-

thentischem und „ganzheitlichem" Datenmaterial sprechen (Pauli und Reusser 2006, S. 787; vgl. kritisch Huhn et al. 2000; Wagner-Willi 2005).

d) Die technische Aufzeichnung und deren Reproduzierbarkeit (vgl. z. B. Schnettler und Raab 2008; Dinkelaker und Herrle 2009, S. 15 f.), etwa auch die Verlangsamung des Abspielens, erlauben einen sehr unterschiedlichen und auch vielfältigen Umgang mit dem Material, das heißt unterschiedliche Formen der Datenauswertung, die immer wieder die Rekonstruktionen – unter der Fragestellung, in welcher Abfolge sich ein Geschehen entwickelt – zu präzisieren erlauben, und auch unterschiedliche Möglichkeiten der Darstellung von Ergebnissen eröffnen.
e) Gleichzeitig droht in vielen der qualitativ arbeitenden Forschungsprojekten immer so viel Videodatenmaterial produziert zu werden, dass es eigentlich kaum jemals systematisch in seiner Komplexität ausgewertet werden kann.

Wir haben es also bei der Videographie sowohl mit Gewinnen wie auch mit Verlusten gegenüber anderen Verfahren der beobachtenden Datenerhebung zu tun. Wir können dieses analysieren, wenn wir uns bewusst machen, dass es sich bei der Videographie um eine Art der technischen Unterstützung von Beobachtungen handelt. Das soll im Folgenden erläutert werden.

8.3 Ethnographie und Videoaufzeichnungen

In der erziehungswissenschaftlichen Forschung gibt es mehr und mehr Projekte, in denen im Rahmen ethnographischer Studien Videoaufzeichnungen gemacht werden (vgl. Goldman 2007). Sie basieren wesentlich auf einer vorher erfolgten Erkundung des Feldes in der teilnehmenden Beobachtung wie die Teilnehmer/innen (vgl. Corsaro 1982; Knoblauch 2006) – man muss auch hier im gleichen „Schlamassel" (Goffman 1996) gesteckt haben – und einem verzögerten Einsatz der Kamera im Feld. Das soll nicht geschehen, um mit Hilfe eines Gerätes, Perspektivität und Irritierbarkeit zu überwinden, sondern um diese in besonderer und neuer Weise fruchtbar zu machen. Wie hat sich ein solches Verständnis entwickelt?

8.3.1 Beobachtung und technische Medialisierung

Mit Entstehung einer neuzeitlichen Wissenschaftskonzeption – markiert etwa durch Bacons Plädoyer für ein induktives Vorgehen, für das Sinnliche und Einzelne, bei dem hinreichend lange zu verweilen sei (Bacon 1990, vgl. Hoffmann 2006,

S. 7, vgl. zum Folgenden auch Reh, Beobachten und aufmerksames Wahrnehmen, in diesem Band) – wurde die Beobachtung als über sinnliche Wahrnehmung vermittelte Erfahrung Grundlage der „Wirklichkeitswissenschaften". Und das nicht nur in den Naturwissenschaften; gerade im 18. Jahrhundert rückte der Mensch – sofern er nun als Natur betrachtet werden konnte – in den Fokus eines solchen Interesses und wurde zum Beobachter so gut wie zum Beobachteten. Der Beobachter wurde als ein objektiver entworfen, Vorkehrungen wurden getroffen, seine Neutralität und Unvoreingenommenheit zu sichern. Während das sinnliche Wahrnehmen, vor allem das im Mittelpunkt stehende Sehen, sich nun allerdings im Laufe des 19. Jahrhunderts als nicht nur einfache Registratur dessen, was die Sinne „hindurchließen", sondern als produktiv, konstruierend und als fehlerhaft entpuppte, entfernte sich das Beobachten in den Naturwissenschaften immer weiter von einer aufmerksamen, sinnlichen Wahrnehmung; es fand eine Art Technisierung des Beobachtens bzw. seine Vermittlung über technische Geräte statt. Beobachten wurde zum Messen und Experimentieren, in den Naturwissenschaften tatsächlich zum Ablesen dessen, was Messgeräte anzeigten. Der in vielerlei Hinsichten unzuverlässige, der körperliche Beobachter wurde ersetzt oder musste mindestens kontrolliert werden. Da, wo der anwesende Beobachter gar nicht zu ersetzen war – in der Anthropologie bzw. Ethnologie und teilweise in der soziologischen Milieu- und Stadtforschung (vgl. Robben und Sluka 2012) –, war er durch seine Zeugenschaft als „teilnehmender Beobachter" in der Fremde autorisiert. Nötig war es dafür allerdings, sich in der Beschreibung des Beobachteten, auch von bestimmten Irritationen, die der körperlich Anwesende im Feld erlebte, zu distanzieren, indem Beschreibungen in der Perspektive des alles überschauenden, verstehenden und allwissenden Erzählers verfasst wurden. Tatsächlich allerdings war der teilnehmende Beobachter – dafür sind der Ethnologe Malinowski auf den Trobriand-Inseln (Malinowski 1979, 1985) ein frühes und der Soziologe Loic Wacquant als Boxerlehrling (Wacquant 2004) ein spätes Beispiel – im Feld auf eine Art anwesend, die nicht einfach nur eine besondere Perspektive darstellt, sondern diesen selbst nicht unberührt lässt, den Beobachter selbst verändert. Spätestens in der zweiten Hälfte des 20. Jahrhunderts wurde die Unhintergehbarkeit einer über Leiblichkeit vermittelten, daher notwendig perspektivischen Wahrnehmung, die immer gerichtet, nämlich Wahrnehmung als etwas ist – wie die Phänomenologie von Husserl bis Waldenfels es fasst – offensichtlich und das prinzipielle Paradox des Beobachtens und Beschreibens aus differenztheoretischer Position formuliert. Grundsätzlich wurde nun die Möglichkeit und Fruchtbarkeit eines Beobachters als eines quasi-objektiven und alles sehen könnenden „Aufzeichnungsgerätes" in Frage gestellt, wie gleichzeitig aber die Besonderheit und Produktivität menschlicher Wahrnehmung als eines sinnlich-ästhetischen Geschehens betont wurde, in der die Präsenz des sinnlichen

Erscheinens auch neue Erkenntnis-Potentiale zu öffnen versprach (vgl. Gumbrecht 1996, 2004; Seel 2003).

8.3.2 Beobachten durch die Kamera: Ästhetische Muster und Macht

Die Datenaufzeichnung mit der Kamera unterscheidet sich in grundlegenden Punkten von der Teilnehmenden Beobachtung: Statt mit einem Stift und Notizblock ausgestattet die fremd scheinenden oder spontan anscheinend verstandenen Eindrücke festzuhalten, steht die bzw. der Forschende nun (oft mit einer Handkamera) im Feld, schaut durch ein Objektiv bzw. sieht auf einem Display ein gerahmtes Geschehen. Die Videokamera mediatisiert die visuelle Wahrnehmung der forschenden Person in neuer Weise. Gefilmt wird mit Bezug auf ästhetische Referenzen: Im Feld sieht man durch das Objektiv der Kamera auf dem Display „Filmaufnahmen". Sehgewohnheiten, die dabei bestimmend werden, sind geprägt durch alltägliche mediale Rezeption und pädagogische Normen. Die inzwischen ubiquitäre Verfügbarkeit der Video-Aufnahmetechnik erhöht zudem Erwartungshaltungen gegenüber der Qualität der Aufzeichnung (vgl. Tobin und Hsueh 2007, S. 84). Anders allerdings als Tobin und Hsueh (2007, S. 79), die mit einer hohen technischen Qualität den ästhetischen Erwartungen eines mediengeübten Publikums entsprechen möchten, schlägt Ruby (2000), ein Vertreter der visuellen Anthropologie, vor, sich gerade nicht am populären Film zu orientieren und gängige Sehgewohnheiten in der wissenschaftlichen Arbeit zu reflektieren und sie zu irritieren. Seiner Ansicht nach ermöglichen gerade experimentelle Haltungen der Filmenden, der Wissenschaftler, die nicht „professionelle" Filmer seien, immer wieder zu zeigen, dass etwas gezeigt wird (vgl. Ruby 2000, S. 278) – das heißt Rahmungen vorzunehmen und explizit zu machen.

Mit flexibel einsetzbarer Handkamera wird unmittelbar und nah zu den Beforschten im Feld gearbeitet. Mit der Konzentration auf das Display verändert sich das Verhältnis zwischen beobachtender Person, die nun filmt, und Feld: Die Präsenz des Filmenden wird zurück genommen. Die hier erfolgende Brechung des Blickes der forschenden Person kann immer wieder eine Entlastung der Aufzeichnungssituation ermöglichen (vgl. Frers 2009, S. 159; vgl. auch Reh und Labede 2012). Zum Filmen gehört für den Forschenden, die Spannung aufrecht zu erhalten zwischen einem Zurücktreten als Person und der Anforderung, sich als Person zeigen zu müssen. Daraus können besondere Anlässe entstehen, miteinander über das in „Verhandlung" zu treten, was gefilmt werden soll. Immer wieder finden sich situativ Aushandlungen über das Filmen, die auch in anscheinend unkritisch wirkenden Momente während der Aufzeichnung nicht nur sprachlich, sondern zumeist über Mimik, über Gesten und Blicke – in die Kamera und zur Kamerafrau hin – erfolgen. Mit solchen Kontakten zwischen filmenden und gefilmten Personen entsteht eine dynamische Beziehung, die nach Frers zwar durch eine „Hierarchie des Blickes" gekennzeichnet (vgl. Frers 2009, S. 155 ff.), aber dennoch in dieser nicht fixiert ist.

Von den Gefilmten werden Bilder gemacht, die abgespeichert und vorführbar werden, über die in der Regel – trotz aller datenrechtlichen Bestimmungen und Berücksichtigung forschungsethischer Vorgaben – die Forschenden verfügen. Obwohl ein solches Verfahren als ausgesprochen invasiv und machtvoll (Frers 2009) angesehen werden muss, kann man es auch – gerade wenn man auf Foucaults Machtbegriff rekurriert (vgl. Ricken 2004; Balzer 2008) – als gleichzeitig disziplinierend, subjektivierend und ermächtigend für die Beobachteten im Feld verstehen. Das zeigt sich anhand der immer wieder stattfindenden Interaktion der Beforschten mit der Kamera bzw. mit den Kameraleuten im Feld, deren Rekonstruktion und Dokumentation zu den Qualitätsstandards einer ethnographischen Videographie gehören sollte.

8.3.3 Natürlichkeit des Beobachteten

Diese videographische Art der Kameraführung – ob nun mit Handkamera oder nach genauer Felderkundung auch mit überlegt an spezifischen Orten positionierter, fest installierter Kamera, wo man sie über einen längeren Zeitraum laufen lässt – scheint die Möglichkeit zu bieten, „natürliches" Geschehen im Feld aufzuzeichnen. Der Charakter der Natürlichkeit ist gleichzeitig aber umstritten, weil

a) die Aufzeichnung eine spezifische Form der Konstruktion ist – wie dann vor allem die Debatten in der visuellen Anthropologie zeigen (z. B. Ruby 2000). Im Zusammenspiel mit ästhetischen Traditionen, die die Wahrnehmung aller Beteiligten prägen, entsteht eine spezifische Art von Realismus der pädagogischen Situation, entstehen realistische Protokolle und der Eindruck von Authentizität. Der Blick durch das Objektiv bzw. auf das Display der Kamera unterscheidet sich von dem Blick ohne ein solches zwischengeschaltetes Medium vor allem, weil ästhetische Formen und Muster des Visuellen im pädagogischen Diskurs wirken, z. B. der pädagogische Kitsch in der Form der Bilder von einzeln arbeitenden Schülern und Schülerinnen in pädagogischen Praktikerzeitschriften, Werbebroschüren für Schulen oder in entsprechenden Filmen über Reformschulen und
b) die Kamera im Feld Veränderungen hervorruft. Lomax und Casey (1998) unterscheiden zwei relevante Positionen in der methodologischen Diskussion dazu.

Während die einen immer wieder behaupten, die Kamera würde in natürlichen Settings keinen oder kaum Einfluss auf das Geschehen haben – der bekannte Hinweis darauf, dass nach kurzer Zeit die Beteiligten im Feld die Kamera vergessen – fordern die anderen, entweder Vorkehrungen zu treffen, die die Kamera möglichst unsichtbar machen, verstecken oder mit Hilfe anderer, zusätzlich erhobener Methoden die Validität der Daten zu überprüfen (vgl. Lomax und Casey 1998, 1.3–1.4). In diesem Sinne wird in der Folge (vgl. Laurier und Philo 2006) eine Unterscheidung angeboten, nämlich die zwischen dem durchaus problematisch zu bewertenden Wunsch nach „naturally occuring data" und einer praxistheoretischen Orientierung an „naturally organized activities", die unter Wahrung bestimmter Vorkehrungen sehr wohl zu erreichen sei (Laurier und Philo 2006, S. 188). Lomax und Casey bestehen darauf, den Prozess der Datenerhebung im Feld selbst, das Videographieren, als soziale Interaktion zu konzeptionieren und zu interpretieren (Lomax und Casey 1998, 1.4). Interaktionen mit der Kamera seien besonders geeignet, Aufschluss nicht nur über den Einfluss der Kamera auf das Feld, sondern vor allem über das Feld selbst und die hier sich (re)produzierende Ordnung zu geben (vgl. Mohn 2006, S. 175): Die Kamera und die bzw. der Forschende können im Feld nur das sein und machen, was ihnen hier ermöglicht bzw. eröffnet wird.

8.3.4 Auswertung: Geschichten als „Übersetzung"

Für die hier skizzierte Form der Videographie scheint es sinnvoll, ein gestuftes Auswertungsverfahren anzuwenden. Dabei geht es zunächst vor allem darum, Fragen der Fokussierung und der Selektion zu methodisieren. Inzwischen gibt es verschiedene Vorschläge für ein Vorgehen bei der Auswertung des videographischen Datenmaterials; ein kanonisiertes Verfahren dazu existiert allerdings noch nicht (vgl. Schnettler und Raab 2008). Angebracht scheint es, in mehreren Schritten vorzugehen[4], nämlich zuerst das Datenmaterial in Form von „Szenischen Verläufen" zu erfassen (1), um einen Überblick über das Material zu gewinnen und eine erste grobe Sequenzierung vorzunehmen, die sich orientiert an den mit der Kamera aufgenommenen „Aktionseinheiten". Diese sind von der Kamerafrau oder vom Kameramann im Feld entdeckte, rudimentäre Formen von Geschichten – ein Verlauf mit Anfang und Ende. Was als eine „Aktionseinheit" gelten kann, hat – so verstanden – die

[4] Dieses Verfahren haben Kolbe et al. zuerst im Kontext eines Forschungsprojektes „Lernkultur- und Unterrichtsentwicklung in Ganztagsschulen (LUGS) entwickelt (vgl. Kolbe et al. 2008).

Kamerafrau bzw. der Kameramann im Feld entschieden. So etwa zeigt sich dieser auch erst nach längerem Feldaufenthalt, bei genauerer Feldkenntnis und möglicherweise erst, wenn eine Vertrauensbasis zwischen Forscher und dem Feld hergestellt ist. Die Sequenzierung orientiert sich an unterschiedlichen Kriterien, etwa an einem Wechsel der mit der Kamera beobachteten Personen oder einem Wechsel des fokussierten Ortes. Auf der Grundlage der Szenischen Verläufe kann dann eine begründete Auswahl von „Aktionseinheiten" für eine genaue Rekonstruktion erfolgen (2). Die Aufnahmen der ausgewählten Einheit werden als kürzerer Filme, in denen die Chronologie der Aufnahme aber erhalten bleibt, aus dem Gesamtmaterial herausgeschnitten, mit Titeln versehen, verschlagwortet und gespeichert. Danach werden diese kürzeren Filme in Form „Szenischer Beschreibungen" verschriftlicht (3), in tabellarischer Form erfasst (vgl. ähnlich Raab und Tänzler 2006), unterteilt in visuell Wahrnehmbares (Körper-Raum-Konstellationen, Artefakte, Gestik/Mimik), Transkript der Audiospur und – wenn es sich anbietet – Ideen/Notizen, eine Art von Memos, zum Verstehen der Situation. Dafür wird die Sequenz in Zeitlupe mehrfach, immer wieder, manchmal auch ohne Ton betrachtet. Das schriftliche Erfassen der abgebildeten Abläufe dient als Protokoll eines genauen Hinsehens, ohne jedoch den Film als das grundlegende, zentrale Datum zu ersetzen (vgl. Rabenstein und Reh 2008). In den „Szenischen Beschreibungen" werden Sequenzen von Körperbewegungen möglichst präzise als „verstandene" notiert. Was wird gesehen in einer Lerngruppe: Johannes geht zu einem Regal, streckt die Hand aus, nimmt ein Blatt Papier in die Hand, schaut darauf usw. oder ist es etwas Anderes? Johannes holt seinen Arbeitsplan ab, oder: Er will arbeiten oder er trifft Vorbereitungen für die nächste Überprüfung oder: Er will die Lehrerin zufrieden stellen. Unschwer können unterschiedliche Ebenen der Abstraktion und der Aggregierung ausgemacht werden; Greve und Wentura (1997, S. 41 ff.) nennen dieses das Problem „mentaler Begriffe". In den qualitativ-ethnographisch verfahrenden Beobachtungen (vgl. Breidenstein in diesem Band) wird vorgeschlagen, mit dem Begriff der Praktik zu operieren, nämlich bei dem zu bleiben, was als immer wieder aufgeführte Einheit eines sinnhaften, teleoaffektiven (vgl. Schatzki 1996, 2002) körperlichen Vollzuges in den jeweils gewählten Untersuchungseinheiten zu erkennen ist und die „ends", die Zwecke, als den körperlichen Vollzügen inhärent zu verstehen: die Schüler/innen gehen in der hier erwähnten Lerngruppe immer wieder zum Regal, um die Pläne abzuholen. Die Beschreibungen stellen den entscheidenden Schritt zur Rekonstruktion des gefilmten Geschehens dar und bilden die Grundlage weiterer Analysen unter spezifischen Aspekten. Das Ergebnis dieser Rekonstruktionen kann in einem letzten Schritt in der Form einer Geschichte niedergeschrieben werden (4); der Videofilm wird also in eine Geschichte „übersetzt". Eine Geschichte ist derart die Rekonstruktion des körperlichen Tuns und der sprachlichen Äußerungen der Beteiligter in ihrem spezifischen räumlich-zeitlichen Kontext und bildet ein Verständnis des sequenziellen Sinnaufbaus ab. Sie kann auch in Forschungsberichten und anderen Veröffentlichungen abgedruckt werden.

8.4 Videographie als Beobachtung pädagogischen Tuns

Wenn jedes pädagogische Handeln systematisch betrachtet ein umfassendes und mehrschichtiges soziales Geschehen ist, das aufgrund einer grundlegenden, kommunikativen Verfasstheit überhaupt erst denkbar wird, wenn es also charakterisiert ist durch intersubjektives Verstehen, geteilte Intentionalität und geteilte Aufmerksamkeit (Tomasello 2002, 2009), die es möglich machen, dass jemand durch andere etwas lernt, dass einem etwas durch andere so gezeigt wird, dass man es wieder zeigen könnte (Prange 2005), bietet die Videographie – vor allem die hier vorgestellte Art des ethnographischen Einsatzes der Videokamera – viele Möglichkeiten, ein solches vielschichtiges pädagogisches Geschehen – auch und gerade im mehrmaligen Beobachten aufgezeichneter Szenen – zu entdecken:

a) So können Praktiken, in denen Schülern und Schülerinnen etwas gezeigt wird, als im Feld selbst pädagogisch wahrgenommene Praktiken, besondere Formen des Zeigens, die immer auch körperliche Praktiken sind, entdeckt werden. So sind u. U. Praktiken der Verlangsamung, der Verzögerung, der Zerlegung eines Tuns solche Praktiken des Zeigens.
b) Rekonstruierbar werden mit Hilfe der Videographie Figurationen und Prozesse in ihrer Materialität – Aktionen und Reaktionen des einen, des (leiblichen) Schülers auf die im Zeigen mitlaufenden Adressierungen durch den Anderen, den Zeigenden (vgl. Ricken 2009a, 2009b), die zusammen genommen Möglichkeiten des Lernens bieten, den Lernraum darstellen, der sich dem einen anders als dem anderen darbietet: „Maria hat uns gestern erläutert, wie eine solche Aufgabe gelöst werden kann, kannst du das noch mal wiederholen, bitte", unterstellt dieses junge Mädchen nicht nur als eine, die etwas verstanden hat, die etwas kann, sondern auch als eine, an die der Lehrer vor den Augen der Anderen Anschluss nimmt, die er zu seiner Hilfe einsetzt. Das nun ist ganz sicherlich nicht unabhängig von ihrer Stellung unter den peers. Es wirkt auf diese, auf die die Adressierung wiederum Einfluss nimmt, zurück und präfiguriert das Verhältnis der Schülerin zu sich selbst als aufgabenlösend und ihre Möglichkeit, sich auch dazu noch einmal zu verhalten (vgl. dazu Reh und Ricken 2012).
c) Die Kamera-Beobachtung bietet als technische Aufzeichnung nicht nur viele zusätzliche Erkenntnis-Chancen über all das, was im Zusammenspiel den Unter-

richt, das Unterrichtsgeschehen konstituiert. Sie hilft möglicherweise gerade als Mensch-Maschine-Netzwerk die besondere Qualität eines Feldes, pädagogische Ordnungen, in den Blick zu nehmen und die Frage zu beantworten: Was ist in dieser Lerngruppe möglich, was ist nicht mehr möglich, welche Normen gelten hier? Kamera-Forscher evozieren nämlich in besonderer Weise Interaktionen des Feldes mit ihr (vgl. Reh und Labede 2012), weil sie einerseits eine „unpersönliche“ Kamera führen, die die Teilnhmer/innen des Feldes an sich schon dazu verleitet, sich beobachtet zu fühlen, sich wie auf einer Bühne - vor geltenden Normen, die oft für die Teilnehmer/innen im Feld die Kamera repräsentiert - zu zeigen, und andererseits gleichzeitig aber als Personen anwesend zu sein, die die Kamera im Feld führen, und die deshalb ansprechbar werden. Das unterscheidet das Mensch-Maschine-Netzwerk hiervon einer aufgestellten Kamera in der Ecke eines Klassenzimmers. Es entstehen so immer wieder zu feldspezifischen Zeitpunkten und Orten Grenz-Situationen, in denen die zumeist erwachsene Kamera-Forscherin als eine adressiert wird, die auch die Pädagogin sein könnte. Hier kann die Konstitution des Pädagogischen und des Pädagogen analysiert werden.

Literaturverzeichnis

Bacon, F. (1990). *Neues Organon. Lateinisch-deutsch.* Hamburg: Meiner. Hrsg. von Wolfgang Krohn. 2 Bde.

Balzer, N. (2008). Art. Pädagogik. In C. Kammler, R. Parr, & U. J. Schneider (Hrsg.), *Foucault-Handbuch: Leben - Werk - Wirkung* (S. 406–416). Stuttgart: Metzler.

Bohnsack, R. (2009). *Qualitative Bild- und Videointerpretation. Die dokumentarische Methode.* Opladen & Farmington Hills: Verlag Barbara Budrich/UTB.

Breidenstein, G. (2006). *Teilnahme am Unterricht. Ethnographische Studien zum Schülerjob.* Wiesbaden: VS-Verlag.

Corsaro, W. A. (1982). Something Old and Something New: The Importance of Prior Ethnography in the Collection and Analysis of Audiovisual Data. *Sociological Methods & Research, 11*(2), 145–166.

Dinkelaker, J., & Herrle, M. (2009). *Erziehungswissenschaftliche Videographie. Eine Einführung.* Wiesbaden: VS Verlag.

Frers, L. (2009). Video research in the open - Encounters involving the researcher-camerain. In U. Tikvah Kissmann (Hrsg.), *Video interaction analysis: Methods and methodology* (S. 155–177). Frankfurt a. M.: Peter Lang.

Fritzsche, B., & Wagner-Willi, M. (2011). *Dokumentarische Interpretation von Unterrichtsvideografien.* Berlin/Zürich. Manuskript.

Goffman, E. (1996). Über Feldforschung. In H. Knoblauch (Hrsg.), *Kommunikative Lebenswelten. Zur Ethnographie einer geschwätzigen Gesellschaft* (S. 261–269). Konstanz: Universitätsverlag.

Goldman, R. (2007). Video Representations and the Perspectivity Framework: Epistemology, Ethnography, Evaluation, and Ethics. In R. Goldman, R. Pea, B. Barron, & S. J. Derry (Hrsg.), *Video Research in the Learning Sciences* (S. 3–37). New York/London: Routledge.

Goldman, R., Pea, R., Barron, B., & Derry, S. J. (2007). *Video Research in the Learning Sciences*. New York/London: Routledge.

Greve, W. & Wentura, D. (1997). *Wissenschaftliche Beobachtung. Eine Einführung*. Weinheim: Beltz.

Gumbrecht, H. U. (1996). Das Nicht-Hermeneutische. Skizze einer Genealogie. In J. Huber, & A. M. Müller (Hrsg.), *Die Wiederkehr des Anderen* (S. 17–35). Basel/Frankfurt a. M.: Stroemfeld/Roter Stern.

Gumbrecht, H. U. (2004). *Diesseits der Hermeneutik. Die Produktion von Präsenz*. Frankfurt a. M.: Suhrkamp.

Helsper, W., Herwartz-Emden, L., & Terhart, E. (2001). Qualität qualitativer Forschung in der Erziehungswissenschaft. Tagungsbericht. *Zeitschrift für Pädagogik, 47*(2), 251–269.

Herrle, M., Kade, J., & Nolda, S. (2010). Erziehungswissenschaftliche Videographie. In B. Friebertshäuser, & A. Prengel (Hrsg.), *Handbuch Qualitative Forschungsmethoden in der Erziehungswissenschaft* (S. 599–619). München und Weinheim: Juventa. Neuauflage.

Hoffmann, C. (2006). *Unter Beobachtung. Naturforscher in der Zeit der Sinnesapparate*. Göttingen: Wallstein.

Huhn, N., Dittrich, G., Dörfler, M., & Schneider, K. (2000). Videografieren als Beobachtungsmethode in der Sozialforschung – am Beispiel eines Feldforschungsprojekts zum Konfliktverhalten von Kindern. In F. Heinzel (Hrsg.), *Methoden der Kindheitsforschung* (S. 185–204). Weinheim und München: Juventa.

Jessen, S. (2003). *„Man redet viel über Gott und so…" Schülermitbeteiligung im Religionsunterricht der Grundschule aus allgemein- und religionsdidaktischer Sicht*. Münster u. a.: Waxmann.

Knauth, T., Leutner-Ramme, S., & Weiße, W. (Hrsg.). (2000). *Religionsunterricht aus Schülerperspektive*. Münster u. a.: Waxmann.

Knoblauch, H. (2004). Video-Interaktionsanalyse. *sozialersinn, 5*(1), 123–139.

Knoblauch, H. (2006). Videography, Focused Ethnography and Video Analysis. In H. Knoblauch, B. Schnettler, J. Raab, & H. G. Soeffner (Hrsg.), *Video Analysis: Methodology and Methods. Qualitative Audiovisual Data Analysis in Sociology* (S. 69–83). Frankfurt a. M.: Peter Lang.

Knoblauch, H., Schnettler, B., Raab, J., & Soeffner, H. G. (Hrsg.). (2006). *Video Analysis. Methodology and Methods. Qualitative Audiovisual Data Analysis in Sociology*. Frankfurt a. M. u. a.: Peter Lang.

Kolbe, F. & U., Reh, S., Fritzsche, B., Idel, T. S., & Rabenstein, K. (2008). Lernkultur: Überlegungen zu einer kulturwissenschaftlichen Grundlegung qualitativer Unterrichtsforschung. *Zeitschrift für Erziehungswissenschaften, 11*(1), 125–143.

Kress, G. R. (2010). *Multimodality: A social semiotic approach to contemporary communication*. New York: Routledge.

Krummheuer, G., & Fetzer, M. (2005). *Der Alltag im Mathematikunterricht: Beobachten, Verstehen, Gestalten*. Heidelberg, Berlin: Spektrum Akademischer Verlag.

Krummheuer, G., & Naujok, N. (1999). *Grundlagen und Beispiele Interpretativer Unterrichtsforschung*. Opladen: Leske+Budrich.

Laurier, E., & Philo, C. (2006). Natural Problems of Naturalistic Video Data. In H. Knoblauch, B. Schnettler, J. Raab, & H. G. Soeffner (Hrsg.), *Video analysis: methodology and methods. Qualitative audiovisual data analysis in sociology* (S. 181–190). Frankfurt a. M.: Peter Lang.

Lomax, H., & Casey, N. (1998). Recording Social Life: Reflexivity and Video Methodology. Sociological Research Online, Bd. 3, Nr. 2. http://www.socresonline.org.uk/3/2/1.html. [03.02.2012].

Luhmann, N. (2002). *Das Erziehungssystem der Gesellschaft*. Frankfurt a. M.: Suhrkamp.

Malinowski, B. (1979). *Argonauten des westlichen Pazifik. Ein Bericht über Unternehmungen und Abenteuer der Eingeborenen in den Inselwelten von Melanesisch-Neuguinea*. Frankfurt a. M.: Syndikat.

Malinowski, B. (1985). *Ein Tagebuch im strikten Sinne des Wortes. Neuguinea 1914–1918*. Frankfurt a. M.: Syndikat.

Meyer, M. A., Kunze, I., & Trautmann, M. (Hrsg.). (2007). *Schülerpartizipation im Fachunterricht. Eine empirische Untersuchung in der gymnasialen Oberstufe*. Opladen & Farmington Hills: Barbara Budrich.

Mohn, E. (2006). Permanent Work on Gazes. In H. Knoblauch, B. Schnettler, J. Raab, & H. G. Soeffner (Hrsg.), *Video Analysis. Methodology and Methods. Qualitative Audiovisual Data Analysis in Sociology* (S. 173–180). Frankfurt a. M.: Peter Lang.

Naujok, N., Brandt, B., & Krummheuer, G. (2004). Interaktion im Unterricht. In W. Helsper, & J. Böhme (Hrsg.), *Handbuch der Schul- und Unterrichtsforschung* (S. 753–773). Wiesbaden: VS Verlag.

Nolda, S. (2007). Videobasierte Kursforschung. Mögliche Erträge von interpretativen Videoanalysen für die Erforschung des organisierten Lernens Erwachsener. *Zeitschrift für Erziehungswissenschaften, 10*(4), 478–492.

Oevermann, U., Allert, T., Konau, E., & Krambeck, J. (1979). Die Methodologie einer „objektiven Hermeneutik" und ihre allgemeine forschungslogische Bedeutung in den Sozialwissenschaften. In H. G. Soeffner (Hrsg.), *Interpretative Verfahren in den Sozial- und Textwissenschaften* (S. 352–434). Stuttgart: Metzler.

Pauli, C., & Reusser, K. (2006). Von international vergleichenden Video Surveys zur videobasierten Unterrichtsforschung und -entwicklung. *Zeitschrift für Pädagogik, 52*(6), 774–798.

Pink, S. (2007). *Doing Visual Ethnography. Images, Media and Representation in Research* (2. Aufl.). London/Thousand Oaks/New Delhi: Sage.

Prange, K. (2005). *Die Zeigestruktur der Erziehung: Grundriss der Operativen Pädagogik*. Paderborn/München/Wien/Zürich: Ferdinand Schöningh.

Raab, J., & Tänzler, D. (2006). Video Hermeneutics. In H. Knoblauch, B. Schnettler, J. Raab, & H. G. Soeffner (Hrsg.), *Video Analysis. Methodology and Methods. Qualitative Audiovisual Data Analysis in Sociology* (S. 85–97). Frankfurt a. M.: Peter Lang.

Rabenstein, K., & Reh, S. (2008). Über die Emergenz von Sinn in pädagogischen Praktiken. Möglichkeiten der Videographie im „Offenen Unterricht". In H. C. Koller (Hrsg.), *Sinnkonstruktionen und Bildungsgang* (S. 137–156). Opladen & Farmington Hills: Barbara Budrich Verlag.

Reh, S., & Labede, J. (2012). Kamera-Interaktionen. Videoethnographie im geöffneten Unterricht. In B. Friebertshäuser, H. Kelle, H. Boller, S. Bollig, C. Huf, A. Langer, M. Ott, & S. Richter (Hrsg.), *Feld und Theorie. Herausforderungen erziehungswissenschaftlicher Ethnographie.* Opladen: Barbara Budrich Verlag. i. Ersch.

Reh, S., & Ricken, N. (2012). Das Konzept der Adressierung. Zur Methodologie einer qualitativ- empirischen Erforschung von Subjektivation. In I. Miethe, & H. R. Müller (Hrsg.), *Qualitative Bildungsforschung und Bildungstheorie* (S. 35–56). Opladen & Farmington Hills: Verlag Barbara Budrich.

Richter, D. (Hrsg.). (2000). *Methoden der Unterrichtsinterpretation. Qualitative Analysen einer Sachunterrichtsstunde im Vergleich.* Weinheim und München: Juventa.

Ricken, N. (2004). Die Macht der Macht. Rückfragen an Michel Foucault. In N. Ricken, & M. Rieger-Ladich (Hrsg.), *Michel Foucault: Pädagogische Lektüren* (S. 119–143). Wiesbaden: Verlag für Sozialwissenschaften.

Ricken, N. (2009). Über Anerkennung – oder: Spuren einer anderen Subjektivität. In N. Ricken, H. Röhr, J. Ruhloff & K. Schaller (Hrsg.), *Umlernen. Festschrift für Käte Meyer-Drawe* (S. 75–92). München: Fink.

Ricken, N. (2009). Zeigen und Anerkennen. Anmerkungen zur Grundform pädagogischen Handelns. In K. Berdelmann, & T. Fuhr (Hrsg.), *Operative Pädagogik.* Paderborn u. a.: Schöningh.

Ruby, J. (2000). *Picturing culture. Explorations of film & Anthropology.* Chicago/London: The University of Chicago Press.

Schatzki, T. (1996). *Social Practices. A Wittgensteinian Approach to Human Activity and the Social.* Cambridge: Cambridge University Press.

Schatzki, T. (2002). *The Site of the Social: A Philosophical Account of the Constitution of Social Life and Change.* University Park: The Pennsylvania State University Press.

Schelle, C., Rabenstein, K., & Reh, S. (2010). *Unterricht als Interaktion. Ein Fallbuch für die Lehrerbildung.* Bad Heilbrunn: Klinkhardt.

Schnettler, B., & Raab, J. (2008). Interpretative Visual Analysis. Developments, State of the Art and Pending Problems. *FQS – Forum Qualitative Sozialforschung/Forum: Qualitative Social Research, 9*(3). Art. 31.

Seel, M. (2003). *Ästhetik des Erscheinens.* Frankfurt a. M.: Suhrkamp.

Robben, A. C. G. M., & Sluka, J. A. (2012). *Ethnographic Fieldwork. An Anthropological Reader* (2. Aufl.). Oxford: Wiley-Blackwell.

Steinke, I. (2003). Gütekriterien qualitativer Forschung. In U. Flick, E. v. Kardoff, & I. Steinke (Hrsg.), *Qualitative Forschung* (S. 319–331). Reinbek bei Hamburg: rororo.

Tobin, J. & Hsueh, Y. (2007). The Poetics and Pleasures of Video Ethnography of Education. In R. Goldman, R. Pea, B. Barron & S. J. Derry (Hrsg.), *Video Research in the Learning Sciences* (S. 77–92). New York/London: Routledge.

Tomasello, M. (2006). *Die kulturelle Entwicklung des menschlichen Denkens*. Frankfurt a. M.: Suhrkamp.

Tomasello, M. (2009). *Die Ursprünge der menschlichen Kooperation*. Frankfurt a. M.: Suhrkamp.

Wacquant, L. (2004). *Body and Soul: Notebooks of an Apprentice Boxer*. Oxford/New York: Oxford University Press.

Wagner-Willi, M. (2004). Videointerpretation als mehrdimensionale Mikroanalyse am Beispiel schulischer Alltagsszenen. *Zeitschrift für qualitative Bildungs-Beratungs- und Sozialforschung (ZBBS)*, (1), 49–66.

Wagner-Willi, M. (2005). *Kinder-Rituale zwischen Vorder- und Hinterbühne*. Wiesbaden: VS Verlag.

Wenzl, T. (2010). Sich-Melden. Zur inhärenten Spannung zwischen individuellem Schülerinteresse und klassenöffentlichem Unterrichtsgespräch. *sozialersinn*, *11*(1), 33–52.

Wernet, A. (2006). *Hermeneutik – Kasuistik – Fallverstehen*. Stuttgart: Kohlhammer.

Wulf, C., Althans, B., Blaschke, G., Ferrin, N., Göhlich, M., Jörissen, B., Mattig, R., Nentwig-Gesemann, I., Schinkel, S., Tervooren, A., Wagner-Willi, M., & Zirfas, J. (2007). *Lernkulturen im Umbruch. Rituelle Praktiken in Schule, Medien, Familie und Jugend*. Wiesbaden.

Wulf, C. (2007). Rituelle Lernkulturen. Eine Einführung. In C. Wulf, B. Althans, G. Blaschke, N. Ferrin, M. Göhlich, B. Jörissen, R. Mattig, I. Nentwig-Gesemann, S. Schinkel, A. Tervooren, M. Wagner-Willi, & J. Zirfas (Hrsg.), *Lernkulturen im Umbruch. Rituelle Praktiken in Schule, Medien, Familie und Jugend* (S. 7–20). Wiesbaden.

Teil III
Perspektiven

Der Blick auf Kinder 9

Friederike Heinzel

▸ **Friederike Heinzel** richtet den Blick von Lehrerinnen und Lehrern auf Kinder und skizziert charakteristische Merkmale der Beobachtung von Kindern. Sie hebt hervor, dass Kinder als kompetente Akteure zu betrachten sind, die ihre Lebenswelten aktiv gestalten und an ihrer Entwicklung und Sozialisation selbst mitwirken. Es werden fünf verschiedene Perspektiven herausgearbeitet, mit denen Lehrende Kinder beobachten können. Auf der Grundlage kindheitstheoretischer Überlegungen und auf der Grundlage der Ergebnisse verschiedener Studien, stellt sie Erfahrungen von Kindern in der Schule dar und diskutiert am Beispiel eines Beobachtungstextes die Perspektivendifferenz von Erwachsenen und Kindern. Sie geht der Frage nach, ob es Erwachsenen überhaupt möglich ist, die Perspektiven von Kindern zu erfassen.

Das Beobachten der Aktivitäten von Kindern im Unterricht, das Verstehen dieser Beobachtungen und die Berücksichtigung der Beobachtungsergebnisse im Unterrichtshandeln sind zentrale Elemente des Lehrerberufes (vgl. Beck und Scholz 1995). Lehrerinnen und Lehrer orientieren sich dabei zuerst am eigenen Unterrichtsentwurf oder den Unterrichtsskripts, den geplanten und teilweise routinierten Handlungsabläufen im Unterricht. Lehrpersonen möchten Unterrichtsziele erreichen und haben sich für den Einsatz bestimmter Unterrichtsmethoden entschieden; die Umsetzung dieser Entscheidung erfordert von ihnen ein hohes Maß an Aufmerksamkeit. Zudem sind im Schulalltag vielfältige Handlungsprobleme zu lösen, wie z. B. der Umgang mit der knappen Zeit und mit der Tatsache, dass immer meh-

Prof. Dr. Friederike Heinzel ✉
Institut für Erziehungswissenschaft, Universität Kassel, Kassel, Deutschland
e-mail: heinzel@uni-kassel.de

H. de Boer und S. Reh (Hrsg.), *Beobachtung in der Schule – Beobachten lernen*,
DOI 10.1007/978-3-531-18938-3_9,

rere Schüler und Schülerinnen im Spiel sind, dass also z. B. immer nur ein Kind aufgerufen werden kann.

Alltägliche Beobachtungen von Lehrerinnen und Lehrern sind daher zunächst einmal auf die Lehrer-Schüler-Interaktion gerichtet, weil Lehrerhandeln auf einer schnellen Interpretation dessen beruht, was als zugehörig zum Unterricht wahrgenommen wird. Die Beteiligten geraten dabei zumeist nur insoweit in den Blick, wie sie oder wie ihr Handeln für den Unterrichtsablauf und die Gewährleistung eines aus Sicht der Lehrer/innen geordneten und guten Unterrichts von Bedeutung sind. Häufig beobachten Lehrerinnen und Lehrer daher das Geschehen in der Schulklasse mit dem Ziel, Störungen im Unterrichtsgeschehen zu verhindern und das Unterrichtsgeschehen „in Fluss" zu halten. Die Beteiligten als Kinder und als „ganze Personen" wahrzunehmen, die auch etwas anderes machen, als sich im Unterricht auf eine besondere Weise, mehr oder weniger stark zu beteiligen und gar noch deren Perspektiven auf das, was geschieht, zu beobachten und zu rekonstruieren, scheint eine große Herausforderung darzustellen und die zeitlichen Ressourcen der Lehrenden oft zu übersteigen.

Im Folgenden soll zunächst der Blick von Lehrerinnen und Lehrern auf die Beteiligten als Kinder, sollen charakteristische Merkmale der Beobachtungen von Kindern skizziert werden. Im zweiten Schritt wird auf der Grundlage kindheitstheoretischer Überlegungen und auf Grundlage der Ergebnisse verschiedener Studien dargestellt, was Erfahrung der Kinder in der Schule – mit den anderen Kindern, mit den Pädagoge/innen und im Unterricht – sind und was daher deren Perspektive kennzeichnen könnte. Deutlich wird dabei, dass Kinder als kompetente Akteure zu betrachten sind, die ihre Lebenswelten aktiv gestalten und an ihrer Entwicklung und Sozialisation selbst mitwirken. Anschließend soll anhand eines kleinen Beobachtungstextes deutlich gemacht werden, wie die Perspektivendifferenz von einer Erwachsenen und Kindern beobachtet werden kann. Dabei wird allerdings auch die Frage diskutiert, ob es Erwachsenen überhaupt möglich ist, die Perspektiven von Kindern zu erfassen. Zuletzt werden einige Hinweise zum Beobachten von Kindern gegeben.

9.1 Der Blick der Lehrerinnen und Lehrer im Schulalltag

Die Beobachtung der Kinder durch die Lehrer/innen hängt a) sowohl von normativen Vorstellungen darüber, was Unterricht und was die Rolle der Schüler und Schülerinnen sei, b) von normativen Vorstellungen darüber, was ein Kind und was seine normale Entwicklung sei, wie aber auch c) von eigenen biografischen Erfahrungen der Lehrerinnen und Lehrer ab bzw. ist davon geprägt (vgl. Heinzel 2004; Bühler-Niederberger 2005).

Während des Unterrichts nehmen Lehrerinnen und Lehrer die Beteiligten meist zuerst als Schülerinnen und Schüler, als Kinder in der Schülerrolle, wahr. Die Schülerrolle wird komplementär zur Lehrerrolle entworfen; mit ihr werden Erwartungen an die Beteiligten in der Institution Schule gerichtet, die nicht beliebig, sondern gesellschaftlich normiert und von Normalitätskonstruktionen durchzogen sind. Von einer gelingenden Übernahme der Schülerrolle kann dann gesprochen werden, wenn ein Kind sich „emotional, psychisch, physisch und intellektuell angemessen in der Schule präsentiert" (Griebel und Niesel 2003, S. 143). Das Kind wird entsprechend als „kompetentes Schulkind" betrachtet, „wenn es sich in der Schule wohlfühlt, die gestellten Anforderungen bewältigt und die Bildungsangebote für sich optimal nutzt" (ebd.). Der Orientierung dient zudem die soziale Bezugsnorm, d. h. die Einschätzung des beobachteten Verhaltens und der Leistung eines Schülers oder einer Schülerin erfolgt im Vergleich mit den Leistungen der übrigen Schüler der jeweiligen Lerngruppe. Aus all diesen Gründen fällt Lehrpersonen bei ihrer Beobachtung der am Unterrichtsgeschehen Beteiligten meist eher auf, was vom erwarteten Verhalten, z. B. im Sinne einer Störung oder einer besonderen Leistung, abweicht (vgl. Beck und Scholz 1995, S. 53 ff).

Häufig bieten Vorstellungen von entwicklungsbezogener Normalität zudem eine Orientierung bei der Beobachtung des einzelnen Kindes (vgl. de Boer 2009). Die Orientierung an historisch und sozial immer spezifischen Normvorstellungen über Kindheit und die Entwicklung von Kindern hat Einfluss darauf, wie Lehrerinnen und Lehrer die Handlungen, Äußerungen und Lebenssituationen von Kindern wahrnehmen und bewerten. Kinderbilder sind Vorstellungssysteme von Erwachsenen über Kinder. Richter (1987, S. 19) definiert Kindheitsbilder als „Entwürfe und Vorstellungen, die sich eine Epoche, eine soziale Gruppe oder auch ein Einzelner von Kindern macht und die individuell und gesellschaftlich außerordentlich wirksam sein und das Verhalten gegenüber ‚wirklichen' Kindern durchaus beeinflussen können" (Richter 1987, S. 19).

Die Kindheitsbilder von Lehrerinnen und Lehrern, ihre Vorstellungen darüber, was Kindheit sei, also ihre Erwartungen an Kinder, widersprechen teilweise dem, was Lehrer und Lehrerinnen dann – tatsächlich oder vermeintlich – beobachten können. Bereits Anfang der 1990er Jahre legte Maria Fölling-Albers (1992) eine Studie zu den Auswirkungen veränderter Kindheit auf Unterricht und Schulleben vor. Lehrer und Lehrerinnen mit Berufserfahrung wurden dazu befragt, welche Veränderungen sie an Kindern wahrnehmen. So wird in Untersuchungen zur Lehrerbelastung der Umgang mit vermehrt verhaltensauffälligen Schülern seit den 1990er-Jahren als bedeutender Belastungsfaktor im Lehrerberuf ermittelt (vgl.

Dauber und Vollstädt 2005; Herzog 2007, S. 226). Die befragten Lehrerinnen und Lehrer nannten vor allem die Verhaltensbereiche, „die sie besonders unmittelbar mit ihrer Lehrerrolle konfrontieren: Aufmerksamkeit, zuhören, stillsitzen, sich konzentrieren." (Fölling Albers 1992, S. 45) Andere Untersuchungen zeigen, dass Veränderungen der Kindheit von Lehrerinnen nicht als historischer Prozess gesehen werden, der Lehrer und Schüler in gleicher Weise betrifft, sondern dass Kinder zu Trägern eines als problematisch eingeschätzten Modernisierungsprozesses erklärt werden (vgl. Fuhs 1999, S. 111).

Wie Erwachsene Kindheit wahrnehmen, wird darüber hinaus vom medialen Diskurs über gegenwärtige Kindheiten beeinflusst, der ein dramatisierendes Kindheitsbild über „Kinder als Opfer moderner Lebensumstände" entwirft. In den Medien, aber auch in den Diskursen von Kinderexperten wie Kindertherapeuten, Kinderärzten oder Kinderpädagogen überwiegt eine kulturkritische bzw. kulturpessimistische Sichtweise, die oft in guter Absicht und mit dem Ziel eingenommen wird, Kindern in schwierigen Lebenssituationen zu helfen. Das dabei entstehende Zerrbild von Kindheit wird erst in den letzten Jahren durch Befragungen von Kindern selbst relativiert. Die Ergebnisse dieser Befragungen zeigen, dass Kinder ihre Lebenssituation positiver bewerten, als dies in defizitorientierten Interpretationen aus Erwachsenenperspektive geschieht (z. B. Bucher 2001; World Vision 2010).

Darüber hinaus sind die Vorstellungen von Erwachsenen über Kinder und Kindheit auch mit der eigenen, erlebten Kindheit verbunden. Diese Ansichten sind dann biographisch gefärbt und orientieren sich im erzählenden Rückblick oft an normativen Vorstellungen über eine „schöne Kindheit".

Entsprechend können idealtypisch folgende Perspektiven von Lehrerinnen und Lehrern auf Kinder unterschieden werden:

- die *routinierte Unterrichtsperspektive*, die auf Vermittlung zielt und darauf, das Unterrichtsgeschehen in der Schulklasse geordnet und sinnvoll voranzutreiben,
- die *normative Entwicklungsperspektive*, aus der heraus Kinder als „in Entwicklung befindliche Menschen" gesehen werden, deren Lernen, Entwicklung und Sozialisation im Hinblick auf spezifische Ziele es zu fördern gilt,
- die *kulturkritische Berufsperspektive*, in der die berufliche Belastung durch den gesellschaftlichen „Wandel der Kindheit" zum Ausdruck gebracht wird,
- eine *dramatisierende Helferperspektive*, aus deren Sicht Risiken der modernen Kindheit betont werden und
- eine *biografisch, narrativ-rekonstruktive Perspektive*, in der die „glückliche Kindheit" zu einer – narrativ vermittelten – Norm wird.

9.2 Erfahrungen der Kinder und ihre Perspektive auf die Schule

Die am Unterricht beteiligten Personen sehen nicht in gleicher Weise auf die Schule und den Unterricht. Zinnecker (2001) hat darauf hingewiesen, dass pädagogische Diskurse und pädagogisches Handeln meist unterstellen, dass Lehrpersonen im Zentrum der Aufmerksamkeit der Schüler stünden, und das Schülerhandeln darauf gerichtet sei einzusehen, um was es den Lehrerinnen und Lehrern geht (vgl. Zinnecker 2001, S. 154). Dass es sich dabei um eine Unterstellung handelt, zeigte schon Hanns Petillon (1993) in seiner Studie „Das Sozialleben des Schulanfängers. Die Schule aus der Sicht des Kindes" (Petillon 1993). Hier wird deutlich, dass der Umgang mit den Mitschülern „das große Thema" für Schulanfänger ist. Der Blick der Kinder in der Schule richtet sich – das zeigen auch weitere Untersuchungen – viel stärker auf die Sozialbeziehungen mit Gleichaltrigen als dies von Lehrerinnen und Lehrern vermutet wird (vgl. Heinzel 2010b).

In den letzten Jahren wurden standardisierte Kinderbefragungen mit großen und repräsentativen Stichproben vorgelegt, die Kinder selbst zu ihren Schulerfahrungen befragen. In der Studie „Null zoff voll busy" wurden 873 Schüler/innen der 4. Jahrgangsstufe um Auskunft gebeten mit dem Ergebnis, dass in Klassen, in denen der soziale Zusammenhalt hoch ist und die Schüler/innen gut mit ihren Lehrer/innen auskommen, die Schüler/innen gerne zur Schule gehen und auch gerne lernen. In Klassen, in denen das Sozialklima negativer ausfällt, sinkt auch die Freude an der Schule und am Lernen (vgl. Stecher 2003, S. 68).

Auch im DJI-Kinderpanel, einer Längsschnittuntersuchung, in der ca. 2000 Kinder und ihre Eltern interviewt wurden, zeigte sich, dass die soziale Akzeptanz in der Klasse in Bezug auf das schulische Wohlbefinden eine bedeutende Rolle spielt. Die Befunde dieser Kinderbefragungen ergaben zudem, dass die Schule zu besserem Wohlbefinden beitragen kann, wenn Partizipation zugelassen wird, denn der Zusammenhang zwischen schulischem Wohlbefinden und Mitbestimmung bei der Unterrichtsgestaltung ist hoch (vgl. Schneider 2005; Gisidakis 2007).

Schönknecht und Michalek (2005) haben Gruppendiskussionen mit Kindern der dritten Jahrgangsstufe durchgeführt und stellten ebenfalls fest, dass Kinder, die in einer Gruppe über die Schule sprechen, meist positive und negative Erlebnisse mit Freunden thematisieren. Außerdem beklagen sie Ungerechtigkeit und fordern mehr Mitbestimmung in der Schule ein.

In einer Untersuchung von Fölling-Albers und Meidenbauer (2010) wurden mit 30 Kindern der dritten und vierten Jahrgangsstufe zu drei Erhebungszeitpunkten je eine Woche täglich Interviews zu ihren Unterrichtserfahrungen am Morgen geführt. Dabei stellte sich heraus, dass Kinder sich vor allem an formale Gesichtspunkte des Unterrichtsgeschehens erinnern und den Unterricht als Routine erleben. Obgleich Kinder den Unterricht oft als langweilig empfinden, wäre ein Alltag ohne Unterricht keine attraktive Alternative für die befragten Kinder.

Ethnographische Studien, die den Schüleralltag und das Schülerhandeln beobachten und beschreiben, richten in besonderer Weise den Blick auf die alltäglichen Praktiken der Schülerinnen und Schüler im Umgang mit Lernsituationen, mit Unterrichtsritualen und materiellen Arrangements im Klassenzimmer. In diesen Beobachtungsstudien werden Schüler und Schülerinnen als Teil einer Gleichaltrigenkultur in der Schule erkennbar, die sich im schulischen Alltag herausbildet und das Unterrichtsgeschehen in eigener Weise interpretiert. Das „Handwerk des Lernens" (Mohn und Wiesemann 2007) und die Bewältigung des „Schülerjobs" durch Kinder und Jugendliche (Breidenstein 2006) werden als pragmatische Routinen erkennbar. Durch Beobachtungen in Montags- und Morgenkreisen (Heinzel 2004) wurde deutlich, wie Kinder in ihrer Aufmerksamkeit hin- und herpendeln: zwischen den Regieanweisungen der Lehrerin und den Inszenierungsvorschlägen der Gleichaltrigen, zwischen den von der Lehrerin für wichtig erachteten Themen und den peerkulturellen Themen, zwischen schulischen Anforderungen und den Normen der Gleichaltrigen.

Eine ethnographische Studie von Wagner-Willi (2005) zeigt anschaulich, dass für den Schulalltag – aus Sicht der Schülerinnen und Schüler – ein Spannungsverhältnis zwischen der kommunikativ-generalisierten Unterrichtsordnung und der durch viele verschiedene Dimensionen anders gekennzeichneten Peerkultur kennzeichnend ist. Auch wird erkennbar, dass sich Kinder auf den Bühnen des Klassenraums ständig zwischen Peerkultur und Unterrichtsanforderungen bewegen. Teilweise wird dabei auch deutlich, wie die Kindheitsbilder von Erwachsenen, die schulkulturellen Normen und die selektiven Praktiken der Schule in den Interaktionen der Kinder untereinander wirken und damit auch im Kinderalltag der Schule handlungsrelevant werden.

Die Beobachtung von Kindern, die darauf zielt, ihre Sicht auf Schule zu erfassen, öffnet den Blick für ihre routinierte Bewältigung des Unterrichts im häufig gleichförmigen und eintönigen Schulalltag, für die hohe Bedeutung der Peerbeziehungen und für Mitbestimmungswünsche. Erst wenn bei der Beobachtung im Schulalltag die Perspektiven der Kinder einbezogen werden, können Lehrerinnen und Lehrer einen zentralen Aspekt der Planung und Durchführung von Unterricht in der Institution Schule berücksichtigen, nämlich die ablaufenden Prozesse, die den pädagogischen Intentionen der Lehrenden entsprechen, aber ihnen auch zuwiderlaufen können. Dies wird insbesondere in mikrosoziologisch-ethnographischen, aber auch in ethnomethodologischen oder konversationsanalytischen Untersuchungen geleistet, denn hier werden aus den Interaktionen verbaler Art, aber auch mittels der Analyse von Mimik und Gestik, Deutungen erarbeitet, die zu zeigen vermögen, wie die an einer Handlung beteiligten Kinder eine Situation verstehen.

Kindheitstheoretisch werden diese Entwicklungen und Beobachtungen zusammengefasst im *Konzept vom „Kind als sozialer Akteur"*. Dabei wird angenommen, dass Kinder durch eigene Aktivitäten an ihrer Entwicklung mitwirken. In dieser Denkweise werden Kinder als schon immer auch vollwertige Gesellschaftsmitglieder betrachtet und nicht länger als „Menschen in Entwicklung" auf ihr Mitglied-Werden in der Gesellschaft reduziert.

Deutlich wird diese Neuorientierung auch im *„Konzept der generationalen Ordnung"*. Dieser Denkansatz der sozialwissenschaftlichen Kindheitsforschung geht davon aus, dass die Einteilung der Gesellschaftsmitglieder nach Alter und Generation eine gesellschaftliche Konstruktion und keine „natürliche Ordnung" sei. Aus dieser Sicht werden die machtbezogene Relation von Älteren und Jüngeren und das strukturelle Handeln bei der Unterscheidung zwischen Kindern und Erwachsenen betont (vgl. Alanen 2005).

Die Beobachtung von Kindern in der Schule eröffnet, ausgehend von ihren Praktiken und ihren sozialen Aktivitäten, die Möglichkeit relevante sozialkulturelle Ordnungsbildungen zu erschließen, die im Unterricht als einem öffentlichen Geschehen wie auf einer Bühne stattfinden oder aufgeführt werden und entsprechend zu beobachten sind (vgl. Reh 2011; Reh et al. 2011).

Folgende Perspektiven von Kindern auf Schule und Unterricht können dementsprechend analytisch unterschieden werden – auch wenn sie sich praktisch immer wieder überschneiden und überlagern:

- die *Peerperspektive*, die sich auf die sozialen und intragenerationalen Beziehungen zu Mitschülerinnen und Mitschülern bezieht,
- die *Partizipationsperspektive*, die auf Teilhabe und Mitwirkung zielt,
- die *Unterrichtsperspektive*, die auf Aneignung im Vermittlungsprozess, auf die intergenerationale Lehrer-Schüler-Interaktion und die routinierte Bewältigung eines immer auch gleichförmigen Schulalltags gerichtet ist.

9.3 Zur Perspektivendifferenz von Kindern und Erwachsenen und deren Beobachtung

Sich mit dem schulischen Alltag aus der Perspektive von Kindern zu beschäftigen, bedeutet, den sozialen Prozessen in der Schulklasse eine größere Bedeutung bei zu messen. Die Fokussierung der kindlichen Perspektive in der pädagogischen Arbeit trägt ferner dazu bei, deren Schwerpunktsetzung zu verschieben (vgl. de Boer 2009, S. 215).

Allerdings ist nicht unumstritten, ob die Sichtweisen und Bedeutungssysteme von Kindern aus der Perspektive erwachsener Deutungsgewohnheiten und Relevanzsysteme überhaupt angemessen rekonstruiert werden können (vgl. Honig 1999; Hülst 2000). So lautetet eine Devise der sozialwissenschaftlichen Kindheitsforschung, die seit den 1990er-Jahren intensiv daran arbeitet, die Perspektiven von Kindern besser zu erfassen: „Kindern eine Stimme geben". Dabei wurde die Frage aufgeworfen, ob Erwachsene überhaupt in der Lage seien, diese Stimme zu verstehen. Ausgegangen wurde davon, dass Kindheit eine Form der Existenz ist, die Erwachsenen fremd geworden ist und in deren Verstehen die jeweils eigenen Wünsche, Ängste und Ansichten der Erwachsenen virulent werden. Da jede Kommunikation gelingen oder scheitern kann – gemessen an dem markierten Einverständnis der Beteiligten – und es durchaus gelingende Kommunikation zwischen Kindern und Erwachsenen im Alltag gibt, kann davon ausgegangen werden, dass intergenerationale Verständigung möglich ist. Doch kann jeder Kindheitsforscher oder jede Kindheitsforscherin, der oder die die Perspektive von Kindern darzustellen oder zu formulieren beansprucht, Erfahrungen und Interessen von Kindern immer nur stellvertretend artikulieren.

Wenn in der sozialwissenschaftlichen Kindheitsforschung von der Perspektive von Kindern gesprochen wird, bezieht sich dieses auf mehrere Dinge. Zum einen wird reklamiert, sowohl die von Kindern erlebte und entworfene Wirklichkeit zu repräsentieren, wie auch die Positionierung des Kindes in der Gesellschaft zu berücksichtigen, aber auch auf Verfahren der Datengewinnung und Interpretation. Mit dem Ziel, eine auf die Perspektive von Kindern ausgerichtete Forschungspraxis zu entwickeln, wurden in der sozialwissenschaftlichen Kindheitsforschung methodologische und methodische Probleme zunehmend systematisch behandelt (vgl. z. B. Behnken et al. 1991; Chistensen und James 2000; Grunert und Krüger 2006; Heinzel 2000, 2010a; Honig et al. 1999; Richter 1997; Rohrmann 1996; Mey 2005).

Die Perspektive der Kinder zu verstehen und stellvertretend einzunehmen, bedeutet immer auch anzuerkennen, dass zwischen Kindern und Erwachsenen eine Perspektivendifferenz besteht, die im Zusammenhang der beobachteten Handlungen oder Praktiken rekonstruierbar ist. Damit sind nicht nur forschungsmethodische, sondern auch theoretische Herausforderungen verbunden. Diese zu bewältigen, können die genannten beiden zentralen Konzepte der sozialwissenschaftlichen Kindheitsforschung beitragen.

Hierzu ein Beispiel
Eine Lehramtsstudentin im Praktikum stellt im Unterricht einer jahrgangsgemischten Eingangsstufe eine Frage. Fast alle Kinder melden sich. Zahlreiche Arme und Finger strecken sich ihr immer weiter entgegen. Einige Kinder beugen sich so weit nach vor, dass sie halb über dem Tisch hängen.

Mit verschiedenen Mitteln versuchen sie zusätzlich auf sich aufmerksam zu machen. Einige rufen nur ein lang gezogenes „biiitte", andere argumentieren „ich war noch gar nicht", weitere fordern „ein Mädchen, ein Mädchen", andere entgegnen „immer Mädchen, jetzt muss ein Junge" oder „nimm den Jonas". Die Lehramtsstudentin zögert eine Weile, entscheidet sich dann mit einer – eine Entschuldigung andeutenden –, Geste und ruft ein Kind auf. Alle Arme fallen nun fast gleichzeitig nach unten, mehrfach begleitet von Signalen der Enttäuschung wie „och" oder „ich komme nie dran" oder „immer die!". Die Lehrerin, die neben mir (der Praktikumsbetreuerin) steht, wendet sich mir zu und sagt in gedämpftem Ton: „Alles kleine Egoisten hier. Das müssen die noch lernen."

Aus der Perspektive der Lehrpersonen (der Lehramtsstudentin wie der beobachtenden Lehrerin) muss hier ein alltägliches Handlungsproblem im Grundschulunterricht gelöst werden. In einer Plenumssituation muss zügig ein Kind zum Beantworten einer Frage ausgewählt werden. Die Lehrerin kennt die Entscheidungsschwierigkeiten der jungen Kollegin in einer solchen Situation aus eigener Erfahrung. Ihre Bemerkung verweist darauf, dass sie auf entwicklungstheoretisch begründete Vorstellungen zurückgreift. Demnach stünde ein notwendiger Entwicklungsschritt für viele Kinder dieser Klasse noch aus: sie hätten nämlich zu lernen, zwischen der eigenen Perspektive und der der anderen Kinder zu unterscheiden und auch die Handlungen der Lehrerin könnten dann aus deren Sicht betrachtet und ihre Entscheidungen möglicherweise akzeptiert werden. In diesem Falle wird die Verantwortung für die begrenzten Handlungsmöglichkeiten bei der Wortvergabe im Rahmen dieser Lehrer-Schüler-Interaktion den sich als leistungswillig präsentierenden Kindern zugeschrieben.

Die Lehrerin verfügt offensichtlich über die Macht, das Wort zu vergeben und hat die Möglichkeit zu bestimmen, wer im Unterricht wann sprechen darf. Jedes einzelne Kind – so jedenfalls legt es die Beobachtungsprotokollierung nahe – verhält sich hier so, als ob es ausgewählt werden und die Gelegenheit erhalten möchte, seine Leistungen zu zeigen. Das ist im Rahmen der Schule, in der Leistungssituationen geschaffen und Leistungen bewertet werden, ein sinnvolles und angemessenes, an den schulischen Normen orientiertes Handeln. Wenn man das Verhalten der Kinder in dieser Form als ein kompetentes Verhalten in der bestehenden Situation, ein der Rolle von Schülern oder Schülerinnen angemessenes Verhalten versteht, ist es kaum noch als nur und einfach „egoistisch" zu beschreiben. Für die Kinder sind mit der Auswahl und Wortvergabe darüber hinaus häufig Statusfragen, Anerkennungsprobleme und Partizipationswünsche verbunden. Kinder in der Schülerrolle wünschen sich den ersten Schuljahren meist noch von der Lehrerin ausgewählt zu werden, vor der Gruppe sprechen zu dürfen und sich aktiv beteiligen zu können. Zudem trägt dies dazu bei, den Peer-Status in der Grundschulklasse bewahren oder verbessern zu können. Die von der Lehrperson getroffene Auswahl muss nicht nur akzeptiert, sondern auch auf der Unterrichtsbühne bewältigt werden. Diese Sichtweise lässt auch das kollektive Handeln der Kinder dieser Schulklasse in der Situation der Wortvergabe durch die Lehrperson in einem anderen Licht erscheinen. Das kollektive peerkulturelle Handeln (Arme weit nach vorne stecken, „Och" im Chor) kann als gemeinschaftliche Aufführung des Verlangens nach dem Wort und der kollektiven Enttäuschung darüber, es nicht erhalten zu haben, betrachtet werden.

9.4 Hinweise zum Beobachten und Verstehen von Kindern

Im Folgenden werden einige Hinweise gegeben, die beim Beobachten in der Schule dazu beitragen sollen, den Blick auf Kinder und deren Sichtweisen zu fokussieren.

9.4.1 Fragestellung der Beobachtung klären

Es ist nicht möglich alle Kinder gleichzeitig oder das Unterrichtsgeschehen als Ganzes zu beobachten. Die Komplexität des Schul- und Unterrichtsalltags ist nur durch die vorausgehende Präzisierung des Beobachtungsinteresses zu reduzieren. Wenn es um die Sicht der Kinder geht, ist die Fragerichtung bereits geklärt; die Beobachtung konzentriert sich dann auf die Kinderperspektiven und das Schülerhandeln, nicht auf die Erwachsenenperspektive und das Lehrerhandeln.

Dabei kann die Sicht eines Kindes, die einer Gruppe von Kindern, die einer Schulklasse oder auch die aller Kinder einer Schule von Interesse sein. Es ist sinnvoll, Kinder auch direkt zu befragen, wie es ihnen in der Schule und im Unterricht geht und was es für sie bedeutet, alltäglich zur Schule zu gehen.

9.4.2 Unterscheiden zwischen intra- und intergenerationalen Interaktionen

Zunächst sollte bei der Beobachtung unterschieden werden zwischen Situationen, in denen Kinder miteinander handelnd umgehen und solchen, in denen sie dieses mit Erwachsenen tun. Im Umgang miteinander sind andere Praktiken erkennbar als in den Situationen mit Erwachsenen.

Auf der schulischen Ebene gibt es sowohl Räume und Zeiten, die eher von den Peers eingenommen werden (insbesondere Pausenhof und Pause) als auch Räume und Zeiten der Kinder mit den Erwachsenen (der Klassenraum während der Unterrichtszeit). Im Unterricht regeln die Sozialformen (Klassenunterricht, Kreisgespräch, Gruppenarbeit, Partnerarbeit, Einzelarbeit) die Interaktionsstruktur. In allen diesen Sozialformen können sowohl Peerinteraktionen als auch Interaktionen von Kindern mit Erwachsenen beobachtet werden. Dabei eignet sich die Gruppen- oder Partnerarbeit besser zur Beobachtung von Peerinteraktionen und der Klassenunterricht eher zur Beobachtung von Interaktionen der Kinder mit den Lehrpersonen. In der Kreissituation kann sich der Fokus sowohl auf Peerinteraktionen als auch Interaktionen der Kinder mit der Lehrerin richten. Wenn die Sicht der Kinder in der Schule interessiert, bieten Übergangssituationen, z. B. solche zwischen außerschulischer Lebenswelt und Schule (Übergänge am Morgen) oder zwischen Hofpause und Unterricht zudem aufschlussreiche Gelegenheiten der Beobachtung.

9.4.3 Beobachtungen dokumentieren und protokollieren

Wichtig ist es, sich als Beobachterin Zeit die Zeit zu nehmen, Beobachtungen zu dokumentieren, also etwa, wenn es um die Beobachtung von Kindern geht, auf Handlungen oder Praktiken gerichtete Beobachtungsnotizen oder Protokolle zu schreiben. Zudem ist es möglich, mit Videoaufzeichnungen gewinnbringend zu arbeiten. Allerdings geben auch Filmaufnahmen den Blick des oder der Filmenden wieder (vgl. Huhn 2000; Mohn 2010). Weder Beobachtungsprotokolle noch Filmdokumente sollten als neutrale Beschreibung von Sachverhalten aufgefasst werden, eher als „Erzählungen des Beobachters" (Lüders 2003, S. 152 f.). Schon bei der Anfertigung der Notizen und Protokolle besteht die besondere Herausforderung darin, sich über die eigenen Perspektiven – den Beobachterstandpunkt – und Wertungen klar zu werden, diese zu reflektieren und sie vielleicht auch gesondert zu dokumentieren, um auch diese – als Perspektivem des Beobachters – wiederum einer Beobachtung zugänglich zu machen (vgl. dazu auch Reh in diesem Band).

9.4.4 Kinder beobachten Beobachter

Die Beobachtung von Kindern findet in einem pädagogisch arrangierten Raum statt, in dem jede/r jeden beobachtet. Wiesemann (2010, S. 145) beschreibt die Schule als charakterisiert durch „Beobachtungsszenarien und vielfältige Beobachtungsaktivitäten." Beobachter der Lehrer und Lehrerinnen sind u. U. der Schulrat, die Schulleitung, die Mitglieder des Kollegiums und eben auch die Schülerinnen und Schüler. Sie sind „nicht nur Objekte der Beobachtung, sondern reihen sich nahtlos in die Beobachtungskultur der Schule ein" (ebd.).

9.4.5 Beobachtungen entstehen im Zusammenspiel von Erwachsenen und Kindern

In der Beobachtung wirken sowohl der Beobachter als auch die Kinder bei der Herstellung dessen mit, was beobachtet wird. Eine Offenheit des Beobachtenden für die Erzählungen, Handlungen und Haltungen der Kinder ist eine wesentliche Voraussetzung bei der Kinderbeobachtung. Das, was der Beobachter oder die Beobachterin sieht, was er oder sie wahrnimmt, ist Ergebnis eines Zusammenspiels von erwachsenem Beobachter und beobachtetem Kind. Die Beobachter sind Teil der beobachteten Situationen und wirken an den Erfahrungen und Interaktionen der Kinder unmittelbar mit. Gibt es noch eine Geschichte des Verhältnisses zwischen der beobachtenden Person und dem Kind, z. B. wenn die beobachtende Person eben die Lehrerin selbst ist, gehört zudem die Beziehungsdynamik zwischen Lehrer bzw. Lehrerin und beobachtetem Kind zu den zentralen Konstitutionsbedingungen der Beobachtungen.

Die Beobachtungsnotizen und -protokolle sind immer bereits Interpretationen. Es sind die erwachsenen Beobachter, die den Beobachtungen schon bei der Beschreibung Sinn verleihen. Deshalb ist nur eine Annäherung an die Perspektive der Kinder möglich.

9.4.6 Deutungen und Wirklichkeitsauslegungen der Kinder rekonstruieren

Zuletzt stellt sich die Frage, wie die protokollierten „Daten" angemessen interpretiert, wie ihnen also Bedeutung verliehen werden soll, wenn es darum geht, die Sinnkonstruktionen der Kinder zu erschließen und den schulischen Alltag aus ihrem Blickwinkel zu erfassen.

Die Analyse der Beobachtungen sollte sequenziell vorgenommen werden, also der Ablauflogik des Geschehens folgen. Relevant ist dessen immanenter Sinn für die Kinder, über dessen Wert kein Urteil in der Beobachtung gefällt werden sollte. Die Analysen sollten darauf zielen neben dem subjektiven Sinn der Handlungen für die Kinder auch deren Orientierungsmuster zu erkennen.

Eine wichtige Voraussetzung für das Verstehen von Kindern besteht in der Annahme, dass sie in ihren Kontexten immer sinnvoll handeln, selbst wenn ihre Handlungen den erwachsenen Beobachtern manchmal unsinnig erscheinen und diese irritieren. Es wird so bei der Analyse Offenheit für die Sinn- und Regelsysteme von Kindern hergestellt.

Bei allen Deutungen ist zu prüfen, ob die erwachsenen Beobachter und Beobachterinnen nicht nur „dem Bild aufsitzen", das sie sich über Kinder machen. Deshalb ist eine Kontrolle der eigenen Deutungen vor dem Hintergrund eigenen Normen und Konstruktionen (wie z. B. Kinder als Entwicklungswesen, Kinder als Problemgruppe, Kinder als zu Erziehende, Kinder als Opfer, Kinder als Hoffnungsträger, Kinder als Konsumenten, Kinder als kompetente Bürger, Kindheit als Oase des Glücks, Kindheit als prägende Lebensphase u. a.) unbedingt erforderlich. Zur Reflexion eigener Deutungen bieten sich kollegiale Besprechungen von beobachteten pädagogischen Situationen an.

Das intra- und intergenerationale Handeln sollte zum Ausgangspunkt und Gegenstand des Verstehens werden. Dies bedeutet, die Prozesse der Herstellung der generationalen, schulischen Ordnung in die Deutungen einzubeziehen. In den schulischen oder unterrichtlichen Interaktionen von Kindern mit Erwachsenen und in den Interaktionen der Kinder untereinander werden Erwartungen und Unterstellungen, Vorstellungen übereinander und Vorstellungen über das generationale Verhältnis aufgerufen, weil die Deutungen der Erwachsenen wie der Kinder in der Generationendifferenz kulturell verankert sind (vgl. Heinzel 2010a und 2011).

Immer aber bleiben – das ist abschließend zu betonen – die Interpretationen der erwachsenen Beobachter und Beobachterinnen Konstrukte aus der Erwachsenenperspektive bleiben, denn der Sinn der kindlichen Handlungen erschließt sich für sie, indem sie diesen aus ihrer Sicht Bedeutung verleihen – selbst dann, wenn sie sich dabei bemühen aus „der Perspektiven der Kinder" zu deuten.

Literaturverzeichnis

Alanen, L. (2005). Kindheit als generationales Konzept. In H. Hengst, & H. Zeiher (Hrsg.), *Kindheit soziologisch* (S. 65–82). Wiesbaden: VS Verlag.

Beck, G., & Scholz, G. (1995). *Beobachten im Schulalltag*. Frankfurt a. M.: Cornelsen.

Behnken, I., Leppin, E., Lutz, M., Pasquale, J., Wojtkowiak, A., & Zinnecker, J. (1991). *Kindheit im Siegerland. Fallstudien zur Modernisierung von Kindheit. Methoden Manuale*. Bd. 2. Siegen.

Breidenstein, G. (2006). *Teilnahme am Unterricht. Ethnographische Studien zum Schülerjob*. Wiesbaden: VS Verlag.

Bucher, A. (2001). *Was Kinder glücklich macht. Historische, psychologische und empirische Annäherungen an Kinderglück*. Weinheim: Juventa.

Bühler-Niederberger, D. (2005). *Kindheit und die Ordnung der Verhältnisse. Von der gesellschaftlichen Macht der Unschuld und dem kreativen Individuum*. Weinheim: Juventa.

Christensen, P., & James, A. (Hrsg.). (2000). *Research with Children. Perspectives and Practices*. London: Falmer Press.

Dauber, H., & Vollstädt, W. (2004). Psychosoziale Belastungen im Lehramt. Empirische Befunde zur Frühpensionierung hessischer Lehrer. *Die Deutsche Schule*, *96*(3), 359–369.

de Boer, H. (2009). Von der Konstruktion des „normalen" Schülers zur Rekonstruktion der kindlichen Perspektive. In H. de Boer, & H. Deckert-Peaceman (Hrsg.), *Kinder in der Schule. Zwischen Gleichaltrigenkultur und schulischer Ordnung* (S. 209–229). Wiesbaden: VS-Verlag.

Fölling-Albers, M. (1992). *Schulkinder heute. Auswirkungen veränderter Kindheit auf Unterricht und Schulleben*. Weinheim: Beltz.

Fölling-Albers, M., & Schwarzmeier, K. (2005). Schulische Lernerfahrungen aus der Perspektive von Kindern – Empirische Grundschulforschung mit Methoden der Kindheitsforschung. In G. Breidenstein, & A. Prengel (Hrsg.), *Schulforschung und Kindheitsforschung – ein Gegensatz?* (S. 95–114). Wiesbaden: VS Verlag.

Fölling-Albers, M., & Meidenbauer, K. (2010). Was erinnern Schüler/innen vom Unterricht? *Zeitschrift für Pädagogik*, *56*(2), 229–248.

Fuhs, B. (1999). *Kinderwelten aus Elternsicht*. Opladen: Leske+Budrich.

Gisidakis, B. (2007). Oh, wie wohl ist mir in der Schule… Schulisches Wohlbefinden – Veränderungen und Einflussfaktoren im Laufe der Grundschulzeit. In C. Alt (Hrsg.), *Kinderleben – Start in die Grundschule. DJI-Kinderpanel. Ergebnisse aus der zweiten Welle*. Bd. 3 (S. 107–136). Wiesbaden: VS Verlag.

Griebel, W., & Niesel, R. (2003). Die Bewältigung des Übergangs vom Kindergarten in die Grundschule. In W. E. Fthenakis (Hrsg.), *Elementarpädagogik nach PISA. Wie aus Kindertagesstätten Bildungseinrichtungen werden können* (S. 136–151). Freiburg: Herder.

Grunert, C., & Krüger, H. H. (2006). *Kindheit und Kindheitsforschung in Deutschland. Forschungszugänge und Lebenslagen*. Opladen: Budrich.

Heinzel, F. (Hrsg.). (2000). *Methoden der Kindheitsforschung. Ein Überblick über Forschungszugänge zur kindlichen Perspektive*. Weinheim: Juventa.

Heinzel, F. (2004). Traktat vom „schwierigen Kind" oder pädagogischer Optimismus? In F. Heinzel, & U. Geiling (Hrsg.), *Demokratische Perspektiven in der Pädagogik* (S. 114–125). Wiesbaden: VS Verlag.

Heinzel, F. (2010). Zugänge zur kindlichen Perspektive – Methoden der Kindheitsforschung. In B. Friebertshäuser, A. Langer, & A. Prengel (Hrsg.), *Handbuch Qualitative Forschungsmethoden in der Erziehungswissenschaft* (3., vollst. überarb. Aufl., S. 707–722). Weinheim: Juventa.

Heinzel, F. (2010). Schule aus der Sicht von Grundschulkindern. In F. Heinzel (Hrsg.), *Kinder in Gesellschaft. Was wissen wir über aktuelle Kindheiten?* (S. 21–31). Frankfurt a. M.: Grundschulverband.

Heinzel, F. (2011). Kindgemäßheit oder Generationenvermittlung als grundschulpädagogisches Prinzip? In F. Heinzel (Hrsg.), *Generationenvermittlung in der Grundschule. Ende der Kindgemäßheit?* (S. 40–68). Bad Heilbrunn: Klinkhardt.

Herzog, S. (2007). *Beanspruchung und Bewältigung im Lehrerberuf*. Münster: Waxmann.

Honig, M. S., Lange, A., & Leu, H. R. (Hrsg.). (1999). *Aus der Perspektive von Kindern? Zur Methodologie der Kindheitsforschung*. Weinheim: Juventa.

Huhn (2000). In Heinzel Methoden der Kindheitsforschung.

Hülst, D. (2000). Ist das wissenschaftlich kontrollierte Verstehen von Kindern möglich? In F. Heinzel (Hrsg.), *Methoden der Kindheitsforschung. Ein Überblick über Forschungszugänge zur kindlichen Perspektive.*

Lüders, C. (2003). Teilnehmende Beobachtung. Stichwort. In R. Bohnsack, W. Marotzki, & M. Meuser (Hrsg.), *Hauptbegriffe qualitativer Sozialforschung* (S. 151–153). Opladen: Leske+Budrich.

Mey, G. (Hrsg.). (2005). *Handbuch Qualitative Entwicklungspsychologie. Positionen und Verfahren*. Köln: Studien Verlag.

Mohn, B. E. (2010). Dichtes Zeigen beginnt beim Drehen. Durch Kameraführung und Videoschnitt ethnographische Blicke auf Unterrichtsituationen und Bildungsprozesse entwerfen. In F. Heinzel, W. Thole, P. Cloos, & S. Köngeter (Hrsg.), *„Auf unsicherem Terrain“: Ethnographische Forschung im Kontext des Bildungs- und Sozialwesens* (S. 153–170). Wiesbaden: VS Verlag.

Mohn, B. E., & Wiesemann, J. (2007). *Handwerk des Lernens: Kamera-Ethnographische Studien zur verborgenen Kreativität im Klassenzimmer (Video-DVD)*. Göttingen: IVE Institut für Visuelle Ethnographie.

Petillon, H. (1993). *Das Sozialleben des Schulanfängers*. Weinheim: Beltz.

Reh, S. (2011). Individualisierung und Öffentlichkeit. Lern-Räume und Subjektivitationsprozesse im geöffneten Grundschulunterricht. In S. K. Amos, W. Meseth, & M. Proske (Hrsg.), *Öffentliche Erziehung revisited. Erziehung, Politik und Gesellschaft im Diskurs* (S. 33–52). Wiesbaden: VS Verlag.

Reh, S., Rabenstein, K., & Idel, T. S. (2011). Unterricht als pädagogische Ordnung. Eine praxistheoretische Perspektive. In W. Meseth, & M. Proske (Hrsg.), *Zur Bedeutung der Theorie des Unterrichts* (S. 209–222). Bad Heilbrunn: Klinkardt.

Richter, R. (1997). Qualitative Methoden in der Kindheitsforschung. *Österreichische Zeitschrift für Soziologie, 22*(4), 74–98.

Richter, D. (1987). *Das fremde Kind. Zur Entstehung der Kindheitsbilder des bürgerlichen Zeitalters*. Frankfurt a. M.: Fischer.

Rohrmann, T. (1996). *Beobachtungsverfahren und Befragungsmöglichkeiten von Kindern im Kleinkindalter. Eine Expertise im Rahmen des Projekts Konfliktverhalten von Kindern in Kindertagesstätten*. München: Deutsches Jugendinstitut.

Schneider, S. (2005). Lernfreude und Schulangst. Wie es 8- bis 9-jährigen Kindern in der Grundschule geht. In C. Alt (Hrsg.), *Kinderleben – Aufwachsen zwischen Familie, Freunden und Institutionen*. DJI Kinderpanel. Bd. 2 (S. 199–203). Wiesbaden: VS Verlag.

Scholz, G., & Beck, G. (1995). *Beobachten im Schulalltag. Ein Studien- und Praxisbuch*. Frankfurt a. M.: Cornelsen.

Schönknecht, G., & Michalek, R. (2005). Kinder sprechen über Schule – Inhalte von Gruppendiskussionen mit Kindern im Grundschulalter. In M. Götz, & K. Müller (Hrsg.), *Grundschule zwischen den Ansprüchen der Individualisierung und Standardisierung*. Jahrbuch Grundschulforschung. Bd. 9 (S. 69–76). Wiesbaden: VS Verlag.

Stecher, L. (2003). Schulerleben am Ende der Grundschulzeit. In A. Panagiotopoulou, & H. Brügelmann (Hrsg.), *Grundschulpädagogik meets Kindheitsforschung. Zum Wechsel von schulischem Lernen und außerschulischen Erfahrungen im Grundschulalter*. Opladen: Leske+Budrich.

Wiesemann, J. (2010). Ethnographie (machen) mit Kindern in der Schule: Die Beobachtung der Beobachter. In F. Heinzel, W. Thole, P. Cloos, & S. Köngeter (Hrsg.), *„Auf unsicherem Terrain": Ethnographische Forschung im Kontext des Bildungs- und Sozialwesens* (S. 143–152). Wiesbaden: VS Verlag.

Wagner-Willi, M. (2005). *Kinderrituale zwischen Vorder- und Hinterbühne*. Wiesbaden: VS Verlag.

World Vision (2010). *Kinder in Deutschland 2010*. World Vision Kinderstudie. Bd. 2. Frankfurt a. M.: Fischer.

Zinnecker, J. (2001). *Stadtkids. Kinderleben zwischen Straße und Schule*. Weinheim: Beltz.

Der Blick auf die Dinge des Lernens Überlegungen zur Beobachtung dermateriellen Dimension pädagogischer Praktiken

10

Kerstin Rabenstein und Johanna Wienike

▸ **Kerstin Rabenstein** und **Johanna Wienike** richten den Blick auf die Dinge des Lernens. Sie fragen danach, ob Neues erfahren werden kann, wenn dezidiert die Dinge in den Blick genommen werden. Rabenstein und Wienike geben einen Einblick in empirische Studien über den Gebrauch schulischer Dinge im Unterricht. Dort liegt der Fokus bislang zumeist auf jenen Dingen, die für die Schüler und Schülerinnen allgemein zugängliches Wissen darstellen, präsentieren bzw. sichtbar machen sollen. An der Analyse eines Beobachtungsprotokolls wird gezeigt, was sich aus der Beobachtung der Dinge im Gebrauch bzw. der Gebrauchsweisen der Dinge über die Beobachtung pädagogischer Situationen lernen lässt.

> Irgendeine Dingeigenschaft appelliert an uns, und der Gegenstand spricht uns sozusagen im Gerundivum an: der Gegenstand verlangt von uns, daß wir etwas mit ihm tun (vgl. Langeveld 1955, S. 73).

Das Aufwachsen in einer durch Dinge geprägten Welt ist in der Diskussion zur (früh)kindlichen Erziehung, Entwicklung bzw. Sozialisation immer wieder Thema: Aus phänomenologischer Sicht wurde der Aufforderungs- und/oder Appellcharakter von Dingen schon früh beschrieben (vgl. Langeveld 1955); die miterziehende und auffordernde Bedeutung von Dingen in (kindlichen) Entwicklungs-, Sozialisations- und Lernprozessen wurde vielfach in bildungstheoretische Überlegungen zu integrieren versucht (vgl. Pazzini 1983; Meyer-Drawe 1999; Stieve

Prof. Dr. Kerstin Rabenstein ✉, Johanna Wienike ✉
Arbeitsbereich Schulpädagogik/Empirische Unterrichtsforschung und Schulentwicklung, Pädagogisches Seminar, Georg-August-Universität Göttingen, Göttingen, Deutschland
e-mail: kerstin.rabenstein@sowi.uni-goettingen.de, johanna.wienike@gmx.de

H. de Boer und S. Reh (Hrsg.), *Beobachtung in der Schule – Beobachten lernen*,
DOI 10.1007/978-3-531-18938-3_10,

2008). So versteht beispielsweise auch Mollenhauer (1987) Dinge in ihren unterschiedlichen Funktionen – als Zeichen, Werkzeuge oder Wahrnehmungsinhalte – als relevante Aspekte von Bildungstheorien. Jüngst schließt Nohl (2011) an diese Überlegungen an und versucht, der Frage nach pädagogischen Grundvorgängen des Lernens, sich Bildens und Sozialisierens in einer als Dingwelt zu bezeichnenden Welt nachzugehen. Trotz der in die erziehungswissenschaftliche Theoriebildung eingeflossenen Überlegungen zum Verhältnis von Menschen bzw. Kindern und Dingen wird in der Beobachtung pädagogischer Situationen bislang noch eher selten dezidiert nach den Praktiken mit den Dingen und ihrer bedeutungsgenerierenden Funktion in Praktiken gefragt. Dies gilt, wie Kalthoff (2011) feststellt, ebenfalls für die sich in den letzten 20 Jahren zunehmend etablierende schul- und unterrichtsbezogene ethnographische Forschung. Auch der Bezug auf praxistheoretische Grundlagen (vgl. Schatzki 1996; Reckwitz 2003) bringt es keineswegs mit sich, dass die materielle Dimension von Praktiken nicht nur konstatiert, sondern in der empirischen Analyse eingehend berücksichtigt wird. Es ist vermutlich notwendig, Sehgewohnheiten zu verändern, um auch den Appell- und Aufforderungscharakter von Dingen als ein strukturierendes Moment von Interaktionen detailliert untersuchen zu können.

Wir wollen im Folgenden an dem Beispiel eines Beobachtungsprotokolls über eine Unterrichtssituation (vgl. Rabenstein 2009, S. 27), das anhand einer Videosequenz erstellt wurde, zunächst fragen, wie die Dinge in Beschreibungen pädagogischer Situationen – gewöhnlicherweise – in den Blick kommen, um dann anhand eines zweiten Blicks auf dieselbe Situation am Beispiel eines sogenannten Rechenrahmens die Praktiken des Gebrauchs schulischer Dinge zu rekonstruieren. Wir fragen danach, was über Interaktionen erfahren werden kann, wenn die Gebrauchspraktiken der Dinge in den Blick genommen werden. Unser Beitrag gliedert sich wie folgt: Im ersten Abschnitt geben wir einen Einblick in vorliegende empirische Studien über den Gebrauch schulischer Dinge im Unterricht. Gegenstand des zweiten Abschnitts ist die Analyse des Beobachtungsprotokolls. Im dritten Abschnitt fassen wir zusammen, was sich aus der Beobachtung der Gebrauchspraktiken der Dinge über die Beobachtung pädagogischer Situationen lernen lässt.

10.1 Die Dinge des Unterrichts

Empirische Arbeiten, die die Bedeutung der Dinge in pädagogischen Praktiken in Unterricht und Schule fokussieren, sind bislang eher selten zu finden. In den wenigen Arbeiten, die diese Lücke zu schließen versuchen, wird insbesondere ein Interesse an den zentralen Medien der Repräsentation von öffentlich zu machendem

Wissen deutlich. So ist beispielsweise die Gebrauchsweise der Tafel in institutionalisierten Lehr-Lernprozessen in ethnographischen Arbeiten Thema. In der Beobachtung des Gebrauchs der Tafel im alltäglichen Schulunterricht der Sekundarstufe kommt etwa Breidenstein zu dem Schluss, dass vor allem das Produkt zähle: „Was an der Tafel produziert wurde ist auch das, was potentiell *re*produziert werden muss. Das in Tafelanschrieben geronnene Wissen stellt in der Regel den Kern dessen dar, was für Prüfungen gelernt werden muss“ (Breidenstein 2006, S. 218). Im Unterschied dazu hebt Caruso (2003) in seiner historischen Analyse von Quellen mit Blick auf die Einführung der Wandtafel hervor, die den Einsatz der Anschauungsbilder im schulischen Unterricht Ende des 19. Jahrhunderts ablöst, dass diese dazu gedacht gewesen sei – und auch deswegen befürwortet bzw. eingeführt wurde –, dass „die Kinder das Entstehen der Zeichnung durch die Hand des Lehrers beobachten konnten“ (Caruso 2003, S. 261). Kalthoff macht in den ethnographischen Beobachtungen von Unterrichtssituationen in Internatsschulen darüber hinaus auf eine weitere Funktion der Tafel aufmerksam, indem er die Kontextgebundenheit ihres Gebrauchs hervorhebt: So wechsele die Tafel beispielsweise im Mathematikunterricht von einer „Domäne des Lehrers“ zu einem „Element, an dem Schüler oft ihr Wissen ausprobieren und präsentieren können“ (Kalthoff 1997, S. 104).

Zu einem ganz anderen Schluss kommt Greiffenhagen, der den Gebrauch der Tafel in Mathematikvorlesungen an der Universität rekonstruiert und daran zeigen kann, dass mathematische Praktiken, die bislang als abstrakte, nicht sichtbare (Denk-)Aktivitäten gelten, als „embodied, situated“ (Greiffenhagen 2008, S. 25) zum Vorschein kommen. Mathematik lasse sich, so Greiffenhagen, als eine „material practice“ (Greiffenhagen 2011, S. 1) verstehen, in der die Tafel einen ikonischen Status einnehme und eben jenes Medium sei, das mathematische Praktiken sichtbar machen könne (vgl. ebd., S. 2). Ergebnis seiner ethnographischen Beobachtung ist, dass die Tafel in Mathematikvorlesungen nicht vorrangig der Darstellung des Endergebnisses eines Beweises, sondern dem Sichtbarmachen des Prozesses seiner Hervorbringung, Entfaltung und Begründung diene, was er als konstitutiv für öffentliches mathematisches Denken herausstellt (vgl. Greiffenhagen 2011, S. 18). Dem eigentlich abstrakten, öffentlich nicht zugänglichen, weil nicht sichtbaren Denken wird damit eine materielle Basis gegeben, die dessen Visualisierung, Beobachtbarkeit und Nachvollziehbarkeit ermöglicht.

In Abhängigkeit von der konkreten Beschaffenheit der Tafel – gibt es mehrere große und verschiebbare Tafeln wie in Vorlesungssälen oder eine aufklappbare Tafel wie im Klassenzimmer – sowie von den Kontexten ihres Gebrauchs präfigurieren die Dinge offensichtlich unterschiedliche Gebrauchsweisen. Es ist zumindest denkbar, dass der Gebrauch der Tafel in der viel kritisierten Geschlossenheit mathematischen Denkens im Schulunterricht tendenziell mehr als ein Medium zur Fixierung eines Produkts des Denkens und weniger zum Zeigen des Denkens im Prozess eingesetzt wird. Weitere Beobachtungen zum Gebrauch von Veranschaulichungs- und Visualisierungsmedien – wie dem Smartboard, der Moderationswand etc. – im Schulunterricht könnten zu einer differenzierten Beschreibung der jeweils mit hervorgebrachten Praktiken des Lehrens und Lernens führen. Einen Schritt weiter in diese Richtung gehen die Beobachtungen von Röhl (2012).

Röhl (2012) untersucht jene Dinge, die im Klassenzimmer in ganz unterschiedlicher Art und Weise der Darstellung und Visualisierung des als gültig zu markierenden und als gültig markierten Wissens dienen; im Unterschied zu Greiffenhagen beobachtet Röhl allerdings die Tafel im schulischen Mathematikunterricht und stellt ihr die Beobachtung eines Demonstrationsexperiments im Physikunterricht gegenüber. Den Fokus legt er dabei – unter Rückgriff auf postphänomenologische Arbeiten – auf das Verhältnis schulischer Dinge, Praxen und ihrer sinnlich-medialen Seite (vgl. Röhl 2012, S. 1). Für die Beobachtung der Dinge entwickelt er (im Anschluss an Verbeck 2005; Ihde 1990; Ihde 2009) ein begriffliches Instrumentarium: bezüglich der Mensch-Ding-Beziehung unterscheidet er erstens zwischen den Dingen als Anderes und als Mittler, zweitens zwischen ihrer Funktion als Verstärkung oder Reduktion von etwas in der Mensch-Ding-Beziehung sowie drittens als Aufforderung oder Hemmung an jemanden etwas zu tun (vgl. Röhl 2012, S. 7). Das Ergebnis der ethnographischen Beobachtung der Tafel und des Demonstrationsexperiments im Vergleich zeigt, dass eine eindeutige Gegenüberstellung des Mediums der Tafel als „Medialität des Zeichens" und des Experiments als „Medialität der Präsenz" nicht möglich ist. Vielmehr stellen beide Medialitäten für ihn „Mischformen aus thematischem Vordergrund und Hintergrund, Anwesenheit und Abwesenheit" (Röhl 2012, S. 17) dar; so diene die Tafel zwar primär der semiotischen Vermittlung zwischen dem, was schriftlich dargestellt werde, und dem, was vermittelt werden solle, gleichzeitig sei die Schrift jedoch beispielsweise im Matheunterricht kein Vermittler, sondern das – und hier findet sich eine Parallele zu Greiffenhagen –, mit dem „hantiert, gerechnet und operiert" (Röhl 2012, S. 16) werde. Ebenso zeige sich das Experiment nicht nur als eine „direkt verkörperte Präsenz des Dargestellten" (Röhl 2012), sondern fungiere gleichzeitig als mediale Repräsentation vorbereiteter naturwissenschaftlicher Erklärungen. Röhl schließt mit einer Unterscheidung von Dingen nach deren Bedeutung im bzw. für Unterricht: So könnten die „Dinge des Wissens in zweierlei Hinsicht (…) relevant sein (…): (1) als anwesende Dinge und (2) als Mittler von Abwesendem, das durch sie anwesend gemacht wird" (Röhl 2012, S. 17). Die Dinge aufseiten der Schüler und Schülerinnen, die wir als Dinge des Lernens bezeichnen, werden gegenüber diesen ersten Studien zu den Dingen des Wissens, deren Einsatz primär in den Händen des Lehrers liegt, bislang eher am Rande erwähnt.

So betrachtet Caruso (2003) unter der Frage, welche dinglichen Veränderungen im Schulunterricht Ende des 19. Jahrhunderts mit welchen Veränderungen im Verständnis des Lernsubjekts einhergehen, u. a. auch Dinge der Schüler und Schülerinnen: Er hebt zum Beispiel hervor, dass das Ende des 19. Jahrhunderts allmählich eingeführte Schulheft in Ablösung der Schiefertafel die Entwicklung des Subjekts zu dokumentieren erlaubte. Welche Bedeutung dem Schulheft im Gebrauch darüber hinaus noch zukommt, thematisiert er indes nicht. Breidenstein (2006) zählt Dinge der Schüler und Schülerinnen auf, wie Stifte, Federmappen, Bücher und Hefte, die den haptischen Nahraum der Schüler und Schülerinnen im Klassenraum prägen. Der haptische Nahraum reicht so weit wie der Körper, er schließt alles, was durch Bewegungen des Oberkörpers zu erreichen ist, ein: „vor allem alles, was sich auf der eigenen Arbeitsfläche befindet, den eigenen Körper, den Körper des Nachbarn und dessen Arbeitsmaterialien" (Breidenstein 2006, S. 55). Einer gezielteren Betrachtung werden diese Dinge jedoch nur ansatzweise unterzogen, etwa wenn Mohn und Amann (2006) den Gebrauch von auf den Tisch gestellten Ranzen oder Büchern als Sichtschutz zeigen. Breidenstein (2006, S. 223) hebt im Sinne der Produktionsorientierung des Schülerjobs vor allem Schülerarbeiten als Produkte hervor, die sich gegenüber dem Fluss des Unterrichts als etwas Stabiles absetzen und es ermöglichen, schulischen Arbeitsprozessen Sinn zu verleihen, Leistungen der Schüler und Schülerinnen und auch der Lehrenden aufzuzeigen und öffentlich zu machen; Unterricht und Lernprozesse werden somit beobachtbar. Die Praktiken des Gebrauchs der Dinge, die beim Lernen in den Händen und damit der Verfügung der Schüler und Schülerinnen sind, werden in diesen Studien hingegen nicht näher analysiert.

Der Fokus liegt bislang also zumeist auf jenen Dingen, die für die Schüler und Schülerinnen allgemein zugängliches Wissen darstellen, präsentieren bzw. sichtbar machen sollen. Mit Röhl kann hier von „Dinge[n] des Wissens" (Röhl 2012, S. 1) gesprochen werden, die sich von den Dingen des alltäglichen Gebrauchs – die hier jedoch nicht weiter betrachtet werden, wie etwa den Stühlen und Tischen – abgrenzen lassen. Sie lassen sich von Dingen unterscheiden, die wir im Weiteren als die Dinge des Lernens bezeichnen möchten. Diese sind dem individuellen Besitz des Schülers/der Schülerin zugehörig und, so Breidenstein (2006), in dessen/deren haptischem Nahraum anzusiedeln. Dazu zählen wir jene Hilfsmittel, Nachschlagewerke etc., die vor allem von Schülern und Schülerinnen genutzt werden. Ebenso verstehen wir darunter die den Schülern und Schülerinnen gehörenden Bücher, Hefte und Stifte. Wir vermuten, dass diese Dinge, die ebenfalls der Materialisierung von Gedanken dienen (können), eine intermediäre Rolle innehaben, indem sie einerseits im Nahraum des einzelnen Schülers bzw. der einzelnen Schülerin verbleiben und zugleich klassenöffentlich sichtbar sind und jederzeit von der Lehrkraft aufgerufen, in Gebrauch genommen bzw. thematisiert werden können.

10.2 Rekonstruktion eines Beobachtungsprotokolls und seine Erweiterung

Im Folgenden betrachten wir zunächst einen Protokollauszug, der anhand einer videographierten Szene im individualisierten Unterricht erstellt wurde, unter der Frage, wie die Dinge hier in den Blick kommen (vgl. Rabenstein 2009). Daran anknüpfend – und mithilfe der uns ebenfalls vorliegenden Videographie – lenken wir unsere Beobachtung sukzessive auf die Gebrauchspraktiken der Dinge des Lernens und ihrer bedeutungsgenerierenden Funktion in der Szene, um gegenüber dem vorliegenden Protokollausschnitt ein erweitertes Verständnis der zu beobachtenden Praktiken zu generieren. Die im Folgenden analysierten Beobachtungen basieren auf einer fokussierten Videographie (vgl. Rabenstein 2012). Die Kamera fokussiert eine Schülerin, die in einem Raum mit mehreren an Tischen sitzenden und arbeitenden Schülern und Schülerinnen an einem Einzeltisch sitzt.

Abb. 10.1 Schülerin und Lehrerin am Rechenrahmen

> Nachdem sich die Lehrerin – wie es scheint, routinemäßig – Klara gegenüber an deren Arbeitstisch setzt, beobachtet sie zunächst – wenn auch nur kurz –, wie Klara die Additionsaufgabe 49 + 7 an einem 100er Rechenrahmen löst: Klara zählt die gesteckten Zehnerreihen von oben nach unten ab. Als Klara bei der 5. Zehnerreihe bzw. im Übergang zur unvollständigen 6. Reihe ins Stocken kommt, interveniert die Lehrerin sofort: Mit der Frage „Wie viel Zehner hat die 49?" fordert sie Klara auf, mit der Aufgabe noch einmal von vorn anzufangen. Die Schülerin steckt 4 Zehner und 9 Einer, zerlegt dann die 7 in 1 + 6, die sie ebenfalls richtig steckt. Beim Abzählen kommt sie an derselben Stelle abermals ins Stocken. Dabei blickt sie nach unten, spielt mit dem Stift am Mund, lächelt mehr in sich hinein als die Lehrerin an. Die Lehrerin fordert sie erneut auf, den Vorgang zu wiederholen. Die Lehrerin wartet das dann jedoch nicht ab, sondern fängt selbst an, mit dem Stift erst auf die Zehnerreihen und dann auf die Einer zeigend und hörbar zählend vorzuführen, wie das von Klara richtig gesteckte Ergebnis 56 am Rechenrahmen abzulesen ist. Die Lehrerin lässt sich schließlich zeigen, ob Klara die nächste Aufgabe allein richtig löst. Als die Schülerin alle Schritte am Rechenrahmen zur Lösung der nächsten Additionsaufgabe – das Stecken und Abzählen in Zehner- und Einerschritten – richtig vorführt, lobt die Lehrerin sie (Rabenstein 2009, S. 27).

Der/die Leser/in dieser Beschreibung einer Szene individualisierter Zuwendung erfährt zwar, dass in der Interaktion zwischen der Schülerin und einer Lehrerin bestimmte Dinge im Gebrauch sind; so werden ein Rechenrahmen, ein Stift der Lehrerin und einer der Schülerin erwähnt (vgl. Rabenstein 2009, S. 27). Dies gilt auch für die sich der Beschreibung anschließende Rekonstruktion. Wie sich diese Interaktion gerade auch unter Bezugnahme auf bzw. Verwendung von Dingen vollzieht, wird in dieser Beschreibung und der sich ihr anschließenden Rekonstruktion jedoch nicht eigens thematisiert. Beschrieben wird vielmehr sehr detailliert, wie die Lehrerin die Schülerin adressiert und was diese an dem Rechenrahmen *tut*. Dessen genaue Beschaffenheit, die ein bestimmtes Tun ermöglicht bzw. nahe legt und ein anderes möglicherweise auch hemmt bzw. verhindert, wird indes nicht näher erwähnt. Die Aufforderungen des Rechenrahmens und seine mit-strukturierende Funktion in der Interaktion kommen somit nicht in den Blick. Die Personen sind vielmehr die Subjekte des Handelns. Auch die anderen Dinge werden nur beiläufig erwähnt: Die Schülerin spielt mit dem Stift am Mund; die Lehrerin zeigt mit dem Stift auf die Zehnerreihen, während sie hörbar das Abzählen vorführt. Wie Stifte von Schülerin und Lehrerin unterschiedlich gebraucht werden, was sie ermöglichen zu tun und was nicht, wird nicht gefragt. Ein zweiter Blick auf das Protokoll lässt demgegenüber erkennen, dass das, was die Schülerin und im Rekurs darauf die Lehrerin tut, als Praktiken des Gebrauchs des Rechenrahmens zu verstehen sind. Dem Rechenrahmen kommt in diesem Gebrauch zugleich eine Bedeutung – mit Röhl ließe sich sagen – als Vermittler zwischen Mensch und Welt und als Zeichen von etwas Abwesendem zu. Diese Annahme wollen wir anhand von drei Ergänzungen wie folgt differenzieren:

1. In der vorliegenden Szene steht der Rechenrahmen vor der Schülerin auf dem Tisch. Durch seine leichte Schrägstellung durch die zwei seitlichen Stützen, auf denen er zur Stabilisierung steht, gibt es eine obere und eine untere Seite; die obere Seite ist der Schülerin zugewandt, auf sie kann sie direkt und ohne Umwege zugreifen. Auch wenn der Rechenrahmen von beiden Seiten Einblick auf die Stränge und Perlen erlaubt, ist seine Unterseite (bzw. Rückseite) schlechter einsehbar. Er lässt sich also zunächst als ein Gegenstand für den Gebrauch nur einer Person verstehen. Der Blick der Schülerin ist auf ihn geheftet; sie ist körperlich ganz auf ihn ausgerichtet; nur gelegentlich schaut sie nach rechts oder links auf Hefter oder Aufgabenzettel. Durch seine Positionierung in Schrägstellung auf dem Tisch vor der Schülerin zieht der Rechenrahmen den Blick der Schülerin förmlich auf sich; die körperliche Fokussierung auf ihn wird regelrecht forciert. Der Rechenrahmen bzw. seine Positionierung vor der Schülerin in dieser Szene – so unsere erste Erweiterung der vorliegenden Rekonstruktion (vgl. Rabenstein 2009) – diszipliniert die Schülerin, sich körperlich auf ihn auszurichten.
2. Der Rechenrahmen ist ein etwa 30 cm hoher und 20 cm breiter hölzerner Rahmen, der zehn Stränge umschließt, auf denen jeweils zehn Perlen beweglich montiert sind. Die bunten Perlen sind symmetrisch angeordnet – zehn Perlen eines Strangs weisen dieselbe Farbe auf, die jeweiligen Perlenstränge unterscheiden sich aber farblich. Die Perlen wollen infolge ihrer Beweglichkeit und ihrer Färbung zwar angefasst und verschoben werden. Ein anderweitiger Gebrauch der Perlen ist jedoch weitestgehend eingeschränkt: Die Bauweise des Rechenrahmens wirkt hier limitierend: So lassen sich die Perlen lediglich hin- und herschieben sowie abzählen, nicht aber abnehmen, vertauschen oder Ähnliches. Auffällig ist zudem, dass durch die farbliche Markierung sowie die waagerecht montierten Stränge visuell die Horizontale betont wird: Die untereinander liegenden Reihen aus 10 Perlen sind leicht zu unterscheiden, während die einzelnen Perlen nicht fixiert und somit keiner bestimmten Position zugeordnet werden können.
   Aus didaktischer Perspektive stellt der Rechenrahmen eine besonders im Grundschulunterricht verbreitete Rechenlernhilfe dar, die die Fähigkeit des Addierens und Subtrahierens mit Zehnerübergängen fördern oder die – wie es in didaktischen Überlegungen hervorgehoben wird – als „strukturiertes Arbeitsmittel" dienen soll (LISUM 2008, S. 17). Nach dem Verschieben und Stecken der Perlen zur Lösung der Rechenaufgabe erkennt der Schüler oder die Schülerin das Ergebnis der Rechenaufgabe idealerweise auf einen Blick; bei der in der Sequenz zu lösenden Aufgabe, 49 + 6, sind dann an fünf Strängen alle Perlen nach rechts verschoben, so dass sich die Zahl 50 erschließt, zu der fünf Perlen auf dem sechsten Strang addiert werden, so dass der Schüler oder die Schülerin 55 als finale Summe erhält. Zentral sei dabei, dass die Schüler und Schülerinnen „operative" Strate-

gien (LISUM 2008, S. 30) anstelle von „zählende(n) Vorgehensweisen" (LISUM 2008, S. 17) einüben, indem die sowohl haptisch als auch sprachlich zu vollziehenden Handlungen „strukturell mit der angestrebten Kopfrechenstrategie übereinstimmen" (LISUM 2008, S. 30). Damit kann – so die didaktische Intention – der „Aufbau mentaler Vorstellungen" (LISUM 2008) unterstützt werden. Erwartet wird ein allmählicher Ablösungsprozess vom Material, so dass den Schülern und Schülerinnen am Ende des Lernprozesses die Vorstellung der Handlungen – ohne diese am Rechenrahmen vollziehen zu müssen – mental präsent ist und der Rechenrahmen somit zum Rechnen im Kopf anleiten kann (vgl. LISUM 2008). Im vorliegenden Protokoll wird einerseits beschrieben, dass die Schülerin am Rechenrahmen in gewünschter Weise hantiert: Sie schiebt und zählt anschließend die Perlen. Woher weiß jedoch die Beobachterin, dass die Schülerin zählt und nicht rechnet? Weil sie ihre Finger die Perlenreihen entlang führt? Und warum kommt sie beim Ablesen des Ergebnisses ins Stocken? Zu vermuten ist, dass sie das richtige Ergebnis nicht abzählen kann, da der Rechenrahmen keine Positionen für die Einer vorhält, die sie aber benötigt, um nicht nur Zehner, sondern auch die Einer ablesen zu können. Wie soll dieses Hilfsmittel – wenn man der didaktischen Intention folgen möchte – das Ablösen zählender Vorgehensweisen vorbereiten, wenn also das Zählen selbst erschwert wird? Dass das geforderte Rechenergebnis – wie didaktisch angenommen – durch bloßes Tun der mechanisch zu vollziehenden Schritte zustande kommt, dass es gleichsam unter der Hand im Vollzug seines zählenden Gebrauchs entsteht, ist insofern nicht anzunehmen. Die Bauweise des Rechenrahmens limitiert somit – so unsere zweite Erweiterung – nicht nur seinen Gebrauch im Sinne einer Fokussierung auf mathematische Operationen, sondern auch im Sinne seines Gebrauchs für nur eine mathematische Operation, nämlich die des Rechnens. Die Anordnung der Perlen verweist nicht nur auf die zu vollziehenden Rechenoperationen in Zehnerschritten im Hunderterraum, sondern auch auf Abwesendes, nämlich das Wissen um die Positionen der Einer beim Rechnen.

3. Seine aufrechte Stellung vor der Schülerin erlaubt darüber hinaus einen klassenöffentlichen Einblick in den Arbeitsprozess der Schülerin. Indem im Protokoll beschrieben wird, dass die Lehrerin beobachtet, wie die Schülerin Perlen verschiebt und gesteckte Perlen der Reihe nach abzählt (vgl. Rabenstein 2009, S. 27), wird deutlich, dass der Rechenrahmen in dieser Sequenz nicht nur die Schülerin auffordert, etwas Bestimmtes zu tun, sondern auch die Lehrerin auffordert, dieses Tun der Schülerin zu beobachten. Nicht eine falsch notierte Lösung einer Aufgabe, sondern ein Stocken bei seinem Gebrauch veranlasst die Lehrerin, in das Tun der Schülerin am Rechenrahmen korrigierend einzugreifen. So gesehen, fordert der Rechenrahmen auch zu evaluativen Praktiken auf. Dieses Potential des Re-

chenrahmens kommt auch in der Interaktion zwischen Lehrerin und Schülerin zum Tragen.

4. Wenn auch der Rechenrahmen als ein Hilfsmittel für den Gebrauch einer Person zu verstehen ist, wird er im Gebrauch zu einem Medium in der Schülerin-Lehrerin-Interaktion. In der Beschreibung der Interaktion zwischen Schülerin und Lehrerin ist der Rechenrahmen zwischen den beiden Akteuren, die sich gegenübersitzen, platziert. Es heißt, die Lehrerin zeige nach einer durch sie unterbrochenen Aufforderung des Vorführens einer Rechnung seitens der Schülerin selbst „mit dem Stift erst auf die Zehnerreihen und dann auf die Einer" und führe dann „hörbar zählend" die Rechnung vor. Der Rechenrahmen wird in der im Protokoll beschriebenen Sequenz zu etwas Geteiltem, an dem sowohl von der Lehrerin als auch von der Schülerin etwas gezeigt wird. Der Zugriff auf ihn stellt sich jedoch als unterschiedlich dar: Die Schülerin bleibt durch ihre auf die Vorderseite des Rechenrahmens ausgerichtete Körperhaltung die zentrale „Partnerin" des Rahmens, die direkten Zugriff auf die Perlenstränge hat, während die Lehrerin sich über den Tisch beugen muss, um von der Seite – in etwas unbequemer Haltung – auf ihn blicken oder mittels des Stiftes als Hilfsmittel zugreifen zu können. Durch seine Konstruktion wird ihre Sicht auf den Rahmen nur wenig behindert, lediglich die Möglichkeit, ebenso wie die Schülerin die Perlen zu verschieben, ist stark eingeschränkt. Unter anderem als Konsequenz dessen ist möglicherweise zu sehen, dass die Lehrerin die Perlen nicht selbst verschiebt, sondern der Schülerin die zu verschiebenden Perlen mithilfe ihres Stiftes als verlängertem Zeigefinger zeigt, die diese dann zu verschieben beginnt. So zeigt die Schülerin der Lehrerin ihr Vorgehen beim Lösen der Aufgabe als Verschieben und Abzählen der Perlen, während die Lehrerin durch das Zeigen bestimmter zu verschiebender Perlen der Schülerin die Handhabung des Rechenrahmens, aber nicht das Vorgehen beim Rechnen zeigt.

Insgesamt wird Rechnen im Gebrauch des Rechenrahmens zu einem sichtbaren Vorgang des Verschiebens von und Zeigens auf Perlen. Somit wird der Rechenrahmen in der Interaktion zwischen Lehrkraft und Schülerin nicht nur als Rechenhilfe gebraucht. Der Rechenrahmen fordert vielmehr dazu auf, Rechnen als Verschieben von Perlen zu beobachten; und er erlaubt, in das Verschieben und Zählen von Perlen – zeigend -einzugreifen. Die Sichtbarmachung der Operation des Rechnens am Rechenrahmen erlaubt also eine Kontrolle nicht nur des Ergebnisses, sondern auch des Vollzugs des Rechnens selbst. Unsere dritte und vierte Erweiterung der Rekonstruktion dieser Szene weist also darauf hin, dass die Sichtbarkeit der Arbeitsprozesse und somit die Möglichkeiten, sie zu kontrollieren und in sie einzugreifen, mit dem Gebrauch des Rechenrahmens erhöht werden.

Wir fassen zusammen: Der Rechenrahmen stellt in dieser Sequenz sowohl mittels der Blicke, der Körperhaltungen als auch der Handbewegungen von Lehrerin und Schülerin (die Lehrerin hält den Rahmen in der gesamten Sequenz fest, weist mit dem Stift auf die Perlen, die Schülerin verschiebt die Perlen) das Zentrum ihrer gemeinsam geteilten Aufmerksamkeit dar. Der Rahmen fordert nicht zuletzt aufgrund der in Reihen angeordneten zehn bunten Perlenstränge und seiner herausgehobenen Stellung auf dem Tisch dazu auf, sich ihm und damit den Perlen bzw. dem Schieben der Perlen zuzuwenden. Der Schnellhefter, der Aufgabenzettel sowie der Stift, die in der Videosequenz ebenfalls zu sehen sind, sind an den Rändern des von beiden genutzten (gemeinsam geteilten) Nahraums platziert. Sie können gelegentlich hinzugezogen werden, ihnen kommt aber nicht von der Lehrerin und der Schüler zur gleichen Zeit geteilte Aufmerksamkeit zu. In dieser Sequenz sind es also weder die im Hefter fixierten Lösungen noch die im Aufgabenzettel fixierten Aufgaben, denen sich Lehrerin und Schülerin gemeinsam zuwenden, sondern es ist das Tun am Rechenrahmen, dem ihre Aufmerksamkeit zuteil wird. Wir konnten zeigen, dass hier der Gegenstand des Rechenrahmens (die Rolle der Stifte soll hier zunächst nicht weiter expliziert werden) die Praktiken der Schülerin sowie der Lehrerin beeinflusst oder gar herausfordert: Sitzpositionen, Haltungen, körperliche Ausrichtungen sowie der Vorgang des Rechnens und die Interventionen der Lehrerin in den Rechenprozess erscheinen gebunden an das Rechenhilfsmittel zu sein.

Zwar wird der Rechenrahmen auch im oben zitierten Protokoll thematisiert, vordergründig erscheint jedoch das Stocken der Schülerin, das Anweisen und das Zeigen der Lehrerin. Der Rechenrahmen verbleibt im Hintergrund als ein Gegenstand, der Teil des Lernprozesses ist, jedoch nicht näher betrachtet werden muss. Die hier vorgeführte Fokussierung auf ihn in der Rekonstruktion zeigt demgegenüber, dass er auch als Medium, durch und über das interagiert wird, als Element einer Kontrollpraktik analysiert werden kann. Während die Tafel Lehrende und Lernende darin unterstützt, Denken zu materialisieren, indem auf ihr geschrieben werden kann, ermöglicht der Rechenrahmen – so unsere These – nicht unbedingt – wie didaktisch intendiert –, Denken anzuleiten, sondern vor allem Denken sichtbar werden zu lassen, um es anleiten zu können.

10.3 Beobachtung der Dinge im Gebrauch

Neben dem fokussierten Rechenrahmen sind in der Szene weitere Dinge des Lernens zu beobachten, deren Mitwirken in den Praktiken noch weiter aufzuschließen wäre:

- Zu beobachten ist, dass Stifte nicht nur Schreibwerkzeuge sind, sie können vielmehr vielfältig gebraucht werden: in den Händen der Lehrerin als verlängerter Zeigefinger; in den Händen der Schülerin als persönliche Gegenstände, zu denen sie sich in einer besonderen, intim-nahen Beziehung – hier angedeutet durch das Lutschen am Stift – zeigt.
- Zu beobachten ist, dass die karierten Blätter des Hefters ebenso wie der Rechenrahmen zu einem strukturiertem Vorgehen auffordern: Einzelne Ziffern können z. B. in einzelne Kästchen, Zahlen bzw. Zahlenfolgen exakt untereinander geschrieben werden. Möglicherweise zeigt sich hier ein Verständnis von Mathematik als Fähigkeit zur Repräsentation von Strukturen. Die auf den karierten Blättern geforderte strukturierte und übersichtliche Darstellung von Aufgaben und Aufgabenlösungen ermöglicht zudem eine schnelle Kontrolle der Lehrkraft.
- Zu beobachten ist, dass sich das aus gelbem Papier in Form einer Burg gestaltete Aufgabenblatt eigentümlich von den ansonsten auffällig stark strukturierten und eher blassen Arbeitsmaterialien – dem Rechenrahmen und den karierten Blättern – abhebt. Die Form der Burg kommt aus Bereichen, die außerhalb des Mathematikunterrichts situiert sind (u. a. Ritter und Mittelalter). Dass der Aufgabenzettel so reich verziert und spielerisch aufgemacht ist und möglicherweise die Schüler und Schülerinnen an anderes Tun – an Spielen – erinnert, ist angesichts der stark strukturierten Vorgaben ambivalent, dass nämlich bestimmte Aufgabenpäckchen in festgelegter Reihenfolge auf das karierte Papier zu übertragen und mit Hilfe der Rechenhilfe zu lösen sind.

Im Weiteren wäre zum Beispiel zu fragen, welche Rolle der Rechenrahmen – und zu Teilen auch die Burg – zwischen den anderen eher persönlichen Dingen der Schülerin – dem Stift und ihrem Hefter – einnimmt und welche Bedeutung der Sichtbarmachung des Rechenprozesses am Rechenrahmen zukommt, während die Aufgabenstellung und ihre Lösung im Zuständigkeitsbereich allein der Schülerin verbleiben.

Literaturverzeichnis

Breidenstein, G. (2006). *Teilnahme am Unterricht. Ethnographische Studien zum Schülerjob.* Wiesbaden: VS Verlag.

Caruso, M. (2003). *Biopolitik im Klassenzimmer. Zur Ordnung der Führungspraktiken in den Bayerischen Volksschulen (1869–1918).* Weinheim/Basel/Berlin: Beltz.

Greiffenhagen, C. (2008). Video Analysis of Mathematical Practice? Different Attempts to „Open Up“ Mathematics für Sociological Investigation. *Forum: Qualitative Sozialforschung, 9*(3). Art. 32.

Greiffenhagen, C. (2012). The Materiality of Mathematics. The Use of Blackboards in Lectures. In T. Alkemeyer, H. Kalthoff, & M. Rieger-Ladich (Hrsg.), *Bildungspraktiken: Körper – Räume – Artefakte*. Weilerswist: Velbrück Wissenschaft.

Ihde, D. (1990). *Technology and the Lifeworld. From Garden to Earth*. Bloomington: Indiana University Press.

Ihde, D. (2009). *Postphenomenology and Technoscience. The Peking University Lectures*. New York: State University of New York Press.

Kalthoff, H. (1997). *Wohlerzogenheit. Eine Ethnographie deutscher Internatsschulen*. Frankfurt a.M./New York: Campus.

Kalthoff, H. (2011). *Ethnografische Bildungsforschung – Methodische und theoretische Herausforderungen*. Vortrag auf der Tagung „Ethnographie und Differenz in pädagogischen Feldern. Internationale Entwicklungen erziehungswissenschaftlicher Forschung“. Gemeinsame Tagung des Instituts für Pädagogik der Friedrich-Alexander-Universität Erlangen-Nürnberg und der DGfE-Kommission „Qualitative Bildungs- und Biographieforschung“ im November 2011.

Langeveld, M. J. (1955). Das Ding in der Welt des Kindes. *Zeitschrift für Pädagogik, 1*, 69–83.

LISUM (Landesinstitut für Schule und Medien Berlin-Brandenburg) (2008). *Unterrichtsentwicklung. Rechenstörungen als schulische Herausforderung. Handreichung zur Förderung von Kindern mit besonderen Schwierigkeiten*. Ludwigsfelde

Meyer-Drawe, K. (1999). Herausforderung durch die Dinge. Das Andere im Bildungsprozess. *Zeitschrift für Pädagogik, 45*, 329–335.

Mollenhauer, K. (1987). Die Dinge und die Bildung. In K. H. Braun, & D. Wunder (Hrsg.), *Neue Bildung – Neue Schule. Wolfgang Klafki zum sechzigsten Geburtstag*. Weinheim und Basel: Beltz.

Mohn, E., & Amann, K. (2006). *Lernkörper. Kamera-ethnographische Studien zum Schülerjob*. Göttingen: IWF Wissen und Medien.

Nohl, A. M. (2011). *Pädagogik der Dinge*. Bad Heilbrunn: Klinkhardt.

Pazzini, K. J. (1983). *Die gegenständliche Umwelt als Erziehungsmoment: zur Funktion alltäglicher Gebrauchsgegenstände in Erziehung und Sozialisation*. Weinheim: Beltz.

Rabenstein, K. (2009). Individuelle Förderung in unterrichtsergänzenden Angeboten an Ganztagsschulen: ein Fallvergleich. In S. Appell, H. Ludwig, & U. Rother (Hrsg.), *Jahrbuch Ganztagsschule 2010. Vielseitig fördern* (S. 23–33). Schwalbach/Ts.: Wochenschau Verlag.

Rabenstein, K. (2012). *An den Grenzen des Förderns. Eine video-ethnographische Studie zu Subjektivation in individualisierenden Lernangeboten an Ganztagsschulen*. Wiesbaden: VS Verlag.

Reckwitz, A. (2003). Grundelemente einer Theorie sozialer Praktiken. Eine sozialtheoretische Perspektive. *Zeitschrift für Soziologie, 32*(4), 282–301.

Röhl, T. (2012). Auffordern. Postphänomenologische Überlegungen zu den Dingen des Schulunterrichts. In T. Alkemeyer, H. Kalthoff, & M. Rieger-Ladich (Hrsg.), *Bildungspraktiken: Körper – Räume – Artefakte*. Weilerswist: Velbrück Wissenschaft.

Schatzki, T. R. (1996). *Social Practices. A Wittgensteinian Approach to Human Activity and the Social*. Cambridge: University Press.

Stieve, C. (2008). *Von den Dingen lernen: Die Gegenstände unserer Kindheit*. München: Fink.

Verbeek, P. P. (2005). *What Things Do. Philosophical Reflections on Technology, Agency, and Design*. University Park: Penn State Press.

Der Blick auf Lehrer/-innen

11

Hedda Bennewitz

Hedda Bennewitz richtet den Blick auf Lehrerinnen und Lehrer und beschreibt, welche Tätigkeiten beobachtet werden können und welche Erkenntnispotenziale Beobachtungsprotokolle ermöglichen. Am Beispiel der Interpretation eines Unterrichtsprotokolls zeigt sie, wie mit einer sequenziellen Analyse das Material aufgeschlossen werden kann und welche erziehungswissenschaftlichen Reflexionen zum Handeln von Lehrkräften sich daran anschließen können. Am Fallbeispiel wird sichtbar, wie eine Lehrerin vor allem durch „Nicht-Handeln" unbeabsichtigt zur Erfüllungsgehilfin eines Schülers wird. Der Text betont, dass die Beobachtung von Lehrpersonen nicht dazu gedacht ist, das Handeln bzw. den Unterricht der Beobachteten zu bewerten, sondern um Verstehens- und Reflexionsprozesse anzuregen.

Das Interesse daran, was Lehrerinnen und Lehrer in Schule und Unterricht tun, und die Frage, was aus der Beobachtung und Analyse dieses Tuns zu lernen sei, ist für Lehrpersonen selbst, für Referendare und Referandarinnen, Lehramtsstudierende und auch für Wissenschaftler/-innen naturgemäß groß. Dabei determinieren die unterschiedlichen Erkenntnisinteressen den Blick der jeweiligen beobachtenden Akteure. Im Rahmen der fallorientierten Lehrerbildung stellt das Beobachten sowie die Analyse von Unterricht und Lehrerhandeln ein Kernelement in allen (Praxis-) Phasen der Lehrerbildung dar, was in der Regel mit dem Ansinnen verknüpft ist, Theorie und Praxis in ein fruchtbares Verhältnis zu setzen, um Professionalisierungsprozesse anzustoßen (z. B. Ohlhaver und Wernet 1999; Blömeke 2002; Pietsch

Dr. Hedda Bennewitz ✉
Institut für Erziehungswissenschaft, Abteilung I – Schulpädagogik/Schul- und Unterrichtsforschung, Westfälische Wilhelms-Universität Münster, Münster, Deutschland
e-mail: hedda.bennewitz@uni-muenster.de

H. de Boer und S. Reh (Hrsg.), *Beobachtung in der Schule – Beobachten lernen*,
DOI 10.1007/978-3-531-18938-3_11,

2010; Reh et al. 2010). In diesem Zusammenhang ist festzustellen, dass Beobachtungsprotokolle mittlerweile zu einem gängigen hochschuldidaktischen Medium geworden sind – unabhängig davon, ob Lehramtsstudierende aufgefordert sind, selbständig Beobachtungen durchzuführen, oder ob mit bereits bestehenden Materialien gearbeitet wird. Dabei ist es jedoch nicht unwesentlich, zwischen beiden Materialsorten zu unterscheiden. Aus meinen Erfahrungen als ethnographisch arbeitender Unterrichtsforscherin und als Lehrerbildnerin an der Universität Münster scheint es mir sehr wichtig, darauf hinzuweisen, dass die Lehr-Lern-Ziele je nach verwendetem Datenmaterial stark divergieren, beide jedoch ihre eigene Berechtigung haben[1].

Im Sinne des Buchkonzeptes wird sich mein Beitrag vorrangig mit allgemeinen Hinweisen zur Vorbereitung, Durchführung und Analyse von Beobachtungen befassen, die im Rahmen universitärer Lehrveranstaltungen angesiedelt sind. Es wird zu klären sein, welche Tätigkeiten von Lehrerinnen und Lehrern beobachtet werden können (1), wie Beobachtungsaufträge zu gestalten sind und welche Erkenntnispotenziale Beobachtungsprotokolle eröffnen (2). Am Beispiel eines Unterrichtsprotokolls wird dann eine Interpretation vorgenommen, bei der es im Kern darum geht, zu zeigen, wie mit sequenziellen Analysen das Material aufgeschlossen werden kann und wie sich erziehungswissenschaftliche Reflexionen zum Handeln von Lehrkräften daran anschließen können (3). Ein kurzes Fazit schließt den Beitrag ab (4).

11.1 Die Beobachtung von Lehrpersonen

Steht das Handeln von Lehrer/-innen im Fokus von Beobachtungen, sind einige Besonderheiten zu beachten. Entsprechend der Annahme, dass das Unterrichten zur Kernaufgabe des Lehrberufs gezählt wird (z. B. Terhart 2000; Baumert und Kunter 2006), liegt der örtliche bzw. thematische Schwerpunkt für Beobachtungen und das Arbeiten mit Protokollen im Unterricht selbst[2]. Darüber hinaus können grundsätz-

[1] Die notwendige Diskussion über Möglichkeiten und Schwierigkeiten, die mit der Verwendung bereits bestehender Daten verbunden sind, steht meines Wissens noch aus.

[2] Mittlerweile liegen auch videogestützte Beobachtungsstudien aus dem Unterricht vor; zum Physik- und Mathematikunterricht z. B. von Seidel et al. (2003) oder Prenzel und Allolio-Näcke (2006). Das Beobachten mit der Kamera beruht dort auf differenzierten Codiersystemen (vgl. z. B. Klieme et al. 2006). Diese Studien unterscheiden sich in ihren methodologischen und methodischen Grundannahmen damit deutlich von den kamera-ethnografischen Arbeiten von Mohn (z. B. 2006), die sich am Vorgehen der teilnehmenden Beobachtung orientieren. Da das Anfertigen von Videomaterial im Rahmen universitärer Lehrveranstal-

lich weitere Beobachtungsorte und -situationen identifiziert werden. Dazu gehören z. B. Zusammenkünfte von Lehrerinnen und Lehrern zum Zwecke der Unterrichtsplanung oder Unterrichts- und Schulentwicklung, Elterngespräche und Elternabende, Kontakte zu außerschulischen Partnern, Lehrerkonferenzen, Pausenaufsichten, Situationen im Lehrerzimmer bzw. Weiterbildungsangebote. Allerdings liegen bislang kaum Studien vor, in denen das Lehrerhandeln außerhalb des Unterrichts beobachtet wurde[3]. Vermutlich erweist sich der Feldzugang dort als besonders schwierig: Die wichtigste Voraussetzung für die Beobachtung ist die Bereitschaft aller Beteiligten, sich beobachten zu lassen. Üblicherweise stehen die meisten Betroffenen der Aussicht, beobachtet zu werden, mindestens ambivalent, wenn nicht skeptisch gegenüber. Um den Feldzugang zu gewährleisten, sind der sensible Umgang mit den Teilnehmenden und ihren gegebenenfalls vorhandenen Bedenken sowie die Fähigkeit, die „redlichen" Forschungsabsichten oder den Nutzen der Beobachtung transparent zu machen, wesentlich (vgl. zum Feldzugang z. B. Lamnek 2005 oder Lüders 2007 auch Scholz in diesem Band). Die Bedenken von Lehrpersonen sind dabei oft umso größer, je mehr die Anwesenheit der Beobachter/-innen als störend eingeschätzt wird, dass das eigene Handeln auf dem „Prüfstand" stehen wird. Während die Anwesenheit „klassenfremder" Personen und die Herstellung von Unterrichtsöffentlichkeit in den letzten Jahren infolge der Zunahme kollegialer und studentischer Hospitationen sowie von Schulinspektionen an Normalität gewonnen hat, stellt sich die Situation etwa bei Elterngesprächen maximal kontrastiv dar. Die Intimität eines Beratungsgespräches wäre durch die Anwesenheit Dritter empfindlich gestört, und längere Phasen der Eingewöhnung können kaum realisiert werden. Im weiteren Vorgehen wird eine Fokussierung auf Möglichkeiten und Grenzen von Unterrichtsbeobachtungen vorgenommen, ohne damit die Beobachtung außerunterrichtlicher Situationen als irrelevant markieren zu wollen.

11.2 Beobachtungsaufträge und Erkenntnispotenziale

Bei der Frage danach, wie das Beobachten in einen Seminarkontext einzubinden ist und was aus der erziehungswissenschaftlichen Reflexion des Lehrerhandelns gelernt werden kann, ist es hilfreich, auf das Verhältnis von Beobachtung, theoretischer Einbindung und Protokollanalyse hinzuweisen. Grundsätzlich ist davon aus-

tungen aber generell kaum realisierbar erscheint, wird auf die Analyse von Videomaterial hier nicht weiter eingegangen.

[3] Zum Forschungsstand der ethnographischen Unterrichts- bzw. Lehrerforschung vgl. Bennewitz 2011.

zugehen, dass Beobachtungshandeln kein „neutrales Handeln" ist, sondern von den Interessen der Beobachtenden gesteuert wird. Aber auch das theoretische Vorwissen konstruiert den Untersuchungsgegenstand mit und kann die Beobachtungen sowie die Interpretation des Protokolls beeinflussen (vgl. de Boer in diesem Band). Ob und welche wissenschaftlichen Befunde die Beobachtung rahmen sollen und wann diese herangezogen werden – vor der Beobachtung oder erst bei der Analyse der Protokolle –, ist aus meiner Sicht „Geschmackssache". Grundlagentheoretische Annahmen zur Analyse sozialer Wirklichkeiten etwa von Garfinkel (1976) oder Reckwitz (2008) könnten dafür genauso geeignet sein wie pädagogische Arbeiten zu Konzepten offenen Unterrichts (z. B. Peschel 2002) oder Befunde zu Lehrer-Schüler-Interaktionen (Lüders 2011). Zu den neuesten empirischen und unbedingt erwähnenswerten Arbeiten, die sich mit dem Handeln von Lehrpersonen auf der Grundlage teilnehmender Beobachtung befassen, gehören die ethnographischen Studien von Zaborowski, Meyer und Breidenstein (2011), in denen Praktiken der Leistungsbewertung in den Mittelpunkt der Analysen gestellt werden. In beiden Studien wird sehr deutlich, dass die vorgefundene pädagogische Praxis nicht als Resultat spezifischer personengebundener Merkmale, subjektiver Theorien oder dem expliziten Wissens von Lehrpersonen verstanden werden darf. Zaborowski kann darin zeigen, dass und wie „schlechte Schüler" konstruiert werden, während Meier herausarbeitet, mit welchen Handlungspraktiken von Lehrerinnen und Lehrern „gute Schüler" erzeugt werden.

Unabhängig vom jeweils realisierten didaktischen Setting einer Lehrveranstaltung, in der Beobachtungsprotokolle angefertigt werden sollen, ist unbedingt darauf zu achten, den Fokus der Beobachtung nicht zu stark einzuengen. Während eine Fokussierung auf relativ einfach zu identifizierende Unterrichtssituationen noch als unproblematisch gelten kann (z. B. „Beobachten Sie das Handeln von Lehrpersonen im Rahmen von Unterrichtseinstiegen/kooperativen Lernformen/Stuhlkreisen oder Hausaufgabenkontrollen"), werden jegliche Versuche, die Beobachtung auf abstraktere Phänomene fokussieren zu wollen, scheitern (z. B. „Beobachten Sie Antinomien des Lehrerhandelns oder den Umgang mit Normkonflikten"). Solche Engführung auf analytische Kategorien und pädagogische Modelle überfordert jede/n Beobachter/-in und ist daher unbedingt zu vermeiden. Denn ob es in der beobachteten schulischen Praxis gerade um die Gestaltung sozialer Beziehungen, um Wertehaltungen, Konfliktprävention oder um Benachteiligung geht (oder gleichermaßen um alle Aspekte) oder ob sich vor den Augen der Beobachtenden das Handeln der Lehrperson im antinomischen Spannungsfeld von Nähe und Distanz oder Person und Sache befindet, ist keinesfalls schon während der Beobachtung identifizierbar.

Mit diesen Argumenten sollte deutlich geworden sein, dass die Leistung von Beobachtungsprotokollen und deren Analyse gerade nicht darin besteht, pädagogische Konzepte und normative Annahmen über Lehrerhandeln zu prüfen oder mit illustren Praxisbeispielen zu versehen. Das große Potenzial von Beobachtungsprotokollen zum Handeln von Lehrpersonen liegt – egal welche Handlungen und Situationen in den Protokollen thematisiert werden – immer darin, die Differenz von pädagogischer Intention, praktischem Handeln und entstehender (Neben-)Wirkung wahrzunehmen (vgl. de Boer in diesem Band). Die Auseinandersetzung mit den protokollierten Beobachtungen kann eine Perspektive auf das Handeln von Lehrpersonen eröffnen, die die Komplexität und Unvorhersagbarkeit pädagogischen Handelns deutlich macht und sich vorschnellem Verstehen und normativen Beurteilungen verweigert, indem der Blick auf die prozesshaften Verläufe und Wirkweisen schulischer Interaktionen gerichtet wird. In diesem Sinne möchte ich für ein offenes Herangehen an die Beobachtung plädieren, die es Studierenden ermöglicht, Szenen zu protokollieren und zu interpretieren, die in besonderer Weise ihr eigenes Interesse wecken. Letztlich eignet sich also jede Unterrichtssituation für eine Analyse, die auf Reflexion und Verstehen zielt (vgl. Steiner 2004).

11.3 Beobachtungsprotokolle analysieren – ein Fallbeispiel

Analysiert wird nun eine Unterrichtssituation, die den meisten Menschen aus ihrer Schulzeit vertraut sein dürfte. Beobachtet und protokolliert wurde diese Szene von einer Studentin im Rahmen ihres Praktikums in einer dritten Klasse einer Grundschule. Die Auswahl dieser Szene für den Praktikumsbericht verlief unter der Maßgabe, dass eine Szene auszuwählen war, die der Studentin noch längere Zeit im Gedächtnis geblieben ist, die sie als problematisch, unklar und/oder nicht zufriedenstellend erlebt hat. Die (sehr gestraffte) Interpretation des Protokolls erfolgt „turn-by-turn" und orientiert sich damit an sequenzanalytischen Verfahren. Im Verlauf der Protokollanalyse werden allgemeine methodische Hinweise und Beispiele für weiterführende erziehungswissenschaftliche Reflexionen aufgezeigt.

Die Frühstückspause endet und die Lehrerin will mit dem Unterricht beginnen. Der Schüler Max meldet sich und teilt der Lehrerin mit, dass er nicht mehr neben seinem Tischpartner Lucas sitzen will und mit jemandem den Platz wechseln möchte. Die Lehrerin ist damit einverstanden und schlägt vor, dass er mit einem der Jungen, die in der ersten Reihe sitzen, tauscht. Sie fragt nun diese Schüler, wer den Platz neben Lucas einnehmen würde. Ein Schüler entgegnet, dass er dies nicht wolle, weil er Lucas nicht leiden könne und „der immer so alte, komische Klamotten anhat". Mehrere Schüler stimmen zu. Die Lehrerin bittet um Ruhe und fährt mit der Diskussion fort, indem sie die übrigen Schüler fragt, wer bereit wäre, neben Lucas zu sitzen. Keiner meldet sich. Die Lehrerin bestimmt einen Jungen, der sich aber weigert, und fragt, ob Lucas nicht alleine sitzen könne, „weil niemand neben dem sitzen will". Die Lehrerin erklärt, dass nicht genug Plätze für Einzeltische zur Verfügung stehen, und bittet dann eine Schülerin, mit Max den Platz zu tauschen. Die Schülerin versucht noch mit der Lehrerin zu diskutieren, willigt aber dann unzufrieden ein.

Bereits mit dem ersten Satz wird die Situation als Unterrichtsbeginn spezifiziert: *Die Frühstückspause endet und die Lehrerin will mit dem Unterricht beginnen.* Unterrichtsanfänge stellen – in Abhängigkeit von den gewählten Lernformen – spezifische Anforderungen an Lehrpersonen, wie etwa die Aufmerksamkeit der Lernenden auf die Lehrperson zu richten oder Ruhe herzustellen. Dass der Fortgang der Stunde offensichtlich nicht wie geplant verläuft, wird durch die Formulierung *die Lehrerin* ***will*** *mit dem Unterricht beginnen* bereits angedeutet. Wenn der Unterricht (bzw. das, was die beobachtende Studentin dafür hält) begonnen hätte, wäre die Verwendung des Verbs *wollen* nicht passend gewesen. In der Logik des Protokolls beginnt hier also etwas anderes als Unterricht.

Im Protokoll heißt es dann weiter: *Der Schüler Max meldet sich.* Damit ist das Melden des Schülers als das identifiziert, was den Unterrichtsbeginn verhindert. Obwohl Max sich einer erlaubten schulischen Handlung (sich melden) bedient, dürfte diese Handlung daher als wenig willkommen oder sogar als störend wahrgenommen werden. In dieser Situation hat die Lehrerin zwei grundlegende Handlungsoptionen. Sie kann den Schüler „drannehmen" oder seinen Wunsch nach Äußerung zurückweisen. Ganz offensichtlich hat sich die Lehrerin für die erste Option entschieden. Damit gibt sie ihre Vorhaben auf, den Unterricht zu beginnen, bzw. stellt es zugunsten des Schülers zurück: Im Folgenden *teilt* Max *der Lehrerin* etwas *mit.* Zunächst kann bemerkt werden, dass das Protokoll leider keine Auskunft darüber gibt, ob die Lehrerin Max das Wort erteilt hat oder ob sich Max ohne Aufforderung äußert. Letzteres wäre vermutlich ein Verstoß gegen die Regeln gewesen und dann vermutlich auch von der Protokollantin vermerkt worden. Da im Rahmen der Analyse auf Wörtlichkeit Wert gelegt werden sollte (vgl. zu Regeln der Interpretation Wernet 2006) und Spekulationen möglichst zu vermeiden sind, muss diese

Frage hier aber offen bleiben. Wenn allerdings Protokolle im Plenum ausgewertet werden, kann sich die Beobachterperson im günstigen Fall erinnern und die fehlenden Informationen ergänzen.

Dass Max nun eine *Mitteilung* macht (Synonyme: Ansage, Bekanntmachung), ist allerdings überraschend. Schüler/-innen geben in der Regel Antworten oder stellen Fragen, während Mitteilungen eher zum Repertoire von Lehrerinnen und Lehrern gehören. Worum geht es nun Max? Er will *nicht mehr neben seinem Tischpartner Lucas sitzen* [...] *und mit jemandem den Platz wechseln.* Mit dem Begriff des Tischpartners ist nahegelegt, dass es sich in der Wahrnehmung der Protokollantin bei Max und Lucas nicht um besonders enge Freunde handelt. Max bringt zum Ausdruck, dass er einen anderen Platz in der Klasse einnehmen möchte. Die freie Wahl des Sitzplatzes scheint es – wie häufig bis Klasse 8 – hier nicht zu geben. Die Lehrerin ist in alle Sitzplatz-Angelegenheiten einzubeziehen; vermutlich hat sie sogar das „letzte Wort". Unter Umständen kann das Umsetzten auch als eine (bei Schülerinnen und Schülern sehr unbeliebte) Strafmaßnahme angedroht werden. Das Anliegen von Max ist verständlich formuliert und ein Lösungsansatz (Platzwechsel) wird gleich mitgeliefert. *Die Lehrerin ist damit einverstanden.* Mit dem Einverständnis, dass Anliegen von Max zu klären, signalisiert die Lehrerin dessen Legitimität. Alternativ hätte sich die Lehrerin aber auch nicht einverstanden erklären und die Lösung des Problems auf einen späteren Zeitpunkt verschieben können. Dies wäre sicher leichter, wenn es für solche Arten von sozialen oder nicht-fachlichen Anliegen feste Regelungen geben würde. Warum sich die Lehrerin für diese Handlungsoption entscheidet, kann mit Hilfe eines Protokolls allerdings nicht herausgefunden werden. Hier liegen die deutlichen Grenzen bei der Analyse von Protokollen: Die Motive von Handelnden sind nicht beobachtbar!

Dennoch mag es in einer Lehrveranstaltung sinnvoll sein, über die Motive der Handelnden nachzudenken, gerade um zu verstehen, dass Motive für den Verlauf einer Situation wenig ausschlaggebend sind. Im dargestellten Beispiel könnte es sein, dass die Lehrerin – die ja in Sekundenschnelle über das weitere Vorgehen entscheiden muss – davon ausgeht, dass Max den Unterricht stören wird, wenn sie das Problem vertagt, oder dass der Sitzplatzwechsel „kurz und schmerzlos" vonstatten geht und schnell weitergearbeitet werden kann. Sicherlich wird sie – fragte man sie im Nachgang der Stunde – einige gute Gründe für ihre Entscheidung nennen können.

Im weiteren Verlauf *schlägt* die Lehrerin *vor, dass er mit einem der Jungen, die in der ersten Reihe sitzen, tauscht. Sie fragt nun diese Schüler, wer den Platz neben Lucas einnehmen würde.* Nachdem die Lehrerin das Anliegen legitimiert hat, macht sie sich jetzt zur „Vollstreckerin" von Max' Anliegen. Sie behält das Heft in der Hand und versucht aktiv den Wechsel zu steuern. Alternativ hätte sie auch Max, Lucas (wenn er denn anwesend ist) oder alle anderen Kinder befragen können, ob sie einen Lösungsvorschlag haben. Damit hätte die Lehrerin den Kindern die Verantwortung für das Bearbeiten des Anliegens „rückübertragen" und ein anderes Signal gesetzt, nämlich: Kinder werden an Problemlösungen beteiligt. Auch an diesem Beispiel wird sehr deutlich, dass sich mit der Entscheidung für eine Handlungsoption bestimmte Handlungsspielräume schließen und andere sich dafür eröffnen können. Die Entscheidung der Lehrerin, den Spielraum „soziales Lernen" hier zu verengen, könnte als ein Indiz dafür gewertet werden, dass sie die Angelegenheit möglichst schnell „vom Tisch" haben möchte.

Ein Schüler entgegnet, dass er dies nicht wolle, weil er Lucas nicht leiden könne und „der immer so alte, komische Klamotten anhat". Dass sich Schüler/-innen gegen einen Sitzplatzwechsel zu wehren versuchen, ist sicherlich nachvollziehbar. Diese Form des Widerstands ist jedoch unerwartet deutlich. Vor allem wird hier eine äußerst problematische und stigmatisierende Begründungsfigur zum Ausdruck gebracht. Jemanden *nicht leiden können* gehört im Zwangszusammenhang einer Schulklasse zu den alltäglichen und nachvollziehbaren Phänomenen. Aber was gebietet der soziale Takt? Dürfen Schülerinnen und Schüler, auch wenn sie „erst" in der dritten Klasse sind, diese Gefühle im Unterricht zum Ausdruck bringen? Noch problematischer wird es, wenn die Begründung des Schülers betrachtet wird – *weil der immer so alte, komische Klamotten anhat.* Sollte es sich hier gar um einen Fall handeln, in dem es um die Meinungsfreiheit geht, oder ist es vielleicht ein Hinweis auf Mobbingphänomene? Blitzschnell scheint die Lehrerin in eine schwierige Situation geraten zu sein. Im Sinne der Idee des sozialen Lernens, aber auch um den Schüler Lucas zu schützen, würde es sich durchaus anbieten, hier zu intervenieren. Schließlich geht es insbesondere in der Grundschule darum, die Regeln des sozialen Miteinanders einzuüben. Wie geht es also weiter? *Mehrere Schüler stimmen zu.* Die Position des widerständigen Schülers wird gestärkt, sein Argument gestützt. Damit verringert sich auch die Chance eines Sitzplatzwechsels. *Die Lehrerin bittet um Ruhe und fährt mit der Diskussion fort, indem sie die übrigen Schüler fragt, wer bereit wäre, neben Lucas zu sitzen.* Wie stellt sich die Situation nun dar? Die Lehrerin greift die Äußerungen der Schüler/-innen nicht auf, sondern konfrontiert bzw. „bedroht" im Gegenzug nun alle Schüler/-innen der Klasse mit dem Platzwechsel. Der „Widerständige" war mit seiner Intervention erfolgreich. Auch er muss nun nicht mehr fürchten, seinen Platz tauschen zu müssen. Da die Lehrerin die Äußerung *weil der immer so alte, komische Klamotten anhat* nicht kommentiert, stützt sie damit – auch wenn dies kaum intendiert gewesen sein kann – abermals die Argumentation des Schülers. Daraufhin wird sich niemand mehr bereit erklären können, neben Lucas sitzen zu wollen. Und tatsächlich: *Keiner meldet sich.* Anstelle einer schnellen Lösung spitzt sich das ursprüngliche Problem von Max, das nun zu einem Handlungsproblem der Lehrerin geworden ist, weiter zu. Sicherlich hat sie die Dynamik und Brisanz der Anfrage unterschätzt. Sie könnte zwar das Anliegen von Max als akut nicht lösbar einschätzen und es vertagen. Aber sie entscheidet sich für etwas anderes: *Die Lehrerin bestimmt einen Jungen, der sich aber weigert und fragt, ob Lucas nicht alleine sitzen könne, „weil niemand neben dem sitzen will".* Auch dieser Versuch einer Lösung scheitert. Dass Verweigerung zum Erfolg führt, haben die Schüler/-innen in dieser Stunde wohl erfolgreich gelernt. Der Junge macht einen weiteren Vorschlag (alleine sitzen) und bringt die momentane Lage auf den Punkt, indem er die Ablehnung von Lucas als allgemein geteilte und damit als „richtig" verbürgte Wahrnehmung zum Ausdruck bringt. Spätestens an dieser Stelle ist zu hoffen, dass Lucas sich nicht im Klassenraum befindet. *Die Lehrerin erklärt, dass nicht genug Plätze für Einzeltische zur Verfügung stehen.* Damit wird die mögliche Isolation von Lucas auch von der Lehrerin als eine legitime Idee angenommen – allein die räumliche Situation verhindert die Umsetzung! Im Anschluss bittet die Lehrerin *dann eine Schülerin, mit Max den Platz zu tauschen. Die Schülerin versucht noch mit der Lehrerin zu diskutieren, willigt aber dann unzufrieden ein.* Die Lehrerin ist zur Erfüllungsgehilfin von Max geworden, indem sie nun eine Schülerin (wir dürfen vermuten, dass sie als freundlich, sozial und unauffällig bis gehorsam beschrieben werden könnte) „bittet", den Platz zu tauschen. Deren letzter Versuch, das bevorstehende „Unglück" abzuwenden, misslingt. Zwar ist das Image gerettet – die Schülerin stellt Unzufriedenheit dar und signalisiert damit Nähe zu denjenigen, die Lucas nicht leiden können –, letztlich aber folgt sie der Aufforderung der Lehrerin und nimmt den unbeliebten Platz ein.

Mit dem schrittweisen Nachvollzug dieses Protokolls wird deutlich, dass die Ausgrenzung und -sonderung eines Schülers als gemeinsame Konstruktion von Lehrerin und Schülerinnen und Schülern verstanden werden kann. Zugespitzt kann weiter formuliert werden, dass die Schülerinnen und Schüler insbesondere hinsichtlich des sozialen Miteinanders Folgendes „nebenbei" gelernt haben dürften:

- Fachliches Lernen kann verschoben werden, wenn ein Schüler ein soziales Anliegen vorbringt.
- Die Lehrerin löst Probleme stellvertretend für die Kinder – Formen der Mitgestaltung bei der Lösungsfindung sind nicht vorgesehen.
- In der Klassenöffentlichkeit dürfen Kinder sagen, dass sie andere nicht leiden können, und dies mit problematischen, stigmatisierenden Äußerungen begründen.
- Verweigerung führt zum Erfolg.
- Jungs dürfen sich verweigern und Nein sagen.

- Die Isolierung von unbeliebten Schülern ist legitim.
- Mädchen folgen den Anweisungen der Lehrerin.

Dass diese „Lernerfolge“ nicht immer pädagogisch wünschenswert sind, ist offensichtlich. Ebenso ist davon auszugehen, dass die Lehrerin diese Effekte nicht absichtlich, also intentional, herbeigeführt hat. Noch einmal soll an dieser Stelle darauf hingewiesen werden, dass Lehrpersonen oft in Sekundenschnelle über den Fortgang der Stunde zu entscheiden haben und in diesem Moment ganz sicher nicht alle Konsequenzen der jeweiligen Entscheidung vorwegnehmen und damit unbeabsichtigte Wirkungen vermeiden können. Eine handlungsentlastete Analyse solcher Fallbeispiele kann aber für die Nebenwirkungen des Handelns sensibilisieren und so den Weg für eine reflektierte Gestaltung von Unterricht ebnen.

Zum Umgang mit Unterrichtsprotokollen in Seminaren möchte ich abschließend noch einen Gedanken entfalten. Die Bereitschaft, das Verhalten von Lehrpersonen in der Protokollanalyse zu bewerten, ist groß. Nicht selten scheinen Studierende auch das Bedürfnis zu haben, sich gegenseitig zu vergewissern, dass man sich selbst nie so unaufmerksam, naiv oder gar unprofessionell verhalten hätte. Wenn Fallanalysen aber dazu beitragen sollen, die Scheu vor der Reflexion eigenen Verhaltens zu nehmen, dürfen Beschämung und Belustigung nicht zu den gängigen Praktiken der Interpretation zählen.

11.4 Fazit

Dass die Beobachtung von Lehrpersonen nicht dazu dient, das Handeln bzw. den Unterricht der Beobachteten zu bewerten, sondern bei den Studierenden Verstehens- und Reflexionsprozesse anregen soll, stellt eine wesentliche Grundannahme und Voraussetzung für Beobachtung im hochschulischen Kontext dar. Wenn es dabei gelingen soll, einen „neuen Blick“ (vgl. Breidenstein 2010) auf bekannte Phänomene zu ermöglichen, ist eine am zeitlichen Verlauf des Geschehens orientierte Analyse unumgänglich. Erst die sequenzielle (Fein-)Analyse macht die Wirkmechanismen des Handelns sichtbar und zeigt deutlich, dass jegliches Handeln unvermeidbar an die Existenz von (unerwünschten) Nebeneffekten geknüpft ist. Die Fähigkeit, den Unterschied zwischen Intention und Wirkung zu erkennen und in seiner Bedeutung für die Gestaltung pädagogischer Praxis nachzuvollziehen, gehört zu einer sehr wichtigen, jedoch noch nicht selbstverständlichen Bedingung professioneller Berufsausübung.

Mit der sequentiellen Interpretation protokollierter Praxis wird aber auch eine große Bandbreite theoretischer Anknüpfungspunkte eröffnet (vgl. auch Reh und

Rabenstein 2005). So können aus der Fallanalyse erziehungswissenschaftliche Reflexionen emergieren, in denen alternative Handlungsoptionen und ihre erwartbaren Folgen thematisch werden oder Möglichkeiten und Grenzen bei der Umsetzung pädagogischer Konzepte zur Diskussion gestellt werden. Diese Auseinandersetzungen können dabei helfen, unterrichtliche Praxis und die Anforderungen an Lehrpersonen als komplex, mehrdimensional und unmittelbar (vgl. Doyle 1986, S. 394) wahrzunehmen und sie verstehen zu lernen. Unabhängig davon, welches hochschuldidaktische Setting beansprucht wird, ist die Konfrontation mit erlebter pädagogischer Praxis und deren angeleiteter Reflexion ein geeigneter Weg, um das Verstehen von Erziehungswirklichkeit zu fördern und damit zum Aufbau einer pädagogischen Haltung, eines „pädagogischen Selbst" (Bauer 2005), „professioneller Kompetenz" (Baumert et al. 2006) oder von „Lehrerprofessionalität" (Helsper 2002) beizutragen.

Literaturverzeichnis

Baumert, J., & Kunter, M. (2006). Stichwort: Professionelle Kompetenz von Lehrkräften. *Zeitschrift für Erziehungswissenschaft*, *9*(4), 469–520.

Bauer, K. O. (2005). *Pädagogische Basiskompetenzen. Theorie und Training*. Weinheim/München: Juventa.

Bennewitz, H. (2011). „doing-teacher" – Forschung zum Lehrberuf in kulturtheoretischer Perspektive. In E. Terhart, H. Bennewitz, & M. Rothland (Hrsg.), *Handbuch der Forschung zum Lehrerberuf* (S. 192–213). Münster: Waxmann.

Blömeke, S. (2002). Professionalisierung als berufsbiographischer Entwicklungsprozess. Subjektorientierung durch Fallarbeit in der Lehrerausbildung. In B. Herzig, & U. Schwerdt (Hrsg.), *Subjekt- oder Sachorientierung in der Didaktik? Aktuelle Beiträge zu einem didaktischen Grundproblem* (S. 253–271). Münster: Lit Verlag.

Breidenstein, G. (2010). Einen neuen Blick auf schulischen Unterricht entwickeln: Strategien der Befremdung. In F. Heinzel, W. Thole, P. Cloos, & P. Köngeter (Hrsg.), *Auf unsicherem Terrain". Ethnographische Forschung im Kontext des Bildungs- und Sozialwesens* (S. 205–216). Wiesbaden: VS Verlag.

Doyle, W. (1986). Classroom organization and management. In M. C. Wittrock (Hrsg.), *Handbook of teaching* (S. 392–432). New York: Macmillan.

Garfinkel, H. (1976). Über formale Eigenschaften praktischer Handlungen. In E. Weingarten, & F. Sack (Hrsg.), *Ethnomethodologie. Beiträge zu einer Soziologie des Alltagshandelns* (S. 130–176). Frankfurt a.M.: Suhrkamp.

Helsper, W. (2002). Lehrerprofessionalität als antinomische Handlungsstruktur. In M. Kraul, W. Marotzki, & C. Schweppe (Hrsg.), *Biografie und Profession* (S. 64–102). Bad Heilbrunn: Klinkhardt.

Klieme, E., Pauli, C. & Reusser K. (Hrsg.) *Dokumentation der Erhebungs- und Auswertungsinstrumente zur schweizerisch-deutschen Videostudie „Unterrichtsqualität, Lernverhalten und mathematisches Verständnis"*. Materialien zur Bildungsforschung, Bd. 15. Frankfurt am Main: GFPF.

Lamnek, S. (2005). *Qualitative Sozialforschung* (4. Aufl.). Weinheim/Basel: Beltz.

Lüders, C. (2007). Beobachten im Feld und Ethnographie. In U. Flick, E. Kardoff, & I. von Steinke (Hrsg.), *Qualitative Forschung. Ein Handbuch* (5. Aufl., S. 384–401). Hamburg: rororo.

Lüders, M. (2011). Lehrer-Schüler Interaktion, Unterrichtskommunikation. In E. Terhart, H. Bennewitz, & M. Rothland (Hrsg.), *Handbuch der Forschung zum Lehrerberuf* (S. 644–666). Münster.

Mohn, B. E. (2006). Video Ethnography as an Alternative Methodology. In H. Knoblauch, J. Raab, H. G. Soeffner, & B. Schnettler (Hrsg.), *Video Analysis. Methodology and Methods. Qualitative Data Analysis in Sociology* (S. 173–181). Frankfurt a. M.: Peter Lang.

Ohlhaver, F., & Wernet, A. (1999). *Schulforschung. Fallanalyse. Lehrerbildung. Diskussionen am Fall*. Opladen: Leske und Budrich.

Peschel, F. (2002). *Offener Unterricht. Idee, Realität, Perspektive und ein praxiserprobtes Konzept zur Diskussion*. Hohengehren: Schneider Verlag.

Pietsch, S. (2010). *Begleiten und begleitet werden. Praxisnahe Fallarbeit – ein Beitrag zur Professionalisierung in der universitären Lehrerbildung*. Kassel: kassel university press.

Prenzel, M., & Allolio-Näcke, L. (Hrsg.). (2006). *Untersuchungen zur Bildungsqualität von Schule. Abschlussbericht des DFG-Schwerpunktprogramms BiQua*. Münster: Waxmann.

Reckwitz, A. (2008). *Unscharfe Grenzen. Perspektiven der Kultursoziologie*. Bielefeld: transcript Verlag.

Reh, S., & Rabenstein, K. (2005). „Fälle" in der Lehrerausbildung. Schwierigkeiten und Grenzen ihres Einsatzes. *Journal für Lehrerinnen- und Lehrerbildung, 2005*(4), 47–54.

Reh, S., Geiling, U., & Heinzel, F. (2010). Fallarbeit in der Lehrerbildung. In B. Friebertshäuser, A. Langer, & A. Prengel (Hrsg.), *Handbuch Qualitative Forschungsmethoden in der Erziehungswissenschaft* (3., vollst. überarb. Aufl., S. 911–924). Weinheim u. München: Juventa.

Seidel, T., Prenzel, M., Duit, R., & Lehrke, M. (Hrsg.). (2003). *Technischer Bericht zur Videostudie „Lehr-Lern-Prozesse im Physikunterricht"*. Kiel: IPN Leibniz-Institu.

Steiner, E. (2004). Erkenntnisentwicklung durch Arbeiten am Fall. Ein Beitrag zur Theorie fallbezogenen Lehrens und Lernens in Professionsausbildungen mit besonderer Berücksichtigung des Semiotischen Pragmatismus von Charles Sanders Peirce. Zürich. www.ewi.tu-berlin.de/fileadmin/i49/dokumente/1143711480_diss_steiner.pdf. [15.08.2011].

Terhart, E. (2000). *Perspektiven der Lehrerbildung in Deutschland. Abschlussbericht der von der Kultusministerkonferenz eingesetzten Kommission. Handbuch der Schulentwicklung* (S. 560–585). Innsbruck/Weinheim: Juventa.

Wernet, A. (2006). *Einführung in die Interpretationstechnik der Objektiven Hermeneutik* (2. Aufl.). Qualitative Sozialforschung, Bd. 11. Wiesbaden: VS Verlag.

Zaborowski, K. U., Meier, M., & Breidenstein, G. (2011). *Leistungsbewertung und Unterricht. Ethnographische Studien zur Bewertungspraxis in Gymnasium und Sekundarschule*. Wiesbaden: VS Verlag.

Der Blick auf sich selbst

12

Heike de Boer

Heike de Boer richtet den Blick auf die beobachtende Person und diskutiert die Bedeutung von Wahrnehmungsgewohnheiten für den Beobachtungsprozess. Mögliche Fehlerquellen werden dargestellt und beispielhaft an schriftlichen Reflexionsprozessen Studierender illustriert. Erkennbar wird, wie die Beobachtung einzelner Schüler/-innen an die Reflexion der Beobachtungsmotive und des Beobachtungsprozesses sowie an einen mehrperspektivischen Austausch über Beobachtetes gekoppelt werden kann, um damit eine Auseinandersetzung mit den je eigenen Annahmen und Urteilen anzustoßen.

> In gewissem Grade sind wir wirklich das Wesen, das die anderen in uns hinein sehen. Freunde wie Feinde. Und umgekehrt. Auch wir sind die Verfasser der anderen; wir sind auf eine heimliche und unentrinnbare Weise verantwortlich für das Gesicht, das sie uns zeigen, verantwortlich nicht für die Anlage, aber für die Ausschöpfung dieser Anlage (Frisch 1985, S. 29).

Wie wir uns anderen gegenüber verhalten, hat etwas mit dem „Bild" zu tun, welches wir uns von ihnen gemacht haben. In der Interaktion zwischen Menschen entstehen fortlaufend Interpretationen und Deutungen durch die beteiligten Akteure. Ihnen liegen Annahmen und Konzepte zugrunde, oftmals automatisierte Bewertungen, die das schnelle Einordnen von Handlungen erlauben und damit einerseits Sicherheit geben. Andererseits verhindern sie, dass ein Verstehen jenseits bekannter Deutungsmuster möglich wird (vgl. Lehmann-Rommel in diesem Band).

Prof. Dr. Heike de Boer ✉
FB 1 Bildungswissenschaften, Institut für Grundschulpädagogik, Universität Koblenz-Landau, Koblenz, Deutschland
e-mail: hdeboer@uni-koblenz.de

H. de Boer und S. Reh (Hrsg.), *Beobachtung in der Schule – Beobachten lernen*,
DOI 10.1007/978-3-531-18938-3_12,

Auch im alltäglichen Unterrichtsgeschehen entstehen im Umgang mit unterschiedlichen Schülern und Schülerinnen im Laufe mehrerer Schulwochen auf der Basis beobachteter Handlungen Eindrücke, die zur Interpretation ihrer Eigenschaften, Fähigkeiten und Persönlichkeiten führen und festschreibende Wirkungen haben können. Wahrnehmungen[1] von Schülerinnen und Schülern sind u. a. auch kategorial organisiert, da nicht einzelne isolierte Ereignisse, sondern komplexe Situationen begrifflich erfasst, in bekannte Schemata eingeordnet und kategorisiert werden (vgl. Kocher und Wyss 2008; Bromme 1992). Auf diese Weise entstehen manchmal Zuschreibungen und Stereotypisierungen, die nur schwer wieder aufgelöst werden können.

Wahrnehmungsgewohnheiten und subjektive Theorien beeinflussen entscheidend den Beobachtungsprozess, sie sind nicht ohne weiteres sprachlich verfügbar und gelten als implizites Wissen. Angenommen wird, dass sie für den Besitzer ähnliche Funktionen erfüllen wie wissenschaftliche Theorien (vgl. Neuweg 2011, S. 465). Im Folgenden wird dargestellt, wie durch die Verknüpfung von Beobachtung, Selbstbeobachtung und Reflexion Wahnnehmungsgewohnheiten und -muster reflektiert, überprüft und gegebenenfalls modifiziert werden können.

12.1 Beobachtungen werden vom Beobachter gemacht: Fehlerquellen

Im Rahmen empirischer Unterrichtsforschung wird wiederholt auf eklatante Diskrepanzen in der Selbst- und Fremdwahrnehmung Lehrender sowie auf Fehleinschätzungen in der Schülerwahrnehmung hingewiesen. Unterschieden wird zwischen der Selbstwahrnehmung des eigenen Handelns von Lehrern und Lehrerinnen und schülerbezogenen Überzeugungen, die unter dem Stichwort implizite Persönlichkeitstheorien zusammengefasst werden (vgl. Reusser et al. 2011, S. 486). Urteile Lehrender über das eigene Handeln sowie das von Schülern und Schülerinnen unterliegen beispielsweise der sozialen Erwünschtheit, Stereotypisierungen und Erwartungseffekten (vgl. Seyfried 2009; Schweer 2000). Besonders die Selbstwahrnehmung des eigenen Tuns im Unterricht enthält sogenannte „blinde Flecken". Unter dem „blinden Fleck" wird hier alles verstanden, was vom Betroffenen ausgesendet und vom Empfänger wahrgenommen wird, ohne dass sich der Betroffene des-

[1] Im alltäglichen Verhalten gehen Wahrnehmen und Beobachten oft ineinander über. Beobachten unterscheidet sich vom Wahrnehmen durch die Zielgerichtetheit. Es ist planvoll und gekennzeichnet durch einen aktiven Aneignungsprozess der Wirklichkeit (Wawrinowski & Martin 2003, S. 12. ff.).

sen bewusst ist (vgl. Wawrinowski und Martin 2003; Buhren 2011, S. 9 ff.). Der Selbst- und der Fremdwahrnehmung liegen Annahmen und Konzepte zugrunde, ohne dass diese als solche wahrgenommen werden. Das Gehirn wirkt hier als „Antizipationsmechanismus" (Siegel 2010, S. 233) und bereitet sich auf der Basis früherer Erfahrungen und Ereignisse auf die Zukunft vor: Erinnerungen wirken als Filter für aktuelle Wahrnehmungen und beeinflussen Annahmen und Urteile. Beobachtungen sind aus diesem Grund auch sehr anfällig für Fehler. Grewe und Wentura (1997) differenzieren vier Bereiche aus, in denen Fehlerquellen im Beobachtungsprozess verursacht werden können:

- *Wahrnehmung*: Die Wahrnehmung kann durch Konsistenzeffekte beeinflusst werden. Diese können darin bestehen, dass beobachtende Personen Widersprüche vermeiden wollen, Einflüsse vorangegangener Information in die Beobachtung einfließen lassen (eigene oder die anderer Personen), Projektionen vornehmen (das sehen, was man bei sich selbst kennt oder gerade nicht sehen möchte), Erwartungen haben[2], emotional beteiligt sind (persönliche Beziehung zur beobachteten Person) sowie logische Fehler machen (fälschliche Annahme von Korrelationen zwischen verschiedenen Merkmalen: z. B. guter Mathematiker = guter Physiker; schriftlich gut = mündlich gut).
- Interpretation: Unter dem Aspekt Interpretationsfehler fassen Greve und Wentura Einschätzungen zusammen, die durch eine „Zentral-Tendenz" (extreme Urteile vermeiden) und „persönliche Tendenzen und Dispositionen" beeinflusst werden (Milde- und Strengefehler: Beachtung guter Leistungen und „Übersehen" schwacher Leistungen oder umgekehrt). Auch die Bildung von Kontrasten zur eigenen Person und Einflüsse durch soziale Erwünschtheit zählen sie dazu.
- Erinnerung: Fehler entstehen auch durch unvollständige oder verzerrte Erinnerungen, die auf Aufnahmekapazitätsgrenzen und auf Wahrnehmungsselektionen[3] zurückgehen können.
- Wiedergabe: Wiedergabefehler des Beobachteten entstehen durch das nachträgliche „Schönen" von Beobachtungsdokumentationen (vgl. Greve und Wentura 1997, S. 60 ff.).

[2] Zum Beispiel Pygmalion-Effekt: Dem Effekt nach sollen sich Erwartungen, Einstellungen, Überzeugungen sowie Stereotype des Lehrers an und über den Schüler nach Art der „selbsterfüllenden Prophezeiung" auswirken.

[3] Wawrinowski und Martin unterscheiden die Selektion, Organisation, Fixation und Akzentuierung der Wahrnehmung (2003, S. 15 ff.).

Die Auflistung möglicher Fehlerquellen im Beobachtungsprozess ist umfangreich. Die reflexive Auseinandersetzung mit den eigenen Beobachtungen stellt in diesem Kontext deswegen eine wichtige Vorgehensweise dar.

Das Enkodieren von Beobachtungen mit darin enthaltenen impliziten Erinnerungen, Erfahrungen, Überzeugungen und Erwartungen wird durch das bewusste Nachdenken über die jeweils eigenen Sehgewohnheiten geübt. Die Reflexion ermöglicht die Auseinandersetzung mit den darin enthaltenen Annahmen und Konzepten, führt zur Überprüfung und einer möglicherweise folgenden Modifizierung eigener Überzeugungen und demzufolge zu einer Veränderung der Beobachtung.

12.2 Reflexionsprozesse

Im Folgenden werden beispielhaft Reflexionsprozesse vorgestellt, die von Studierenden im Rahmen eines semesterbegleitenden Praktikums entstanden sind[4]. Die Studierenden hatten die Aufgabe, ein Kind über ein halbes Jahr in unterschiedlichen Situationen in der Schule zu beobachten und dabei auch den Blick auf den eigenen Beobachtungsprozess zu werfen. Die Auseinandersetzung mit einzelnen Kindern anhand regelmäßiger Beobachtungs- und Dokumentationsphasen war gekoppelt

1. an die Formulierung eines ersten Eindrucks und an die Reflexion der Beobachtungsmotive,
2. an den mehrperspektivischen Austausch über Beobachtetes im Seminar,
3. an die Reflexion des Beobachtungsprozesses
4. und an die Auseinandersetzung mit den eigenen Annahmen und Urteilen.

12.2.1 Beobachtungsmotive[5]

> Johannes[6] redet oft ungefragt und ruft Lösungen einfach in den Raum. Er ärgert seine Banknachbarn und ist auch körperlich aggressiv. Das sind die ersten Eindrücke, die in

[4] Die Beobachtungen wurden verschriftlicht, interpretiert, in einer Gesamtbewertung zusammengefasst und durch eine Reflexion des eigenen Beobachtungsprozesses ergänzt. Die in 5 Jahren entstandenen 100 Mikrostudien wurden einer Re-Analyse mit der Fragestellung untersucht, wie Studierende sich der kindlichen Perspektive annähern und welche Lernprozesse in diesem Kontext sichtbar werden. Alle folgenden Beispiele sind Beispiele aus den vorliegenden Mirkrostudien und wurden zum Teil bereits in de Boer 2009, S. 209–229 veröffentlicht.

[5] Dieser Abschnitt lehnt sich an die Darstellung von de Boer 2009, S. 209–229 an.

[6] Alle Beobachtungen wurden anonymisiert.

> mir ganz verschiedene Emotionen ausgelöst haben. Zuerst fand ich sein Verhalten, wie bereits erwähnt, unmöglich. Er störte regelmäßig den Unterrichtsablauf. Das machte mich sehr ärgerlich und ich kann nicht verhehlen, dass ich zeitweise deshalb auch wirklich wütend auf ihn war.

Dieser Text eines Studenten macht sichtbar, dass sein erster Eindruck von seinem Beobachtungskind vor allem durch das Fokussieren der Störung bestimmt war. Die Gesamtauswertung von 100 Mikrostudien (vgl. de Boer 2009, S. 209 ff.) zeigt in diesem Kontext,

- dass vor allem jene Kinder beobachtet werden, die wie im dargestellten Zitat im Unterricht stören, einen Extraplatz haben, die schulischen Regeln ignorieren und durch ihr Verhalten auffallen,
- seltener jene Kinder beobachtet werden, die unauffällig wirken. Kinder, von denen die Studierenden nach ersten Schultagen wenig wissen, und sich fragen, ob sie tatsächlich anwesend waren,
- oder jene Kinder, die offen und aufgeschlossen auf die Praktikantinnen zugehen, sich interessiert an ihnen als Person zeigen, Kontakt und Nähe zu den Erwachsenen suchen und zugleich zurückhaltend im Umgang mit den Mitschülern und Mitschülerinnen waren.

2/3 der ausgewählten Beobachtungskinder können der ersten Gruppe zugeordnet werden. Diese Feststellung verweist bereits auf ein klassisches Wahrnehmungsmuster: Das Motiv, eine Person zu beobachten, wird vor allem an Handlungen festgemacht, die vom erwarteten Verhalten abweichen, z. B. im Sinne einer Störung. So gerät zunächst das Auffallende und häufig zugleich Störende in den Blick und führt zur Fokussierung jener Handlungen, die von eigenen Erwartungen abweichen. Die Beobachtungsbeschreibungen[7] der Studierenden machen besonders zu Beginn des Praktikums sichtbar, dass es Erwartungen an normkonformes Verhalten der Schüler/innen gibt.

Die vielfältig beschriebenen Abweichungen und Störungen zeigen, dass enorme Erwartungen an das kindliche Verhalten gestellt werden, mit dem das Bild eines „Überkindes" im Sinne eines idealen Schulkindes konstruiert wird: Es ist sozial integriert, aufgeschlossen und kontaktfreudig, arbeitet kontinuierlich im Unterricht mit, ist nicht zu schnell und nicht zu langsam, fragt bei Verständnisschwierigkeiten nach, hat Durchhaltevermögen und gestaltet Aufmerksamkeitspausen unauffällig.

[7] Die Beobachtungen waren gekoppelt an die Aufgabe, ein Kind in möglichst vielfältigen Situationen zu beobachten, d. h. in unterschiedlichen sozialen, fachlichen und methodischen Zusammenhängen. Jeder Beobachtung ging eine Fragestellung voraus, die den Beobachtungsfokus, die ausgewählte Situation und die eigenen Vermutungen sichtbar machen sollte.

Den Beobachtungen liegt ein implizites Bild des normalen Schülers/der normalen Schülerin als eine an schulisch-normative Erwartungen angepasste Person zugrunde. Es findet eine Identifizierung der Studierenden mit dem schulisch-institutionellen Rahmen und den darin etablierten Normen statt (vgl. Lehmann-Rommel in diesem Band). Diese Perspektive führt zur Erwartung, dass die schulisch-fachlichen und pädagogischen Normen erfüllt werden müssen. Fokussiert werden Defizite, und die Bewertung einzelner Situationen erfolgt vor allem aus der Sicht der zukünftigen Lehrperson. Damit ist „normales Verhalten" ein regelgeleitetes Verhalten und dient als Richtschnur für Veränderungsprozesse im Sinne einer Anpassung an schulisch-normative Erwartungen.

Um den eigenen Annahmen und Vorstellungen im Beobachtungsprozess auf die Spur zu kommen, können folgende Fragen hilfreich zur Reflexion sein:

- Was sind meine Beobachtungsmotive?
- Warum sehe ich, was ich sehe?
- Welches Verhalten erwarte ich? Was ist für mich „normales" Schülerverhalten?
- Wann werde ich auf etwas aufmerksam? Wie deute ich das Gesehene?
- Was kommt mir bekannt vor und was ist mir fremd?
- Welche Annahmen liegen meinen Deutungen zugrunde?

12.2.2 Mehrperspektivische Analysen

Der gemeinsame Austausch und die Analyse einzelner Beobachtungsbeschreibungen im Seminarkontext sind besonders hilfreich, um subjektive Bedeutungswelten dahin gehend sichtbar zu machen und herauszuarbeiten, dass das Unterstellen von als selbstverständlich gemeinsam geteilten Bedeutungen und das Ziehen von Rückschlüssen von der eigenen Erfahrung auf andere fragwürdig ist. Im Austausch über einzelne Beobachtungssequenzen können diametral entgegengesetzte Deutungen entstehen. Eine hilfreiche Übung ist in diesem Kontext die Arbeit mit einer linken und einer rechten Spalte:

Beobachtete Handlung	Kommentare
Kevin läuft durch die Klasse. Er bleibt am Nachbartisch stehen und spricht mit Nora über die Aufgabe: „Wie weit bist du?" Es erfolgt keine Antwort. Kevin läuft weiter zum nächsten Tisch und fragt Dominik: „Hast du schon die Aufgabe mit dem Fußballfeld gerechnet?" Dominik brummt kurz angebunden: „Nö". Kevin läuft weiter und setzt sich in die Leseecke, ergreift ein Lexikon und blättert darin.	Studentin (1) Kevin ist abgelenkt und will nicht arbeiten. Studentin (2) Kevin hat Schwierigkeiten und versteht die Aufgabe nicht. Studentin (3) Kevin sucht Anschluss und möchte sich austauschen. Studentin (4) Kevin möchte den anderen zeigen, was er weiß. Studentin (5) Kevin ist unterfordert. Für ihn sind die Aufgaben zu leicht.

Diese Gespräche führen dazu, dass verschiedene Deutungen und Erklärungsmuster in den Blick geraten. Alle Interpretationen werden aufgenommen und im weiteren Verlauf des Gesprächs über die beobachtete Handlung verfolgt. Damit kann einer frühzeitigen Kategorisierung entgegengewirkt werden und der Deutungsspielraum erhalten bleiben. Erst durch die umfangreicher werdende gemeinsam gelesene Handlung im Beobachtungsprotokoll können nach und nach einzelne Deutungen ausgeschlossen werden. Die Auseinandersetzung mit den verschiedenen Perspektiven auf eine Handlung führt allerdings auch zu Verunsicherungen, da gewohnte Erklärungsmuster ihre Gültigkeit verlieren können. Die folgende Reflexion einer Studentin zeigt, wie sie durch den Versuch, sich der Perspektive ihres Beobachtungskindes anzunähern, in Schwierigkeiten geriet.

> Durch die Gespräche während des Seminars merkte ich, wie sehr ich mich darauf konzentrierte, bei meinen Beobachtungen die Perspektive des Kindes einzunehmen. Dadurch hatte ich aber gleichzeitig das Gefühl, die Skala, anhand derer ich in einer späteren Analyse Kevins Verhalten einordnen und bestimmten Verhaltensauffälligkeiten zuordnen wollte, aus den Augen zu verlieren. Ich denke, für die Beobachtung von anderen – insbesondere von Kindern ist es unerlässlich, die Perspektive des anderen einzunehmen. Es ist aber auch wichtig, eine Vorstellung von „Normalität" zu bewahren, um später entweder an dem Verhalten des Kindes arbeiten oder auch an den „normalen" Umständen zugunsten des Kindes etwas verändern zu können.

Die Studentin befürchtet, dass die Fokussierung der kindlichen Perspektive dazu führt, dass sie die „Skala" für „Normalität" aus den Augen verliert. Ihre Auseinandersetzung mit dem individuellen Verstehen eines Kindes verschiebt ihren Blick weg von normierenden Prozessen hin zu individuellen Wertigkeiten. Normalität erhält hier die Bedeutung eines Orientierungsrahmens, mithilfe dessen abweichendes Verhalten erfasst, bewertet und bearbeitet werden kann. „Normales" Verhalten wird zum Ziel und als Richtmarke für Veränderungsprozesse gesetzt. Ohne den Bezugspunkt „Normalität" fehlen die Bewertungsmaßstäbe, und das verunsichert sie. Mit der Formulierung einer Normalitätsgrenze wird zugleich Anormalität thematisiert. Normalität und Anormalität sind nicht zwei völlig verschiedene Wesenheiten, sondern haben fließende Übergänge, so Link (vgl. 2008, S. 64). Den Prozess, den hier die Studentin beschreibt, erfasst Link mit dem Begriff „Denormalisierungsangst" als Angst davor, eine Normalitätsgrenze aus den Augen zu verlieren.[8] Wird die Grenze des Normalen zu flexibel und fließend gestaltet, fehlt mit den Worten der Studentin jedoch die „Skala zur Bewertung" von Verhalten. Die Konstruktion von schulischer Normalität bietet einerseits Orientierung und damit eine Grundlage für pädagogisches Handeln. Zugleich führt sie dazu, dass Abweichungen als anormal bewertet werden, und macht blind für mögliche andere Deutungen. Die mehrperspektivische Analyse der Beobachtungsprotokolle kann dieses Dilemma bewusst machen und stößt die Auseinandersetzung mit der Konstruktion von Normalität an. Dieser Prozess wird durch neue Fragen zum beobachteten Kind sichtbar:

> Während der ersten Beobachtungen stand häufig die Frage im Vordergrund: Wann stört Kevin? Wann fällt er auf? Wann wird er sogar aggressiv? Je länger ich ihn beobachtete, desto drängender wurden aber die Fragen: Wann hat Kevin Spaß? Wann lacht er? Bei wem fühlt er sich wohl?

12.2.3 Reflexion des Beobachtungsprozesses

Nach Abschluss des Beobachtungsprozesses folgte die Aufgabe, sich mit dem eigenen Beobachtungsprozess auseinanderzusetzen und ihn abschließend schriftlich zu reflektieren. Dies führte zur Rekapitulation der Veränderung eigener Annahmen und Überzeugungen:

> Rückblickend muss ich sagen, dass mein Bild von Lisa sich durch die Beobachtungen und vor allem durch die folgenden Analysen verändert hat. War ich am Anfang noch der Meinung, Lisa sei einfach nur „ruhig" und „zurückhaltend", erkannte ich schon bald, dass diese Ruhe mehr eine Flucht vor Anforderungen des Unterrichts darstellt, eine Zurückgezogenheit, die aus einer Kapitulation vor der Überforderung durch die ihr gestellten Aufgaben entspringt.[9]

[8] „Protonormalismus" hingegen ist für Link der Prozess, Normalitäten mit massiven Mitteln gegen Denormalisierung durchzusetzen (vgl. Link 2008, S. 64).

[9] Diese schriftliche Reflexion des Beobachtungsprozesses bilden das Kapitel der zum semesterbegleitendem Praktikum abgelegten Beobachtungsstudie und erfolgten im Anschluss an eine halbjährige Beobachtungszeit.

Die Reflexion der eigenen Perspektive führt zu neuen Erkenntnissen:

> Mein erster Eindruck von Lisa ist sehr subjektiv geprägt. Da sie im Unterricht nicht viel sagt und zu ihren Klassenkameraden keine festen sozialen Bindungen für mich sichtbar werden, schätze ich sie zunächst als ruhig und zurückhaltend ein – dass hinter dieser ruhigen Art viele Probleme stehen, kann ich mir zunächst gar nicht vorstellen. Genau so beurteile ich inzwischen mein Unverständnis dafür, dass sie bei Problemen nicht ihre Mitschüler oder ihre Lehrerinnen um Hilfe bittet. Dieser Charakterzug fällt mir wohl besonders auf, da er einen krassen Gegenpart zu meinem eigenen Charakter (auch schon als Grundschulkind) bildet.

Die Reflexion, ausgelöst durch die Frage, inwiefern sich die eigene Perspektive geändert hat, macht die Studentin nachdenklich. Sie findet biografische Spuren, die ihr Denken und ihre Erwartungen an das Verhalten des Kindes prägen. Sie stellt fest, dass sie das Verhalten des Kindes an dem Maßstab orientiert, wie sie selbst glaubt, als Kind gehandelt zu haben. Ihr anfängliches Unverständnis über das Verhalten des beobachteten Kindes, so konstatiert die Studentin, ist gekoppelt an ihr kontrastives Selbsterleben. Ihr wird dieser Prozess bewusst und sie erfährt eine Perspektivenerweiterung, durch die die Schwierigkeiten des Kindes für sie verständlich werden.

Eine weitere Studentin stellt im Gegensatz hierzu eine Ähnlichkeit zwischen dem Beobachtungskind und sich selbst fest:

> Ich habe versucht, Jana auch aus anderen Perspektiven zu beobachten, aber ich bin immer wieder zum gleichen Ergebnis gekommen. Ich dachte, ich würde nur Jana beobachten, aber in Wirklichkeit habe ich auch mich selber unbewusst beobachtet. Ihr Verhalten kam mir oft so vertraut und logisch vor. Dann wurde es mir klar. Ich selber war Jana sehr ähnlich, als ich sechs Jahre alt war und in die Schule kam. Und vielleicht hat es mich deshalb interessiert, wie sie ist. Ich wollte unbewusst mit den Beobachtungen von Jana auch etwas über mich herausfinden. Und das habe ich auch. Ich kann jetzt besser nachvollziehen, warum ich mich damals so verhalten habe.

Die intensive Auseinandersetzung mit Schülern und Schülerinnen und schulischen Situationen führt zur Auseinandersetzung mit der eigenen Schulzeit, mit eigenen Schwierigkeiten und episodischen Erinnerungen. Annahmen und Urteile über das beobachtete Kind werden in Beziehung gesetzt zu den eigenen Erfahrungen und führen zu Erkenntnissen über den Beobachtungsprozess und die darin enthaltenen Motive und Bewertungen.

Hilfreiche Fragen zur Unterstützung dieses Prozesses können sein

- Was berührt mich an diesem Schüler/dieser Schülerin?
- Welche Erwartungen habe/hatte ich?

- Wodurch löst das Kind bei mir Zuwendungs- oder ggf. Abwehrverhalten aus?
- Wie hängt meine Reaktion mit meinen Erfahrungen oder Erinnerungen zusammen?

Die Auswertung der abschließenden Beobachtungsprozess-Reflexionen in den Mikrostudien zeigt, dass die Diskrepanz zwischen ersten und abschließenden Eindrücken zu wichtigen Erkenntnissen führt. Die Themen „Nähe zur eigenen Person" oder „krasse Andersartigkeit" sind Erklärungen, die sichtbar machen, dass das Nachdenken über die eigene Schulzeit und familiäre Sozialisation sowie die Reflexion des Zusammenhangs von Normalitätskonstruktionen, eigenen Erfahrungen und eigenem Verhalten in diesem Kontext hilfreich ist.

12.3 Schlussfolgerung und Ausblick

Normalitätskonstruktionen bieten wesentliche Orientierungen für Menschen, um in einer hochdifferenzierten Gesellschaft zurechtzukommen (vgl. Link 2008, S. 61). Sie ermöglichen die Bildung von Routinen und Sicherheit im Berufsfeld Schule und sind deswegen grundlegend, um handlungsfähig zu sein. Gleichzeitig verführen sie dazu, beobachtetes schulisches Handeln auf die Kategorien „normal" und „unnormal" zu begrenzen und als ausschließliches Bewertungsmaß das Erfüllen schulisch gesetzter Ordnungen zu sehen. Normalität geht nach Link auf systematische Statistik und massenhafte Datenerhebungen zurück (vgl. ebd., S. 61 f.). Die Bestimmung „messbarer Dimensionen" ist gleichzeitig Teil eines zirkulären Prozesses, in dem durch Messung konstituierte Kategorien auch mit geschaffen werden (vgl. ebd., S. 67). Von Stechow (2005) konstatiert aus der Perspektive der Sonderpädagogik, dass Normalitätsfeststellungen vor allem als Beurteilungsmaß für Verhaltensabweichungen herangezogen werden. Die Reifizierung des Anormalen und die Fokussierung von Abweichung und Devianz werden durch die Festlegung messbarer Dimensionen vorgenommen (vgl. Kelle 2008). Eine Transformation dieser Mentalitäten wird im Beobachtungsprozess durch die Auseinandersetzung mit den eigenen Beobachtungen angestoßen und kann die Sensibilisierung für Normierungsprozesse und Normalitätskonstruktionen provozieren. Die Diskussion und Reflexion von Beobachtungsmotiven, Annahmen und Deutungen ermöglicht die Auseinandersetzung mit den subjektiven und impliziten Vorstellungen schulischer Normalität und „normalem" im Sinne von erwartetem Schüler/innenverhalten. Die mehrperspektivischen Analysen ermöglichen die Vielfalt subjektiver Deutungen sichtbar zu machen, neue Erklärungsmuster für die Handlungen von Schülern und Schülerinnen zu erhalten und Konstruktionen schulischer Normalität zu hinterfragen. Die Auseinandersetzung mit der eigenen Perspektive und implizit bleibenden Annahmen ist in diesem Kontext ein wesentlicher Anknüpfungspunkt und trägt dazu bei, Kategorisierungen bewusst zu machen, Überzeugungen zu überprüfen, zu modifizieren und neue Handlungsoptionen zu entwickeln.

Literaturverzeichnis

de Boer, H. (2009). Von der Konstruktion des „normalen" Schülers zur Rekonstruktion der kindlichen Perspektive. In H. de Boer, & H. Deckert-Peaceman (Hrsg.), *Kinder in der Schule.* Wiesbaden: VS Verlag für Sozialwissenschaften.

Bromme, R. (1992). *Der Lehrer als Experte. Zur Psychologie des professionellen Wissens.* Bern: Huber.

Buhren, C. G. (2011). *Kollegiale Hospitation – Verfahren, Methoden und Beispiele aus der Praxis.* Heusenstamm: Link.

Grewe, W., & Wentura, D. (1997). *Wissenschaftliche Beobachtung – Eine Einführung.* Weinheim: Beltz.

Frisch, M. (1985). *Tagebuch 1946–1949.* Frankfurt a. M.: Suhrkamp.

Kelle, H. (2008). „Normale" kindliche Entwicklung als kulturelles und gesundheitspolitisches Projekt. In H. Kelle, & A. Tervooren (Hrsg.), *Ganz normale Kinder* (S. 187). Weinheim und München: Beltz Juventa.

Kocher, M., & Wyss, C. (2008). *Unterrichtsbezogene Kompetenzen in der Lehrerinnen- und Lehrerbildung. Eine Videoanalyse.* Neuried: Ars Et Unitas Verlagsgesellschaft.

Link, J. (2008). Zum diskursanalytischen Konzept des flexiblen Normalismus. In H. Kelle, & A. Tervooren (Hrsg.), *Ganz normale Kinder* (S. 61). Weinheim und München: Juventa.

Neuweg, G. H. (2011). Das Wissen der Wissensvermittler. In E. Terhart, H. Bennewitz, & M. Rothland (Hrsg.), *Handbuch der Forschung zum Lehrerberuf* (S. 451–478). Münster, New York, München, Berlin: Waxmann.

Reusser, K., Pauli, C., & Elmer, S. (2011). Berufsbezogene Überzeugungen von Lehrerinnen und Lehrern. In *Handbuch der Forschung zum Lehrerberuf* (S. 478–496). Münster und New York und München und Berlin: Waxmann.

Schweer, M. K. W. (Hrsg.). (2000). *Lehrer-Schüler-Interaktion. Inhaltsfelder, Forschungsperspektiven und methodische Zugänge.* Opladen: Verlag Barbara Budrich.

von Stechow, E. (2005). *Die Konstruktion den normalen Kindes.* Wiesbaden: VS Verlag für Sozialwissenschaften.

Seyfried, J. (2009). *Unterricht aus der Sicht von Handelslehrern*. Frankfurt: Peter Lang.

Siegel, D. (2010). *Die Alchemie der Gefühle*. Pößneck: Kailash.

Wawrinowski, E., & Martin, U. (Hrsg.). (2003). *Beobachtungslehre. Theorie und Praxis reflektierter Beobachtung und Beurteilung*. Weinheim und München: Juventa.

Teil IV
Relevanz für Lehrerbildungsprozesse

13 Beobachten von Lernprozessen im Mathematikunterricht

Birgit Brandt und Gyde Höck

▸ **Birgit Brandt** und **Gyde Höck** stellen dar, wie unterschiedliche Formen der Beobachtung im und von Mathematikunterricht vorgenommen werden und hinsichtlich ihres Ertrags für Einsichten in mathematische Lern- und Arbeitsprozesse diskutiert werden können. Halbstandardisierte und standardisierte diagnostische Beobachtungen, Lerntagebuch und Portfolio als Beobachtungsinstrumente sowie Beobachtungen von Arbeitsprozessen im interaktiven Unterrichtsgeschehen werden vorgestellt. Sichtbar wird, wie eine zeitliche Entkopplung der Beobachtung mit Hilfe von Videodaten und Transkription neue Einblicke in Mikrostrukturen des beobachteten Geschehens eröffnet und sich deswegen auch besonders für den Einsatz in Aus- und Fortbildungskontexten eignet. Am Beispiel der genauen Nachzeichnung eines Lösungsweges auf der Grundlage eines Transkriptes wird gezeigt, wie sich Schüler/-innen intensiv um das Textverständnis einer mathematischen Aufgabe bemühen.

Mathematiklernen ist ein Prozess, bei dem sich zunächst das Kind der Lehrerin verständlich macht – nicht umgekehrt.

(Wielpütz 1998, S. 10)

Dr. Birgit Brandt ✉
Fachbereich Informatik und Mathematik, Institut für Didaktik der Mathematik und der Informatik, Johann Wolfgang Goethe-Universität, Frankfurt, Deutschland
e-mail: brandt@math.uni-frankfurt.de
Gyde Höck ✉
Fachbereich Informatik und Mathematik, Institut für Didaktik der Mathematik und der Informatik, Johann Wolfgang Goethe-Universität, Frankfurt, Deutschland
e-mail: ghoeck@t-online.de

H. de Boer und S. Reh (Hrsg.), *Beobachtung in der Schule – Beobachten lernen*,
DOI 10.1007/978-3-531-18938-3_13,

Es ist unstrittig: Unterricht ist eine hochgradig komplexe Situation, in der zeitgleich unendlich viel geschieht und interpretiert werden muss; fortwährende „Beobachtung" des Geschehens bildet für alle Beteiligten die Grundlage für Handlungsselektionen in der Situation, und insbesondere für die Lehrperson ist „reflection-in-action" (Schön 1992, S. 124 f.) ein wesentliches Moment der pädagogischen Arbeit. Ist man in der Position, das Unterrichtsgeschehen von „außen" als teilnehmender Beobachter betrachten zu können, eröffnen sich völlig andere Blickwinkel und Beobachtungsmöglichkeiten als aus der Position der unterrichtenden Lehrkraft, die als beobachtender Teilnehmer fortwährend zwischen der Wahrnehmung der gesamten Gruppe und individuellen Fokusbildungen hin- und herschwenken muss. Eine zeitliche Entkoppelung der „Beobachtung", etwa mit Hilfe von Videodaten und Transkription, eröffnet nochmals neue Einblicke in Mikrostrukturen des beobachteten Geschehens und kann gerade in Aus- und Fortbildungskontexten eingesetzt werden, um *„mit einer veränderten Wahrnehmungsfähigkeit Interaktionsverläufe im Unterricht in alternativer Weise (zu) deuten"* (Krummheuer und Fetzer 2005, S. 160). Diese unterschiedlichen Formen der Beobachtung im und von Mathematikunterricht werden in diesem Beitrag vorgestellt und hinsichtlich ihrer Einsichten in mathematische Lern- und Arbeitsprozesse diskutiert.

13.1 Beobachtung individueller Lernausgangslagen und -prozesse

Mit der Einschulung beginnt der pädagogisch und fachdidaktisch kompetente Blick auf Schüler/innen im Anfangsunterricht. Die vielbesprochene Heterogenität in Bezug auf individuelle Lernvoraussetzungen ist auch im Fach Mathematik selbstverständlich. Viele Ebenen beeinflussen die Lernausgangsbedingungen eines Schulanfängers für die Auseinandersetzung mit mathematischen Inhalten. So können Lernchancen im Mathematikunterricht abhängen von organisch-neurologischen Voraussetzungen (z. B. dem Wahrnehmungssystem mit seinen kinästhetischen, taktilen, visuellen, auditiven und vestibulären Sinnen bzw. Empfindungen), sozial-emotionalen Stabilitäten und nicht zuletzt natürlich von schulischen und didaktischen Einflüssen (z. B. Schipper 2005). Möchte ich als Lehrkraft im Rahmen meines Mathematikunterrichts beispielsweise vorhandene Ressourcen einzelner Schüler/-innen in Hinblick auf ihr räumliches Vorstellungsvermögen und ihre Zahlbegriffsentwicklung herausfinden, kann es durchaus sinnvoll sein, zunächst das Verhalten in alltäglichen Spiel- und Unterrichtssituationen bewusst wahrzunehmen:

- Wie orientiert sich das Kind im Raum? Unterscheidet es rechts und links sicher?
- Wie gut kann es bereits die Anzahl von Gegenständen (z. B. Muggelsteine) schätzen?
- Wie setzt es die Finger ein, wenn es etwas abzählt? Verwendet es unterschiedliche Zählstrategien?

Solche Beobachtungspunkte sind vielfältig zu variieren und können umfangreich fortgesetzt werden. Diese Form der Beobachtung fällt weitgehend unter die Kategorie der unsystematischen Gelegenheitsbeobachtung im Unterricht (vgl. Handreichung ISB[1] 2007).

Für ein genaueres Bild als diagnostische Grundlage zur gezielten Förderung ist es sinnvoll, systematischer vorzugehen und anhand gezielter Aufgabenstellungen strategisches Vorgehen und kindliche Denkweisen sichtbar werden zu lassen. Dabei ist grundsätzlich auch der Grad der aktiven Beteiligung am zu beobachtenden Geschehen zu bedenken, der Einfluss nimmt auf das zu Beobachtende. Mitunter kann es durchaus sinnvoll sein, einem Kind in der Auseinandersetzung mit einem mathematischen Inhalt einen Hinweis zu geben; aus einer Beobachtungssituation entsteht so eher eine Fördersituation. Diese kann durchaus pädagogische Berechtigung haben, jedoch verschiebt sich dadurch die Aussagekraft der Beobachtungsergebnisse (vgl. Jürgens 2009). So beschreibt Schütte (2008) eine „*Denkweg-Erkundung*" in Verbindung mit einem „*gemeinsamen Weiterdenken an der mathematischen Fragestellung*" (ebd., S. 182) als „*Lernberatung*", die nicht nur eine situative Lernausgangslage, sondern auch potentielle Entwicklungs- und Lernprozesse des Lernenden in den Blick nimmt.

Im Folgenden sollen nun einige Beobachtungsformen und -materialen beispielhaft vorgestellt sowie Einsatzmöglichkeiten im Unterricht und in Situationen der Lernstandserhebung aufgezeigt werden.[2]

[1] Staatsinstitut für Schulqualität und Bildungsforschung, München.

[2] Standardisierte Testverfahren, die auf eine Vergleichbarkeit mathematischer Leistungen abzielen, werden hier nicht als „Beobachtungsinstrumente" für den Unterrichtsalltag einbezogen.

13.1.1 Halbstandardisierte und standardisierte diagnostische Beobachtungen

Für Beobachtungen im Unterricht stehen auf dem pädagogischen Markt bzw. im World Wide Web zahlreiche Beobachtungsbögen und -handreichungen zur Verfügung. Beobachtungsvorgaben bergen sicherlich mitunter die Gefahr, sich unkritisch auf vorgefertigte Schemata einzulassen und damit evtl. im vorgegebenen Raster nicht im Zentrum der Beobachtung stehende Fähigkeiten und Fertigkeiten des Kindes auszublenden. Dennoch ist es von Bedeutung, sich auf ausgewählte Punkte in der Beobachtung zu beschränken und diese über die Dauer der pädagogischen Diagnose konstant zu verfolgen. Um genauere Informationen über die bereits vorhandenen mathematisch relevanten Strategien und Denkweisen des Schulkindes zu erfassen, eignen sich für den Einsatz im unterrichtlichen Alltag insbesondere

a) halbstandardisierte Formen des diagnostischen Gesprächs anhand von Material und Aufgabenstellungen (z. B. Peter-Koop et al. 2007; Lorenz und Kaufmann 2008) sowie
b) standardisierte Beobachtungsbögen (z. B. Handreichung ISB 2008; Domsch und Krowatschek 2006; Braun und Schmischke 2008).

Während in standardisierten Beobachtungsformen Reihenfolge und Formulierung der Fragen und Aufgabenstellungen genau festgelegt sind und auch zeitliche Rahmenbedingungen eingehalten werden müssen, bieten halbstandardisierte zwar klare Strukturen und auch Formulierungsvorschläge, lassen aber Variationen zu und bieten etwas Flexibilität, insbesondere auch in der zeitlichen Gestaltung und im Ablauf. Ähnlich wie standardisierte Verfahren geben halbstandardisierte Verfahren konkrete Auswertungshinweise, die eine gewisse Vergleichbarkeit der „Testergebnisse" ermöglichen, und bieten somit eine gute diagnostische Grundlage für eine gezielte Förderung. Jedoch erweist es sich im Unterrichtsalltag oft als schwierig, die Zeit für die halbstandardisierte Form des diagnostischen Gesprächs, das eine Vielzahl an Fragen und Aufgabenstellungen umfasst, für einzelne Schüler/-innen aufzubringen.[3] Unaufwändiger lassen sich halbstrukturierte Beobachtungssituationen (vgl. Braun und Schmischke 2008, S. 54 ff.) in den Mathematikunterricht integrieren, in denen situationsbezogen einzelne Fragenstellungen aus dem halbstandardisierten Material zum Einsatz kommen können. Hierdurch ist es möglich, bereits mit

[3] Meist ist es sinnvoller, das halbstandardisierte diagnostische Gespräch in Einzelförderstunden durchzuführen, um die nötige Zeit und Ruhe für die Beobachtungssituation zu gewährleisten.

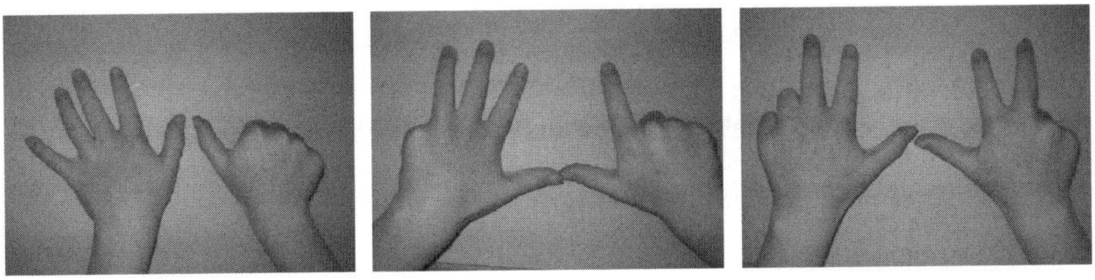

Abb. 13.1 Fingerbilder zur Zahl 6, Foto von Birgit Brandt

Hilfe recht einfacher Fragen Einblick in Kompetenzen des Lernenden als Lernausgangslage zu gewinnen. So kann die Frage: „Kannst du die Zahl 6 auch anders mit deinen Fingern zeigen?" (Peter-Koop et al. 2007, S. 21) Kompetenzen zur Zahlzerlegung sichtbar werden lassen, die Aufschluss darüber geben können, inwieweit das Kind Mengen in Teilmengen zerlegen kann und dabei erkennt, dass die Anzahl der gezeigten Finger invariant[4] (siehe Abbildung 13.1) bleibt. Diese Form der Beobachtung bietet somit punktuell Einblick in einen bestimmten Kompetenzbereich, ohne jedoch Möglichkeiten der Vergleichbarkeit zu bieten. Als Ausgangspunkt für eine gezielte Unterstützung in einer konkreten Unterrichtssituation ist dies oft hilfreich und ausreichend – ein umfangreiches Förderprogramm lässt sich darauf allerdings nicht aufbauen.

Kommen halbstrukturierte Beobachtungsbögen zum Einsatz, wird gezielt notiert, was genau das Kind in einem umgrenzten mathematischen Bereich bereits umsetzen kann. So lassen sich für eine kindzentrierte und kompetenzorientierte Beobachtung im Zahlbereich bis 6 verschiedene Beobachtungsaufgaben nennen (Abb. 13.2).

Zum Teil werden neben handschriftlichen Notizen auch Ausprägungsgrade vermerkt (vgl. Peter-Koop et al. 2007). Im Handbuch zum ElementarMathematischenBasisInterview heißt es in diesem Zusammenhang:

> Wird ein Ausprägungsgrad mit „0" bezeichnet, bedeutet dies nicht, dass das Kind nichts weiß oder kein Verständnis entwickelt hat, sondern indiziert lediglich, das Ausprägungsgrad 1 noch nicht nachzuweisen ist (ebd., S. 7).

[4] Invarianz bezeichnet die Unabhängigkeit einer Anzahl von Gegenständen von der Raumlage. 10 Muggelsteine bleiben 10 Muggelsteine, auch wenn man sie erst dicht zusammenschiebt und dann auf dem gesamten Tisch verteilt.

[5] Abbildung: Bildungsserver Hessen (http://download.bildung.hessen.de/elc/repository/fortbildung/pdo/modul_diag_foe/inhalt/diagnostik/beobachtung/beob_mat/mathe.pdf) (26.06.2011).

Zahlenraum bis 6 (entsprechend: 10, 20)	Beobachtungen
Das Kind kann: ▪ von 1 bis 6 zählen ▪ von einer beliebigen Zahl bis 6 vorwärts zählen ▪ die Zahlen von 1 bis 6 lesen ▪ Vorgänger und Nachfolger benennen ▪ Die Zahlen lesen ▪ Mengen zuordnen ▪ Additionsaufgaben lösen ▪ Subtraktionsaufgaben lösen ▪ Größer- Kleiner- Beziehungen herstellen ▪ Ergänzungsaufgaben lösen ▪ verdoppeln, halbieren ▪ ... Das Kind rechnet ohne Hilfsmittel Das Kind benutzt unterschiedliche Hilfsmittel	

Abb. 13.2 Beobachtungsanregung für den Bereich Zahlen[5]

Bei der Sichtung gängiger Beobachtungsbögen fällt auf, dass ein hoher Fokus auf der Zahlbegriffsentwicklung und damit dem mathematisch-inhaltlichen Bereich der Zahlen und Operationen liegt. Das halbstandardisierte förderdiagnostische Material „EMBI – Größen und Messen, Raum und Form" (Peter-Koop et al. 2011) soll dieser Einseitigkeit entgegenwirken und bietet neben der Erfassung von Kompetenzen aus eben diesen Bereichen im halbstandardisierten diagnostischen Gespräch auch eine Vielzahl an Anregungen für halbstrukturierte Beobachtungssituationen zur Raumorientierung und zum handelnden Umgang mit Größen.

13.1.2 Lerntagebuch und Portfolio als Beobachtungsinstrument

Das Lerntagebuch oder Portfolio (z. B. Brunner und Häcker 2006) hat seit einigen Jahren in vielfältiger Form Einzug in den Unterrichtsalltag an Grund- und Förderschulen gehalten (vgl. für den Mathematikunterricht Gubler-Beck 2007). Seine Funktion ist es, eigene Lernwege sowie Fortschritte und kurz-, mittel- bzw. langfristige Lernziele zu dokumentieren, gleichzeitig die kindgemäße Reflexion über diese anzubahnen und damit die Eigenverantwortung für den individuellen Lernprozess zu stärken. Das Portfolio dient damit sowohl der individuellen Leistungsdokumen-

Situation	kann ich sehr sicher	kann ich weitgehend, mit schwierigeren Aufgaben habe ich noch Probleme	kann ich teilweise, kann mir selber helfen	kann ich noch nicht, brauche Hilfe	Hier findest du Übungsmaterial:
Ich kann herausfinden, welche Zahlen man in eine Gleichung oder Ungleichung (Beispiel: $67 - 3 \cdot z > 24$) einsetzen darf.					Arbeitsblatt: Gedachte Zahlen erraten
Ich kann Zahlen herausfinden, die in Rechenbäumen versteckt sind.					Buch: Seite 33, Nr. 3, 4 Arbeitsblatt: Gedachte Zahlen erraten
Ich kann meine Lösungswege anderen erklären.					

Abb. 13.3 Bogen zur Schülerselbsteinschätzung zum Thema „Rechen- und Lösungswege"[7]

tation[6], als auch insbesondere der Selbstbeobachtung von Lernwegen und -erfolgen. In der Metastudie von Hattie (2009) wird dieser Verantwortung für eigene Lernprozesse eine wichtige Bedeutung beigemessen. Erfolgreich Unterrichtende orientieren sich in ihrer Unterrichtsgestaltung, der Studie folgend, gezielt an den durch Selbsteinschätzungen sichtbar gewordenen Lernbedürfnissen und Fähigkeiten ihrer Schülerinnen und Schüler.

> Sie übernehmen so Verantwortung für ihre eigenen Lernprozesse, heben diese durch geeignete metakognitive Verfahren wie lautes Denken, Selbstüberprüfung, Reflexion des jeweiligen Vorgehens beim Lösen einer Lernaufgabe ins Bewusstsein und wachsen so in die Rolle des Experten für ihre eigenen Lernprozesse hinein (Zoubek und Gaile 2011, S. 8).

Das lernergeführte Portfolio lässt sich so auch von der Lehrperson als ein Beobachtungsinstrument einsetzen, das nicht nur die dokumentierten Leistungen (z. B. ausgewählte Aufgabenbearbeitungen) erfasst, sondern auch die Entwicklung des Kindes in metakognitiven Momenten der Selbstevaluation widerspiegelt (siehe Abbildung 13.3).

Laut Hattie (2009) führt gerade dieser enge wechselseitige Abgleich von Selbsteinschätzung der Schüler/-innen mit der durch die Lehrkraft angebotenen Unterrichtsstruktur und den -inhalten zu positiven Voraussetzungen für erfolgreiches schulisches Lernen. Als methodisch-didaktische Umsetzungen dieser Idee lassen sich für den Mathematikunterricht das Reisetagebuch (Gallin und Ruf 1999) bzw. das Rechentagebuch (Sundermann und Selter 1999) nennen.

---

[6] Aus dieser Funktion ergeben sich für die Lehrperson alternative Möglichkeiten zur Leistungsbewertung (vgl. Gubler-Beck 2007).

[7] Abbildung: Maitzen in Zoubek und Gaile (2011, S. 7).

13.2 Beobachtung von Arbeitsprozessen im interaktiven Unterrichtsgeschehen

„Wann wird es mathematisch?“ Diese Frage weist auf einen weiteren, jedoch anders gelagerten Beobachtungsaspekt für den Mathematikunterricht in der Primarstufe hin.

Im Zuge der Implementierung der Bildungsstandards Mathematik sind neben den fachlichen Kompetenzen, die es anzubahnen und zu festigen gilt, ebenso die allgemein mathematischen Kompetenzen in den Mittelpunkt des Beobachtungsinteresses gerückt. Argumentieren, Kommunizieren und Problemlösen bilden vor diesem Hintergrund wichtige Orientierungspunkte für ein zeitgemäßes Lernarrangement im Mathematikunterricht (vgl. KMK 2004). Doch gerade die hierbei ablaufenden Prozesse sind hochgradig komplex und nicht einfach zu erfassen bzw. zu beobachten.

13.2.1 Beobachtungsaufträge für das Unterrichtsgeschehen

Beobachtungen anhand konkreter Fragestellungen mit einem klar eingegrenzten Fokus weisen in der Praxis einen deutlichen Vorteil auf: Man kann bewusst die Flut von Eindrücken und Wahrnehmungen eingrenzen und sich auf gezielte Aspekte aus dem Unterrichtsgeschehen für die Beantwortung des Beobachtungsauftrags konzentrieren. Die möglichen Eintrübungen bei unreflektierter Beobachtung sind vielfach in der Literatur beschrieben worden (z. B. Kretschmer und Stary 2001; Bentele und Metzger 1998). In zahlreichen kollegialen Unterrichtsbesuchen mit Lehrerinnen und Lehrern im Vorbereitungsdienst zeigt sich, dass es Berufseinsteigerinnen und Berufseinsteigern oft schwer fällt, eben diese Fokussierung vorzunehmen, um gezielt etwas über die Schülerin oder den Schüler bzw. ihren Unterricht zu erfahren. Und selbst erfahrene Lehrkräfte übersehen im sozialen, inhaltlichen und organisatorischen Geflecht ihres Unterrichts einiges an bedeutsamen Prozessen, die Lernchancen enthalten, wenn sie nicht gezielt ihren Blick darauf richten.

So kann es ein gezielter Beobachtungsschwerpunkt im Mathematikunterricht sein, zu erfassen, wann im Unterricht auf eine Aufgabe fokussiert wird und wann Ablenkungen eine intensive Auseinandersetzung mit dem mathematischen Inhalt verhindern (Abb. 13.4). Dabei kann es gerade hilfreich sein, sich hier auf Schülerinnen und Schüler zu konzentrieren, die im Unterricht für gewöhnlich unauffällig sind und denen damit oftmals eher wenig Aufmerksamkeit zukommt. Aber auch die Beobachtung von Kindern, die man eher als „störend“ wahrnimmt, kann

On- und Off-Task

Name: ______________________ Datum: ______________

Achten Sie in regelmäßigen Abständen (z. B. alle 3, 5 oder 10 Minuten) auf die Schülerin bzw. den Schüler. Notieren Sie, ob der Schüler on-task oder off-task ist. Machen Sie in der entsprechenden Spalte einen Strich.

On-Task: Die Schülerin oder der Schüler hört Ihnen zu, bearbeitet die Aufgabe, macht sich Notizen …

Off-Task: Die Schülerin oder der Schüler redet mit dem Tischnachbarn, träumt, beschäftigt sich mit anderen Dingen, stört den Unterricht …

Intervall	on-task	off-task
1		
2		
3		
4		

Abb. 13.4 Beobachtungsraster für die thematische Fokussierung von Schülerinteraktion im Unterricht[8]

nützlich sein, um diese in einem neutralen Zeitrhythmus bewusst wahrzunehmen und nicht ausschließlich in den Momenten der „Störungen". Dabei werden hier zunächst nur zeitliche Momente der Beschäftigung mit mathematischen Fragestellungen sichtbar – die inhaltlichen Aspekte der Auseinandersetzung werden so nicht erfasst.

13.2.2 Mikrosoziologische Zeitlupen-Beobachtung des Unterrichtsgeschehens

In Aus- und Fortbildungskontexten kann noch genauer beobachtet und analysiert werden, inwieweit Mathematisches im Unterricht verhandelt wird. Krummheuer und Fetzer (2005) nennen hierzu fünf sogenannte Schlüsseldimensionen, mit deren Hilfe das Unterrichtsgeschehen fokussiert werden kann (ebd., S. 9):

- Wie entwickelt sich das mathematische Thema?
- Wie wird im Unterricht begründet und erklärt?
- Wann kommt ein Schüler dran?
- Wie können sich Schüler aktiv am Unterricht beteiligen?
- Was ist mit den stillen Schülern?

[8] Abbildung aus: Domsch und Krowatschek (2006, S. 17)

Im Folgenden soll nun etwas genauer ausgeführt werden, wie auf der Basis von Transkripten eine „Zeitlupen-Beobachtung" individueller Arbeitsprozesse mit dem Fokus auf die mathematische Themenentwicklung erfolgen kann. Dabei soll das Spannungsfeld zwischen detaillierter mikrosoziologischer Betrachtung und tatsächlichen Beobachtungschancen im alltäglichen Mathematikunterricht aufgezeigt werden. Wie bedeutsam ein genauerer Blick auf inhaltsbezogene verdichtete Interaktionsprozesse (vgl. Krummheuer und Brandt 2001) sein kann, wird am folgenden Transkriptausschnitt deutlich: Zwei Schülerinnen des 4. Schuljahres sollen (kurz vor Weihnachten) diese Aufgabe gemeinsam bearbeiten[9]:

Du sparst nun schon eine ganze Weile lang Taschengeld, damit du Geschenke kaufen kannst. Insgesamt hast du 39 Euro. Ein Drittel möchtest du allerdings behalten. Von dem Rest gibst du 8 Euro für deine Eltern aus.

Jo	*also das durch drei irgendwie/ aber dann kommt Rest raus*
Ja	*ja Rest ist doch (unverständlich) nein von dem Rest gibst du acht Euro aus*
Jo	*Ja*
Ja	*also neununddreißig Euro geteilt ist durch … nein ein Drittel durch neununddreißig Euro geteilt durch drei*
Jo	*Ja*
Jo	*Ja .. [schreibt auf das Blatt] also so dann kommt\ da da kommt raus/aber da kommt mit Rest raus \da kommt*
Ja	*mehr als zehn auf jeden Fall*
Jo	*ja mehr als zehn … ja also*
Ja	*nein da ist gar kein Rest*
Jo	*stimmt da ist gar kein Rest … da käme dreizehn raus .. naja ein Drittel dann bräuchten wir überhaupt kein Rest*
Ja	*dann können wir damit ja gar nichts ausrechnen*

Transkriptabschnitt[10] 1

[9] Die Unterrichtssequenzen wurden aufgezeichnet im Rahmen des Projektes „Kollektive Problemlösestile". Das Projekt wurde vom Zentrum für Lehrerbildung, Schul- und Unterrichtsforschung der Goethe-Universität Frankfurt finanziell unterstützt (Feb. 2009–Jan. 2010). (Vgl. für eine ausführliche Analyse Brandt und Höck 2011).

Tatsächlich zeigt sich während der Unterrichtssituation und auch bei Betrachtung des Videomitschnitts, dass beide Mädchen sehr intensiv auf den Inhalt der Aufgabe fokussieren. Im Vorbeigehen hört die Lehrkraft Äußerungen wie „neununddreißig geteilt durch drei" und „kein Rest" und speichert für sich zunächst: Hier werde ich nicht gebraucht, die beiden kommen zurecht. Beim Einsatz eines Beobachtungsbogens, der die inhaltliche Fokussierung in regelmäßigen Abständen dokumentiert (Abb. 13.4), wäre in diesem Lerntandem kaum etwas zu beanstanden. Die beiden Mädchen zeigen auf sozial-kommunikativer Ebene keine Unstimmigkeiten, sie arbeiten zügig und zielorientiert, sind einander zugewandt und befinden sich in einem intensiven inhaltsbezogenen Austausch. Auch die gezieltere Beobachtung durch das Projektteam ergibt das Bild eines produktiv, harmonisch und zielgerichtet arbeitenden Lerntandems. Und sicherlich treten hierbei eine ganze Reihe von Ressourcen der beiden Schülerinnen zutage:

- Sozialkompetenz, die sich besonders in der Kooperations- und Teamfähigkeit ausdrückt und die enge Zusammenarbeit prägt,
- Sprach- und Lesekompetenz, die ihnen den Zugang zur Aufgabe und die gemeinsame Aushandlung erleichtert,
- allgemein-mathematische Kompetenz des Argumentierens und Kommunizierens,
- fachliche Kompetenz im Umgang mit Teiloperationen …

Am Ende dieses Arbeitsprozesses haben die beiden Schülerinnen sich dann auf die Lösung in Abb. 13.5 geeinigt.

Betrachtet man nun diese Lösungskarte, z. B. als Dokument einer als „gelungen" wahrgenommenen Partnerarbeit im Portfolio der Lernenden, so könnte man Folgendes „erkennen": Die Schülerinnen haben Schlüsselworte des Textes umgesetzt und zusammen mit den im Text genannten Zahlen zu einem komplexen Rechenterm verarbeitet: *ausgeben* und/oder *Rest*[11] stehen als Schlüsselwort(e) für Minus; die größere Zahl (39), die zudem im Text noch zuerst genannt wird, steht bei der Subtraktion vorne, anderes wäre für Viertklässler nicht lösbar. *Drittel* als weiteres Schlüsselwort liefert die Operation (geteilt) und die Operatorzahl (3) für den zweiten Rechenschritt (:3). Zusammen mit den eventuell im Unterrichtsprozess wahrgenommenen Interaktionsfetzen fügt sich so folgendes Bild zusammen: Der mathe-

[10] Transkriptionszeichen zum obigen Transkript: / Stimmhebung; \ Stimmsenkung; . .. … = 1, 2 bzw. 3 Sekunde/n Pause. Diese Schrifttype gibt an, dass die Schüler/-innen den Text des Aufgabenbogens vorlesen.

[11] Der in einer Subtraktion entstehende Rest im Text wird jedoch von den Schülerinnen in der Interaktion anders gedeutet, da sie erwarten, durch die Division einen Rest zu erhalten.

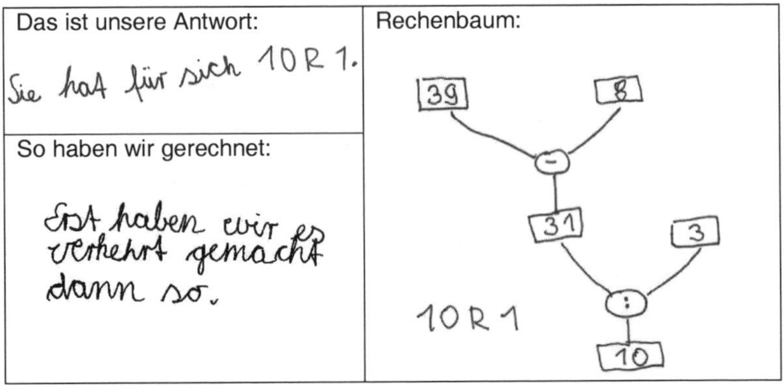

Abb. 13.5 Lösungskarte von Janina und Josefine

matische Aushandlungsprozess, der als sozial-kommunikativ reibungslos und sachorientiert beobachtet wird, kann fachlich-inhaltlich anhand der Produktanalyse (Lösungskarte) einer korrekten Auswahl und Durchführung von Rechenoperationen zugeordnet werden, wobei die Zusammenstellung der Rechenschritte (Reihenfolge der Operationen) „fehlerhaft" erfolgt – auch die Deutung des Schlüsselwortes *Rest* als Division mit Rest lässt sich dabei an der Notation am Rechenbaum und im Antwortsatz erahnen. Auch wenn wohl vielen Lehrpersonen bewusst ist, dass hier Kurzschlüsse auftreten können, so fühlt man sich doch durch die gesammelten Daten in dieser Deutung bestätigt: Die Schülerinnen arbeiten zielbewusst und produktorientiert Rechenaufgaben ab – dabei arbeiten sie sozial-verträglich und kompetent zusammen; fachlich können sie die geforderten Rechenoperationen korrekt durchführen und den Zusammenhang der ausgewählten Operationen in einem Rechenbaum konkret darstellen. Eine intensive Auseinandersetzung mit dem Text, die auf ein realitätsbezogenes Aufgabenverständnis und eine Transformation dieses Verständnisses in ein mathematisches Modell abzielt, wird man in der Zusammenarbeit anhand dieser „Beobachtungsdaten" wohl eher nicht vermuten.

Erst in der genauen Nachzeichnung des Lösungsweges auf der Transkriptgrundlage zeigt sich, dass die Kinder eben nicht fachlich oberflächlich Rechenoperationen und Zahlen nach einem groben Abtasten des Textes miteinander verbunden haben, sondern dass sie sich sehr wohl intensiv um ein Textverständnis bemühen – wie schon in der oben angeführten Anfangssequenz durch den konkreten Rückgriff auf den Aufgabentext „sichtbar" wird. Dabei wird auch „sichtbar", dass sie nicht nur ein *Drittel* korrekt in „geteilt durch drei" umsetzen, sondern auch für eine erste Näherung verständnisvoll mit Zahlen umgehen und eine grobe Abschätzung der zu erwartenden Lösung vornehmen („mehr als zehn auf jeden Fall“). Im Rahmen eines Problemlöseprozesses kommt es hier also nach einer ersten Situationsanalyse und Zielsetzung zu einer Prognose des Ergebnisses. Das Ergebnis scheint im Kontext von Weihnachtseinkäufen auch durchaus angemessen. Nach einer genaueren Ermittlung des Ergebnisses stellt sich dann eben nicht der erwartete „Rest“ ein, und hier zeigt sich nun die Besonderheit in diesem Arbeitsprozess: `Rest` aus dem Aufgabentext wird von beiden Mädchen gleichermaßen – und stillschweigend – mathematisch als Division mit Rest gerahmt (zum Rahmungsbegriff vgl. Krummheuer 1992). Erwartet hatten die Mädchen wohl, dass sich bei der „geteilt durch drei“ ein Rest ergibt. Bei der Division durch 3 entstehen lediglich die Reste 0, 1 und 2. Das Geschenk der Eltern (8 Euro) ließe sich somit nicht über den Rest finanzieren. Lediglich der ganzzahlige Anteil käme dafür in Frage und diesen hatten die Mädchen schon mit „mehr als 10“ als ausreichend abgeschätzt. Aber auch das Transkript bietet hier keinen vollständigen Aufschluss über die geplante Vorgehensweise, da Teiläußerungen leider nicht verständlich sind und zudem der gewünschte Rest[12], der zum „Ausrechnen“ benötigt wird, sich nicht einstellt.

So wird mit der Erkenntnis, in einer Sackgasse gelandet zu sein, ein neuer Versuch gestartet:

Jo	*jaah (10sec.) [zeigt auf das Blatt] oder wir rechnen das minus*
Ja	*wart mal (8sec.) also* acht Euro gibst du für deine Eltern aus *also neununddreißig minus acht*
Jo	*minus acht ist gleich einunddreißig\..und jetzt*
Ja	*jetzt willst e ja noch ein Drittel behalten*
Jo	*also einunddreißig*
Ja	*geteilt durch drei wart mal da kommt zehn raus aber jetzt hast du noch ein Euro*
Jo	*jaa da käme dann zehn Rest eins raus*

Transkriptabschnitt 2

[12] Der aus mathematischer Sicht sinnvolle Fall r=0 ist mit einer alltagsweltlichen Vorstellung von Rest nicht vereinbar und wird so von den Mädchen nicht als „Rest“ wahrgenommen.

Auf ihrer Lösungskarte dokumentieren sie ihren zweiten Lösungsweg als Rechenbaum sowie ihre Einigkeit über das gefundene Ergebnis (Abb. 13.5). Der im zweiten Ansatz festgelegte Rechenweg wird an eine passende Textpassage rückgebunden: Zunächst werden die 8 Euro für die Eltern vom Gesamtersparten ausgegeben, von dem verbleibenden Geldbetrag (31 Euro) soll nun „noch ein Drittel behalten" werden. Ohne Irritation ergänzen sich hier beide Schülerinnen in dieser nun umgekehrten Reihenfolge der Rechenoperationen und kommen so zu dem erwarteten Rest: „ein Euro" (Janina) bzw. „Rest eins" (Josefine). Konsequent setzen sie diese Lesart auch im Antwortsatz um (Abb. 13.5). Der Text wird gleichsam durch die mathematische Rahmung „Division mit Rest" gelesen. Der genaue Blick in das Transkript ergibt somit, dass die Schülerinnen sehr wohl in eine intensive Textauseinandersetzung treten und daran Zielvorstellungen entwickeln und Handlungsschritte einleiten, die sie anhand ihrer Zielvorstellungen evaluieren und revidieren. Auftretende Irritationen im Lösungsprozess führen zu einer erneuten Handlungsplanung – unter Beibehaltung der ursprünglichen Zielorientierung (Rest durch Division). Somit zeigen sich in der „Zeitlupen-Beobachtung" am Transkript dieser gemeinsamen Bearbeitung vielfältige – auch metakognitive – Fähigkeiten im Problemlöseprozess, die es zu fördern gilt und die bei einer produktorientierten Unterrichtsführung und -beobachtung leicht aus dem Blick geraten.

13.3 Abschlussgedanken

Was lässt sich nun aus dieser mikrosoziologischen Beobachtung an Erkenntnis für den Unterrichtsalltag gewinnen, der so detaillierte Einblicke in den Handlungsfluss weder beobachtenden Teilnehmern noch teilnehmenden Beobachtern ermöglicht? Als Kernfrage zur beobachteten Situation lässt sich hier formulieren: Wie kann es also gelingen, im Unterrichtsalltag auf der einen Seite eigenverantwortliches, kollektives Problemlösen zu fördern und auf der anderen Seite den Blick auf die Lernentwicklung Einzelner im Prozess wachzuhalten sowie die besonderen Denkwege einzelner Lernpartner/-innen für die gesamte Lerngruppe nutzbar zu machen?

Diese Frage ist nicht neu und kann beantwortet werden mit einer Vielzahl an Methoden, die im offenen Unterricht Beobachtungsmöglichkeiten eröffnen. Dennoch beginnt die Frage vielmehr bei der Haltung der/s Unterrichtenden selbst: Nur wenn die Lehrkraft für sich den Anspruch hegt, die Entwicklung von Kompetenzen wie die Argumentations- und Kommunikationsfähigkeit nicht isoliert, sondern im Zusammenhang mit den inhaltlichen Aspekten einer Aufgabe gezielt zu beobachten, zu begleiten und im Bedarfsfall zu unterstützen, kann es zur zielführenden Integration der in den Bildungsstandards geforderten Kompetenzen kommen.

An welcher Stelle eine Intervention durch die Lehrkraft erfolgen könnte, ist im Nachhinein sicherlich schwer festzulegen. Es könnte jedoch nach Prüfung der Ergebnisse aus den Lernpartnerschaften (Abb. 13.5) eine gezielte Beobachtung dieses Tandems in der nächsten Phase des kollektiven Problemlösens erfolgen. So könnte man in einer dicht erscheinenden Aushandlungsphase hinzutreten und nach einer Phase des Zuhörens[13] situationsspezifisch eine Irritation einwerfen.

> Die Gründlichkeit einer Begegnung mit den Inhalten hängt in hohem Maße ab von einer Gesprächsleitung, die die Vorstellungsbildung und das abwägende Nachdenken der Kinder anregt (Faust-Siehl et al. 1996, S. 39).

Dieses Zitat sollte in dem hier genannten Zusammenhang ergänzt werden durch das Voranstellen der Forderung nach gezielter Beobachtungskompetenz, um den richtigen Zeitpunkt für eben diese Anregung zum vertiefenden Nachdenken über mathematische Probleme zu treffen. In diesem Sinne würde in der beobachteten Situation eine pauschale Erinnerung an ein sorgfältiges Lesen des Textes oder eine kritische Prüfung des Ergebnisses als Hilfestellungen auf metakognitiver Ebene vermutlich nicht weiterhelfen: Die Mädchen haben sich gründlich mit dem Text auseinandergesetzt und aufgrund einer reflektierten Prüfung einen ersten Lösungsweg verworfen. Vielmehr scheinen hier inhaltliche Irritationen angebracht, die die nicht immer ganz einfache Transformation von textförmig vorliegenden Sachsituationen in mathematische Rechenterme betrifft. In der oben dargestellten Situation könnte dies etwa durch die Frage geschehen, was Rest denn noch sein könnte, außer einem Rest bei der Division. Fehler und Schwierigkeiten sollten dabei als Bestandteile des Lernprozesses akzeptiert und konstruktiv genutzt werden (z. B. Schütte 2008), stattdessen müssen sie jedoch erst einmal als Lernchancen beobachtet und identifiziert werden.

> „Aus Fehlern lernen" scheint in der Hauptsache für das richtige Leben zu gelten, nicht aber für das Leben im Klassenzimmer, wo sie häufig tabuisiert und übergangen werden. Dass auch in Fehlern ein großer Teil korrektes Denken stecken kann, davon legen nachfolgende Beispiele Zeugnis ab. Insofern lohnt es sich immer, mit den Kindern der Fehlerquelle nachzuspüren, um die Spreu (die Fehlerursache) vom Weizen (dem rationalen Kern) zu trennen, auf dass der Weizen nicht verloren gehe (Spiegel 2000, S. 54).

[13] Krummheuer und Brandt (2001) unterscheiden verschiedene Status der Partizipation an einem interaktionalen Austausch. „Zuhörer" (ebd., S. 53) sind dabei nicht unmittelbar in die Bedeutungsaushandlung als Gesprächspartner einbezogen, werden aber von diesen wahrgenommen und berücksichtigt: Die beobachteten Schülerinnen sind sich bewusst, dass die Lehrperson ihnen „zuhört", und passen ihre Sprechbeiträge entsprechend an, auch wenn sie den fachlichen Austausch unter sich ausmachen.

In seinem Beitrag hebt Spiegel weiter die Bedeutung der fachlichen Kompetenz hervor, um in der Lage zu sein, die beobachteten Denkwege der Schüler/-innen nachvollziehen zu können. Erst damit kann die kindgemäße Erörterung von Fehlern, ihrem richtigen Gehalt und möglichen Alternativen angeregt und unterstützt werden. Initiierung von mathematisch-inhaltlichen Aushandlungsprozessen als Chance für mathematisches Lernen fordert gezielte Beobachtungsmöglichkeiten, um den tatsächlichen Prozess und nicht nur den „Output" verfolgen und damit wertschätzen zu können. Eine gelegentliche mikrosoziologische „Zeitlupen-Beobachtung" in Aus- und Fortbildungskontexten kann dabei (angehende) Lehrpersonen sensibilisieren für Kompetenzen und Fähigkeiten von Schülerinnen und Schülern, die sich einer unmittelbaren Beobachtung entziehen und sich auch nicht an den Produkten sowie in Lerntagebüchern bzw. Portfolien dokumentierten Denkwegen erkennen lassen.

Literaturverzeichnis

Bentele, P., & Metzger, T. (1998). *Didaktik und Praxis der Heilerziehungspflege. Ein Lehrbuch.* Freiburg: Lambertus Verlag.

Brandt, B., & Höck, G. (2011). Ko-Konstruktion in mathematischen Problemlöseprozessen – partizipationstheoretische Überlegungen. In B. Brandt, G. Krummheuer, & R. Vogel (Hrsg.), *Mathematikdidaktische Forschung am IDeA-Zentrum. Grundlagen und erste Ergebnisse der Projekte erStMaL und MaKreKi.* Münster: Waxmann.

Braun, D., & Schmischke, J. (2008). *Lehrerbücherei Grundschule - Kompakt: Kinder individuell fördern: Lernwege gestalten - Förderdiagnostik, Förderpläne, Förderkonzepte - Für die Klassen 1 bis 4.* Berlin: Cornelsen Verlag Scriptor.

Brunner, I., & Häcker, T. (2006). *Das Handbuch Portfolioarbeit: Konzepte – Anregungen – Erfahrungen aus Schule und Lehrerbildung*. Seelze-Velber: Kallmeyer.

Domsch, H., & Krowatschek, D. (2006). *Förderpläne, kein Problem.* Buxtehude: Aol im Persen Verlag.

Faust-Siehl, G., Garlichs, A., Ramseger, J., Schwarz, H., & Warm, U. (1996). *Die Zukunft beginnt in der Grundschule. Empfehlungen zur Neugestaltung der Primarstufe.* Reinbek bei Hamburg: Rowohlt.

Gubler-Beck, A. (2007). Portfolios im angelsächsischen und im deutschen Sprachraum. *Journal für Mathematik-Didaktik, 28*(3/4), 183–208.

Hattie, J. (2009). *Visible Learning: A synthesis of over 800 meta-analyses relating to achievement.* New York, NY: Routledge.

Jürgens, E. (2009). Systematisches Beobachten. *Grundschule, 41*(10), 42–44.

Kretschmer, H., & Stary, J. (2001). *Schulpraktikum* (2. Aufl.). Berlin: Cornelsen Verlag Scriptor.

Krummheuer, G. (1992). *Lernen mit „Format". Elemente einer interaktionistischen Lerntheorie. Diskutiert an Beispielen mathematischen Unterrichts*. Weinheim: Deutscher Studienverlag.

Krummheuer, G., & Brandt, B. (2001). *Paraphrase und Traduktion. Partizipationstheoretische Elemente einer Interaktionstheorie des Mathematiklernens in der Grundschule*. Weinheim: Beltz Verlag.

Krummheuer, G., & Fetzer, M. (2005). *Der Alltag im Mathematikunterricht: Beobachten, Verstehen, Gestalten*. Heidelberg, Berlin: Spektrum Akademischer Verlag.

Lorenz, H., & Kaufmann, S. (2008). *Förder- und Diagnose Box Mathematik (Klasse 1–4)*. Braunschweig: Schroedel Verlag.

Peter-Koop, A., Wollring, B., Becker, N., & Spindeler, B. (2011). *ElementarMathematisches BasisInterview: Größen und Messen, Raum und Form*. Offenburg: Mildenberger Verlag.

Peter-Koop, A., Wollring, B., Spindeler, B., & Grüßing, M. (2007). *ElementarMathematisches BasisInterview. Zahlen und Operationen*. Offenburg: Mildenberger Verlag.

Ruf, U., & Gallin, P. (1999). *Dialogisches Lernen in Sprache und Mathematik*. Seelze-Velber: Kallmeyer.

Schipper, W. (2005). Sinus-Transfer Grundschule. Mathematik. Modul G 4: Lernschwierigkeiten erkennen – verständnisvolles Lernen fördern. http://www.sinus-an-grundschulen.de/fileadmin/uploads/Material_aus_STG/Mathe-Module/M4.pdf. Zugegriffen: 05.07.2011.

Schön, D. (1992). The theory of inquiry: Dewey's legacy to education. *Curriculum Inquiry, 22*(2), 119–139.

Schütte, S. (2008). *Qualität im Mathematikunterricht der Grundschule sichern. Eine zeitgemäße Aufgaben- und Unterrichtskultur*. München: Oldenbourg.

Spiegel, H. (2000). Den eigenen Unterricht beobachten (2). Über den Zusammenhang von Fachkompetenz, Beobachtungskompetenz und Lehrkompetenz – dargestellt anhand von Beispielen aus dem Mathematikunterricht. *Sache-Wort-Zahl, 28*(31), 53–55.

Staatsinstitut für Schulqualität und Bildungsforschung (Hrsg.). (2007). *Leistung neu denken, Empfehlungen, Ideen, Materialien*. Donauwörth: Auer.

Staatsinstitut für Schulqualität und Bildungsforschung (Hrsg.). (2008). *Pädagogisch diagnostizieren im Schulalltag*. Troisdorf: Bildungsverlag EINS.

Ständige Konferenz der Kultusminister der Länder in der Bundesrepublik Deutschland (Hrsg.). (2004). *Beschlüsse der Kultusministerkonferenz. Bildungsstandards im Fach Mathematik für den Primarbereich (Jahrgangsstufe 4)*. München: Luchterhand.

Sundermann, B., & Selter, C. (1999). Vielfalt und Gemeinsamkeit – zur sozialen Dimension von Eigenproduktionen. In E. Hengartner (Hrsg.), *Mit Kindern lernen. Standorte und Denkwege im Mathematikunterricht* (S. 60–65). Zug: Klett & Balmer.

Wielpütz, H. (1998). Erst verstehen, dann verstanden werden. *Grundschule, 30*(3), 9–11.

Zoubek, W., & Gaile, D. (2011). Mit den Augen der Lernenden. Erfolgreich lernen – was wirklich wirkt. *Bildung bewegt, 4*(13), 4–8.

Beobachtung im Schriftspracherwerb
Aufgaben zur Beobachtung und Förderung – am Beispiel des Schriftspracherwerbs

14

Hans Brügelmann

Hans Brügelmann zeigt exemplarisch am Schriftspracherwerb im Anfangsunterricht der Grundschule Chancen und Grenzen standardisierter Evaluationen auf und stellt dar, wie die Diagnosekompetenz von Lehrenden durch Beobachtung verbessert werden kann. Gezeigt wird, wie zwei Veränderungen den diagnostischen Blick öffnen. Zum einen, indem ein Wechsel von der Analyse des Ergebnisses zur Beobachtung seines Entstehungsprozesses stattfindet, und zum anderen durch die dialogische Verständigung über die subjektiven Gründe für die Lösung. An ausgewählten Beispielen zeigt er, dass kluge Aufgaben hilfreich sind, aber erst dann produktiv genutzt werden können, wenn auch die Lösungsversuche der Kinder sorgfältig beobachtet und qualitativ interpretiert werden.

Diagnose und Förderung – dazu noch unter dem Anspruch, dem Einzelnen gerecht zu werden – sind Anforderungen an Lehrpersonen, die im Gefolge der großen Leistungsstudien wie PISA und IGLU aktuell mit besonderem Nachdruck gestellt werden. Verknüpft werden diese Forderungen oft mit dem Verweis auf die angeblichen Vorzüge standardisierter Instrumente wie die VERA-Tests. Die Diagnosekompetenz der Lehrer/-innen wird immer wieder in Frage gestellt, da Differenzen zwischen den unterstellt validen Testergebnissen und Lehrerurteilen (Fachnoten, Übergangsempfehlungen) als Defizit der Personen gedeutet werden, nicht als Hinweis auf eventuelle Schwächen der technischen Verfahren (vgl. etwa Artelt et al. 2001, S. 199 f.).

Prof. Dr. Hans Brügelmann ✉
Fak. II, Department Erziehungswissenschaften und Psychologie, Schulpädagogik der Primarstufe, Universität Siegen, Siegen, Deutschland
e-mail: hans.bruegelmann@uni-siegen.de

H. de Boer und S. Reh (Hrsg.), *Beobachtung in der Schule – Beobachten lernen*,
DOI 10.1007/978-3-531-18938-3_14,

In der Tat gibt es Anlass, an der Validität, Objektivität und Verlässlichkeit des Lehrerurteils zu zweifeln. Viele Studien zur Vergabe von Noten haben die Fehleranfälligkeit der Wahrnehmung und Bewertung von Schülerleistungen aufgezeigt (vgl. zusammenfassend: Arbeitsgruppe Primarstufe 2006). Als Alternative werden Tests angeboten.

14.1 Vorteile und Grenzen einer Lernbeobachtung mithilfe standardisierter Verfahren

Im Gefolge der internationalen Leistungsstudien TIMSS, PISA und IGLU haben Tests in den letzten Jahren zunehmend Beachtung und Verbreitung gefunden – z. B. bei den Vergleichsarbeiten (VerA) in Klasse 3 und 8. Auf den ersten Blick versprechen sie in der Tat einige Vorteile:

- Fokussierung der Datenerhebung auf die als zentral erachteten Teilleistungen;
- Transparenz der vorweg formulierten Anforderungen;
- Bezug auf Normstichproben;
- Aufdecken blinder Flecken in Unterricht und Beurteilung.

Insofern spricht viel dafür, standardisierte Tests – zumindest als heuristisches Instrument – stärker als traditionell in den Schulen üblich in das Repertoire der Lernbeobachtung und Leistungsbeurteilung einzubeziehen. Aber reichen sie aus?

Jens, Teilnehmer an einem Alphabetisierungskurs für Erwachsene, schreibt <undergrund> für „Untergrund“ (Börner & Vogel 1992, S. 12). Eine rein quantitative Auswertung in einem standardisierten Test würde diese Abweichung als „falsch“ notieren und zu den anderen Fehlern addieren. Ein geschulter Rechtschreibdiagnostiker dagegen würde die Ersetzung des stimmlosen /t/ vielleicht als lauttreue Verschriftung der Mundart des Sprechers interpretieren. Das Gespräch mit Jens enthüllt aber, er habe es geschrieben, „wie ich es dachte, erst <und>, dann <er>, dann <grund>.“ Erst die Aufgabe der diagnostischen Distanz enthüllt Jens' Strategie: die sprachliche Strukturierung des Wortes in vertraute, wenngleich hier nicht passende Morpheme. Ähnlich kommentiert Horst seine Schreibung <werend> für „während“: erst <wer>, dann <end> für *„Ende“*.

Zwei Veränderungen öffnen den diagnostischen Blick: von der Analyse (bloß) des Ergebnisses zur *Beobachtung* seines Entstehungsprozesses und von der Außenbewertung zur *dialogischen* Verständigung über die subjektiven Gründe für die Lösung[1].

Dass dieser Perspektivwechsel auch für die Lernbeobachtung bei Kindern produktiv sein kann, zeigt das folgende Beispiel. Tom schreibt <Taik> für „Kleid". Die Lehrerin vermutet ein Artikulationsproblem oder eine Lautunterscheidungsschwäche. Die Studentin, die neben Tom saß, hat aber beobachtet, dass Tom sich das Wort langsam vorgesprochen und schnell den zuletzt gehörten Laut notiert hat. Danach sprach er sich das Wort immer wieder vor und hielt die jeweils erkannten Laute fest. Bei der Kontrolle am Ende stellte er fest, dass er das /k/ ja noch gar nicht aufgeschrieben hatte, und fügte es einfach an. Einer analogen Strategie folgt Alexandra, die die Niederschrift ihres Namens mit <AAA> beginnt und dies so kommentiert: „In meinem Namen sind doch drei A – und was sonst noch?"

Solche Einsichten sind bei den standardisierten Leistungsanalysen nicht zu gewinnen.

14.2 Konkurrierende Verfahren der Auswertung von Lernbeobachtungen

Eine hohe Bedeutung – nicht nur in der Praxis – hat das rein **quantitative Auszählen** von Fehlern (falsche Wörter; falsche Buchstaben im Wort) bzw. das Messen des Tempos (wie viele Wörter/Silben pro Zeiteinheit). Diagnostisch geht dieser Ansatz von der Annahme aus, dass sich Geschwindigkeit, Genauigkeit und Reichweite der Lese-/Schreibfähigkeit graduell verändern, also im Sinne eines quantitativen Zuwachses intakter (Teil-)Leistungen beschrieben werden können (aktuell: der „Stolperwörter-Lesetest" von Metze 2004).

Zwar sind manche Tests differenzierter, etwa der „ELFE 1–6" (Lenhard und Schneider 2005), der in spezifische Aufgaben für einzelne Teilleistungen aufgegliedert ist: Wörter passenden Bildern zuordnen; Lücken in Sätzen mit passenden Wörtern füllen; inhaltliche Fragen zu kurzen Sätzen beantworten. Das grundsätzliche Problem dieses Ansatzes bleibt aber, dass die Ursachen und Qualitäten einer Leistung nicht erkennbar werden: Kann ein Kind z. B. einen Text vorlesen, weil es ihn auswendig kennt, weil es die einzelnen Wörter geübt hat oder weil es die Wörter selbstständig erliest? Insofern gibt das bloße Auszählen keinen Aufschluss über die Ursache von Stärken und Schwächen oder gar Hinweise für eine gezielte Förderung. Wie ein Thermometer liefert es lediglich ein Warnsignal, aufgrund dessen

[1] Eindrucksvolle Belege für einen solchen Zugang finden sich schon bei Ferreiro und Teberosky (1982).

man dann schauen muss, wo die Schwierigkeiten genau liegen. Also ein nützlicher Grobfilter, jedoch kein diagnostisches Instrument.

Eine erste Differenzierung des quantitativen Leistungs- und Fehlerkonzepts versucht die **Gruppierung** nach der äußeren Form von Fehlern: Auslassung, Hinzufügung, Ersetzung sowie Vertauschung (von Buchstaben oder Wörtern) sind solche Merkmale, die jedoch lediglich die – oft situativbedingte – Oberfläche erfassen. Für das Lesen haben aber schon Jenkins und Larsen (1978) gezeigt, dass solche Fehlertypen nicht stabil sind: In ihrer Studie haben Schüler/-innen im Abstand von zwei Tagen in demselben Text (ohne Korrektur von Fehlern und ohne zusätzliche Übung) rund ein Drittel der zum ersten Termin falsch gelesenen Wörter beim zweiten Mal richtig gelesen. Brinkmann et al. (2003) belegt für ein Diktat derselben Wörter innerhalb weniger Tage ebenfalls eine erhebliche Variation der Schreibungen. Eine punktuelle und allein gegenstandsbezogene, d. h. auf das Leistungs*produkt* beschränkte Klassifikation von Fehlern nach fachsystematischen Kriterien reicht also nicht aus, um die Förderung gezielt auszurichten.

Notwendig ist eine Verbindung von Leistungsdimension und Gegenstandsbezug. Für das Lesen typische **Teilleistungen** sind Buchstabenkenntnis, Synthesefähigkeit und lexikalischer Zugriff. Additive Komponentenmodelle umfassen zum Teil bis zu mehrere hundert „sub-skills" (aktuell: Jansen et al. 2007). Ist dies analytisch noch nachvollziehbar, wird die Annahme spätestens dann problematisch, wenn diese Teilleistungen isoliert jeweils für sich „gefördert" werden – ohne Bezug auf die Gesamthandlung.

Dieser Kritik versuchen **Kompetenzstufen**- und **Entwicklungs**-Modelle Rechnung zu tragen, indem sie Veränderungen der Gesamtleistung und ihre Ausprägungen beschreiben. Aber deren Profilbereiche sind für eine gezielte Förderung wiederum zu allgemein gehalten (z. B. „alphabetische", „orthographische", „morphematische Strategie" bei May et al. 2002 – oder wieder stärker an Produkt-Merkmalen orientiert: Thomé und Thomé 2004).

Zwischenbilanz Es fehlt an Verfahren, die sensibel für die notwendige Beobachtung unterschiedlicher Aneignungswege von Anfängern und Anfängerinnen sind, die *spezifische* Hinweise für eine Förderung bei auftretenden Schwierigkeiten geben und die dennoch *robust* genug für die Nutzung im Unterrichtsalltag sind. Hinter diesen Anforderungen stehen zwei grundlegende Annahmen (ausführlicher Brinkmann und Brügelmann 2005; Dehn und Hüttis-Graff 2006):

- „Diagnose" und „Förderung" zu trennen ist sachlich nicht nötig, vom Aufwand her unökonomisch und in der Wirkung auf Unterricht unproduktiv.

- Diagnosekompetenz ist (auch deshalb) nicht aus der Schule heraus auf Spezialisten zu verlagern, sondern vor Ort (durch Fortbildung) zu stärken und ergänzend von außen (durch alltagstaugliche Aufgaben/Materialien) zu unterstützen.

Was kann man tun, um diese unbefriedigende Situation zu verbessern? Die Schulministerien setzen darauf, das Testinstrumentarium zu perfektionieren (vgl. die Einrichtung des IQB in Berlin). Nicht übersehen werden dürfen allerdings grundsätzliche Einschränkungen dieses Ansatzes. Sie müssen sich auf bestimmte Aufgabentypen („Standardisierbarkeit") und Auswertungsformen („Skalenbildung") beschränken und sich aus Gründen der Ökonomie auf wenige Ausschnitte des Leistungsprofils konzentrieren. Zudem ist für eine Individualdiagnose der Messfehler, der sich beim Vergleich großer Stichproben ausgleicht, zu groß.

Die Alternative ist, Evaluationskompetenz vor Ort zu stärken. Diese Perspektive will ich exemplarisch am Schriftspracherwerb im Anfangsunterricht der Grundschule konkretisieren. An ausgewählten Beispielen (vgl. ausführlicher die systematische Sammlung in: Brinkmann und Brügelmann 2010) möchte ich zeigen, dass klug ausgedachte Aufgaben („Tests") in der Tat hilfreich sind, dass sie aber erst dann produktiv genutzt werden können, wenn auch die Lösungsversuche der Kinder sorgfältig beobachtet und qualitativ interpretiert werden. Das aber bedeutet: „Diagnosekompetenz" kann nicht an Spezialisten außerhalb und ihre Instrumente der Schule delegiert, sie muss *in der Schule* kultiviert werden (vgl. Helmke o.J.).

14.3 Beispiele für Beobachtungs- und Lernaufgaben

Ausgangspunkt ist die Frage, wie aus Fehlern diagnostische Information gewonnen werden kann, um die Förderung auf individuelle Schwierigkeiten fokussieren zu können. In diesem Bereich finden sich sehr unterschiedliche Herangehensweisen (vgl. u. a. die Übersichten in: Scheerer-Neumann 1979; Naegele und Valtin 2003). Wie deutlich geworden sein sollte, reicht es nicht aus, festzustellen, *was* jemand kann, sondern man muss auch beobachten, *wie* er oder sie eine Aufgabe angeht und löst. Nur so kann man tragfähige Hypothesen für die Gründe einer spezifischen Lösung bilden – und hilfreiche Aufgaben für eventuelle Schwierigkeiten anbieten.

14.3.1 Beispiel „Gezinktes Memory"

Wie beim gewöhnlichen Memory gibt es Bildpaare, die gemischt und dann mit der Bildseite nach unten als Rechteck ausgelegt werden. „Gezinkt" ist das Memory durch das entsprechende Schriftwort auf der Rückseite. Der Pfiff besteht darin, dass Bilder so gewählt werden, dass ihre Bezeichnungen Ähnlichkeiten aufweisen: BROT BOOT BOOTE oder HIRSCHE KIRSCHE KIRCHE.

Dieses – für Vorschulkinder und Schulanfänger gedachte – Spiel soll nicht erheben, ob bzw. wie gut Kinder lesen können. Es kommt auch nicht darauf an, wie schnell sie wie viele Pärchen eingesammelt haben, denn das kann sowohl an einem guten Gedächtnis als auch an einer erfolgreichen Nutzung der Schriftzüge liegen. Beobachtet wird, *wie* das Kind das Memory spielt: Beachtet es die Schrift bereits? Nutzt es Teilähnlichkeiten der Schriftwörter – aber auch nur diese? Beachtet es die Schreib-/Leserichtung (z. B. bei POST STOP)? Tastet es die Buchstabenfolgen systematisch ab?

Erfasst wird also nicht die bloße Leistung, sondern die eingesetzte Strategie des Kindes, aus der dann erschlossen werden kann, über welche Einsichten in den Aufbau der Schriftsprache es verfügt. Und: *Indem* das Kind das Memory wiederholt spielt, kann es die fehlenden Einsichten gewinnen – ohne Erklärungen Dritter oder ein gezieltes Teilleistungstraining. Diagnose und Förderung sind integriert.

Zu wissen, dass Schriftwörter Bedeutung tragen und dass für ihre Identität die Übereinstimmung der kompletten Buchstabenfolge in einer bestimmten Reihenfolge entscheidend ist, sind zentrale Einsichten in Funktion und Aufbau unseres Schriftsystems. Aber wie kommt die Auswahl der Buchstaben zustande?

14.3.2 Beispiel „Große und kleine Wörter"

Den Kindern, die noch nicht lesen können, werden zwei Wortkarten gezeigt, auf denen die Bezeichnungen für einen großen und einen kleinen Gegenstand stehen, z. B. ZUG und LOKOMOTIVE. Dann werden sie gefragt: „Was denkt ihr, auf welcher Karte steht wohl ZUG und auf welcher LOKOMOTIVE? Und *warum* glaubt ihr, dass hier LOKOMOTIVE steht?"

Aus der Welt der Bilder bringen Kinder die Erfahrung mit, dass Bedeutungen durch Zeichen gegenständlich-analog abgebildet werden: große Gegenstände durch ein großes Symbol, viele Gegenstände durch mehr Zeichen als wenig Gegenstände. Ferreiro und Teberosky (1982) haben festgestellt, dass viele Kinder diese Logik auf das unbekannte Schriftsystem übertragen: 4 Zahlen für vier Tiere, mehr Buchstaben für ein großes als für ein kleines Tier.

In der Aufgabe „Große Wörter" wird sichtbar, ob die Kinder zufällig entscheiden, ob sie – wie die Kinder bei Ferreiro und Teberosky – die inhaltliche Bedeutung zum Kriterium für ihre Entscheidung machen oder ob sie sich schon an der Lautstruktur der Wörter orientieren. Einen Fördereffekt erhält die Aufgabe durch eine entsprechende Rückmeldung: „Du hast Recht: Ein Zug ist länger als eine Lokomotive, aber Wörter sind anders als Bilder. Sie werden geschrieben, wie sie sich anhören. Und sprich mal ‚Lo-ko-mo-ti-ve'. Das klingt länger als ‚Zug'. Darum ist auch das Wort länger."

Über solche Aufgaben kann man mit den Kindern in einen Dialog kommen. Dann wird vielleicht auch sichtbar, dass eines LOKOMOTIVE richtig gewählt hat „wegen dem L", also schon einen Schritt weiter ist und auf einzelne Buchstaben und Laute achtet. Seine Äußerung wiederum kann andere auf diesen Schlüssel zum Erlesen unbekannter Wörter aufmerksam machen, sodass sie die neu gewonnene Einsicht an anderen Wörtern ausprobieren.

Voraussetzung für die Konstruktion bzw. Wahl geeigneter Aufgaben und für eine erhellende Deutung der Lösungsversuche ist eine fundierte Theorie. Nur so lassen sich Beobachtungen interpretieren und einordnen. Für das Lesen und das Rechtschreiben haben wir Entwicklungsmodelle vorgelegt, die die Beobachtung auf kritische Stolperstellen fokussieren (vgl. Brügelmann und Brinkmann 1998). Im Folgenden zeige ich an Beispielen unserer „Beobachtungs- und Lernaufgaben" (Backhaus et al. 2009), wie Beobachtung und Förderung ineinandergreifen können, sodass die Lehrpersonen etwas über die Kinder und diese wiederum etwas über den Gegenstand lernen. Eine getrennte und damit oft zu aufwändige „Diagnose" ist dann nicht mehr erforderlich.

14.4 Orientierung der Beobachtung an kritischen „Stolperstellen" im Aneignungsprozess

In einer ersten Phase des Umgangs mit Texten nehmen Anfänger den besonderen Status der Schrift-Elemente noch gar nicht wahr. Diese haben für sie einen eher ornamentalen Charakter, während die Bedeutung Bildern oder äußeren Merkmalen des (Kon-)Texts entnommen wird. Lesen heißt für diese Kinder (nach-)erzählen. Durch Beobachtungen Schriftkundiger beim Vorlesen oder in Schreibsituationen verändert sich diese Vorstellung, ohne dass Anfänger deshalb schon selber lesen könnten – aber sie tun manchmal so „als ob", indem sie Sprachstrukturen und Intonation imitieren und dabei auf den Text schauen/zeigen. Dies sind Indikatoren für die

Einsicht (I): Lesen ist an Schrift gebunden und etwas anderes als Erzählen zu Bildern. Die „Nacherzähler" werden nun zu „Kontextspekulanten". Sie orientieren sich zwar an Schrift, aber sie benennen einzelne Wörter nur so lange zutreffend, wie diese im vertrauten, zumindest bekannten bzw. erschließbaren Kontext auftauchen und nur zufällig richtig („Tankstelle“ für <Aral>). Um diese unzureichende Sicht herauszufordern, kann man nach der Bedeutung von verschiedenen Wörtern in analogen (Kon-)Texten fragen, z. B. durch Präsentation gleicher mit unterschiedlichen Beschriftungen, über Fotos verschiedener Gebäude (zwei, drei Tankstellen) oder Waren (Saftflaschen), deren Bezeichnungen miteinander kontrastiert oder aus ihrem vertrauten Kontext herausgelöst werden. Lässt man sie dann benennen, wird schnell deutlich, welche Strategie nicht mehr greift, weil die Wörter selbst unterschiedlich aussehen.

Einsicht (II): Die Bedeutung eines Wortes ist gebunden an seine grafische Form, sie kann auch unabhängig von seinem Kontext erschlossen werden. Kinder, die das verstanden haben, werden zu „Wortbildjägern“. Sie identifizieren vertraute Wörter auch außerhalb des gewohnten Umfelds, aber sie orientieren sich an grafischen Merkmalen, die nichts mit der Logik der Schriftsprache zu tun haben: vor allem an einer bestimmten typografischen Form: „Das heißt <Coca-Cola> wegen der Schleife“. Man kann sie herausfordern, indem man sie zu typischen Emblemen das passende Wort in Standardschrift zuordnen lässt. Oder es werden zu vorgegebenen Buchstaben in Standardschrift Varianten in verschiedenen Schriftarten gesammelt („Buchstabenplakat“ der Woche), um implizite Muster von ihren definierenden Merkmalen aufzubauen. So gewinnen sie

Einsicht (III): Nicht die Gesamtform des Wortes, sondern die einzelnen Buchstaben – deren Form variieren kann! – sind der Schlüssel zu seiner Bedeutung. Manche der Wortbildjäger geben sich dann allerdings schon mit dem Anfangsbuchstaben oder einem charakteristischen Merkmal im Wort („die zwei <tt> in der Mitte“) zufrieden und verwechseln deshalb <Post> mit <Polizei> oder <Mutter> mit <Butter>.

Solche Verwechslungen lassen sich durch das bereits erwähnte „gezinkte Memory“ gezielt provozieren – und damit auch die

Einsicht (IV): Nicht einzelne Buchstaben, sondern deren komplette Kette bestimmt die Identität eines Wortes. In Aufgaben wie dem oben erwähnten Vergleich von Karten mit Wörtern unterschiedlicher Länge können Kinder dann zeigen, ob sie auch schon über die

Einsicht (V): Die grafische Besonderheit des Wortes verweist auf seine Lautung, und erst diese bildet eine Brücke zu seiner Bedeutung. verfügen – oder diese im Verlauf der Aktivität gewinnen.

Allerdings fallen Kinder nach diesem großen Schritt oft wieder zurück und begnügen sich mit *einzelnen* Buchstaben als Indikatoren für die Aussprache des Wortes. Um zur Bedeutung zu kommen, riskieren sie oft schon nach dem ersten Laut oder der ersten Silbe den Sprung zum Wort, sodass sie z. B. das vertraute *Lampe für <Laden> lesen oder im entsprechenden Kontext *Lampe für <Licht>. Diese Strategie ist zwar angemessener als die der nur graphisch orientierten „Wortbildjäger", da sie die beiden zentralen Zugänge (Lautierung der Buchstabenfolge und Sinnerwartung) nutzt und bereits miteinander verbindet. Allerdings tun die Leser/-innen dies noch nicht in zureichend konsequenter Form. Wichtig: Obwohl die Orientierung an einzelnen Buchstaben der Strategie der „Wortbildjäger" ähnelt, handelt es sich hier um eine deutlich weiter entwickelte Strategie, denn die Kinder nehmen den Buchstaben nicht als Indikator für eine vertraute *grafische* Form, sondern als Hinweis auf die *Lautform* des Wortes.

Wie gut diese Strategie schon funktioniert, lässt sich beobachten, wenn zu einem vorgegebenen Bild von mehreren ähnlich geschriebenen Wörtern das passende ausgewählt werden muss: z. B. TIGER/TINTE/TISCH. Dies gelingt nur, wenn die Buchstabenkette konsequent abgetastet und nicht vom Anlaut allein der „Sprung zum Wort" versucht wird. Aus Fehlern in solchen Aufgaben erwächst die

Einsicht (VI): Die Buchstabenkette lässt sich in eine Lautfolge übersetzen, die der Aussprache des Wortes entspricht. Um diese Einsicht umsetzen können, blenden Anfänger oft alle anderen Zugänge aus und beschränken sich allein auf den „technischen" Versuch, Buchstabenfolgen lautierend zu synthetisieren. Sie werden zu redlichen „Buchstabensammlern", die WOOOLLEEE lesen oder EE-IIN-GANG – und scheitern?

- weil Einzelbuchstaben lautlich mehrdeutig sind (z. B. Vokale offen/„kurz" oder geschlossen/„lang", z. B. /o:/ in <Dose> vs. /o/ in <doppelt>);
- weil selbst „derselbe" Laut je nach Umgebung anders ausgesprochen werden muss („Koartikulation", zum Beispiel /k/ in <Kasten> vs. <Kiste>).

Aus dieser Sackgasse hilft, zu einem vorgegebenen Schriftwort aus mehreren verschiedenen Bildern das passende auswählen zu lassen, denn dafür muss die Bedeutungsebene erklommen werden. Umgangen werden kann diese Falle durch Aufgaben, die gleichzeitig die Orientierung auf die (ganze) vorgegebene Buchstabenfolge und die Aktivierung der persönlichen Sinnerwartung fordern. Wenn man eine Wortkarte buchstabenweise aus dem **„Wörtersack/Lesekrokodil"** zieht oder ein „Wickelwort" buchstabenweise entfaltet, wird nicht synthetisiert, sondern die Kinder werden bei jedem Schritt gefragt: „Welches Wort kann das (jetzt noch) werden?" Dies führt zu der

Einsicht (VII): Der notwendige „Sprung zum Wort" führt nur zum Erfolg, wenn die sorgfältige Beachtung der Buchstabenfolge (wieder) verbunden wird mit einer gezielten Sinnerwartung. Manche bei einfach strukturierten Wörtern erfolgreiche (Er-)Leser/innen scheitern mit ihrer linear-additiven Strategie an drei besonderen Anforderungen unserer Schrift:

- mehrgliedrige Grapheme wie <sch> oder <ei> müssen als Einheit erkannt,
- lange Wörter müssen in lesbare Einheiten (Silben oder Morpheme) gegliedert werden,
- Besonderheiten der Schreibung zu berücksichtigen hilft beim raschen Erkennen der Bedeutung von Wörtern: Das Stammprinzip der Orthographie macht Bedeutungsverwandtschaften sichtbar (<Wald>/<Wälder>), aber in einigen Fällen werden auch Bedeutungsunterschiede sichtbar gemacht: <Moor> vs. <Mohr>, <Eltern> vs. <älter> (anders als bei <Bank> oder anderen „Teekesselchen").

Ob Kinder über solche Strukturierungsmöglichkeiten verfügen zeigt sich, wenn man sie beim Lesen eines ungegliederten oder eines in Sil_ben ge_glie_der_ten Textes beobachtet. Im zweiten Fall nimmt die Leseleistung nur bei denjenigen Kindern zu, die selbst noch nicht über solche Gliederungsstrategien verfügen (vgl. Scheerer-Neumann 1981). Gleichzeitig fördert die externe Vorgabe der Gliederung die

Einsicht (VIII): Die Wahrnehmung/Zusammenfassung von Buchstaben in wiederkehrenden Gruppen erleichtert das Erlesen unbekannter Wörter und die Zuordnung von Bedeutungen. Wörter (selbst) grafisch zu gliedern, fordert und fördert die Nutzung von Zwischeneinheiten:

- von der Markierung mit Silbenbögen (RU_FEN)
- über der Gliederung in Morpheme (VER/KAUF/EN)
- und die Auflösung von Zusammensetzungen (BAUM-HAUS)
- bis hin zur Strukturierung von Buchstabenschlangen in Morpheme (DONAU/DAMPF/SCHIFF/FAHRT/S/KAPITÄN/S/MÜTZE).

Sind Leser/-innen auf der Wortebene erfolgreich, können sie zu technisch perfekten „Vorleseautomaten" werden, ohne dass es ihnen aber gelingt, die Bedeutung der Einzelwörter zu größeren Sinneinheiten zu verarbeiten. Gefordert sind die Integration der verschiedenen Zugriffe und die Automatisierung ihres Zusammenspiels.

Inhaltliche Fragen zu einem Text, das Füllen von Lückensätzen oder Streichen überflüssiger Wörter (wie im „Stolperwörter-Lesetest“) und das Rekonstruieren zerschnittener Geschichten eignen sich, um die Sinnerwartung zu aktivieren und mit einem genauen Lesen auf der Ebene der einzelnen Wörter zu koordinieren.

Wenn solche Aufgaben in Partnerarbeit durchgeführt, wenn alternative Lösungen im Plenum diskutiert werden (herausgefordert z. B. durch den „Harten Brocken des Tages“ im Sinne Erichsons 2004), werden nicht nur die impliziten Strategien (für die Lehrperson) sichtbar – diese Aktivitäten fördern auch die

Einsicht IX: Texte sind nicht eindeutig, Bedeutung „ergibt“ sich nicht aus dem Text, Lesen bedeutet immer auch Deuten durch die Leser/-innen. Dies wiederum ist eine Einsicht, die nicht nur Kinder für das Verständnis von Texten, sondern auch Lehrer/- innen für die Interpretation der Lösungsversuche von Kindern entwickeln müssen.

14.5 Fazit: Lernbeobachtung als professionelle Qualifizierung

Das vorgestellte Entwicklungsmodell macht deutlich, wie vielfältig die Stolperstellen beim Lesenlernen sein können und wie genau man hingucken muss, um unter der Oberfläche von „falsch“ vs. „richtig“ die Tiefenstrukturen wahrnehmen zu können. Denn das scheinbar gleiche Ergebnis kann die Folge sehr unterschiedlicher kognitiver Strategien sein. Das lässt sich auch an Schreibversuchen demonstrieren: Die Schreibweise <KINO> etwa kann Folge einer frühen, lautorientierten Schreibstrategie sein – sie kann aber auch aus dem Wissen folgen, dass das /i:/ im Deutschen zwar in der Regel durch <ie> dargestellt wird, dass es aber eine Gruppe von Ausnahmen gibt – wie <Maschine> und <Apfelsine> –, zu denen auch <KINO> zählt. Im Vergleich zum ersten <KINO> wäre die Schreibweise <KIENO> ein Fortschritt – im Vergleich zum zweiten <KINO> wäre sie „schlechter“. Ohne Kenntnis der individuellen Lerngeschichte, also ohne Vergleich mit den früheren Schreibversuchen des Kindes, lässt sich die Qualität der Schreibung nicht beurteilen.

Generalisiert man die hier am Beispiel des Schriftspracherwerbs beschriebenen Anforderungen an eine Lernbeobachtung, so sind vier Prinzipien zu beachten:

- *qualitative* Deutung von Lese- und Schreibversuchen, nicht nur quantitative Auszählung nach „falsch“ vs. „richtig“;
- Beachtung des Lösungs*prozesses*, nicht nur der Lösung als falsches oder richtiges Ergebnis;

- *dialogische* Verständigung mit dem Kind über seine Gründe für eine bestimmte Lösung, nicht nur deren Bewertung von außen;
- Einordnung des Lösungsversuchs in die individuelle *Lerngeschichte*, nicht nur Vergleich mit den Lösungen anderer oder mit der Normlösung.

Testaufgaben können für solche Beobachtungen interessante Anlässe und Deutungshilfen liefern. Aber sie funktionieren nicht „für sich". Eher haben sie eine Fortbildungsfunktion für die Pädagoginnen – wenn diese sie mit offenen Augen einsetzen und sich nicht auf schein-objektive Punktwerte fixieren. Das aber setzt theoretisches Wissen über den Gegenstand – und vor allem über die Prozesse seiner Aneignung – voraus. Letzteres wiederum lässt sich nur begrenzt vorweg „auf Vorrat" erwerben. Gemeinsame Analysen von Beispielen und der Austausch über alternative Interpretationen sensibilisieren für die Mehrdeutigkeit einer jeden Aufgabenlösung, helfen aber auch, die Wahrnehmung für plausible Deutungen zu schärfen.

Literaturverzeichnis

Arbeitsgruppe Primarstufe (2006). *Sind Noten nützlich und nötig? Zifferzensuren und ihre Alternativen im empirischen Vergleich.* Frankfurt: Grundschulverband e.V.

Artelt, C., Stanat, P., Schneider, W. & Schiefele, U. (2001). Lesekompetenz: Testkonzeption und Ergebnisse. In J. Baumert et al. (Hrsg.), *PISA 2000 – Basiskompetenzen von Schülerinnen und Schülern im internationalen Vergleich* (S. 69–137). Opladen: Leske und Budrich.

Backhaus, A. et al. (2009). *Kontextspekulanten, Wortbildjäger, Buchstabensammler und Vorleseautomaten. Beobachtungs- und Lernaufgaben (BLAU) zu Stolperstellen des Lesens: Für das Lesen notwendige Einsichten, die Lerner/innen bei Vereinseitigung in Sackgassen führen können. Vervielf. Ms. Arbeitsgruppe „Dialogische Diagnostik" im Projekt ALPHA-Profess.* Universität: Siegen.

Baumert, J., Klieme, E., Neubrand, M., Prenzel, M., Schiefele, U. & Schneider, W. (Hrsg.). (2001). *PISA 2000 – Basiskompetenzen von Schülerinnen und Schülern im internationalen Vergleich.* Opladen: Leske + Budrich.

Börner, W., & Vogel, K. (Hrsg.). (1992). *Schreiben in der Fremdsprache. Prozeß und Text, Lehren und Lernen.* Bochum: AKS-Verlag.

Brinkmann, E. (2003). Farrat da war nichz Schwirich. In E. Brinkmann, N. Kruse, & C. Osburg (Hrsg.), *Kinder schreiben und lesen. Beobachten – Verstehen – Lehren.* DGLS-Jahrbuch „Lesen und Schreiben", Bd. 10 (S. 147–154). Freiburg: Fillibach-Verlag. Deutsche Gesellschaft für Lesen und Schreiben.

Brinkmann, E., & Brügelmann, H. (2005). *Pädagogische Leistungskultur – Materialien für Klasse 1 und 2: Deutsch.* Beiträge zur Reform der Grundschule 119, Bd. 3. Frankfurt: Grundschulverband.

Brinkmann, E., & Brügelmann, H. (2010). *Ideen-Kiste Schriftsprache 1 (mit didaktischer Einführung „Offenheit mit Sicherheit")* (8. Aufl.). Hamburg: Verlag für pädagogische Medien.

Brinkmann, E., Kruse, N. & Osburg, C. (Hrsg.). (2003). *Kinder schreiben und lesen. Beobachten – Verstehen – Lehren.* DGLS-Jahrbuch „Lesen und Schreiben", Bd. 10. Freiburg: Fillibach-Verlag. Deutsche Gesellschaft für Lesen und Schreiben.

Brügelmann, H., & Brinkmann, E. (1998). *Die Schrift erfinden – Beobachtungshilfen und methodische Ideen für einen offenen Anfangsunterricht im Lesen und Schreiben.* CH-Lengwil: Libelle Verlag.

Dehn, M., & Hüttis-Graff, P. (2006). *Zeit für die Schrift 2. Beobachtung und Diagnose.* Berlin: Cornelsen Scriptor.

Erichson, C. (2004). Der harte Brocken des Tages. *Grundschule Deutsch, 1*(2), 14–17.

Ferreiro, E., & Teberosky, A. (1982). *Literacy before schooling.* Portsmouth/London: Heinemann.

Helmke, A. (o. J.). Mehr Diagnosekompetenz an Schulen. http://aqs.rlp.de/aktuelles/mitteilungen/mehr-diagnosekompetenz-an-schulen.html. Zugegriffen: 05.09.2010.

Jansen, F., Streit, U. & Fuchs, A. (2007). *Lesen und Rechtschreiben lernen nach dem IntraActPlus-Konzept.* Heidelberg: Springer.

Jenkins, J. R., & Larson, K. (1978). *Evaluating error correction procedures for oral reading. Technical Report N. 55.* Center for the Study of Reading/University: Urbana-Champaign, Ill.

Lenhard, W., & Schneider, W. (2005). *ELFE 1–6. Ein Leseverständnistest für Erst- bis Sechstklässler.* Weinheim: Beltz.

May, P., Vieluf, U. & Marlitzky, V. (2002). *Hamburger Schreib-Probe: HSP 1–9* (6. Aufl.). Hamburg: Verlag für pädagogische Medien.

Metze, W. (2004). Stolperwörter-Lesetest. Handreichung und Ergebnisse der Stichprobenerhebung. www.lesetest1-4.de. Zugegriffen: 19.12.2004.

Naegele, I. M., & Valtin, R. (Hrsg.). (2003). *Grundlagen und Grundsätze der Lese-Rechtschreib-Förderung* (6. Aufl.). LRS – Legasthenie – in den Klassen 1–10. Handbuch der Lese-Rechtschreibschwierigkeiten, Bd. 1. Weinheim/Basel: Beltz.

Scheerer-Neumann, G. (1979). *Intervention bei Lese-Rechtschreibschwäche.* Bochum: Kamp.

Scheerer-Neumann, G. (1981). The utilization of intraword structure in poor readers: Experimental evidence and a training program. *Psychological Research, 43*, 155–178.

Thomé, G., & Thomé, D. (2004). *Oldenburger Fehleranalyse: Instrument und Handbuch zur Ermittlung der orthographischen Kompetenz aus freien Texten ab Klasse 3 und zur Qualitätssicherung von Fördermaßnahmen.* Oldenburg: Institut für sprachliche Bildung.

15 Beobachtungen im künstlerisch-kreativen Prozess „Dann muss ich mir einen Bikini malen"

Thomas Heyl

▸ **Thomas Heyl** zeigt am Beispiel des Kunstunterrichts, wie die direkte Beobachtung des gesamten bildnerischen Prozesses umso wichtiger wird, je weniger die Kinder auf vorgegebene und (formal) eng gefasste Vorgehensweisen festgelegt sind und je mehr sie im Unterrichtsverlauf weitreichende individuelle Entscheidungen treffen können. An verschiedenen Beobachtungsbeispielen macht er sichtbar, dass sich die Bedingungen für künstlerisch-kreatives Handeln nicht einfach „herstellen" lassen, sondern an die Beobachtung von Prozess, Produkt, Person und Kontext gleichermaßen gebunden sind. Der Autor beschreibt, wie die „achtsame Beobachtung" die kunstdidaktische Reflexion unterstützen kann.

Eine Studentin erlebt in der Kunstwerkstatt[1] einen 9-jährigen Jungen, der sich beharrlich weigert, mit anderen Kindern in Gruppen- oder Partnerarbeit zusammenzuarbeiten. Anstatt aus diesem Verhalten vorschnell zu schließen, das Kind sei „zu schüchtern/gehemmt/etc.", beschließt sie, den Jungen in der folgenden Stunde genauer zu beobachten. Sie beobachtet sein Arbeitsverhalten und erkennt, dass er viel Sorgfalt auf die Auswahl von Materialien legt. Es ist ihm besonders wichtig, Papiere, Pappen und Hölzer mit der gleichen Oberflächenstruktur zu finden. Vor allem achtet er auf ein ganz spezielles Farbspektrum, das er ausschließlich aus den Eigenfarben der Werkstoffe gewinnt. So soll ein Klebeband nicht einfach kleben, sondern muss farblich auf

[1] Die *Kunstwerkstatt* ist eine hochschulinterne Einrichtung, in der Studierende mit Kindern kunstpädagogisch arbeiten können, aber auch als externe Besucher Möglichkeiten zu vielfältigen Beobachtungen haben.

Prof. Dr. Thomas Heyl ✉
Fak. II, Institut der Bildenden Künste, Pädagogische Hochschule Freiburg, Freiburg, Deutschland
e-mail: thomas.heyl@ph-freiburg.de

H. de Boer und S. Reh (Hrsg.), *Beobachtung in der Schule – Beobachten lernen*,
DOI 10.1007/978-3-531-18938-3_15,

die anderen Materialien abgestimmt sein. Der Junge nimmt in seinem Werkprozess durchaus Kontakt zu den anderen Kindern auf, es scheint ihm aber nicht recht zu sein, mit den Farben so wie sie umzugehen, ja überhaupt die in der Werkstatt vorhandenen Farben zu verwenden.

Der Sinn von Beobachtung lässt sich an dieser kurzen Sequenz erkennen. Das einfache Beispiel zeigt, wie vorschnelle Schlüsse aus entsprechend verkürzten Beobachtungen von Standardsituationen wertvolle Hinweise verbergen. Der Beobachtungsanlass in diesem Beispiel liegt im Sozialverhalten des Jungen – sein bildnerisches Verhalten gibt hier Aufschluss. Das macht neugierig: Welches Potenzial haben Beobachtungen im künstlerisch-kreativen Feld? Wo liegen Beobachtungsansätze und -inhalte? Welche Bedeutung haben sie für den Kunstunterricht?

Grundsätzlich sind bildnerische Produkte immer das Ergebnis einer sequentiell verlaufenden Handlung. Selbst wenn das Ergebnis eher programmiert scheint, ist der Weg dorthin nicht unumstößlich festgelegt. Ungeplante Entwicklungen, spontane Entscheidungen und plötzliche Ereignisse beeinflussen seinen Verlauf – gleichwohl orientiert sich die Beurteilung im Kunstunterricht traditionell meist nur am erreichten Ergebnis: Objektivierbare Teilkriterien wie Farbeinsatz, Komposition oder räumliche Darstellungsmöglichkeiten etc. stehen im Zentrum und wirken wiederum auf entsprechende Aufgabenstellungen zurück. Aspekte wie „Originalität", „Eigenständigkeit einer bildnerischen Aussage" oder „persönliche Handschrift" können zwar berücksichtigt werden (vgl. Peez 2008), die Entstehungsprozesse und Verhaltensweisen des Kindes werden dazu jedoch, wenn überhaupt, eher vom Produkt aus rekonstruiert. Die direkte Beobachtung des gesamten bildnerischen Prozesses wird aber umso wichtiger, je weniger die Kinder auf vorgegebene und (formal) eng gefasste Vorgehensweisen festgelegt sind, je mehr sie im Unterrichtsverlauf weitreichende individuelle Entscheidungen treffen können.

15.1 Paradigma Kreativität

Kreativität[2] ist generell als konstituierend für Bildungsprozesse im Allgemeinen und für bildnerisches Handeln im Besonderen zu verstehen. Kreativität ist kein göttliches Geschenk, das nur wenigen Begünstigten in die Wiege gelegt wurde und dessen Erscheinungen man staunend verfolgen kann. Vielmehr ist unser Verständnis von Kreativität anthropologisch begründet (vgl. Urban 2004, S. 65). „Kindheit … ist das

[2] Es gibt nicht „die" Kreativität. Klaus K. Urban schlägt deshalb vor, den Begriff „Kreativität" als Interaktionsprozess von Prozess, Person, Problem, Produkt und den Bedingungen im Rahmen der Mikro- und Makro-Umwelt zu begreifen (vgl. Urban 2004, S. 32).

Zeitalter der Kreativität" (Baake 1984, S. 145). Kinder sind nicht auf bestehende Lebensmuster festgelegt, für sie ist vieles „neu", „überraschend" und „bedeutsam" (vgl. Weinert 1993 S. 22, v. Hentig 1998, S. 40).

Künstlerisch-kreative Handlungen sind individuell und situativ gebunden. Sie können nicht einfach didaktisch „hergestellt", von außen gesteuert (vgl. Brodbeck 2002, S. 50) und als zu erreichendes Ziel festgelegt werden. Man kann Kreativität als einen „Prozess beschreiben, in dem Menschen nicht nur Dinge, sondern auch sich selbst verändern" (ebd., S. 50). Kreativität ist nach diesem Verständnis keinesfalls als bloßes Problemlösungsverfahren zu verstehen, das mehr oder weniger durch „Kreativitätstechniken" operationalisierbar wird. Vielmehr geht es bei diesem Verständnis von Kreativität um „Konnotationen von Wahrnehmung, Bewusstsein, Situativität und Prozessualität" (ebd. S. 50). Beobachtungen, die diese Dimensionen der Kreativität erfassen wollen, können nicht an Produktmerkmalen allein orientiert sein, sondern müssen das Individuum in seiner ganzen Lebenssituation begreifen.

Wenn der Kunstunterricht nicht auf das gemeinsame Erreichen oder gar Reproduzieren einer vorgegebenen Produktgestalt abzielt, wenn darin Prozesse initiiert und begleitet werden sollen, die grundsätzlich ergebnisoffen sind, dann gilt es, die handelnde Person in ihrer Situation wahrzunehmen und verstehen zu wollen. Das bedeutet auch, nicht nur die Erwachsenenperspektive einzunehmen (vgl. Beck und Scholz 2000, S. 160), denn die „Lebenssituation" des Kindes zu erfassen, heißt, ihre Einbettung in eine eigene Kinderkultur verstehen zu wollen und das Handeln des Kindes darin grundsätzlich als kompetent und sinnvoll anzunehmen (vgl. ebd., S. 161). Man wird sich als Erwachsener an das Verstehen der Lebenssituation des Kindes und der sich daraus begründenden kreativen Prozesse immer nur annähern können. Vielleicht kann dies aber einem Künstler leichter gelingen, ist er doch gewöhnt und daran interessiert, sich (Lebens-)Entwürfe und Handlungen grundsätzlich anders vorzustellen, Situationen umzudeuten, spielerisch zu „befremden" und neu zu erfinden.

15.2 Der künstlerisch-kreative Prozess

Der „klassische" kreative Prozess wird in der Kreativitätstheorie in Phasen gegliedert:

- Problem bzw. Präparation
- Suche bzw. Inkubation
- „Idee"
- Ausführung bzw. Verifikation (vgl. Wallas 1926).

Am Anfang steht ein mehr oder weniger klar umrissenes Problem, für das man kein vorhandenes Lösungsmuster zur Verfügung hat. Nur wenige Probleme implizieren eine einzig mögliche Lösung, meistens – in der Kunst immer – sind eine Vielzahl an Lösungswegen und -strategien denkbar. In dieser ersten Phase, in der sich ein Problem entwickelt, aktiviert man sein Vorwissen, greift auf das bestehende Repertoire zurück. Lässt sich dieses nicht nutzen – oder entscheidet man, es nicht nutzen zu wollen, muss bzw. kann man sich auf einen neuen Weg begeben.

Diese Phase der Inkubation (vgl. Csikszentmihalyi 1997, S. 151) ist durch assoziative, divergierende Denkbewegungen geprägt, die die linearen Strukturen des logisch-konvergenten Denkens aufbrechen. Frei von rationaler Steuerung können die Gedanken sich mischen und in jede beliebige Richtung „wandern" (ebd., S. 151). In künstlerischen Prozessen ist „Suchen" dabei durchaus wörtlich zu nehmen: In der (oft unbewussten) Begegnung in einer visuell anregenden Umgebung stellen sich Assoziationen ein und plötzlich gibt es ein „Aha-Erlebnis" (Csikszentmihalyi 1997, S. 119). Ein Zufallsfund, eine Assoziation gerät mit der ungelösten Ausgangssituation in eine Verbindung und – eine Idee entsteht. Ausführung und kritische Überprüfung schließen sich nach diesem Modell an und schließen den Problemlöseprozess erfolgreich ab.

15.3 Kreativität und Spiel

Die Beobachtung und Rekonstruktion künstlerischer Werkverläufe lassen allerdings zweifeln, ob sie sich mit den Phasen eines derartigen „Problemlöseprozesses" überhaupt fassen lassen. Denn geht es wirklich darum, eine „kreative" Idee zu finden, die dann lediglich auszuführen ist? Am Anfang einer künstlerischen Handlung steht selten ein klar umrissenes „Problem" als häufiger eine eher diffuse Vorstellung, ein unbestimmtes Gefühl und ein „abstraktes Verlangen" (L. Schäfer 2006, S. 89). Eine vage Idee oder eine offene Aufgabe, die sich langsam wie in einer Evolution (vgl. Paulhan in ebd., S. 88 ff.) zu einer festen Form entwickelt und die für unvorhersehbare Zufälle und Veränderungen offen bleibt. Ein entstehendes Werk ist nie die bloße Ausführung einer gefassten Idee, jede bildnerische Setzung schafft eine neue Wirklichkeit, die auf den Schaffenden zurückwirkt. Dabei stößt man immer wieder auf bildnerische oder handwerkliche Probleme, deren Lösung sich mehr oder weniger leicht mit den o. g. Phasen des kreativen Problemlöseprozesses fassen lassen. Jedes Problem, jede Suchbewegung, jede Veränderung schafft neue Begegnungen mit realen und gedanklichen Elementen, die für sich wiederum neue Deutungen hervorrufen und Veränderungen der grundlegenden Idee bewirken können. Das lässt sich mit kindlichen Spielverläufen vergleichen. Das

Kind macht sich im Spiel die vorgefundene Wirklichkeit durch An- und Umordnen und neuen Deutungen verfügbar. Kein Ding ist auf eine bestimmte Bedeutung festgelegt, alles kann zu etwas Anderem werden. Das charakterisiert auch den künstlerisch-kreativen Prozess. Bedeutungszuschreibungen durch Assoziationen, Umformungen und Verwandlungen, Herstellen von neuen Zusammenhängen sind Merkmale des Spiels und künstlerischer Handlungsstrategien gleichermaßen. Den künstlerisch-kreativen Prozess setzt der Künstler und Kunsttheoretiker Thomas Lehnerer in direkte Beziehung zum Spiel: „unmittelbar auf das freie Spiel meiner inneren Bildungskräfte" und „mittelbar aber dadurch auch auf alle äußeren Gegenstände, Handlungen, Ereignisse, Situationen, Kommunikationen – kurz: auf alles, von dem ich mir (vermittels meiner inneren Kräfte) ein Bild machen kann" (Lehnerer 1994, S. 73).

Vor diesem Hintergrund deutet sich die Komplexität des Beobachtungsfeldes bei künstlerisch-kreativen Prozessen an.

Der Beobachtungshorizont im Kunstunterricht muss aber noch weiter gefasst werden: Denn wie können wir annehmen, dass lediglich eine genügend offen formulierte Aufgabenstellung bereits kreatives Verhalten begründet? Tatsächlich würde eine Beschränkung darauf zu kurz greifen. Kreativität ist von der personalen Disposition des Individuums sowie zahlreichen Umgebungsfaktoren abhängig: Welche emotionalen, motivationalen Voraussetzungen sind gegeben, welcher kulturelle Hintergrund besteht? Wie wirken die äußeren Umstände, zum Beispiel das Verhalten und die Interventionen der Lehrperson, das Klassenklima oder die Ausgestaltung der Umgebung etc.?

All das entscheidet mit, wie ein Kind handelt, ob es stereotyp oder kreativ agiert.

15.4 Die Beurteilung künstlerisch-kreativen Handelns

Zur Gesamtbeurteilung des bildnerischen Komplexes ist ein Verfahren nötig, das die am Produkt orientierten Aspekte um Prozessfaktoren erweitert und diese zusammenführt. Lars Lindström schlägt in diesem Zusammenhang ein Modell vor, das neben den bekannten Produktkriterien (Erkennbarkeit der Absicht, Farbe/Form/Komposition, handwerkliches Vermögen etc.) in vier unterschiedliche Niveaustufen gestaffelte Kriterien vorsieht, die in der Prozessbeobachtung die Verhaltensweisen des Kindes zu erfassen versuchen: erkundendes Arbeiten, die Bereitschaft, Themen und Probleme zu suchen, und die Fähigkeit, Vorbilder zu nutzen und von anderen zu lernen (vgl. Lindström 2007, S. 165). In diesem Zusammenhang geht es zum Beispiel um den Mut des Kindes zum Risiko, sein exploratives

Verhalten und seine Ausdauer. Das macht eine Beobachtungskultur einsichtig, eine Beobachtungskultur, die auch das Kind in der Selbstwahrnehmung aktiviert.

15.5 Beobachten als Teil des kreativen Komplexes

Für die Beurteilung von künstlerisch-kreativen Prozessen geht es nicht darum, den „großen Moment" der Idee allein destillieren zu wollen. Bevor man einzelne Merkmale und Kriterien identifiziert, gilt es, mit dem Beobachten offen zu beginnen. Das heißt, die Situation, in der das Kind agiert, erst einmal in seiner komplexen Struktur zu belassen. Das „interesselose Interesse" einer achtsamen Beobachtung entspricht dabei der offenen spielerischen Struktur der beobachteten Situation, also dem entsprechenden Verhalten im kreativen Prozess selbst (vgl. Brodbeck 1999, S. 39).

Die teilnehmende Beobachtung kreativer Prozesse kann sich dadurch geradezu selbstbezüglich zu einem eigenen kreativen Akt entwickeln. Studierende berichten immer wieder, wie ihre Beobachtungen Teil des kreativen Komplexes werden:

- *Ein Vorschulkind malt sich in der Badewanne. Der Studierende beobachtet den Zeichenprozess und fotografiert die einzelnen Schritte. Als das Mädchen hört, dass ihr Bild im Seminar vorgestellt werden soll, sagt sie „Dann will ich aber nicht nackig sein, da muss ich mir einen Bikini malen", greift einen grünen Wachsstift und übermalt die Figur.*
- *Als eine Studentin bei der Beobachtung eines sechsjährigen Mädchen im Anschluss an ihre Zeichnung („Was ich am liebsten in meinem Zimmer mache") das Kinderzimmer zu fotografieren beginnt, hat das Kind die Idee, den Bildausschnitt des Fotos genau nach den Vorgaben der Zeichnung zu inszenieren. Dazu drapiert sie alle gezeichneten Einzelheiten, legt sich entsprechend der gezeichneten Szene mit einem Buch ins Bett und dirigiert die Studentin, den Ausschnitt entsprechend zu fotografieren.*
- *Zwei Kinder möchten wissen, was die Studentin da alles auf den Block geschrieben hat. Sie liest ihnen den Text mit allen Dialogen vor. Die Kinder vergewissern sich, dass auch weiterhin alle Dialoge aufgeschrieben werden und beginnen spontan ein Theaterstück zu erfinden. Nach einer halben Stunde ist das Theaterstück „Die Elfe und der Riese" fertig.*

15.6 Beobachtungspraxis

15.6.1 Inhalte

Es werden hier drei Beobachtungsbereiche angesprochen:

- Welche individuellen Voraussetzungen und Bedingungen, welche Vorlieben und Stärken lassen sich bei dem Kind erkennen? Über welche Darstellungsfähigkeiten und Ausdrucksmöglichkeiten verfügt das Kind? Kann man aus dem bildnerischen Handeln auf die individuellen Konstruktionen der Weltaneignung schließen?
- Durch welche individuelle und kulturelle Sozialisation ist das Kind geprägt? Woher kommt das Kind, wenn es zu uns in die Institutionen kommt?
- Was ist in der Dynamik des Unterrichts zu beobachten? Was bewirken die Entscheidungen des Erwachsenen, was der Raum, die Einrichtung und die Materialien? Wie entwickeln und beeinflussen sich gleichzeitig im Raum stattfindende ästhetische Prozesse, wann und wie finden Motiv- und Formübernahmen statt? Was bedeutet das bezüglich der Gruppenkonstellation?

In diesem Zusammenhang sollen nun mehrere Beobachtungsansätze und -anlässe vorgestellt werden, die einige dieser Beobachtungsinhalte fokussieren. Alle Beobachtungen stehen im Kontext eines Studiums der Kunstpädagogik, das durch eine entwickelte Beobachtungskultur versucht, theoriegeleitet vielfältige Erfahrungen aus der Praxis zu reflektieren.

Beobachtungen, die bildnerisches Handeln erfassen, profitieren von einem erheblichen Vorteil, der in dessen Wesen liegt: Bildnerische Prozesse sind visuell wahrnehmbar, Handlungen sind nicht nur bezogen auf den Handelnden gut beobachtbar und beschreibbar, sie zeitigen auch am Objekt Resultate: Das Werkstück, das sich ständig verändernd entwickelt und irgendwann den Zustand eines Endprodukts erreicht. Wenn es präsentiert wird, hat es sich vom Handlungsablauf abgelöst, lässt aber immer noch Rekonstruktionen seines Entstehungsprozesses zu.

15.6.2 Erstes Beispiel: Beobachtungen am Objekt

Bildnerische Handlungen sind immer materiell gebunden. Alles, was ein Kind malt, baut, zeichnet, kann Zugang zu seiner Person und zu der entsprechend zugrunde liegenden Situation schaffen (vgl. Langer et al. 2002, S. 31). Die Annäherung kann erst einmal morphologisch und formal erfolgen: Was ist zu sehen? Wie ist (z. B.

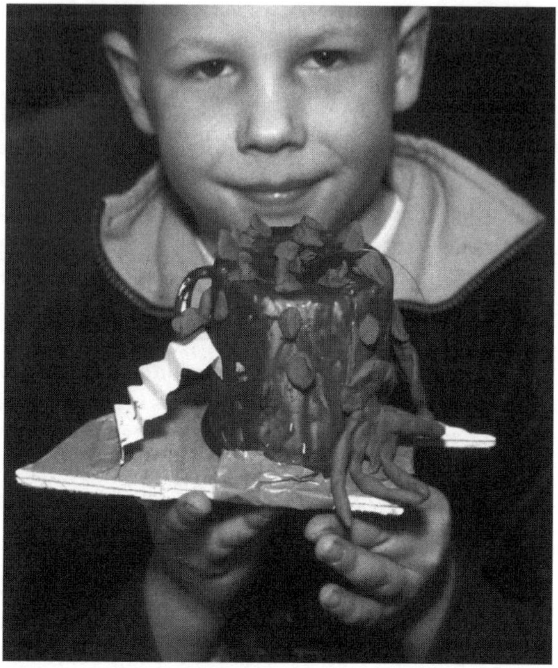

Abb. 15.1 „Planet", Assemblage aus verschiedenen Materialien und Fundstücken, mehrfarbig

bei einer Zeichnung) das Format eingeteilt? Welche Farben werden eingesetzt? Wie sind Figuren ausgebildet etc.? Mit bildhermeneutischen Untersuchungen kann geklärt werden, „was ein Objekt unserer Beobachtung … an Bedeutungen enthält" (Mollenhauer 2003, S. 248). Dieses „Objekt" umfasst dabei alle bildnerischen Hervorbringungen (also nicht nur zweidimensionale Werke), die dann im weitesten Sinn als ein „Bild" bezeichnet werden. Alle Bilder verdichten einen „kulturellen Sinn in einer nicht-sprachlichen Dimension" (ebd., S. 250).

Beispiel: Der Planet (siehe Abbildung 15.1). Dieses „Bild" ist ein aus verschiedenen Fundstücken und formbaren Materialien zusammengefügtes Objekt eines Grundschulkindes, das zum Thema „Himmelskörper und Planeten" entstand.

(Beobachtungen am Objekt vom unterrichtenden Autor) Eine Blechtasse ist mit blauer Farbe bemalt und mit der Öffnung nach unten auf ein polygonales Sperrholzfundstück geklebt. Rote und blaue Knetmassenstückchen sind sichtlich durch zwei Finger geformt und in unregelmäßiger Streuung auf die Tassenoberfläche verteilt. Dadurch ergibt sich eine insgesamt belebte, an eine Kraterlandschaft erinnernde Oberfläche. Ein weißer Papierstreifen erreicht in einem unregelmäßigen Zickzackfalz als Treppe die halbe Tassenhöhe. Das andere Ende ist mit braunem Klebeband auf der Holzoberfläche befestigt. Ein Bewohner des Planeten aus roter Knetmasse sitzt, an die Tasse gelehnt, auf dem Brett.

Zunächst könnte man technische und formale Entscheidungen wie die Komposition und Farbwahl oder das Verhältnis von vorgefundenen und verformbaren Materialien sowie handwerkliche Standards der Verarbeitung untersuchen. Zum Beispiel fällt auf, wie durch die Wahl des Farbspektrums aus den heterogenen Materialqualitäten eine geschlossene Gestalt entsteht. Das „Bild" dieses Planeten kann aber auch in seiner strukturellen Konstellation Kontexte deutlich machen, die auf das Verhältnis des Kindes zur Welt verweisen (vgl. G. Schäfer 1990, S. 152): Bei der Darstellung fällt zum Beispiel ein Paradox im Verhältnis zwischen Brett und Tasse auf, denn das Brett wird zum „tragenden" Boden, auf dem die Tasse quasi als „Haus" montiert ist. Die Tasse spielt zwar mit der geschlossenen optischen Anmutung eines Planeten, ist aber eigentlich ein Aufbau. Die Treppe unterstreicht diese Trennung und Diskrepanz. Eine Vorstellung, dass der Planet Schwerkraft ausüben und man auch auf der „unteren" Hälfte des Planeten stehen könnte, lässt das Kind (noch) nicht zu. Die Beine des Planetenbewohners „baumeln" ins All. Dabei wird die „sinnlich-intuitive Welterfahrung" (G. Schäfer 1990, S. 152) des Kindes deutlich: Mit der Kompaktheit der zylindrischen Tassenform und den farblich abgestimmten Kraterkegeln orientiert sich das Kind einerseits an visuellen Vorbildern von Himmelskörpern, mit der Organisation des Planetenkubus als „Haus auf Boden" wird dagegen der Kontext eingebunden, dass man dort auch wohnen können muss. Dieses Pendeln beim flexiblen Umdeuten der Blechtasse zwischen zwei gleichzeitig gültigen Bedeutungen prägt das Bild und lässt die Welterfahrung des Kindes „sprechen".

Mit der Darstellung vom Leben auf dem Planeten lässt das Kind Vorstellungen und Bedürfnisse erahnen, wie es sein könnte, allein auf einem Gestirn zu leben. Bei der bildhermeneutischen Untersuchung wird also nicht nur eine entwicklungspsychologische Dimension, sondern auch eine Dimension ganz persönlicher Bedeutungen erkennbar (vgl. Beck und Scholz 2000, S. 160; Reiß 2000, S. 231) für die das Kind einen bildnerischen Ausdruck findet.

Die Orientierung des Beobachters am (hier dokumentierten) Objekt berücksichtigt nur einen Teil des gesamten bildnerischen Geschehens. Der Entstehungsprozess, einzelne Handlungen und Verhaltensweisen sind zwar ansatzweise aus dem fertigen Objekt rekonstruierbar, erst deren gezielte Beobachtung macht aber eine vertiefte Annäherung an den ganzen Werkkomplex möglich: So war zum Beispiel in diesem Fall zu beobachten, wie der Junge in Spielgesten anfing, von seinem Planeten zu denen seiner Klassenkameraden zu gelangen, wie die Kinder aus diesem Impuls heraus begannen, die Planeten zu Gruppen zusammenzufügen, wie sie Verbindungen bauten, um sich gegenseitig besuchen zu können, wie sich langsam ähnliche Größenverhältnisse und ein gemeinsames Formrepertoire entwickelten. Kurz: Am Endprodukt lassen sich zwar einzelne Aspekte feststellen, Voraussetzungen und Bedingungen erahnen, aber erst die Beobachtung des Entstehungsprozesses, deren Begleitumstände und die Beobachtung des darin agierenden Kindes können ein vollständigeres Bild abgeben.

15.6.3 Zweites Beispiel: Beobachtungen vor kulturellem Hintergrund

Die Bilder und die Bedingtheiten ihres Entstehens verweisen zugleich auf das Individuum als auch auf die umgebende (Sub-)Kultur (vgl. Mollenhauer 2003, S. 251). „Der Versuch, die Kultur der Kinder, wie sie in einer Schulklasse sichtbar wird, zu verstehen, kann unseres Erachtens nur teilweise gelingen. Man muss sich als Forscher immer bewusst sein, dass es sich um Annäherungen handeln kann. Alle Interpretationen sind Deutungen von Erwachsenen" (Beck und Scholz 2000, S. 160).

Jeder Erstsemesterstudierende des Fachs Kunst bekommt den Auftrag, ein Kind oder einen Jugendlichen in seiner Lebenswelt aufzusuchen und eine Zeichnung („Ich in meinem Zimmer" oder „Was ich gerne mache") zu initiieren. Die Zeichnungen werden meist auch in dem Zimmer des Kindes angefertigt. Es geht dabei aber nicht nur um bildnerische Strukturen wie zum Beispiel der Menschen- und Raumdarstellung, die am Ergebnis abzulesen sind, sondern auch um die Beobachtung des Entstehungsprozesses. Zeichnen, das heißt jedes bildnerische Verhalten generell, ist immer auch ein sequentieller Vorgang. Wo auf dem Blatt beginnt das Kind? Auf welche Weise werden Linien gezogen, wo wird Begonnenes eliminiert? Was lässt sich am Verhalten erkennen? Wo zögert das Kind, wo blickt es auf? Was spricht es? Zeigt es Affekte?

Die Abb. 15.2 und 15.3 stammen von zwei in etwa gleichaltrigen, zwölfjährigen Mädchen.

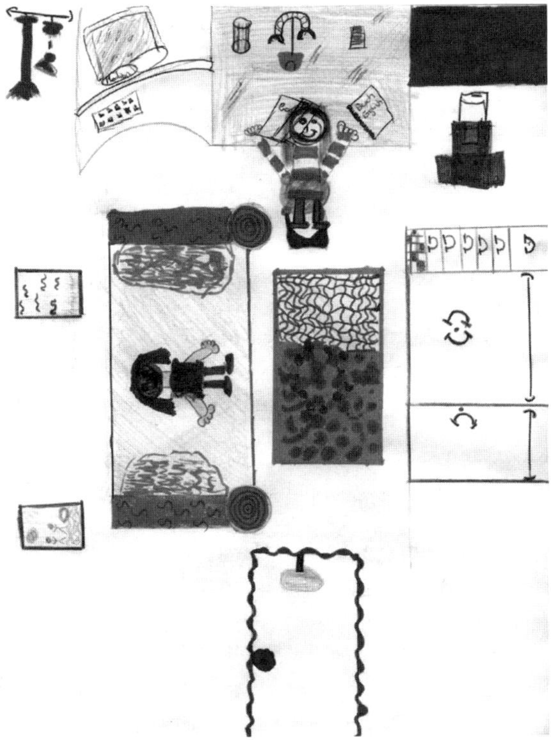

Abb. 15.2 „Ich in meinem Zimmer", farbige Zeichnung

Die Bilder lassen sich vor dem Hintergrund der Entwicklungspsychologie bildnerischen Verhaltens her unterscheiden. Links ein Flächenbild, das das Blatt als „begehbaren" Aktionsraum begreift. Das Mädchen bezieht die Darstellung der Gegenstände im Zimmer topologisch auf die zentrale Fläche des Teppichs in der Mitte. Um die Dreidimensionalität des Raumes orthogonal logisch in der Fläche anordnen zu können, werden diese jeweils „umgeklappt". Diese Objekte orientieren sich zum Teil an der visuellen Erscheinung, zum Teil sind sie schematisiert.

Auf dem anderen Bild wird der Raum in seiner Tiefenräumlichkeit gezeigt. Parallelprojektionen, komplizierte Überschneidungen und Verkürzungen versuchen sich an der Raumillusion. Alle Darstellungen beziehen sich auf den visuellen Eindruck von einem definierten Beobachtungsstandpunkt aus. Man könnte die Bilder auf der Grundlage bekannter Phasen in der Entwicklung der Kinderzeichnung vergleichen. Eine für das Alter festzulegende Norm könnte die Bilder unter der Maßgabe der reifen illusionistischen Darstellungsfähigkeit hierarchisch bewerten.

Abb. 15.3 „Ich in meinem Zimmer", Bleistiftzeichnung

Man kann sich aber auch entschließen, zu erkennen, dass beide Bilder vergleichbar intensiv durchgebildet sind, dass beide Mädchen bestimmte Sachverhalte und besondere Bedeutungen ausdrücken. Die zeigen sich zum Beispiel in den Unterschieden bei der grafischen Darstellung der Dinge, vor allem aber in der Selbstdarstellung. Die Zeichnerin des ersten Bildes widmet sich akribisch dem Muster des Teppichs, zeichnet sich selbst ähnlich schematisch wie die Puppe. Die Zeichnerin des zweiten Blatts inszeniert dagegen mit ihrer Körperhaltung und den angezogenen Beinen auf ihrem Bürodrehstuhl eine grafisch aufwendige Darstellung ihrer Person.

Die Beobachtungen erfassen auf der einen Seite den grafischen Prozess, wie die Mädchen den Raum in die Fläche übersetzen. Aus der Abfolge der einzelnen Schritte lassen sich Darstellungsstrategien identifizieren und in ihrer Logik nachvollziehen. Die Beobachtungen richten sich aber auch auf das Verhalten des Kindes und die Bedingungen der Situation. Festgehalten durch schriftliche Notizen und durch filmische und fotografische Dokumentation rückt dabei die Lebenswelt, die Person-Umwelt-Beziehung der Kinder in den Blick: In welcher familiären und gesellschaftlichen Situation, in welcher visuellen Kultur leben die Kinder? Wann und wo kann man die aktive und individuelle Gestaltung des persönlichen Umfelds registrieren? Kann man Merkmale einer Kinder- und Jugendkultur erkennen?

Die Studierenden scheinen auf den ersten Blick dem jugendlichen Habitus noch sehr nahe zu sein. Beim Besuch der Kinder- und Jugendzimmer machen sie aber die Erfahrung, dass es viele Parallelwelten zu ihrer Vorstellung gibt, wie Kinder und Jugendliche „normalerweise" leben. Kinder machen heute andere Gegenwartserfahrungen, mediale Einflüsse und Wertehorizonte ändern sich, Rollen und familiäre Muster werden nicht einfach tradiert. Dieser quasi ethnografische Blick auf das ästhetische Umfeld und den Alltag der Kinder soll dabei den Blick bezüglich der Identitätsbildung der Kinder heute schärfen. So auch in diesem Beispiel: Auf der einen Seite starkfarbige Möbel und Objekte, zahlreiche im Lauf der Zeit akkumulierte Spielzeuge und Sammlungsstücke eines Kinderzimmers, auf der anderen Seite die eher bewusst minimalistische Einrichtung mit einzelnen herausgehobenen Artefakten.

Die Einbindung in eine bestimmte Kultur wird aber auch durch die Inszenierung eines abschließenden Fotos vom Kind selbst rekonstruiert: Wenn die Studierenden die Beobachtung der entstandenen Zeichnung abgeschlossen haben, fotografieren sie das Kind in seinem Zimmer: Das erste Mädchen setzt sich dazu mit dem Rücken an das hintere Ende des Zimmers an seinen Computer, das andere nimmt die bereits gezeichnete Pose auf dem Drehstuhl ein.

Lebenswelt ist keine Begleiterscheinung, sondern aktive Teilhabe an einer eigenen Kultur. Kulturen werden durch ihre Mitglieder gemacht (vgl. Beck und Scholz 2000, S. 156; vgl. auch Beck und Scholz in diesem Band). Das lässt sich an den zum Teil hochintensiven Begegnungen in den Kinder- und Jugendzimmern erahnen. „Kultur ist nicht als Produkt, sondern als Prozess zu begreifen" (ebd., S. 156).

Aus der Präsentation der heterogenen Beobachtungen werden Fragestellungen künftiger kunstpädagogischer Entscheidungen implizit thematisiert, in jedem Fall wird deutlich, dass enge Normalitätsvorstellungen nicht zielführend sein können.

15.6.4 Drittes Beispiel: Beobachtungen des Entstehungsprozesses: Luis und die Korkrolle[3]

Die Kinder arbeiten zum Thema Reise. Luis (9) findet im Materialregal eine Rolle aus dünn gepresstem Kork. Er möchte sie als glatte Platte bearbeiten, doch als er sie abrollt, bricht sie. Alle Versuche, sie zu glätten, scheitern. Nach einer Zeit, in der er scheinbar ziellos durch das Klassenzimmer gegangen ist, lässt er erkennen, dass er die Idee hat, aus dem abgebrochenen Teilstück ein Schiff zu bauen. Die gerollte Korkplatte scheint ihn an einen Schiffsrumpf zu erinnern, durch die Spannung lassen sich Holzstäbchen einklemmen und zu einem stabilen Gerüst verbinden. Auf dieselbe Weise konstruiert er Masten. Wollfäden dienen der Verknüpfung und werden gleichzeitig zur Takelage.

[3] Externe Beobachtung in der Kunstwerkstatt von Anne Berger.

Abb. 15.4 Luis findet die Korkrolle

Abb. 15.5 Er klemmt Holzstäbchen in das Bruchstück und setzt zwei Spielfiguren hinein

Von Anfang an hat Luis zwei kleine Plastikfiguren in den Rumpf gesetzt. Das Spiel mit ihnen begleitet seinen Werkprozess beständig. Als er seine Arbeit in der Gruppe vorstellt, sagt er: „In Religion habe ich so ein Schiff schon mal gesehen.“ Aus einem übrig gebliebenen Bruchstück konstruiert er nach dem gleichen Prinzip ein Beiboot.

Dieses Beispiel zeigt (siehe Abb. 15.4 und 15.5), dass Betrachtungen am fertigen Ergebnis allein nicht erkennen lassen, welche Bedingungen den Verlauf des Entstehungsprozesses beeinflussten. Beim Beobachten der Begegnungen und Entschei-

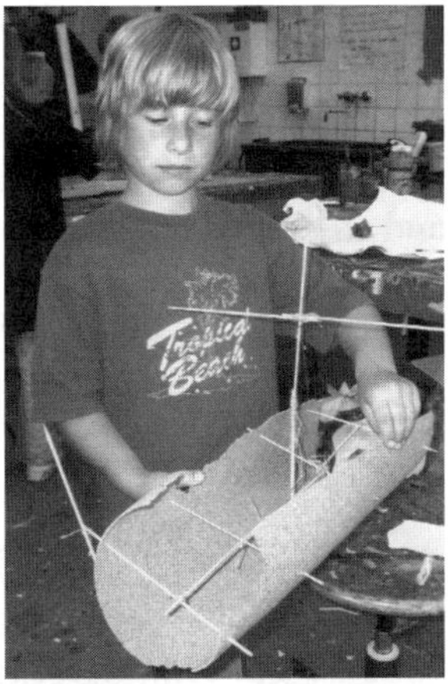

Abb. 15.6 Mit Wollfäden verbindet er das Gerüst und den Masten

Abb. 15.7 Fertiges Segelschiff mit Beiboot

dungen des Kindes in den vielfältigen Gegebenheiten und Situationen im Raum kann dagegen das komplexe Gefüge des Werkprozesses rekonstruiert werden. Die Frage ist nun, ob und wie sich ein kreatives Verhalten identifizieren lässt, welche Bedeutung dabei personale und situative Aspekte haben. Ziel ist, aus der Beobachtung der konkreten Situation Hinweise für didaktische Interventionen, aber auch Hinweise zur Herstellung förderlicher Rahmenbedingungen zu bekommen.

Wenn man den bei Luis beobachtbaren Werkverlauf in Beziehung zur Kreativitätstheorie setzt, kann man die o. g. Merkmale des „kreativen Prozesses" erkennen.

Die Entstehung eines „Problems“ zeigt sich, als es Luis nicht möglich ist, die Korkrolle in der von ihm gewünschten Weise technisch einzusetzen. Man kann ihn dabei beobachten, wie er mehrere Verfahren „ausprobiert“. Die Versuche, das gebogene Stück zu glätten, lassen sein Vorwissen mit diesem oder ähnlichen Materialien und seine handwerklichen Erfahrungen erahnen. Dass Luis nicht dabei bleibt, das Problem auf dieses Repertoire zu beschränken und im Zweifelsfall von dem Vorhaben abzulassen bzw. sich Hilfe zu holen, lässt bereits erkennen, dass er sich für einen Weg entscheidet, dessen Ziel er nicht kennt. Nach dieser Entscheidung erscheint sein Verhalten diffus. Das Kind lässt von den begonnenen Handlungen ab, verlässt seinen Arbeitsplatz und geht ziellos herum.

Seine Gedanken und Handlungen erscheinen in diesem Moment nicht mehr zielgerichtet und bewusst gesteuert. Wir erkennen Merkmale der „Inkubation“ bzw. „Suchphase“: Das assoziative Denken kann in Luis' vermeintlich beiläufigem oder spielerischem Verhalten gelesen werden. Diese „divergierende“, also „auseinandergehende“ Bewegung im Raum zeigt sich nicht als ein gezieltes Suchen, vielmehr ist Luis offen für Findesituationen. Das Kind verschafft sich Abstand vom Problem und zugleich Begegnung. Es erkundet umherliegende Materialien, schaut anderen Kindern bei deren Arbeiten zu oder aber verlegt das Geschehen ganz nach „innen“ und tagträumt. Mihaly Csikszentmihalyi verweist gerade auf die Bedeutung dieses „geistigen Mäanderns“ (Csikszentmihalyi 1997, S. 147) und beschreibt diesen Zustand: „Wenn man ein … Problem hat, darf man sich nicht hinsetzen und angestrengt über eine Lösung nachgrübeln. Weil man es nie lösen wird, wenn man sich hinsetzt und darüber nachdenkt“ (ebd., S. 147). Suchbewegungen im künstlerisch-kreativen Zusammenhang werden dabei stark durch eine visuell anregende Umgebung beflügelt. Der Blick in viele Künstlerateliers zeigt oft eine Form- und Gegenstandsvielfalt gesammelter Objekte und Abbildungen, die auf den ersten Blick nichts mit dem aktuellen künstlerischen Vorhaben zu tun zu haben scheinen, die aber ihr Potenzial als Inspirationsquelle erkennen lassen.

Luis findet nichts Neues, aber er sieht das bisher Bekannte plötzlich neu: Er sieht in der Korkrolle nicht mehr nur ein spezifisches Material, sondern assoziiert die bauchige Form mit einem Bild vom Rumpf alter Segelschiffe. Das führt zu seiner Entscheidung, sich der Widerständigkeit des Materials zu beugen und die zufällige Form nun völlig neu zu deuten.

Dieser Werkprozess scheint weitgehend linear, doch genau besehen rekonstruiert der vorliegende Beobachtungstext den Verlauf nur selektiv, wenn er sich auf das „Problem“ mit der Korkrolle beschränkt. Bei der Protokollierung der Beobachtung der gesamten Doppelstunde hätte eine ganze Reihe von einzelnen und weitgehend unabhängigen Einfällen, Versuchen, Hypothesen und Überprüfungen in schneller

Abfolge, ein insgesamt assoziativ-spielerisches Verhalten wahrgenommen werden können.

Das lässt sich zum Beispiel bei den Wollfäden sehen, die Luis um die Holzstäbe wickelt, um sie mit dem Schiffsrumpf oder den Masten zu verbinden. Für die übrig bleibenden, losen Enden dieser Fäden hat er im konstruktiven Zusammenhang keine Verwendung (vgl. Abb. 15.6). Doch er schneidet sie nicht ab, sondern lässt sie baumeln. Das bringt ihn auf die Idee, diese als Taue und Takelage umzudeuten. Letztlich erfolgt hier überhaupt kein bildnerisches Handeln. Die „Taue" werden nicht weiter „verifiziert", Luis definiert sie schlicht durch seine Bestimmung.

Wenn keine bildnerisch-handwerklichen Interventionen mehr erkennbar sind, wird der Erwachsene in der Regel argwöhnisch. Zu sehr ist der Kunstunterricht auf das „Tun" und das entsprechende Produkt ausgerichtet. Doch das Kind arbeitet oft nur solange, bis sich eine Idee manifestiert hat. Das, was Erwachsene als „fehlend" erkennen, ergänzt das Kind durch Phantasie, oder besser: Die Fähigkeit des Kindes zur Imagination durchdringt alle Bereiche des bildnerischen Handelns. Luis imaginiert in den losen Fäden Taue, die an die festen „Masten" geknüpft sind, genauso wie er die bauchige Form des Korkrollenbruchstücks in ein für ihn gültiges Bild von einem Segelschiff umdeutete. Form, Farbe und Materialität sind so stark, dass ihm eine explizit handwerkliche Ausbildung eines Schiffsbugs oder -hecks nicht in den Sinn zu kommen scheint. Seine kreative Schiffsdarstellung „hat" Spiel (vgl. Lehnerer 1994, S. 65). Gerade was Erwachsenen bei der Betrachtung des Produkts armselig oder zumindest kryptisch erscheint, zeigt sich bei der Beobachtung des Kindes im Prozess und damit auch im Einnehmen der kindlichen Perspektive in einem neuen Licht.

Luis zeigt spielerisches Verhalten beim Bau des Schiffes, aber auch *mit* dem Schiff. Er setzt zwei schwarze kleine Spielfiguren in dem Moment in die Korkrolle (siehe Abb. 15.7), als er sich entschließt, die bauchige Form zum Schiffsrumpf zu erklären. Er spielt nicht explizit mit ihnen, es scheint ihm aber wichtig zu sein, sie beständig in Beziehung zu seinem Werkstück zu wissen.

15.7 Die kreative Persönlichkeit

Kann man bei der Beobachtung des Prozesses Merkmale erkennen, die auf personale Voraussetzungen schließen lassen? Gibt es Hinweise auf kreative Persönlichkeitsmerkmale (vgl. Csikszentmihalyi 1997, S. 80 f.), die jenseits situativer Bedingungsfaktoren liegen?

Luis lässt Sensibilität in seiner Wahrnehmung erkennen, die sich auf Farben, Materialitäten und Oberflächen richtet. In seiner Fähigkeit, Formen und Bedeutungen zu assoziieren bzw. zu imaginieren, wird aber auch Sensibilität deutlich, sich etwas anders und neu vorstellen zu können. Luis ist bei den eintretenden Schwierigkeiten nicht entmutigt. Er zeigt Ambiguitätstoleranz, als er die ungeklärte Situation lange aushält. Obwohl er über einen längeren Zeitraum keinen Erfolg zu haben scheint, wendet er sich nicht an den Erwachsenen, weicht aber auch nicht aus. Damit übernimmt er Verantwortung für die von ihm gesteuerten Handlungen. Darin zeigen sich seine Motivation und seine Leistungszuversicht, die erkennen lassen, dass er möglicherweise geradezu Lust an den ungeklärten Situationen und seinen Herausforderungen verspürt.

Sein Denken wirkt divergent, er kann aber auch konvergierende Denkstrukturen nutzen, wenn er Entscheidungen trifft und diese konsequent durchführt. Er ist dabei in der Lage, sein verfügbares Wissen einzusetzen. Das betrifft sein bildnerisch-handwerkliches Erfahrungswissen, wie auch das Einbeziehen seiner Erinnerungen aus den Erfahrungen im Religionsunterricht. In seinem Verhalten lässt sich Neugier und Offenheit erkennen. Er zeigt keine Vorurteile, weder gegen sich („Ich kann das nicht"/„Ich habe keine Ideen") noch gegenüber festlegenden Vorstellungen standardisierter Darstellungsweisen.

15.8 Kunstdidaktische Konsequenz

Eine wesentliche Gelingensbedingung für künstlerisch-kreatives Handeln sind die Umwelt- und Rahmenbedingungen (vgl. Urban 2004). Lehrerverhalten, Schulstrukturen und Lernumgebungen entscheiden, ob kreatives Verhalten möglich ist. Kann ich als Pädagoge experimentierende, suchende oder „nichts" tuende Kinder aushalten, sie unterstützend begleiten, ohne mit vorschnellen Handlungs- und Lösungsmustern aufzuwarten? Ist die räumliche Umgebung so strukturiert, vorbereitet und ausgestattet, dass sie ergebnisoffen ist, Begegnungen und Zufälle ermöglicht und selbstständige Handlungsstrategien unterstützt? Ist das Klima aller Beteiligten auch dann wertschätzend, wenn man sich mit riskanten eigenen Ideen exponiert? Damit sind einige Felder angesprochen, die eine Selbst-beobachtung begründen und damit zu unmittelbaren didaktischen Konsequenzen führen können. Diese liegen aber nicht in einfachen Methodenentscheidungen o.Ä.: Bedingungen für künstlerisch-kreatives Handeln lassen sich nicht einfach „herstellen". Vielmehr gilt es, die Faktoren Prozess, Produkt, Person und Umweltbedingungen gleichermaßen aufmerksam im Blick zu behalten.

„Achtsamkeit ist das Zentrum der kreativen Situation" stellt Karl Heinz Brodbeck fest (Brodbeck 1999, S. 39). Eine achtsame Beobachtung bahnt den kunstdidaktischen Weg dorthin.

Literaturverzeichnis

Baacke, D. (1984). *Die 6- bis 12-jährigen – Einführung in die Probleme im Kindesalter*. Weinheim und Basel: Beltz.

Beck, G., & Scholz, G. (2000). Teilnehmende Beobachtung von Grundschulkindern. In F. Heinzel (Hrsg.), *Methoden der Kindheitsforschung* (S. 147–171). Weinheim und München: Beltz Juventa.

Brodbeck, K. H. (1999). *Entscheidung zur Kreativität – Wege aus dem Labyrinth der Gewohnheiten*. Darmstadt: Primus.

Brodbeck, K.-H. (2002). Achtsamkeit auf die Achtsamkeit. *Kunst und Unterricht* 261.

Csikszentmihalyi, M. (1997). *Kreativität – Wie sie das Unmögliche schaffen und ihre Grenzen überwinden*. Stuttgart: Klett-Cotta.

von Hentig, H. (1998). *Kreativität – Hohe Erwartungen an einen schwachen Begriff*. München: Beltz.

Langer, A., Langer, H., & Theimer, H. (2002). *Lehrer beobachten und beurteilen Schüler*. München: Oldenbourg.

Lehnerer, T. (1994). *Methode der Kunst*. Würzburg: Königshausen & Neumann.

Lindström, L. (2007). Kriterien zur Bewertung kreativer Fähigkeiten von Schülern. In R. Niehoff, & R. Wenrich (Hrsg.), *Denken und Lernen mit Bildern* (S. 162–185). München: Kopäd.

Mollenhauer, K. (2003). Methoden erziehungswissenschaftlicher Bildinterpretation. In B. Friebertshäuser, & A. Prengel (Hrsg.), *Handbuch Qualitative Forschungsmethoden in der Erziehungswissenschaft* (S. 247–263). Weinheim und München: Beltz.

Peez, G. (Hrsg.). (2008). *Beurteilen und Bewerten im Kunstunterricht*. Seelze: Kallmeyer.

Reiß, W. (2000). Zur Produktion und Analyse von Kinderzeichnungen. In F. Heinzel (Hrsg.), *Methoden der Kindheitsforschung*. (S. 231–247). Weinheim und München: Beltz Juventa.

Schäfer, G. E. (1990). Universen des Bastelns – Gebastelte Universen. In L. Duncker, F. Maurer, & G. E. Schäfer (Hrsg.), *Kindliche Phantasie und ästhetische Erfahrung – Wirklichkeiten zwischen Ich und Welt* (S. 135–161). Langenau-Ulm: C&S Verlag.

Schäfer, L. (2006). *Der Zirkel des Schaffens – Neue Deutungen von Kreativität und ihre Relevanz für den Kunstunterricht*. Oberhausen: ATHENA-Verlag.

Urban, K. (2004). *Kreativität – Herausforderung für Schule, Wissenschaft und Gesellschaft*. Münster: Lit-Verlag.

Wallas, G. (1926). *Art of Thought*. London: Jonathan Cape.

Weinert, F. E. (1993). *Ist Kreativität lernbar?* München: Max Planck Institute for psychological Research. Reprint 13/1993.

Vom Beobachten zum Handeln im Lehrberuf

16

Herausforderungen und Prozessstrukturen bei der Bearbeitung pädagogischer Problemsituationen

Melanie Fabel-Lamla und Susanne Pietsch

▸ **Melanie Fabel-Lamla** und **Susanne Pietsch** beleuchten das Zusammenspiel von Beobachten und Handeln mit Hilfe unterschiedlicher Ansätze der Lehrerforschung. Sie gehen der Frage nach, welche Bedeutung Beobachtungen für das Handeln haben und wie zirkuläre Prozesse des pädagogischen Beobachtens, Beschreibens, Deutens und Handelns ablaufen. Am Beispiel eines Einzelfalls zeigen sie, wie sich der beobachtende Blick auf einen „auffälligen" Schüler richtet und wie die Bearbeitung der pädagogischen Problemsituation durch Reflexion verändert werden kann und welche Konsequenzen sich aus den gewonnenen Einsichten am Fall für die Lehrerbildung ergeben. Abschließend plädieren sie für handlungsentlastete Reflexionsräume und -zeiten, sowohl während der Lehrerausbildung als auch im weiteren Verlauf der Berufsbiographie. Sie heben hervor, dass besonders Berufsanfänger für die Bewältigung von Schwierigkeiten im realen Schulalltag handlungsentlastete Räume benötigen, um eine Entwicklung und kritische Überprüfung berufsbezogener Erfahrungsbestände gewährleisten zu können.

Prof. Dr. Melanie Fabel-Lamla ✉
Fakultät für Bildungswissenschaften, Institut für Pädagogik, Universität Duisburg Essen, Essen, Deutschland
e-mail: fabel@uni-kassel.de
Dr. Susanne Pietsch ✉
Universität Kassel, Kassel, Deutschland
e-mail: spietschks@gmx.de

H. de Boer und S. Reh (Hrsg.), *Beobachtung in der Schule – Beobachten lernen*,
DOI 10.1007/978-3-531-18938-3_16,

16.1 Einleitung

> Aber was gehört dazu, um richtige Beobachtungen, zuverläßige Erfahrungen anzustellen? Sehr viel. Ein Geist von Vorurtheilen und Parteilichkeit frei; ein geübtes Auge; ein durchdringender Blick; eine weiche Seele, die alle Eindrücke annimmt, welche die beobachteten Gegenstände auf sie machen; eine lebhafte Vorstellung von der Möglichkeit, sich zu irren, die zur Behutsamkeit und Wiederholung der angestellten Versuche leitet (Trapp 1977 [1780], S. 63 f.).

Diese Überlegungen stammen von Ernst Christian Trapp, der 1779 die erste Professur für Pädagogik in Deutschland an der Universität Halle übernahm und das Ziel verfolgte, die Pädagogik auf eine empirisch-wissenschaftliche Grundlage zu stellen. Hierbei wies er der systematischen Beobachtung und Beschreibung pädagogischer Situationen eine wichtige Rolle auch beim Aufbau eines pädagogischen Erfahrungs- und Handlungswissens zu (vgl. Schmid et al. 2003). Das obige Zitat verweist auf zwei wichtige Aspekte des pädagogischen Beobachtens, denen wir in diesem Beitrag nachgehen möchten: Erstens wird das Beobachten weniger als Methode, sondern – so ließe sich in heutigen Begrifflichkeiten formulieren – als eine *offene, forschende Grundhaltung* beschrieben. Kennzeichnend für diese Beobachterhaltung ist ein reflexiver Zugang zu den eigenen Werthaltungen und Normen, die die Wahrnehmung und Deutung pädagogischer Situationen beeinflussen, ein „durchdringender Blick" auf bedeutsame pädagogische Situationen, Offenheit und Sensibilität für Wahrnehmungen und Eindrücke sowie das Wissen um den stets hypothetischen Charakter von immer wieder zu überprüfenden Deutungen und Interpretationen. Zweitens stellen Beobachten, Deuten und daraus abgeleitetes Handeln einen *fortlaufenden Prozess* dar. Das Zusammenspiel von Beobachten und Handeln gestaltet sich nicht als ein einmaliger, linearer Akt, in welchem Beobachtungen vorgelagert sind, aus denen dann klare Anweisungen für pädagogisches Handeln abgeleitet werden können. Vielmehr müssen die aus den Beobachtungen und Deutungen abgeleiteten Handlungen in der pädagogischen Praxis „behutsam" und „wiederholt" in Hinblick auf ihre Wirkungen beobachtet werden, um ein vertieftes Verständnis gewinnen und weitere pädagogische Schritte planen zu können.

Im Folgenden wollen wir die von Trapp beschriebene *Beobachterhaltung* und das *Zusammenspiel von Beobachten und Handeln* genauer beleuchten und dabei der Frage nachgehen, welche Bedeutung den Beobachtungen für das weitere Handeln zukommt und wie solche zirkulären Prozesse des pädagogischen Beobachtens, Beschreibens, Deutens und Handelns ablaufen. Hierfür werden wir zunächst unterschiedliche Ansätze der Lehrerforschung sichten (Abschn. 16.2), bevor wir dann den Einzelfall einer Grundschullehrerin nachzeichnen, in dem es um ihren beobachtenden Blick auf einen „auffälligen" Schüler und die Bearbeitung dieser pädagogischen Problemsituation geht (Abschn. 16.3). Konsequenzen, die sich aus den gewonnenen Einsichten am Fall für die Lehrerbildung ergeben, werden abschließend skizziert (Abschn. 16.4).

16.2 Vom Beobachten zum Handeln im Lehrerberuf – ein Blick in verschiedene Lehrerforschungsansätze

Bei der Sichtung verschiedener Ansätze der Lehrerforschung (vgl. als Überblick Terhart et al. 2011) fällt auf, dass dem Beobachten als Bestandteil des Lehrerhandelns im schulischen Alltag kein zentraler Stellenwert eingeräumt wird. In professionstheoretischen Beiträgen, der Expertiseforschung oder auch Ansätzen zur Lehrerkompetenz lassen sich jedoch einzelne Aspekte, Hinweise und Zusammenhänge finden, die uns für die Bedeutung des Beobachtens und für den Zusammenhang von Beobachten und Lehrerhandeln wichtig erscheinen.

Ein Kennzeichen des Lehrerberufs ist es – und hier sind sich die genannten Ansätze der Lehrerforschung weitgehend einig –, dass Lehrerhandeln *nicht standardisierbar* und *nicht technologisch steuerbar* ist. Denn pädagogisches Handeln beruht auf komplexen Interaktionen und Bedeutungsaushandlungen zwischen Lehrer und Schülern[1] und kann daher nicht einfach aus wissenschaftlichem Wissen abgeleitet oder in Form von zu befolgenden Regeln eindeutig vorgegeben werden, sondern ist „unter Berücksichtigung der jeweiligen Umstände des Einzelfalls und der jeweiligen Situation ausdeutungs- und konkretisierungsbedürftig" (Baumert und Kunter 2006, S. 476; vgl. Helsper 2004). Lehrerhandeln ist ferner durch *Unwägbarkeiten, Ungewissheiten* und *Erfolgsunsicherheit* gekennzeichnet. Denn individuelle Bildungs- und Lernprozesse sind immer auf die aktive Mitwirkung der Schüler selbst angewiesen, so dass Lehrerhandeln in seinen Wirkungen nicht zuverlässig vorhersehbar und Lehrer den Erfolg ihrer Bemühungen nicht zusichern können (vgl. Baumert und Kunter 2006; Helsper 2003). Diese Offenheit der Bewährung professionellen Lehrerhandelns setzt die selbst- und fremdbezogene Beobachtung und Deutung voraus, um aus diesen Erkenntnissen wiederum neue Impulse für die Gestaltung weiterer Lern- und Entwicklungsmöglichkeiten zu entwerfen.

Auf die daraus resultierende *Handlungsdynamik* hat insbesondere Combe (1997) aufmerksam gemacht. Im Vergleich mit dem Mythos des „Sisyphos" beschreibt er das Lehrerhandeln als ein *zyklisches Modell* von Phasen der Planung und Entschei-

---

[1] Im Folgenden werden wir mit Blick auf die bessere Lesbarkeit des Textes nur die männliche Form verwenden. Selbstverständlich beziehen sich die Angaben auf Angehörige beider Geschlechter.

dung, Vermittlung und Bedeutungsaushandlung in der Interaktion mit den Schülern, Rückschau und Ergebnissicherung sowie des begründeten Weiterhandelns. In diese Ablaufdynamik des Lehrerhandelns ist das permanente Zusammenspiel von Beobachten und Handeln eingelassen. Aus Sicht professionstheoretischer Ansätze ist zudem professionelles Lehrerhandeln durch *prekäre Vermittlungsleistungen* zwischen verschiedenen, vielfach widersprüchlichen Handlungsanforderungen bestimmt (vgl. Helsper et al. 2000). So muss der Lehrer einerseits auf theoretische Wissensbestände zurückgreifen, um sein pädagogisches Handeln legitimieren und begründen zu können, andererseits steht er im Unterricht ständig unter hohem Handlungsdruck und muss fall- bzw. situationsspezifisch entscheiden. Auch die für den Prozess des Fallverstehens erforderlichen Beobachtungen und Deutungen durch Lehrer bewegen sich im Spannungsfeld zwischen notwendigen Kategorisierungen und subsumtiver Einordnung des pädagogischen Geschehens einerseits und dem deutenden Verstehen des Falls andererseits. Die Fähigkeit des Fallverstehens setzt wiederum eine *offene, forschende, fragende Haltung* voraus, um das Spezifische und Konkrete hermeneutisch-rekonstruktiv erschließen zu können (vgl. Helsper 2011). Professionelles Lehrerhandeln zeichnet sich vor diesem Hintergrund also durch die Fähigkeit aus, die Besonderheit des individuellen Falls aufzuschlüsseln und mit theoretischen Wissensbeständen und verallgemeinerten Erklärungsmustern zu vermitteln, die allerdings auf ihre Fallangemessenheit hin überprüft, revidiert und ausgelegt werden müssen, was wiederum Beobachtungen voraussetzt.

Forschungsansätze zur Lehrerexpertise (vgl. Krauss 2011), die den Blick auf die kognitiven Strukturen des Lehrerhandelns richten, befassen sich mit der Frage, über welche Wissensbestände und Fähigkeiten Lehrexperten gegenüber Berufsanfängern verfügen und in welchem *Verhältnis Wissen und Können* zueinander stehen. Experten zeichnen sich erstens durch eine kategoriale, umfassendere und systematisierende Wahrnehmung des Unterrichtsgeschehens aus, während Anfänger eher Details beobachten und beschreiben. Diese Unterschiede in der Wahrnehmung von Unterrichtssituationen, also wie diese beobachtet und interpretiert werden, verweisen auf qualitativ unterscheidbare Stufen der Beobachtungs- und Wahrnehmungskompetenz (vgl. Bromme und Haag 2008). Zweitens zeigt sich, dass sich Lehrexperten neben theoretisch-formalem, also fachlichem, fachdidaktischem und pädagogischem Wissen, auf *praktisches Wissen und Können* stützen. Dieses Wissen ist in spezifische Kontexte eingebettet, auf konkrete Problemstellungen bezogen und vielfach an Einzelfälle, Episoden und Skripts gebunden, also erfahrungsbasiert. Als implizites Wissen ermöglicht es intuitiv, Ähnlichkeiten zwischen neuen und früher erlebten Situationen zu erkennen, in der Handlungssituation komplexe Schemata, welche Beobachtung, Interpretation und Handeln in Muster verbinden, anzuwenden und routiniert, aber dennoch situationsangemessen zu handeln (vgl.

Baumert und Kunter 2006; Combe und Kolbe 2008). Allerdings reicht Erfahrung für sich nicht aus und stellt noch kein professionelles Können dar, vielmehr bedarf es hierfür der Rekonstruktion und einer reflexiven Haltung gegenüber den eigenen Erfahrungen bzw. dem eigenen Erfahrungswissen und Können durch den Lehrer (vgl. Kolbe 2004; Neuweg 2004). Hier zeigen sich wiederum Anschlüsse an professionstheoretische Ansätze, die eine *reflexive Haltung* gegenüber der eigenen Berufstätigkeit als Kern der Professionalität betonen (vgl. Reh 2004), die in der beruflichen Sozialisation eingeübt und als Habitusformation stabilisiert werden muss (vgl. Oevermann 1996; Bastian und Helsper 2000). Damit wird Lehrerprofessionalität „als prinzipiell unabschließbares Wechselspiel von Erfahrung und Reflexion" (Neuweg 2004, S. 17) konzipiert, in welchem Beobachten, Analysieren, Evaluieren, Bewerten und gegebenenfalls Verändern der eigenen Handlungspraxis auf Dauer angelegt sind.

Schließlich finden sich auch in kompetenzorientierten Ansätzen zu Lehrerprofessionalität Hinweise zur Bedeutung des Beobachtens, insbesondere im Kontext der Diskussion um diagnostische Kompetenzen von Lehrern (vgl. Helmke 2007). Kompetenzen werden als erlernbare kontextspezifische Leistungsdispositionen bestimmt, die Wissen und Können zur Handlungsfähigkeit verknüpfen (vgl. Klieme 2004). Als Maßstab für den Ausprägungsgrad von Kompetenzen werden Standards herangezogen, die z. B. für die Lehrerbildung von der KMK formuliert wurden. Hier wird im „Kompetenzbereich Beurteilen" von Lehrkräften die Fähigkeit gefordert, im pädagogischen Alltag Lernvoraussetzungen und Lernprozesse diagnostizieren, gezielt fördern und Lernende und Eltern beraten zu können (vgl. KMK 2004, S. 11).[2] Diagnostische Kompetenz mit dem Ziel der individuellen Förderung umfasst die Fähigkeiten, Voraussetzungen und Bedingungen planmäßiger Lehr- und Lernprozesse systematisch und methodisch kontrolliert zu ermitteln, individuelle Lernausgangslagen zu bestimmen, Lernprozesse und -ergebnisse zu analysieren, Schwächen und Stärken zu erkennen, entsprechende Lernziele zu formulieren, deren Umsetzung passfähig zu planen und schließlich die jeweiligen Lernprozesse beratend zu unterstützen und Lernentwicklungsfortschritte zu beurteilen (vgl. Ingenkamp und Lissmann 2008). Hierfür sind Lehrer auch auf zielgerichtete, theoriegeleitete, reflexive und systematische und methodische Erhebungsprozesse angewiesen. Zu diesen zählen u. a. Tests, Fragebögen oder auch die Beobachtung (vgl. Schrader 2001), der im Kontext der Pädagogischen Diagnostik als unentbehrliche Grundlage ein zentraler Stellenwert zukommt. Dabei werden die diagnostischen Schritte des Be-

[2] Allerdings findet die pädagogische Diagnostik, die noch immer als vorrangiges Feld der Sonderpädagogik und Schulpsychologie gilt, erst allmählich Einzug in die allgemeinbildenden Schulen (vgl. Horstkemper 2004).

obachtens, des Beschreibens, der Hypothesenbildung, des Beurteilens und der Intervention in einem zirkulären Verhältnis zueinander gesehen (vgl. Kautter 1998; Eberwein 1998; Werning 2009; Hesse und Latzko 2009).

Diese kursorische Betrachtung der Kernstruktur des Lehrerhandelns, der Handlungsanforderungen im Lehrerberuf sowie der hierfür nötigen Fähigkeiten, Kompetenzen bzw. der Wissens- und Könnensbasis zeigt, dass man den von Trapp genannten Aspekten des Beobachtens auch in aktuellen Ansätzen der Lehrerforschung begegnet: Beobachten wird als grundlegende Komponente einer forschenden, reflexiven Haltung gegenüber der eigenen Handlungspraxis konzipiert. Beobachtungen sind ein wichtiger Schritt vor pädagogischen Interventionen und sie sind in die iterativen Prozesse sowohl der Reflexion des eigenen Handelns als auch der fallverstehenden Deutung pädagogischen Geschehens eingelassen. Der reflektierte Aufbau eines erfahrungsgestützten praktischen Handlungswissens ermöglicht es, in pädagogischen Situationen auf Konzepte, also typisierend verallgemeinerte Aktivitätsformen, zurückzugreifen, in denen die Wahrnehmung von Situationen mit Handlungsoptionen gekoppelt ist.

Im Folgenden werden diese Aspekte an einem konkreten Fall illustriert. Es geht um den beobachtenden Blick der im Mittelpunkt stehenden Grundschullehrerin Frau Mantel[3] auf den „auffälligen" Schüler Pascal. Aufgezeigt wird, wie Beobachtungs- und Handlungsmuster der Lehrerin zusammenhängen, in welche Abläufe sie eingebettet sind und welche Erfahrungs- und Veränderungsprozesse sich während der Bearbeitung dieser pädagogischen Problemsituation abzeichnen. Zunächst soll kurz in den Kontext eingeführt und ein Überblick über den komplexen Bearbeitungsprozess gegeben werden.

16.3 Der beobachtende Blick einer Grundschullehrerin – Veränderungen bei der Bearbeitung einer pädagogischen Problemsituation

16.3.1 Der Fall in seinen kontextuellen Bezügen

Die junge Klassenlehrerin Frau Mantel, die bisher noch nicht im Anfangsunterricht tätig war, wird in ihrer ersten Klasse an einer hessischen Grundschule von Beginn an mit auffälligen Verhaltensweisen von Pascal konfrontiert. Zudem soll sie zu dem Elternwunsch, Pascal die erste Klasse überspringen zu lassen, Stellung

[3] Alle Namen wurden anonymisiert.

nehmen und eine Entscheidung treffen. Nach einigen Wochen beantragt Frau Mantel beim zuständigen regionalen Beratungs- und Förderzentrum (BFZ)[4] für diesen Fall Beratung und Unterstützung. Ein halbes Jahr wird Frau Mantel nun von der BFZ-Lehrkraft Frau Peters begleitet, die mit Pascal verschiedene förderdiagnostische Verfahren durchführt und Frau Mantel bei der Planung und Einleitung einer gezielten individuellen Förderung unterstützt. Im Rahmen der fallspezifischen Beratung werden Gespräche mit den Eltern geführt, mit Fachlehrern, mit Pascals Lehrerin der Vorklasse, mit Pädagogen und Therapeuten der außerschulischen Förderung sowie mit dem Schulsozialarbeiter. Da auch eine aktenkundige Aufmerksamkeitsstörung (ADHS) sowie eine mögliche autistische Störung abgeklärt werden sollen, sind ferner Mitarbeiter der Dezentralen Erziehungshilfe, der Erziehungsberatungsstelle sowie Ärzte und Psychologen einbezogen. Ziel ist es, Pascal mit seinem spezifischen Verhalten zu verstehen und Lösungswege und angemessene Fördermöglichkeiten für das Kind zusammenzustellen.

Die Fallbearbeitung wurde kontinuierlich und umfangreich dokumentiert, so dass für die Analyse verschiedene Dokumente und Datenmaterialien vorliegen: das ausgefüllte Antragsformular beim BFZ, Beobachtungsnotizen und -bögen der Grundschullehrerin, Transkriptionen des ersten Beratungs- und des Abschlussgesprächs zwischen der Grundschul- und der BFZ-Lehrerin, (Ergebnis-)Protokolle von Gesprächen und Konferenzen sowie die E-Mail-Korrespondenz zwischen der Grundschullehrerin und der BFZ-Lehrkraft. Entlang der Chronologie des Datenmaterials wurden zunächst Beobachtungs- und Handlungsmuster der Lehrerin Frau Mantel sequenzanalytisch rekonstruiert und das jeweilige Ineinandergreifen von Beobachten und Handeln analysiert. In einem weiteren Schritt haben wir dann untersucht, wie sich der beobachtende Blick der Lehrerin im Laufe der Fallbearbeitung verändert und wie verschiedene Stufen einer zunehmend strukturierten und fragegeleiteten Beobachtungshaltung entstehen.

[4] Sonderpädagogische Beratungs- und Förderzentren (BFZ) sind ein Angebot im vorbeugenden schulischen Bereich. In Hessen werden sie seit Beginn der 1990er-Jahre an Sonder- bzw. Förderschulen errichtet, um Schüler mit Schwierigkeiten und spezifischen Beeinträchtigungen an Regelschulen zu fördern und um deren Eltern und Lehrer zu beraten und zu unterstützen (vgl. Richtlinien über die Arbeit der sonderpädagogischen Beratungs- und Förderzentren 2006).

16.3.2 Rekonstruktion von Veränderungen im beobachtenden Blick und in den Handlungsmustern der Grundschullehrerin Frau Mantel

a) Diffuses Beobachten und reagierender Aktionismus Für den Einstieg wählen wir Frau Mantels Antrag auf Beratung. Als Beratungsanlass formuliert sie:

> In meiner Kl. gibt es einen Schüler, der fast permanent durch verschiedene Geräusche den Unterricht intensiv stört. Ich hätte gern produktive Vorschläge, wie man am besten mit so einem Schüler umgehen soll, ihm helfen soll/kann.

Bereits hier deutet sich eine für den Fall zunächst typische Figur der versachlichenden Eingrenzung und der Verkürzung des zu behandelnden Problems an. Die Problematik wird von Frau Mantel auf die fast permanente und intensive Störung des Unterrichts durch *„verschiedene Geräusche"* eines Schülers eingegrenzt. Sie formuliert als Erwartung, *„produktive Vorschläge"* vom Expertensystem BFZ zu bekommen, durch die sie – so ließe sich fortführen – in die Lage versetzt wird, die durch den Schüler verursachten und den Unterricht störenden Geräusche abzustellen. Die Vorschläge sollen zudem fallübergreifenden (Rezept-)Charakter haben, denn Frau Mantel möchte wissen, *„wie man (…) mit so einem Schüler umgehen soll"*. Sie geht folglich davon aus, dass die Experten des BFZs über ein anzuwendendes, quasi-technisches Wissen im Sinne von „Wenn-Dann"-Regeln verfügen, welches sie für ihren Fall adaptierend nutzen kann. Auf Vorschlag der BFZ-Lehrerin hin, Pascals Verhalten zunächst gezielt zu beobachten und zu beschreiben, notiert sie:

> Pascal fängt schon um 8.30 Uhr mit dem Loslassen von verschiedenen Geräuschen im Unterricht an. Was so neu ist, in den ersten Wochen ging das Geräuschelassen erst in der 3. oder 4. Stunde vorsichtig los. Meist imitiert er irgendwelche Fahrzeuge oder lässt einfach laut die Luft raus. […] In der 3./4. Stunde wird die Geräuschlautstärke immer intensiver. Pascal klopft nun permanent mit dem Stift auf den Tisch und rülpst und macht dazu „toilettenähnliche Geräusche", kippelt mit dem Stuhl etc.

Die unsystematische Dokumentation lässt Rückschlüsse auf ihre Beobachtungsweise zu, die entsprechend der alltäglichen Beobachtung eher beiläufig und unreflektiert erfolgt. Der Text vermeidet zwar vorschnelle Kategorisierungen und Klassifizierungen des Schülerverhaltens und einzelne Beobachtungen des Verhaltens von Pascal werden auch recht präzise beschrieben (die Lehrerin bleibt also nicht bei der Beschreibung „Pascal stört" stehen), doch fokussieren die Beobachtungen lediglich seine Handlungsverstöße, ohne diese situativ in den unterrichtlichen Verlauf einzubetten. Zudem bieten sie kaum Anhaltspunkte, um sich seinem Handeln verstehend zu nähern. Die Beschreibung der *„Geräusche"* – auffallend sind eigene

Wortschöpfungen („*Geräuschelassen*") – verweist auf die Unsicherheit der Lehrerin auf der Ebene des Beschreibens, aber auch auf der Ebene des handelnden, reagierenden Umgangs mit ihnen. Die Geräusche scheinen zum Teil kaum beschreibbar („*„toilettenähnliche Geräusche*""), aber auch unberechenbar zu sein: sie werden von Pascal „losgelassen", brechen aus ihm hervor und erscheinen nicht kontrollierbar. Ihre Reaktionen darauf beschreibt Frau Mantel wie folgt:

> [...] Meine Striche an der Tafel scheinen ihm nichts auszumachen bzw. wirken sich nicht auf sein Verhalten aus. Ein Auffordern zum „Leise-Sein" ist wirkungslos, auch das Anfassen an der Hand/Hand auf der Schulter zur Beruhigung sind effektlos. Ein Auffordern zum HA-Heft rausrücken (Notiz an die Eltern) bringt den Pascal für 10 Min. zur Ruhe.

Es fällt auf, dass sich hier die Figur der versachlichenden Eingrenzung und Verkürzung fortsetzt. Der dominierende Nominalstil („*das Anfassen*", „*Ein Auffordern*") erzeugt eine vermeintlich objektive Darstellung. Die Lehrerin tritt dadurch als handelnde Akteurin in den Hintergrund, was sich auch in den wenigen (selbst)reflexiven Anteilen zeigt. Auf die Störungen reagiert Frau Mantel nach dem Muster der unmittelbaren Intervention, d. h. sie beobachtet Pascals Störungen und reagiert auf diese ad hoc und situativ mit unterschiedlichen (pädagogischen) Maßnahmen und Sanktionen, um die Geräusche zu unterbinden und mit dem Unterricht ungestört fortfahren zu können. Im Anschluss beschreibt Frau Mantel knapp die Folgen ihrer Intervention und evaluiert deren Wirksamkeit. Der reagierende Aktionismus erweist sich jedoch als „*wirkungslos*" und „*effektlos*" und die rasche Abfolge ihrer Interventionen erzeugt einen resignativen Eindruck. In der Erwartungshaltung der Lehrerin, dass ihre Maßnahmen greifen, sie die Auswirkungen ihre Handlungen sofort beobachten und in Hinblick auf deren Wirksamkeit prüfen kann, zeigt sich erneut die verkürzende Vorstellung, zur Lösung pädagogischer Herausforderungen einfache „Wenn-Dann"-Regeln anwenden zu können. Ein Zugang zu Deutungen über die Ursachen des problematischen Verhaltens von Pascal, worauf sich weiterführende Überlegungen zu möglichen pädagogischen Maßnahmen stützen könnten, dokumentiert sich in der Beobachtungsnotiz noch nicht.

b) Vom Beobachten zu ersten Deutungsversuchen Angesichts der Wirkungslosigkeit ihrer pädagogischen Interventionen bittet Frau Mantel die zuständige BFZ-Lehrerin, die inzwischen zweimal im Unterricht hospitiert hat, um ein beratendes Gespräch. Ziel des Gesprächs ist, sich über die jeweiligen Sichtweisen auf den Fall Pascal auszutauschen, gemeinsam mögliche Deutungen zu entwickeln bzw. vorhandene abzugleichen sowie Schritte für das weitere Vorgehen zu erörtern. Auf die Bitte, den Schüler Pascal zu beschreiben, antwortet Frau Mantel:

> Oh, da hab ich schon so meine Schwierigkeiten @. Ehm, auf jeden Fall ist er ganz besonders, was jetzt sein Verhalten angeht, was sein Sozialverhalten angeht und auch so seine Art und Weise (2) ehm er scheint mir, ehm, aufmerksamkeitsfordernd zu sein, also schon sehr aufmerksam auf Aufmerksamkeit bedacht. Ehm, ich kann überhaupt noch nicht einschätzen wieso, weshalb, warum diese ganzen Geräusche kommen, ob er das kontrollieren kann oder ob das jetzt unbewusst abläuft, kann ich für mich noch gar nicht so irgendwie erkennen. Ehm, er, ehm, scheint ein Einzelgänger zu sein bis jetzt zumindest. Ehm, hat es schwer Freundschaften zu knüpfen auf Kinder zuzugehen, scheint irgendwie etwas reifer zu sein von seinem Benehmen her.

Die Beschreibung des Kindes wird durch den Verweis auf die eigenen Schwierigkeiten, die vielfältigen Beobachtungen zu versprachlichen und Pascal zu beschreiben, gerahmt. Frau Mantel führt Pascal als *„ganz besonders"* ein, womit sie die Singularität des Falls, aber auch die Eigenart und Fremdheit seines Verhaltens hervorhebt. Wiederholt verwendet Frau Mantel das modifizierende Verb „scheinen". Mit der Bindung der Beobachtungen und Deutungen an ihre Person und Perspektive markiert sie deutlich die Vorläufigkeit ihrer bisherigen Beobachtungen und Deutungen – *„er scheint mir"*, es könnte aber eben auch anders sein. Dabei wird nicht hinreichend zwischen Beschreibung einerseits und Deutung, Hypothesenbildung und Beurteilung andererseits getrennt. Frau Mantel kann aus diesen ersten Eindrücken noch keine Erklärungsansätze bzw. Handlungsoptionen folgern, wie sie in ihren selbstreflexiven Kommentaren deutlich hervorhebt: sie kann *„überhaupt noch nicht einschätzen wieso, weshalb, warum diese ganzen Geräusche kommen"* und *„noch nicht erkennen"*, ob Pascals Verhalten bewusst und absichtlich oder unbewusst und unkontrolliert geäußert wird.

c) Mehrperspektivität, Entlastungsmomente und Ansätze einer forschenden Beobachterhaltung Frau Mantel sucht im weiteren Verlauf wiederholt das Gespräch mit Kollegen und mit Pascals Eltern. Dadurch kann sie zum einen den Fall aus unterschiedlichen Perspektiven betrachten, ihre Deutungen prüfen und neue Interpretationen entwickeln. Zum anderen erhält sie für das Verstehen wichtige Hintergrundinformationen. Die Eltern führen das Verhalten ihres Sohnes auf eine schulische Unterforderung zurück und plädieren für das Überspringen der 1. Klasse. Da aber Frau Mantel bisher noch nicht im Anfangsunterricht tätig war, fällt es ihr schwer, hier kompetent zu entscheiden. In Gesprächen mit Kollegen, die Pascal in der Vorklasse unterrichtet haben, erfährt sie, dass die Verhaltensauffälligkeiten bei Pascal bereits im Kindergarten und in der Vorklasse aufgetreten sind und dass diese spezifischen Auffälligkeiten vor Jahren auch bei Pascals älterer Schwester beobachtet und deren Ursachen im familialen Umfeld vermutet wurden. Diese Beobachtungen und Deutungen gibt Frau Mantel im Gespräch wieder, ohne sie vorschnell zu bewerten, einfach zu adaptieren oder zu verwerfen, und kann dadurch ihren eigenen Deutungshorizont deutlich erweitern:

> Ehm, jetzt kommen so die Backgroundinfos, was ich so alles von der Familie mitbekommen habe. Und zwar, die Eltern, vor allem die Mutter ist überzeugt, dass er hochbegabt wäre. Deswegen gebe ich ihm manchmal so differenziertes Material, weil das Elternhaus, da ist die These, dass Pascal einfach unterfordert ist und deswegen dann so reagiert. (…) Ich tausche mich auch mit Kollegen aus, die jetzt so ne zweite Klasse haben und ja, versuche mir da so nen bisschen Hilfe zu holen bzw. auch deren Meinung.

Im Gespräch mit Frau Peters erfährt Frau Mantel zudem in mehrfacher Hinsicht Entlastung. Sie sieht sich durch die Beobachtungen und Ausführungen der BFZ-Lehrerin in ihrer Wahrnehmung und Einschätzung von Pascals Verhalten bestätigt:

> Ja, und ehm Einiges hat sich auch bestätigt, dass man jetzt nicht sofort irgendwie eh sagen kann, ob er jetzt unterfordert oder überfordert ist, dass man da ganz genau hingucken muss, ehm finde ich genauso, also es deckt sich.

Der gemeinsame Austauschprozess eröffnet ihr zudem Einsicht in das systematisch beobachtende, diagnostische Vorgehen der BFZ-Lehrkraft. Sie erfährt durch deren offene Fragehaltung, dass das suchende Fragen ein wichtiger Schritt im Prozess des Fallverstehens ist. Die damit verbundene Unsicherheit und das Nicht-Wissen müssen allerdings „ausgehalten" und produktiv genutzt werden. Entlastend für Frau Mantel ist ferner, dass sie sich auf Beobachtungen und Einschätzungen von Kollegen und der BFZ-Mitarbeiterin beziehen und damit ihre eigene Autorität gegenüber den Eltern stärken kann. Gleichzeitig zeigt ihre selbstreflexive Vermutung (*„ich glaub, da muss ich ne Menge Vorarbeit leisten, muss ich mir noch mal Gedanken machen"*), dass sie die Elternarbeit im Rahmen der anstehenden Fallbearbeitung als einen arbeitsintensiven Prozess erkennt – entgegen ihrer anfänglichen Erwartung nach unmittelbarer Problemlösung. Zudem wird ihr von Frau Peters aufzeigt, dass die Entscheidung hinsichtlich des Elternwunsches nicht ad hoc getroffen werden kann, sondern die Hypothese der Unterforderung von Pascal umfassend in einem längeren Prozess überprüft werden muss. Dieser Überprüfungs- und Entscheidungsprozess ist insgesamt auf interprofessionelle Kooperation angewiesen: zum einen wegen des vermerkten ADHS und zum anderen wegen der zu überprüfenden Vermutung einer Autismus-Form.

In der Zusammenarbeit mit Frau Peters erhält Frau Mantel Anregungen für einen neu ausgerichteten Beobachtungsfokus. Sie beginnt, eine forschende Beobachterhaltung einzunehmen:

> Ja, und ehm, ich bin jetzt einfach am Beobachten, auch am Gucken, was sind so seine Fähigkeiten, aber wie gesagt, dass fällt mir schwer da wirklich so eine Entscheidung zu treffen.

In dieser Konklusion einer längeren Erzählpassage gesteht Frau Mantel ihre Schwierigkeit ein, die erforderliche pädagogische Entscheidung für eine frühzeitige Versetzung in die zweite Klasse zu treffen, doch sie beginnt, eigene weitere Beobachtungsaufgaben zu formulieren, so z. B. stärker auf Pascals Stärken zu achten, sich genauer über die Entwicklungs- und Bildungsgeschichte des Kindes zu informieren und das Gespräch mit den Eltern zu suchen: *„Ja, ich überlege, ob ich da irgendwie genauere Informationen bekommen könnte. Da kann ich noch mal ein bisschen nachforschen.“*

d) Systematische Beobachtungsdokumentation und fallverstehende Annäherung Auf Vorschlag der BFZ-Lehrerin, Pascals Verhalten über einen längeren Zeitraum und regelmäßig zu dokumentieren, füllt Frau Mantel einen Verhaltensbeobachtungsbogen aus. Dieser soll dem Fallverstehen, der Förderplanung und einer eventuellen Beantragung weiterer Unterstützungsmaßnahmen[5] dienen. Frau Mantel trägt in den folgenden vier Wochen täglich ihre Beobachtungen in die Spalten Datum/Verhalten/Maßnahme/Bemerkungen ein. In ihren Eintragungen dokumentiert sich zunächst das verkürzte *Reiz-Reaktions-Schema* von Störung, Sanktion und Evaluation:

> 04.11.2010/Macht eine Sirene nach. Stört seinen Sitznachbarn durch Rumpendeln/Verwarnung + gelber Smiley + HA-Heft Notiz/Für 10 Min Ruhe.

Ansätze für konkrete Fördermöglichkeiten, die z. B. an den Stärken des Kindes ansetzen, bietet ihr diese Dokumentation, wie Frau Mantel im Abschlussgespräch mit Frau Peters selbst erkennt, jedoch nicht: *„aber ich weiß schon, das bringt mich nicht viel weiter, wenn ich das so fortführe.“* Die Anregung von Frau Peters, auch positive Verhaltensweisen und die Stärken von Pascal zu notieren und bei den Beobachtungen auch Zeitintervalle zu erfassen, greift Frau Mantel in ihren folgenden Notizen auf, die dadurch deutlich an Umfang und Aussagekraft gewinnen.

Nach einem halben Jahr erklärt Frau Mantel im Abschlussgespräch rückblickend, dass *„das Protokollieren“* zwar sehr aufwändig und ihr zunächst schwer gefallen sei, dass es aber auch erkenntnisgenerierend war:

> Wo ich es dann geschrieben habe, konnte ich so aus der Außenperspektive noch mal einiges reflektieren und noch mal für mich so ein bisschen objektiver, so ein bisschen

[5] Angedacht werden die Beantragung einer Assistenz und/oder die Förderung durch die dezentrale Erziehungshilfe.

> von oben herab, betrachten. Also für eine Zeit, für drei vier Wochen fand' ich es ganz nützlich [...] dass ich da auch mal so zwei drei Wochen jede Stunde gezielt beobachte und gucke, was sind da vielleicht für Muster, entdecke ich da irgendwas.

Die kontinuierliche Verhaltensdokumentation ermöglicht Frau Mantel eine methodische und zeitliche Distanznahme zum Fall Pascal. Sie kann den Fall „als Ganzes" betrachten und sich ihm fragend und analysierend nähern mit dem Ziel, *„Muster"* zu erkennen und neue Erkenntnisse zu gewinnen: *„kann ich da was für mich entdecken, ist das wirklich so klassisch, wiederholt sich das oder gibt es da Veränderungen, die mir noch gar nicht bewusst waren?"* In dieser Suche nach Mustern, Strukturen, Veränderungen und Zusammenhängen zeigt sich eine verstehende Annäherung an den Fall. Es gilt einen Zugang zur Sinnhaftigkeit der von Pascal erzeugten Geräusche und zu den möglichen Ursachen des beobachteten Verhaltens zu finden und sein Verhalten zu verstehen, um unterstützende Maßnahmen entwickeln und fallangemessen handeln zu können. Diese offene, fragende und fallverstehende Haltung gegenüber dem Fall Pascal dokumentiert sich auch an anderer Stelle im Abschlussgespräch. So zeichnet Frau Mantel auf die Frage der BFZ-Lehrerin, wie sich der Fall aus ihrer Sicht im letzten halben Jahr entwickelt habe, den Prozess des Fallverstehens als Kette von Fragen nach:

> Was führt denn zu diesem Verhalten? Was ist das eigentlich? Ist das was Bewusstes? Ist das etwas, was vielleicht sogar auf psychische Probleme zurückzuführen ist? Wie sieht es zu Hause aus, wie sind die Eltern?

Diese Fragen waren für sie in der Entwicklung neuer Handlungsstrategien leitend und haben ihre Deutungs- und Handlungsspielräume wesentlich erweitert.

e) Habitualisierte Beobachtungshaltung und erfahrungsbasierte Handlungsstrategien Frau Mantel kommt zu Beginn des Abschlussgesprächs der Bitte der BFZ-Lehrerin, ihr den Fall so zu erzählen, als wäre sie eine fremde Kollegin, wie folgt nach:

> Es ist ein ganz besonderes Kind, ehm verhaltensauffällig ähm und zwar, das sind ganz besondere Verhaltensauffälligkeiten, die mir so noch nicht begegnet sind bis jetzt. Es ist jemand, der mit Phasen lebt, also mit unkontrollierten Phasen, die ehm schlecht einzuschätzen sind. Ehm, jemand, der unsicher ist. Ehm, und jemand, der auch viel Hilfe braucht. Es ist ein schlaues Kind, ein neugieriges Kind. Ehm, und auch jemand, der lange braucht bis er Vertrauen zu einem fasst oder bis er dann ganz offen und ehrlich mit einem reden kann. Ehm, braucht viel Unterstützung, viel Begleitung, vor allem im emotionalen Bereich ehm und da hat sich jetzt sehr viel getan in letzter Zeit.

Wie im Gespräch ein halbes Jahr zuvor führt Frau Mantel Pascal als *„ein ganz besonderes Kind"* ein. Sie konkretisiert, dass es sich um *„ganz besondere Verhaltens-*

auffälligkeiten, die mir so noch nicht begegnet sind bis jetzt", handelt. Im Gegensatz zu ihren damaligen vorsichtigen Beschreibungen, Einschätzungen und Einordnungen des Verhaltens präsentiert sie nun ihre Beobachtungen und Beschreibungen als sachliche Feststellungen in einer distanzierten, objektivierenden Sprache („*Es ist jemand, der ...*") und nimmt eine Reihe von Klassifizierungen vor („*verhaltensauffällig*", „*unsicher*", „*schlau*"). Die verschiedenen Zuschreibungen werden im weiteren Verlauf in Belegerzählungen an einzelne Szenen der pädagogischen Alltagspraxis rückgebunden, so dass der Konstruktionsprozess – also wie Frau Mantel zu diesen Einschätzungen gekommen ist – gegenüber anderen nachvollziehbar wird. Zum anderen dokumentiert sich in der Formulierung „*er braucht*", dass Frau Mantel inzwischen ein breiteres Erfahrungswissen im Rahmen der sechsmonatigen pädagogischen Beziehungspraxis zwischen ihr und dem Schüler aufgebaut und eine gewisse Sicherheit im Umgang mit ihm sowie fallorientierte Handlungskompetenzen gewonnen hat. Auch in ihrer Selbstbeobachtung und Selbstreflektion spiegeln sich diese erfahrungsbasierten Verstehens- und Handlungsmuster wider:

> Hm, ja, also ich bin viel sensibilisierter mittlerweile, also ich kann auch manchmal gut einschätzen, dass ich Pascal wirklich viel Sicherheit geben muss, damit er sich wohlfühlt, dass er einfach ganz oft die Rückmeldung braucht [...] Ich glaube, ich kann besser auf ihn zugehen. Ehm, und ich weiß jetzt auch, ehm, dass das überhaupt nicht persönlich gemeint ist. Am Anfang macht man sich schon so Gedanken, ist das jetzt irgendwie absichtlich, will er mich ärgern. Nein, überhaupt nicht.

Frau Mantel schreibt sich inzwischen eine Kontextsensitivität für die Wahrnehmung von Situationen und Bedürfnissen zu, die wiederum bestimmte Handlungsoptionen („*Sicherheit geben*", „*Rückmeldung*") nach sich ziehen. Zudem kann sie Pascals Verhalten als nicht persönlich gegen sie gerichtet sehen. Auch mit Blick auf die anderen Schüler spricht sie von einer veränderten Beobachtungs- und Wahrnehmungskompetenz und einer habitualisierten Beobachterhaltung, die es ihr ermöglicht, vorab pädagogische Herausforderungen und Schülerreaktionen zu antizipieren und ein entsprechendes Handlungsrepertoire abzurufen:

> Ich hab' ja die Kinder jetzt mittlerweile sehr gut kennengelernt und kann schon einschätzen, welche Situation für jemand schwierig werden kann oder aber auch bin einfach vorbereitet, es könnte passieren, dass ich die und die Reaktion bekomme.

Auf der Grundlage dieses bereits erworbenen Praxiswissens kann sich Frau Mantel nun auch auf Ungewissheiten des Lehrerhandelns einlassen, probierend handeln und auch Nichtgelingen aushalten. „*Manchmal klappts, manchmal nicht*", dass sie Pascal aus seinen Phasen herausholen kann. Sie resümiert, dass sich in ihrem professionellen Handeln Veränderungen durch ihre Praxiserfahrungen und durch das Eingeständnis von unwirksamen pädagogischen Entscheidungen ergeben haben:

> Erfahrung sammeln, einfach auch merken, dass bestimmte Dinge nicht fruchten, manchmal auch kontraproduktiv sind, (...) auch sich selbst zu verändern, um einfach auch grade weiter gehen zu können.

f) Ausblick – Zwischen „medikamentöser Falllösung" und institutionalisierter Beobachtung Der Fall Pascal hat zum Zeitpunkt des Abschlussgesprächs eine deutliche Wendung genommen, denn bei Pascal wurde inzwischen ADHS diagnostiziert und Eltern und Kind haben einer medikamentösen Behandlung zugestimmt.[6]

Frau Mantel hebt deutliche Veränderungen im Verhalten von Pascal hervor:

> Ich hab das gemerkt, weil der Pascal, der konnte sich leise, konzentriert, wirklich unauffällig verhalten. Er hat sich auch vorbildhaft benommen. Er hat sich gemeldet, hat aufgepasst. Also, ich war da wirklich ganz baff.

Frau Mantel präsentiert – möglicherweise noch sehr unter dem Eindruck der überraschenden Veränderung stehend – die medikamentöse Behandlung der ADHS als Schlüssel zur „Lösung des Falls" und als Entlastung: *„ich denke, ohne Medikamente wäre vielleicht dieser Fall nicht so leicht zu lösen, muss ich ganz ehrlich sagen."* Die Problematik der medikamentösen Behandlung der ADHS wird an dieser Stelle ausgeblendet und auch die eigenen pädagogischen Begleit- und Unterstützungsmaßnahmen werden nicht thematisiert. Allerdings formuliert Frau Mantel mit Blick auf das weitere Vorgehen im Fall Pascal einen deutlichen Beobachtungsauftrag:

> Ich denke, es wäre wichtig jetzt noch die nächsten Tage zu beobachten, wie konstant ist dieses kontrollierte Verhalten im Unterricht, ob es da noch so Auffälligkeiten gibt. Ansonsten, denke ich, fühle ich mich jetzt an so nem Punkt, wo ich richtig losstarten kann, losgehen kann.

---

[6] Bereits in der Vorklasse wurde auf Anraten der damaligen Lehrerin ein ADS/ADHS-Diagnose-Verfahren im Gespräch mit den Eltern thematisiert und von einem Kinderarzt durchgeführt. Eine medikamentöse Behandlung wurde zu der Zeit nicht eingeleitet. Da sich die Beziehung zwischen der Klassenlehrerin Frau Mantel und Pascals Eltern aufgrund der gehäuft auftretenden Störungsrückmeldungen angespannt gestaltete und die Zusammenarbeit erschwerte, wurde Frau Peters in den nächsten BFZ-Kontakten vermittelnd tätig und führte zunächst allein die Elterngespräche. In diesen wurden ein erneutes ADHS-Diagnose-Verfahren bei einem anderen Facharzt und eine eventuelle medikamentöse Einstellung angedacht und weitere Handlungsschritte für die nächste Zeit gemeinsam vereinbart. Die Eltern stimmten zu und vereinbarten erste Termine. Die weiteren Elterngespräche führte Frau Peters gemeinsam mit Frau Mantel.

Auf der unterrichtlichen Ebene hat Frau Mantel durch eine vierstündige Doppelbesetzung im Unterricht und durch ein wöchentliches Sozial- und Verhaltenstraining der ganzen Klasse, das einstündig von einer Kollegin durchgeführt wird, neue organisatorische Strukturen realisiert, um zeitweise selber hospitieren und handlungsentlastet die Beobachterrolle einnehmen zu können:

> [...] dann kann ich noch mal mit beobachten und mit hospitieren, hab' ich schon mal gemacht, war auch sehr spannend für mich. Und auch noch mal zu schauen, wie geht sie mit den Kindern um, wie reagieren sie auf diese andere Art und Weise, gibt's da Veränderungen oder doch nicht oder kommt da sogar was ganz Neues.

Gleichzeitig bieten diese Formen der Zusammenarbeit auch Potentiale für den kollegialen Austausch und eine kontinuierliche Reflexion über Unterricht, das Lernen der Schüler und pädagogisches Handeln. Offen bleiben muss an dieser Stelle, inwieweit Frau Mantel in diesem Lernprozess der praktischen Auseinandersetzung mit dem Fall Pascal und der Bearbeitung dieser beruflichen Schlüsselsituation ein praktisches Handlungswissen aufbauen kann, welches über den Fall hinausreicht und als „kasuistisches, reflexives Fallwissen" (Bastian und Helsper 2000, S. 182) bezeichnet werden kann, das das eigene erfahrungsnahe Praxiswissen mit theoretischem Erklärungswissen vermittelt.

16.3.3 Zur Entwicklung einer forschenden Beobachterhaltung – erschwerende und begünstigende Einflussfaktoren

Der vorliegende Fall zeigt, wie das Beobachten eingebunden ist in Prozesse des Deutens, des Bewertens, des Entscheidens und der (fall)verstehenden Annäherung. Deutlich wird, wie komplex Beobachten und Handeln zirkulär ineinander greifen und auch wie sich der beobachtende Blick aus einer Prozessperspektive verändert: Ausgehend von zunächst diffusen Beobachtungen in einer komplexen Anfangssituation reagiert die Grundschullehrerin zunächst unmittelbar mit einer Vielzahl an Interventionen, die jedoch weitgehend wirkungslos bleiben (a). Im interprofessionellen Austausch formuliert sie erste Deutungsansätze, markiert aber deutlich auch die Vorläufigkeit dieser Einschätzungen, aus denen sich noch keine Erklärungsansätze bzw. Handlungsoptionen folgern lassen (b). Der Austausch mit am Fall beteiligten Personen ermöglicht neben Entlastungsmomenten Mehrperspektivität und erweitert den Deutungshorizont. Parallel eröffnet die interprofessionelle Kooperation mit dem BFZ erweiterte Handlungsspielräume und unterstützt Entscheidungsprozesse sowie eine prozessorientierte, forschende Beobachtungshaltung (c). Die systematische Dokumentation zunehmend zielgerichteter Verhaltensbeobachtungen über einen längeren Zeitraum verhilft zur Distanzierung und unterstützt eine fallverstehende Annäherung an das Schülerverhalten (d). Nach der sechsmonatigen Fallbearbeitung zeigt sich eine offene, fragende und um Verstehen bemühte, habitualisierte Beobachtungshaltung. Auf der Grundlage des aufgebauten Erfahrungswissens können erprobte pädagogische Handlungsmuster abgerufen sowie Ungewissheiten besser ausgehalten, Misserfolge angenommen und daraus neue Fragestellungen und Veränderungen abgeleitet werden (e). Der Fall scheint zwar schließlich durch die ADHS-Diagnose und die medikamentöse Behandlung „gelöst", was die eigenen pädagogischen Anstrengungen relativiert, gleichzeitig aber zeigen sich ein weiterhin beobachtender Blick auf den Fall Pascal und institutionalisierte Formen der Beobachtung (f), so dass sich der vorliegende Fall insgesamt durchaus als Lern- und Entwicklungsprozess lesen lässt.

In diesem Prozess hin zu einer zunehmend strukturierten und fragegeleiteten Beobachtungshaltung, mit dem Ziel, auf individuelle Bedürfnisse verstehend antworten und Entwicklung begünstigen zu können, lassen sich sowohl erschwerende als auch begünstigende Momente erkennen. Das fehlende Erfahrungswissen der jungen Lehrerin im Anfangsunterricht kann zunächst als ein wesentliches Erschwernis gelten, da die Lehrerin noch keine Strategien und Selektionsfilter im Umgang mit der Vielzahl und Vielschichtigkeit an neuen Beobachtungen, Eindrücken und Handlungsanforderungen aufbauen konnte. Zudem verfügt sie über nur wenig Erfahrung mit Unterrichtsbeobachtung. Entsprechende Freiräume, die es ihr ermöglichen, in der Rolle der Beobachterin das Geschehen distanziert, zielgerichtet und unter einer bestimmten Fragestellung mit zu verfolgen, werden erst zum Abschluss aufgebaut. Als begünstigende Entwicklungsfaktoren zeigten sich insbesondere das Potential des kollegialen Austauschs und der interprofessionellen Beratung. Durch die wiederholte Versprachlichung des Falls und das Abgleichen der je eigenen Beobachtungen, Deutungen, Erklärungen und Maßnahmen können eigene Beobachtungsmuster reflektiert, der Deutungshorizont erweitert, pädagogische Handlungsmuster entwickelt und daraus wiederum neue Beobachtungsaufgaben und Hypothesen abgeleitet werden. Die abschließende Selbsteinschätzung der Lehrerin zeigt, dass sie durch die Begleitung des BFZ eine fragende Grundhaltung einüben konnte, in Methoden der Dokumentation und in das methodische Vorgehen pädagogischer Diagnostik eingeführt wurde und sie ihren anfangs auf Defizite und Störungen fokussierten Blick erweitern und auf die Stärken des Kindes ausrichten konnte. So resümiert Frau Mantel, dass die in den Beratungsgesprächen gestellten Fragen, sie „*zum Nachdenken auch angeregt (haben), genauer hinzuschauen, genauer zu beobachten.*"

16.4 Konsequenzen für die Lehrer(aus)bildung

Vor dem Hintergrund aktueller bildungspolitischer Forderungen nach inklusiver Beschulung stehen zukünftig alle Lehrkräfte vor der Herausforderung, sich auch mit besonderen Förderansprüchen auseinanderzusetzen und individuelles Lernen ihrer Schüler zu ermöglichen. Ein Beispiel dafür ist der Fall Pascal. Um diese Herausforderung kompetent auszufüllen, müssen sie über pädagogisch-diagnostische Kompetenzen und ein entsprechendes Methodenrepertoire verfügen, Gespräche mit Eltern, Kollegen sowie anderen Professionellen führen und vor allem das Lernen und Verhalten ihrer Schüler beobachten und dokumentieren. „Richtiges" Beobachten, ein „geübtes Auge" und ein „durchdringender Blick" im Sinne Trapps können erlernt werden, sind aber auf Schulung angewiesen.

Verschiedenen Autoren, die dem Ansatz einer kasuistischen Lehrerbildung folgen, verwiesen immer wieder darauf, dass für eine Veränderung von Wahrnehmungsstrukturen und für die kritische Reflexion des erfahrungsgestützten praktischen Handlungswissens die Auseinandersetzung mit Fällen relevant ist (vgl. Bastian und Helsper 2000; Reh 2004; Combe und Kolbe 2008). Hierfür bedarf es handlungsentlasteter Reflexionsräume und -zeiten und zwar sowohl während der Lehrerausbildung als auch im weiteren Verlauf der Berufsbiographie. In der 1. Phase der Lehrerausbildung wurden in den vergangenen Jahren an vielen Universitäten unterschiedliche Ansätze der Fallarbeit etabliert (vgl. Pietsch 2010). Dagegen fehlen in der schulischen Praxis institutionalisierte „Orte für kommunikative Reflexivität" (Reh 2004, S. 368). Gerade Berufsanfänger aber brauchen für die Bewältigung von Schwierigkeiten im realen Schulalltag handlungsentlastete Räume, um eine Entwicklung und kritische Überprüfung berufsbezogener Erfahrungsbestände anzuregen und zu gewährleisten. Neben Kooperationsformen, wie z. B. Teamarbeit, Jahrgangsteams oder kollegiale Fallberatung, bietet – wie im vorliegenden Fall – die *interprofessionelle Begegnung* in der Fallbearbeitung Anlässe, in professionelle Praktiken des Beobachtens, Deutens und Fallverstehens einsozialisiert zu werden und die eigene pädagogische Arbeit zu reflektieren (vgl. Fabel-Lamla und Thielen 2011).

Literaturverzeichnis

Bastian, J., & Helsper, W. (2000). Professionalisierung im Lehrerberuf – Bilanzierung und Perspektiven. In J. Bastian, W. Helsper, S. Reh, & C. Schelle (Hrsg.), *Professionalisierung im Lehrerberuf* (S. 167–19). Opladen: Leske + Budrich.

Baumert, J., & Kunter, M. (2006). Stichwort: Professionelle Kompetenz von Lehrkräften. *Zeitschrift für Erziehungswissenschaft*, *9*(4), 469–520.

Bromme, R., & Haag, L. (2008). Forschung zur Lehrerpersönlichkeit. In W. Helsper, & J. Böhme (Hrsg.), *Handbuch der Schulforschung* (2., überarb. u. erw. Aufl., S. 803–819). Wiesbaden: VS Verlag.

Combe, A., & Kolbe, F. U. (2008). Lehrerprofessionalität: Wissen, Können, Handeln. In W. Helsper, & J. Böhme (Hrsg.), *Handbuch der Schulforschung* (2., überarb. u. erw. Aufl., S. 857–875). Wiesbaden: VS Verlag.

Combe, A. (1997). Der Lehrer als Sisyphos. In S. Buchen, U. Carle, P. Döberich, H. D. Hoyer & H. G. Schönwälder (Hrsg.), *Jahrbuch für Lehrerforschung*. Bd. 1 (S. 165–177). Weinheim/München: Beltz Juventa.

Eberwein, H. (1998). Die Beobachtung von Kindern im Unterricht als Methode des Fremdverstehens und zur Unterstützung von Lernprozessen. In H. Eberwein, & S. Knauer (Hrsg.), *Handbuch Lernprozesse verstehen. Wege einer neuen (sonder-)pädagogischen Diagnostik* (S. 194–208). Weinheim/Basel: Beltz.

Fabel-Lamla, M., & Thielen, M. (2011). Interprofessionelle Kooperation. In M. Thielen (Hrsg.), *Pädagogik am Übergang. Arbeitsweltvorbereitung in der allgemeinbildenden Schule* (S. 61–69). Bad Heilbrunn: Klinkhardt.

Helmke, A. (2007). *Unterrichtsqualität und Lehrerprofessionalität. Diagnose, Evaluation und Verbesserung des Unterrichts* (5. Aufl.). Seelze: Kallmeyer.

Helsper, W. (2003). Ungewissheit im Lehrerhandeln als Aufgabe der Lehrerbildung. In W. Helsper, R. Hörster, & J. Kade (Hrsg.), *Ungewissheit – pädagogische Felder im Modernisierungsprozess* (S. 142–161). Weilerswist: Velbrück.

Helsper, W. (2004). Antinomien, Widersprüche, Paradoxien: Lehrerarbeit – ein unmögliches Geschäft? Eine strukturtheoretisch-rekonstruktive Perspektive auf das Lehrerhandeln. In B. Koch-Priewe, F. U. Kolbe, & J. Wildt (Hrsg.), *Grundlagenforschung und mikrodidaktische Reformansätze zur Lehrerbildung. Bad* (S. 49–99). Heilbronn: Klinkhardt.

Helsper, W. (2011). Lehrerprofessionalität – der strukturtheoretische Professionsansatz zum Lehrerberuf. In E. Terhart, H. Bennewitz, & M. Rothland (Hrsg.), *Handbuch der Forschung zum Lehrerberuf* (S. 149–170). Münster/New York/München/Berlin: Waxmann.

Helsper, W., Krüger, H. H., & Rabe-Kleberg, U. (2000). Professionstheorie, Professions- und Biographieforschung. Einführung in den Themenschwerpunkt. *Zeitschrift für qualitative Bildungs-, Beratungs- und Sozialforschung*, *1*(1), 5–19.

Hesse, I., & Latzko, B. (2009). *Diagnostik für Lehrkräfte*. Opladen/Farmington Hills: UTB.

Horstkemper, M. (2004). Diagnosekompetenz als Teil pädagogischer Professionalität. *Neue Sammlung*, *44*(2), 201–214.

Ingenkamp, K. H., & Lissmann, U. (2008). *Lehrbuch der Pädagogischen Diagnostik* (6., überarb. Aufl.). Weinheim/Basel: Beltz.

Kautter, H. (1998). Das Thema des Kindes erkennen. Umrisse einer verstehenden pädagogischen Diagnostik. In H. Eberwein, & S. Knauer (Hrsg.), *Handbuch Lernprozesse verstehen. Wege einer neuen (sonder)pädagogischen Diagnostik* (S. 81–93). Weinheim/Basel: Beltz.

Klieme, E. (2004). Was sind Kompetenzen und wie lassen sie sich messen? *Pädagogik, 56*(6), 10–13.

Kultusministerkonferenz. (2004). Standards für die Lehrerbildung: Bildungswissenschaften. Beschluss der Kultusministerkonferenz vom 16.12.2004. http://www.kmk.org/doc/beschl/standards_lehrerbildung.pdf. Zugegriffen: 13.10.07.

Kolbe, F. U. (2004). Verhältnis von Wissen und Handeln. In S. Blömeke., P. Reinhold, G. Tulodziecki, & J. Wildt (Hrsg.), *Handbuch Lehrerbildung* (S. 206–232). Bad Heilbrunn: Klinkhardt.

Krauss, S. (2011). Das Experten-Paradigma in der Forschung zum Lehrerberuf. In E. Terhart, H. Bennewitz, & M. Rothland (Hrsg.), *Handbuch der Forschung zum Lehrerberuf* (S. 171–191). Münster/New York/München/Berlin: Waxmann.

Neuweg, G. H. (2004). Figuren der Relationierung von Lehrerwissen und Lehrerkönnen. In B. Hackl, & G. H. Neuweg (Hrsg.), *Zur Professionalisierung pädagogischen Handelns* (S. 1–26). Münster: Lit.

Oevermann, U. (1996). Skizze einer revidierten Theorie professionalisierten Handelns. In A. Combe, & W. Helsper (Hrsg.), *Pädagogische Professionalität. Untersuchungen zum Typus pädagogischen Handelns* (S. 70–182). Frankfurt am Main: Suhrkamp.

Pietsch, S. (2010). *Begleiten und begleitet werden. Praxisnahe Fallarbeit – ein Beitrag zur Professionalisierung in der universitären Lehrerbildung*. Kassel: kassel university press.

Reh, S. (2004). Abschied von der Profession, von Professionalität oder vom Professionellen? Theorien und Forschungen zur Lehrerprofessionalität. *Zeitschrift für Pädagogik, 50*(3), 358–372.

Richtlinien über die Arbeit der sonderpädagogischen Beratungs- und Förderzentren (BFZ), Erlass vom 29. November 2006. http://download.bildung.hessen.de/schule/foerderschule/unterstuetzung/BFZ/RiL_BFZ_291106_Bildungsserver.pdf.

Schmid, P., Diele, H., & Krüger, P. (2003). Erziehungskunst kann noch lange nichts als Sammlung einzelner Erfahrung sein". Anfänge der empirischen Kinderforschung im ausgehenden 18. Jahrhundert. In A. Prengel (Hrsg.), *Im Interesse von Kindern? Forschungs- und Handlungsperspektiven in Pädagogik und Kinderpolitik* (S. 137–160). Weinheim/München: Juventa.

Schrader, F. W. (2001). Diagnostische Kompetenz von Eltern und Lehrern. In & D. H. Rost (Hrsg.), *Handwörterbuch Pädagogische Psychologie* (S. 68–71). Weinheim: Beltz.

Terhart, E., Bennewitz, H., & Rothland, M. (Hrsg.). (2011). *Handbuch der Forschung zum Lehrerberuf*. Münster/New York/München/Berlin: Waxmann.

Trapp, E. C. (1977). *[1780] Versuch einer Pädagogik*. Paderborn: o.V.

Werning, R. (2009). Beobachten und fördern. In H. G. Rolff, E. Rhinow, & T. Röhrich (Hrsg.), *Unterrichtsentwicklung – Eine Kernaufgabe der Schule* (S. 123–134). Köln: Luchterhand.

17 Beobachtung und Professionalisierung
Die Bedeutung der Beobachtung für Professionalisierungsprozesse

Heike de Boer

> **Heike de Boer** skizziert zwei klassische Spannungsfelder im Schulalltag, denen sich professionelles Lehrerhandeln stellen muss: die Spannung von Organisation und Interaktion sowie die Spannung von Vermittlung und Aneignung. Gerade weil im Schulalltag für Lehrende ungewiss bleibt, wie Schüler/-innen mit vermittelten Inhalten umgehen und was sie damit machen, ist die Beobachtung ein wichtiger Ansatz, mit der Wirkungen des Lehrerhandelns beschrieben werden können. Die Schulung des pädagogischen Blicks trägt in diesem Sinne zur Professionalisierung bei. Der Begriff Professionalität wird im Kontext pädagogischer Kasuistik vorgestellt. Krisenerfahrungen und die Erfahrungen von Differenz werden als Anlass zum Beobachten vorgestellt und münden in abschließenden Überlegungen zum Potenzial von Beobachtungen für Professionalisierungsprozesse.

Bis zu 15.000 Stunden Unterricht erfahren Schüler/-innen in der Schule – und damit eine ständige Herausforderung, sich im schulischen Alltag zurechtzufinden und klarzukommen (vgl. Fend 2006, S. 56). Lehrpersonen und Schüler/-innen sind nicht frei in dem, was sie tun oder lassen können. Schulklassen sind administrativ gebildete Zweck- und keine Wahlgemeinschaften; das Schulwesen steht unter staatlicher Aufsicht, Unterrichtsinhalte und Methoden sind in weiten Teilen durch die Institution vorgegeben, wiederkehrende Stoffpläne, wöchentliche und tägliche Zeitrhythmen sind festgelegt, auch die Zusammensetzung von Klassen und die Zuordnung von Lehrern und Lehrerinnen ist vorbestimmt. Schüler/-innen und Lehrer/-

Prof. Dr. Heike de Boer ✉
FB 1 Bildungswissenschaften, Institut für Grundschulpädagogik, Universität Koblenz-Landau, Koblenz, Deutschland
e-mail: hdeboer@uni-koblenz.de

H. de Boer und S. Reh (Hrsg.), *Beobachtung in der Schule – Beobachten lernen*,
DOI 10.1007/978-3-531-18938-3_17,

innen müssen in diesen auf institutionellem Wege gebildeten Klassenzusammenhängen zusammenarbeiten. Diese zwangsförmig organisierte Rahmung (vgl. Helsper & Lingkost 2001, S. 60) mit der Tendenz, formalisierte Muster zu erzeugen, steht der prinzipiellen Offenheit der ungeregelten und nicht strukturierten individuellen Interaktion zwischen Lehrenden und Schülerinnen und Schülern im alltäglichen Unterricht gegenüber (vgl. Helsper 1996, S. 535). Diese Spannung bezeichnet Helsper als Antinomie von Organisation und Interaktion. Sie ist eine von zahlreichen nicht auflösbaren Spannungsfeldern (vgl. Helsper 2011, S. 156), die den Beruf Lehrer/-in kennzeichnen und im Schulalltag zu großen Herausforderungen führen. Die Auseinandersetzung mit Antinomien[1] sieht Helsper als Kern des professionellen Lehrerhandelns an.

Die Organisation Schule schafft Strukturen, die regelhafte Routinen im Sinne automatisiert ablaufender Handlungen erzeugt. Neben den Ablauf- und Handlungsgewohnheiten entwickeln sich auch Seh- und Deutungsroutinen, mit denen Lehrende den alltäglich routiniert und als selbstverständlich erlebten Unterrichtsalltag erfassen. Auch wenn es zunächst schwierig erscheint, diese automatisiert ablaufenden schulischen Prozesse zu beobachten, da sie in der Regel auch von der Beobachter/in für selbstverständlich und nicht erwähnenswert gehalten werden, ermöglicht der aufmerksame und geschulte Blick, eingeschliffene Routinen zu beobachten und Erkenntnisse über Wirkungen des Lehrerhandelns zu gewinnen.

Im Kontext der Auseinandersetzung mit Lernprozessen im Unterricht ist besonders die Bedeutung der „Ungewissheitsantinomie“ hervorzuheben. Sie erfasst die Differenz von Vermittlung und Aneignung und macht darauf aufmerksam, dass für die Lehrperson eine Ungewissheit über den Aneignungsprozess der Schüler/-innen bleibt. Nicht wissen zu können, wie angebotene Lehrinhalte von Schülern und Schülerinnen aufgenommen werden und welche individuellen Wissenskonstruktionen folgen, führt zu der Notwendigkeit, den Blick auf die Prozesslogik und Dynamik von Unterricht zu richten (vgl. Gruschka 2009; Combe & Gerhardt 2007). Die Bedeutung, die das Vermittelte für Schüler/-innen hat, lässt sich immer erst im Nachhinein aus der erzeugten Wirkung erschließen. Die Beobachtung dieser Wirkungen können wichtige Hinweise über intendierte und nichtintendierte Effekte des Lehrerhandelns geben (vgl. Bennewitz in diesem Band).

---

[1] Helsper unterscheidet Antinomien als Ausdruck der in modernisierten Lebenspraxen angelegten Spannungen, die im Lehrerhandeln eine besondere Zuspitzung erfahren. Z. B. in der Nähe-Distanzantinomie (Nähe aufzubauen und gleichzeitig professionelle Distanz zu wahren) und solchen, die aus der gesellschaftlichen Institutionalisierung des Schulsystems resultieren, z. B. der Antinomie von Selektion und Fördern (vgl. Helsper & Lingkost 2001, 2011).

So steht im Mittelpunkt dieses Beitrages die Frage, inwiefern die Schulung des pädagogischen Blicks zur Professionalisierung des Lehrerhandelns beitragen kann. Dazu wird zunächst der Begriff Professionalität im Kontext pädagogischer Kasuistik vorgestellt. Anschließend werden Krisenerfahrungen und die Erfahrungen von Differenz als Anlass zum Beobachten dargestellt, die in Überlegungen zum Potenzial von Beobachtungen für Professionalisierungsprozesse münden.

17.1 Professionalisierung durch Fallverstehen

Beobachtungen durch Pädagogen und Pädagoginnen bewegen sich im Dilemma zwischen notwendigen Subsummierungen, Kategorisierungen und der Bewusstheit für den einzelnen Fall, als sensible Beobachtung des einzelnen Schülers oder der einzelnen Schülerin.

Jonas habe ich schon des Öfteren beobachtet und ihn als großen Rechner kennen gelernt. Er ist gerade mal ein paar Wochen in der Schule und geht in eine altersgemischte Klasse 1–4. Er rechnet am liebsten Aufgaben mit großen Zahlen im Hunderterraum, meistens fehlerlos. Nun sitzt er vor seinem Rechenheft und schreibt Achten in die Linien. Fünf Reihen mit unterschiedlich großen Achten und jede Zahlenreihe in einer anderen Farbe. Dann erfindet er Aufgaben zur Acht: 3 + 5 = 8; 4 + 4 = 8; 6 + 2 = 8; 7 + 3 = 8; 2 + 4 = 8. „Nanu" sage ich zu ihm, „was hast du denn für Aufgaben da erfunden"? „Ich weiß, da sind falsche dabei", so Jonas. „Das mache ich extra, damit ich dann die Fehler verbessern kann; dann geht die Freie Arbeit schneller um". Im gleichen Moment kommt die Lehrerin dazu und fragt ihn: „Willst du nicht die Perlenketten zum Rechnen dazu nehmen, das macht doch mehr Spaß"? „Nein", sagt Jonas, „die brauche ich nicht." Dennoch holt ihm die Lehrerin die Perlenketten (Montessorimaterial) und gibt sie ihm. Jonas stöhnt leise auf und nimmt sie an. (de Boer 2009)

Fehler können unterschiedliche Ursachen haben. Sie können ein Zeichen von Flüchtigkeit, von Unkenntnis und Nichtverstehen oder wie in diesem Beispiel ein Zeichen von Langeweile und Unterforderung sein. Dementsprechend kann es passend oder unpassend sein, Material anzubieten, um eine Konkretisierung oder Handlungsorientierung zu ermöglichen. In diesem Fall scheint es für Jonas eher demotivierend zu sein. Warum sollte auch ein Kind, das sicher im Zahlenraum bis

100 rechnet, Handlungsmaterial zur Hilfe nehmen? Die Vorstellung der Lehrerin, mit Perlenketten zu rechnen sei motivierend und führe zu Spaß, trifft vermutlich auf viele Kinder zu, nicht aber in diesem Fall auf Jonas, der sich möglicherweise sogar in seinen rechnerischen Fähigkeiten herabgesetzt fühlt. So wichtig die Entwicklung von Routinen und Kategorien zur Bewältigung des Alltags ist, so entscheidend ist es, sie immer wieder fallbezogen genauer zu hinterfragen. Es zeigt sich, dass in die Wahrnehmung der pädagogischen Situation mit Jonas Annahmen der Lehrerin eingebettet und wirkmächtig sind. In diesem Fall ist es die Annahme, dass Jonas Hilfe braucht und das Montessorimaterial nicht nur eine haptische Unterstützung bietet, sondern der Gebrauch auch Spaß macht.

Professionell Handeln heißt, so Radtke, auf dem Boden einer doppelten Handlungslogik agieren zu können. Professionelle „müssen 1. situativ (und intuitiv) in der Lage sein zu individuellem Fallverstehen und können dies 2. in hermeneutischer Haltung auf der Basis universellen Regelwissens, also wissenschaftlicher Theorien" (Radtke 1999, S. 19) anwenden. Kasuistische Arbeitsweisen, als Auseinandersetzung mit dem einzelnen Fall auf der Basis von Transkripten, Interviewtexten oder Beobachtungsprotokollen, gehören mittlerweile an vielen Universitäten zum festen Bestandteil der Lehrerbildung (vgl. Schelle et al. 2010; vgl. Heinzel 2007). Die doppelte Funktion der Arbeit mit Fallstudien, im Sinne des Aufbaus eines professionellen Habitus der reflexiven Distanz in pädagogisch-praktischen Handlungssituationen und als Zugangsweise zum Denken und Handeln von Schülern und Schülerinnen, hebt Heinzel hervor (vgl. Heinzel 2007, S. 146). Schelle u. a. sprechen von der Herausbildung „Fallverstehender Reflexivität", die allerdings den systematischen Aufbau von Theoriearbeit nicht ersetzen dürfe (vgl. Schelle et al. 2010, S. 14). Reh und Rabenstein unterscheiden den Einsatz von Fällen nach dem didaktischen Ort und differenzieren verschiedene Möglichkeiten aus (vgl. Reh und Rabenstein 2004, S. 48–49)[2].

---

[2] Fälle zur Veranschaulichung allgemeiner Erkenntnisse

1. Ein Fall wird mit Hilfe erziehungswissenschaftlicher Theorien, Kategorien und Begriffen interpretiert.
2. Fälle als Ausgangs- und Mittelpunkt, um
   a. Methoden zur Konstruktion und Rekonstruktion von „Fällen" zu thematisieren,
   b. ausgewählte Fälle zur Analyse eines bestimmten Gegenstandbereichs (z. B. Interaktion im Unterricht) zu rekonstruieren,
   c. die Konstruktion und Rekonstruktion von Fällen aus dem Erfahrungsbereich der Teilnehmer zu nutzen, um unterschiedliche Lösungsmöglichkeiten für ein Problem herauszuarbeiten.

Das dargestellte Beispiel könnte in diesem Sinne zur Rekonstruktion der Interaktion zwischen Lehrerin und Schüler und zur Analyse des pädagogischen Handels der Lehrerin genutzt werden. Rekonstruktives Fallverstehen ist wesentlicher Bestandteil von Professionalität. Helsper konstatiert, das nur jenseits wissenschaftlicher Klassifikationen in der Rekonstruktion des Einzelfalls zu klären ist, welche Form der professionellen Intervention angemessen ist (vgl. Helsper & Lingkost 2001, S. 150). Das Beispiel mit Jonas stellt nun eine Situation dar, in der allgemein gültiges fachdidaktisches Wissen zwar angewendet wird, aber unpassend scheint. Die Beobachtung lässt erkennen, dass es sich nicht um Unkenntnis, sondern um Langeweile handelte, und damit schülerspezifische Handlungen der Lehrerin gefordert waren, z. B. anspruchsvollere Aufgaben zu stellen.

17.2 Krisen als Anlass für Beobachtung

Lehrende haben im Unterricht auch die Bedeutung als stellvertretende Krisenlöser und Kriseninitiatoren (vgl. Helsper 2011, S. 152). Denn Lehrkräfte greifen systematisch in den Bildungsprozess von Heranwachsenden als eine Abfolge ontogenetischer Krisen ein. Lernwiderstände verweisen auf die durch Entwicklung und Ontogenese beständige Infragestellung des Alten und Vertrauten durch Neues und Unbekanntes (vgl. ebd.). Lernen beginnt dort, wo das Vertraute seinen Dienst versagt und das Neue noch nicht zur Verfügung steht (vgl. Meyer-Drawe 2008, S. 15). Lernen ist immer wieder auch mit Irritation, Verunsicherung und Widerstand verbunden. Damit sind schulische Handlungskrisen und pädagogisches Scheitern vorprogrammiert; das „Krisenhafte der Handlungspraxis" ist der Normalfall, das Scheitern ebenso (vgl. Oevermann 2002, S. 51). Solche Lern- und Erfahrungskrisen nicht abzuwehren, sondern damit umgehen zu lernen, sei eine zentrale Kompetenz des „lernenden Lehrers", konstatiert Combe (vgl. 2005, S. 82). In diesem Sinne gilt:

> „Den guten" oder den „schlechten Schüler" gibt es nicht. In der Regel genügt kein Schüler allen Anforderungen optimal, doch haben Schüler unterschiedliche Techniken entwickelt, dies zu (verdecken,) und Lehrer unterschiedliche Motive ausgebildet, über die Schwäche auch besserer Schüler hinwegzusehen (Brumlik & Holtappels 1987, S. 94).

Abweichendes Verhalten entsteht durch institutionelle Normierungsprozesse, die, wie das Zitat verdeutlicht, subjektiv auslegbar sind und Spielräume enthalten. Die Schule scheint „gute" und „schlechte" Schüler zu produzieren, stigmatisiert abweichendes Verhalten und trägt auch dazu bei, dass Etikettierungen verfestigt werden (vgl. Gerstner und Wetz 2008, S. 96) (siehe Abb. 17.1).

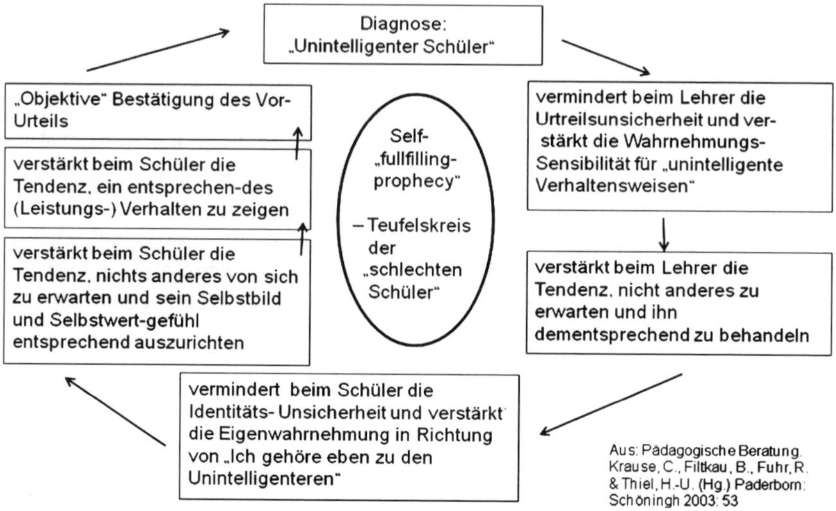

Abb. 17.1 Teufelskreis „unintelligenter" Schüler

Die Erwartungen der Institution Schule an die Kinder und Jugendlichen als Schüler und Schülerinnen, beeinflussen ihr Handeln, lösen Spannungen aus und führen zu besonderen Verhaltensweisen, die das alltägliche Miteinander beeinflussen und modifizieren und die manchmal aus Sicht der Lehrenden vor allem als Störung und als Krise wahrgenommen werden. Besonders diese krisenhaften Situationen bieten sich als Anlass zum Beobachten und Nachforschen an. Dazu müssen gewohnte Deutungsroutinen bewusst suspendiert werden und ein Einlassen auf die Situation, im Sinne des Nachforschens über Ursachen und Dynamik der Krise, folgen. Neuweg spricht von einer „Kultur der Einlassung" (Neuweg 2005, S. 15), die Bestandteil des Professionellseins ist. Lehrerprofessionalisierung sieht er als

> Wechselspiel von Einlassung auf Erfahrung, Reflexion auf Erfahrung und Rückübersetzung in neues Handeln. Professionell ist ein Lehrer in dieser Perspektive dann weder auf Grund seines Wissens noch auf Grund des schlichten Ausmaßes seiner Erfahrung, sondern erst, wenn er zudem einen analytischen Habitus ausgeprägt hat, also bereit ist, Handlungspraxis regelmäßig zu analysieren, zu evaluieren und gegebenenfalls zu verändern (ebd.).

Er argumentiert weiter, dass schulisches Handlungen nicht durch Wissen und Können, sondern auch wesentlich durch bewusste und unbewusste Affekte gesteuert werde und deswegen die Bereitschaft notwendig sei, sich nicht nur mit den eigenen Erfahrungen, sondern auch mit eigenen emotionalen Erleben auseinanderzusetzen (vgl. ebd., S. 18). Dafür wird sowohl „eine Kultur der Einlassung" auf Praxis, die durch Präsenz und Offenheit für Neues und Irritierendes gekennzeichnet ist, notwendig, und gleichzeitig eine „Kultur der Distanzierung", die aus der Praxis heraustritt und über das Handeln reflektiert (ebd.).

Die Praxis des forschenden Beobachtens und der Beobachtung des Beobachtens zeigt sich als wertvoller Ansatz, mit dem die Reflexion von Deutungs- und Bewertungsprozessen und ihnen zu Grunde liegenden Normierungsvorstellungen und Normalisierungskonstruktionen ermöglicht und geübt werden kann (vgl. Lehmann-Rommel und de Boer in diesem Band). Beobachtungen von Handlungskrisen vorzunehmen, widersprüchliches und irritierendes Handeln nicht zu kategorisieren, sondern zu beschreiben, ermöglicht es, dem Scheitern von schulischen Handlungsroutinen nachzugehen und bekannte Muster, z. B. irritierendes Verhalten als Störung zu klassifizieren, zu durchbrechen.

17.3 Differenzerfahrung als Anlass für Beobachtung

Die Ausbalancierung des Spannungsfeldes von Autonomie und Interdependenz, Individualität und Gemeinsamkeit, Differenz und Gleichheit ist im schulischen Alltag ein herausforderndes Ziel. Konstatiert wird allerdings wiederholt, dass in der Praxis der eher festschreibende Blick der Lehrenden die erhoffte Haltung einer Anerkennung von Differenz verhindere (vgl. Deppe-Wolfinger 2002, S. 46). Differenz, verstanden als Unterschied oder Verschiedenheit, resultiert Ricken und Balzer (2007, S. 57) zufolge aus einem Vergleich oder einer Unterscheidung. Der Begriff habe sich allerdings längst von der einfachen Entgegensetzung von Verschiedenheit und Gleichheit gelöst und umfasse auch Probleme der Zugehörigkeit, Nichtzugehörigkeit und Mehrfachzugehörigkeit, als auch der Abweichung, Nichtanpassung und Brüchigkeit (vgl. ebd.). Zum Begriff der Differenz gehöre, insbesondere im Hinblick auf moderne Einwanderungsgesellschaften, der Begriff des Fremden (vgl. ebd., S. 65) – der im Begriff des „Eigenen" seinen Gegenpol finde

> [D]ie Konstruktion des Fremden (Eigenen) (ist) ein überaus machtvolles Geschehen: Sie reproduziert unter der Hand kulturelle, soziale und politische Muster und Klassifikationssysteme, bestärkt Bilder der Identität und Normalität und führt fast zwangsläufig in eine Ein- und Ausschlussbewegung des Fremden, die den Fremden entweder zum total und absolut Fremden hypostasiert oder als letztlich assimilierbar und insbesondere gleich und integrierbar ausgibt. Die Konstruktion und Kennzeichnung des Fremden beruht aber gerade auf einer Fremdheitserfahrung, die als eine Erfahrung

von „Unzulänglichkeit“ einerseits und „Nicht-Zugehörigkeit“ andererseits (Waldenfels 2006, S. 115) verstanden werden muss (ebd.).

Die beobachtende Annäherung an schulische Situationen im Spannungsfeld von Beobachtung und Selbstbeobachtung ermöglicht die Auseinandersetzung mit dem „Eigenen“ und dem „Fremden“ sowohl beim Prozess des Beobachtens als auch beim Schreiben. Das Konstatieren von Irritationen eigener Erwartungen im Beobachtungsprozess ermöglicht Hinweise auf Fremdheitserfahrungen, im Beobachtungsprotokoll dokumentierte Wertungen geben weitere Hinweise und damit eine Basis für die Reflexion wahrgenommener Fremdheit.

Die Schulung des beobachtenden Blicks professionalisiert in diesem Kontext, indem nicht nur die Wahrnehmungsfähigkeit für individuelle und soziale Lernprozesse und besonders für einzelne Situationen sensibilisiert, geschärft und präzisiert wird, sondern auch das Bewusstsein für die präfigurierende Wirkung der Handlungen von Lehrpersonen in der Lehrer-Schüler-Interaktion aufgebaut wird. Denn in der Schule als Institution ist die Deutungsmacht ungleich verteilt: „Unterricht organisiert die Durchsetzung eines Deutungsmusters in Bezug auf einen Inhalt“ (Scholz 2006, S. 239), das – so Scholz weiter – in vieler Hinsicht unabhängig von den wissenschaftlichen, gesellschaftlichen und kulturellen Entwicklungen ist. Schule werde dadurch bestimmt, dass sie definiert, was Wissen ist (vgl. ebd.). Die Asymmetrie der Macht- und Deutungsmachtverteilung in der Schule führt zu spezifischen Verhaltensweisen von Schülern und Schülerinnen. Zinnecker (2001) spricht gar von getrennten Lebenswelten. Er konstatiert, dass die gemeinsam geteilte soziale Wirklichkeit der subjektiven Schulerfahrungen von Schülern/innen und Erwachsenen erst im Umgang miteinander ausgehandelt und hergestellt wird und mit Anstrengungen und Konflikten einhergehe (vgl. Zinnecker 2001, S. 153). Bedeutsam für den beobachtenden Prozess ist deswegen, dass die Perspektiven der Schüler/-innen als eigenständiger Zugang zur gesellschaftlichen Wirklichkeit Beachtung finden. Der Versuch, als Erwachsene etwas über Schüler/-innen erfahren zu wollen, ist allerdings mit dem Paradox verknüpft, an eine Perspektive anknüpfen zu wollen, die man erst noch kennen lernen möchte (vgl. Honig et al. 1999, S. 21).

Die Beobachtung von Schülern und Schülerinnen birgt wichtige Hinweise darüber, wie schulische Situationen durch die Schüler/-innen gedeutet werden. Sie ermöglicht es, die Differenz von Intention und Praxis, Vermittlung und Aneignung zu beforschen. So hat die Beobachtung von Kindern im Klassenrat in der Grundschule z. B. gezeigt, dass Kinder gute Gründe haben, dort taktisch und strategisch zu agieren (vgl. de Boer 2006; de Boer 2009). Die Rekonstruktion ihrer Perspektiven auf der Basis von Beobachtungsprotokollen erweiterte den normativ-unterrichtlichen Fokus um den Blick auf Interaktionsprozesse in der Klassenratspraxis und machte sichtbar, dass die Angst, in der Klassenöffentlichkeit beschämt zu werden oder einen Imageverlust vor den Peers zu erleiden, zurückhaltendes und auch taktisches Verhalten von Kindern nach sich gezogen hat.

In der Rekonstruktion schulischer Situationen aus der Perspektive von Schülern und Schülerinnen wird genauer erkennbar, wie die pädagogische Generationenbeziehung hergestellt wird. Lehrende und Schüler/-innen kooperieren in der Gestaltung des Unterrichts und bringen in diesem Prozess die generationale Ordnung interaktiv hervor (vgl. Heinzel in diesem Band). Die Bezogenheit von Schüler- und Lehrerdeutungen als integraler Bestandteil der Herstellung schulischer Ordnung, die gleichzeitig immer wieder Differenzen von Kindern und Erwachsenen in Status- und Machtfragen generiert, betonen auch Christensen und James (2001). In diesem Prozess zeigt sich folgerichtig nicht nur das Schüler/-innenbild der Lehrpersonen, sondern auch das Lehrer/-innenbild der Schüler/-innen. Die jeweils voneinander konstruierten Bilder unterliegen gegenseitigen Zurechnungsschemata, die produziert und reproduziert wurden. Die Rekonstruktion dieses Prozesses führt zur Explizierung der wechselseitigen Normalitätsunterstellungen und Erwartungen. Die Auseinandersetzung mit der Perspektive der Schüler und Schülerinnen unterstellt allen Praktiken generell Sinn, Strukturiertheit und Ernstcharakter und kann damit sichtbar machen, dass die Institution Schule nicht nur aus Kindern Schüler/-innen macht, sondern sich diese gleichsam an dem Prozess des Schüler/-innenwerdens aktiv beteiligen.

17.4 Potenziale von Beobachtungen für Professionalisierungsprozesse

Schulischer Alltag ist sehr komplex. Lehrer und Lehrerinnen bewegen sich in schulischen Spannungsfeldern und stehen vor der schwierigen Aufgabe, situativ entscheiden zu müssen, wie sie handeln. Die Organisation Schule schafft Strukturen, die Sicherheiten geben und den routinierten und musterhaften Ablauf des Schulalltags ermöglichen. Gleichzeitig erfordert die alltägliche Interaktion im Unterricht Offenheit und Flexibilität des Lehrerhandelns und damit auch einzelfallbezogenes Handeln. Der geschulte beobachtende Blick und das schriftliche Beobachtungsprotokoll ermöglichen das Durchbrechen von Automatismen und Routinen. Die Auseinandersetzung mit der schriftlich fixierten Situation schafft die Gelegenheit, Krisen- und Differenzerfahrungen ernsthaft nachzugehen, sie analysieren und verstehen zu lernen. Gerade die Situation im Studium ermöglicht es, den distanzierten beobachtenden Blick auf schulische Situationen zu richten, ohne gleichzeitig unter dem Handlungsdruck der Alltagspraxis zu stehen. Der geschulte beobachtende Blick trägt einerseits dazu bei, im schulischen Alltag sensibel Etikettierungs- und Stigmatisierungshandlungen wahrnehmen zu lernen, andererseits führt er auch zur Ausdifferenzierung pädagogisch-diagnostischer Erkenntnisse (vgl. auch Brügelmann; Brandt und Höck; Heyl in diesem Band). Er hilft, eine fragend-forschende Grundhaltung aufzubauen und fallbezogenes Wissen zu entwickeln.

Literaturverzeichnis

de Boer, H. (2006). *Klassenrat als interaktive Praxis. Auseinandersetzung-Kooperation-Imagepflege*. Wiesbaden: VS Verlag für Sozialwissenschaften.

de Boer, H. (2009). Lernen im Spannungsfeld von Peersein und Schüler/innensein. In H. de Boer, & H. Deckert-Peaceman (Hrsg.), *Kinder in der Schule. Zwischen Gleichaltrigenkultur und schulischer Ordnung* (S. 105–119). Wiesbaden: VS Verlag für Sozialwissenschaften.

Brumlik, M., & Holtappels, H. G. (1987). Mead und die Handlungsperspektive schulischer Akteure - interaktionistische Beiträge zur Schultheorie. In K. J. Tillmann (Hrsg.), *Schultheorien* (2. Aufl., S. 89–103). Hamburg: Bergmann und Helbig.

Christensen, P. & James A. (2001). What are schools for? The temporal experience of children's learning in Northern England. In L. Alanen & B. Mayall (Hrsg.), *Conceptualizing Child-Adult-Relations* (S. 70–85). London und New York: Routlege.

Combe, A. (2005). Lernende Lehrer - Schulentwickung im Lichte der Bildungsgangforschung. In B. Schenk (Hrsg.), *Bausteine und Bildungstheorie* (S. 69–91). Wiesbaden: VS Verlag.

Combe, A., & Gebhardt, U. (Hrsg.). (2007). Sinn und Erfahrung. Zum Verständnis Christensen, P., James, A. (2001): What are schools for? The temoral experience of childrens learning in Nothern England. In: L. Alanen, B. Mayall, & B. (Hrsg.), (2001): *Conceptualizing from child-adult relation*. Londen and New York: Routledge/Falmer.

Deppe-Wolfinger, H. (2002). Integration und Solidarität. In B. Warzecha (Hrsg.), *Zur Relevanz des Dialogs in der Erziehungswissenschaft, Behindertenpädagogik, Beratung und Therapie* (S. 39–57). Hamburg: Lit Verlag.

Fend, H. (2006). *Neue Theorie der Schule*. Wiesbaden: VS Verlag für Sozialwissenschaften.

Gerstner, H. P., & Wetz, M. (2008). *Einführung in die Theorie der Schule*. Darmstadt: Wissenschaftliche Buchgesellschaft.

Gruschka, A. (2009). *Erkenntnis in und durch Unterricht. Empirische Studien zur Bedeutung der Erkenntnis- und Wissenschaftstheorie für die Didaktik*. Münster: Büchse der Pandora.

Heinzel, F. (2007). Fallarbeit und Fallstudien in der Lehrerbildung. In F. Heinzel, A. Garlichs, & S. Pietsch (Hrsg.), *Lernbegleitung und Patenschaften – Reflexive Fallarbeit in der universitären Lehrerausbildung* (S. 146–157). Bad Heilbrunn: Klinkhardt.

Helsper, W., Böhme, J., Kramer, R. T., & Lingkost, A. (2001). *Schulkultur und Schulmythos. Rekonstruktionen zur Schulkultur I*. Opladen: Leske und Budrich.

Helsper, W. (1996). Antinomien des Lehrerhandelns in modernen pädagogischen Kulturen. Paradoxe Verwendungsweisen von Autonomie und Selbstverantwortlichkeit. In A. Combe, & W. Helsper (Hrsg.), *Pädagogische Professionalität. Untersuchungen zum Typus pädagogischen Handelns* (S. 521–569). Frankfurt a. M.: Suhrkamp.

Helsper, W., & Lingkost, A. (2001). Schülerpartizipationen in den Antinomien von Zwang sowie Organisation und Interaktion – exemplarische Rekonstruktionen im Horizont einer Theorie schulischer Anerkennung. In B. Hafeneger, P. Henkenborg, & A. Scherr (Hrsg.), *Pädagogik der Anerkennung. Grundlagen, Konzepte, Praxisfelder* (S. 132–156). Schwalbach/Ts: Wochenschau Verlag.

Helsper, W. (2011). Lehrerprofessionalität – der strukturtheoretische Ansatz. In E. Terhart, H. Bennewitz, & M. Rothland (Hrsg.), *Handbuch der Forschung zum Lehrerberuf* (S. 149–171). Münster/New York/München/Berlin: Waxmann.

Honig, H. M., Lange, A., & Leu, H. R. (1999). Eigenart und Fremdheit. In H. M. Honig, A. Lange, & H. R. Leu (Hrsg.), *Aus der Perspektive von Kindern? Zur Methodologie der Kindheitsforschung* (S. 9–33). Weinheim/München: Juventa.

Meyer-Drawe, K. (2008). *Diskurse des Lernens*. München: Fink Verlag.

Neuweg, H. G. (2005). Emergenzbedingungen pädagogischer Könnerschaft. In H. Heid, & C. Harteis (Hrsg.), Verwertbarkeit. Ein Qualitätskriterium (erziehungs)wissenschaftlichen Wissens?, S. 205–228 Wiesbaden: VS Verlag.

Oevermann, U. (2002). Professionalisierungsbedürftigkeit und Professionalisiertheit pädagogischen Handelns. In M. Kraul, W. Marotzki, & C. Schweppe (Hrsg.), *Biografie und Profession* (S. 19–64). Bad Heilbrunn: Klinkhardt.

Radtke, H. O. (1999). *Lehrerbildung an der Universität. Zur Wissensbasis pädagogischer Professionalität*. Frankfurter Beiträge zur Erziehungswissenschaft, Reihe Kolloquien, Bd. 2. Frankfurt a. M.: Johann Wolfgang Goethe Universität.

Reh, S., & Rabenstein, K. (2004). Fälle in der Lehrerbildung. Schwierigkeiten und Grenzen ihres Einsatzes. *Journal für Lehrerbildung*, *5*(2), 47–54.

Ricken, N., & Balzer, N. (2005). Differenz: Verschiedenheit – Andersheit – Fremdheit. In J. Straub, A. Weidemann, & D. Weidemann (Hrsg.), *Handbuch interkulturelle Kommunikation und Kompetenz* (S. 56–69). Stuttgart – Weimar: Metzler.

Straub, J., Weidemann, A., & Weidemann, D. (Hrsg.). (2007). *Handbuch interkulturelle Kommunikation und Kompetenz.*, S. 56–69 Stuttgart/Weimar: Metzler.

Schelle, C., Rabenstein, K., & Reh, S. (Hrsg.). (2010). *Unterricht als Interaktion: ein Fallbuch für die Lehrerbildung*. Bad Heilbrunn: Klinkhardt.

Scholz, G. (2006). Was ist eigentlich ein Schüler? Pädagogische Ansätze für eine ethnologische Bildungsforschung. In S. Andresen, & I. Diehm (Hrsg.), *Kinder, Kindheiten, Konstruktionen. Erziehungswissenschaftliche Perspektiven und sozialpädagogische Verortungen* (S. 229–247). Wiesbaden: VS Verlag für Sozialwissenschaften.

Waldenfels, B. (2006). *Grundmotive einer Phänomenologie des Fremden*. Frankfurt a. M.: Suhrkamp Verlag.

Zinnecker, J. (2001). *Stadtkids – Kinderleben auf der Straße*. Weinheim und München: Juventa.